제2판

Adult development & Aging psychology

성인발달 및 노화심리학

장휘숙 저

박영사

머 리 말 Preface

2006년에 『성인심리학』 초판을 출판한 지 어언 6년의 세월이 흘렀다. 초판 출판 이후 우리 사회는 인간의 노화와 장수문제에 대해 큰 관심을 갖게 되었고 성공적 노화의 문제는 핵심 이슈가 되었다. 그러나 인간의 노화과정은 곧 성인기 동안의 변화 · 발달과정이므로 이 책은 『성인발달 및 노화심리학』으로 이름을 바꾸면서 성인기 동안의 발달과 노화를 포괄적으로 설명하였다.

성인기 동안 우리는 많은 사건들을 경험한다. 그 사건들 중에는 우리 대다수가 공통적으로 경험하는 규범적 사건들이 있는가 하면 우리 중에서 일부만이 경험하는 비규범적 사건들도 있다. 일반적으로 결혼과 부모역할, 취업, 조부모역할, 은퇴 등은 거의 모든 사람들이 경험하는 규범적인 사건들인 반면, 사고나 질병, 파산, 이혼, 자녀의 죽음, 복권 당첨 등은 비규범적인 사건에 해당한다. 그러므로 삶이란 이러한 규범적 사건과 비규범적 사건에 대처하고 적응하는 과정이며, 결국 죽음이라는 최종적 사건을 맞이하는 것이므로 이 책의 마지막 주제는 죽음과 죽어가는 과정의 문제가 될 것이다.

이 책은 초판과 동일하게 12개 장으로 구성되어 있고 초판의 체제를 거의 그대로 따르면서도 최근의 연구결과들을 새롭게 포함함으로써 성인기 발달과 노화를 보다 더 조직적, 체계적으로 설명하였다. 저자는 초판 출판 이후 줄곧 성인초기부터 후기까지의 핵심적 문제들을 연구해왔으므로 여기서 도출된 풍부한 연구결과들을 바탕으로 성인기 발달의 다양한 측면들을 설명할 수 있었다. 특히 성인기 발달과업과 행복, 호위대 모델에 기초한 가까운 사회적 관계와 생활만족, 주관적 건강, 노년기 빈곤, 노화불안, 노년기 고독 및 죽음공포와 죽음수용에 대한 연구는 성인기 전반을 포괄적으로 설명할 수 있도록 하였다.

개인의 일생은 험난한 항해에 비유될 수 있을 정도로 변화도 많고 어려움도 많다. 우리는 일생 동안 계획과 목표를 가지고 항해를 계속하지만, 항해과정에서 예기치 못한 풍랑을 만나고 때로 좌초할 위험에 처하기도 하며 또 때로는 해적선을 만나 목숨이 위태로운 경험을 할 수도 있다. 이 책은 그 과정에서 어떻게 대처하고 어떻게 행동해야 하는지 그리고 인간으로서 최상의 성숙단계에 도달할 수 있는지를 우리에게 가르쳐 준다. 사람은 누구나 노화하고 결국 죽음을 맞이할 수밖에 없으므로 보다 성숙한 성인기를 보내기 위해서도 우리 모두 이 책에 수록된 내용들을 이해하지 않으면 안 된다.

그러므로 이 책은 심리학, 사회복지학, 간호학은 물론 모든 전공의 대학생들 그리고 성인 · 노인 문제를 연구하는 연구자들이나 그들을 돌보는 사람들에게 특히 도움을 줄 수 있을 것이다. 그러나 가장 큰 도움을 얻을 수 있는 사람들은 성인이나 노인 자신들이므로 이 책을 통하여 자신의 삶을 어떻게 꾸려가야 하고 최종적으로 삶과 어떻게 이별해야 하는지에 관한 통찰을 얻을 수 있기를 기대한다.

끝으로 이 책의 출판에 도움을 주신 많은 분들께 고마움을 전하고 싶다. 먼저 출판을 맡아주신 박영사 안종만 회장님과 전략기획팀 노 현 부장님께 깊은 감사를 드린다. 또한 책의 표지와 각 장의 컷을 디자인해 주신 디자인실의 최은정씨와 가르치는 과정에서 저술을 위한 아이디어를 얻을 수 있도록 도와준 충남대학교 심리학과의 학생들에게 감사의 인사를 전한다. 더불어 저자가 평생 동안 연구와 저술활동을 마음껏 할 수 있도록 도와준 사랑하는 가족에게도 감사를 표하지 않을 수 없다. 아무쪼록 저자가 심혈을 기울인 이 책이 성인기는 물론 노화의 문제와 그에 수반된 다양한 변화를 이해할 수 있도록 함으로써 인간에 대한 이해를 높일 수 있기를 진심으로 기원한다.

2012년 6월

저　자

목 차 Contents

Chapter 01 성인기 발달의 특징과 연구방법

I. 성인기 발달의 특징 ······ 3
1. 전생애 발달적 조망 ······ 4
2. 왜 성인기 발달을 연구하는가 ······ 8
3. 성인기 연구의 역사 ······ 9
1) 노년학의 출현 9
2) 종단연구 10
3) 성인기에 관한 체계적 연구 11
4. 성인기의 구분 ······ 12
1) 성인기의 시작 12
2) 노년의 의미 13
3) 성인기 발달단계와 발달과업 14
5. 성인기 발달에서 자주 등장하는 개념들 ······ 17
1) 사회적 시계 17
2) 연령과 연령차별주의 18
3) 중년기 위기 21
II. 성인발달 연구 ······ 23
1. 성인연구의 설계법 ······ 23

1) 횡단적 설계와 종단적 설계 23
2) 시간-지연 설계법 27
3) 계열설계법 28
2. 성인연구 방법 ······ 30
1) 연구대상자 선정 30
2) 자료수집 방법 32
3. 성인기 실험연구 ······ 34
1) 연령-비교 실험 34
2) 단일연령집단 중재실험 35
4. 성인연구에서 고려할 점 ······ 36
1) 기본적인 윤리적 문제 36
2) 성인 연구대상자들의 특성 36
3) 사회문화적, 인종적, 성별요인 37

Chapter 02 성인발달의 이론

I. 단계이론 ······ 41
1. 에릭슨의 정체감 발달이론 ······ 43
1) 8단계의 심리사회적 이론 43
2) 성인기 동안의 심리사회적 위기 45
2. 레빙거의 자아발달이론 ······ 49
1) 자아발달 단계 49
2) 레빙거 이론의 특징 52
3. 레빈슨의 이론 ······ 52
1) 변화의 단계와 생애구조 52
2) 시대와 과도기의 특징 54
II. 비단계이론 ······ 57
1. 베이런트의 이론 ······ 57
2. 펄린의 모델 ······ 60

Ⅲ. 통합이론 …… 62
1. 위트본의 정체감 과정이론 …… 62
2. 발테스의 SOC이론 …… 64
1) 선 택 65
2) 최 적 화 66
3) 보 상 66
3. 페룬과 빌비의 인생과정 시기모델 …… 69

Chapter 03 성인기 동안의 변화, 노화, 수명

Ⅰ. 성인기 동안의 변화 …… 75
1. 연령에 기초한 변화 …… 76
1) 생물학적 요인 76
2) 경험적 요인 77
3) 내적 변화요인 78
2. 문화적 특성과 출생동시집단 효과 …… 78
3. 비규범적 사건 …… 79
Ⅱ. 노 화 …… 80
1. 노화의 유형 …… 81
1) 일차적 노화 81
2) 이차적 노화 82
3) 삼차적 노화 83
2. 노화의 생물학적 이론 …… 84
1) 세포시계 이론 85
2) 면역체계 이론 87
3) 유리기 이론 87
4) 호르몬-스트레스 이론 88
3. 행동에 미치는 신체적 노화의 영향 …… 89

1) 반응속도의 감소 89
2) 스태미나, 정교성, 균형감각 89
3) 수 면 90
4) 성적 활동 91
4. 신체적 노화의 패턴과 속도에서의 개인차 ········· 92
1) 경험의 영향 93
2) 유전의 영향 93
Ⅲ. 수 명 ········· 94
1. 수명의 증가 ········· 94
2. 수명에서의 성차 ········· 95
3. 수명에 영향을 미치는 요인 ········· 97
1) 식이요법과 영양섭취 97
2) 운 동 99
3) 그 외의 요인들 100
4. 자신의 수명을 계산하기 ········· 101
5. 장수: 100세 이상 사는 사람들 ········· 104

Chapter 04 신체변화

Ⅰ. 성인초기의 신체변화 ········· 109
1. 기관체계의 변화 ········· 110
1) 체형의 변화 110
2) 감각기능의 변화 111
3) 섭식과 체중 112
2. 성적 변화 ········· 116
1) 동성애적 태도와 행동 117
2) 성 병 118
Ⅱ. 성인중기의 신체변화 ········· 120

1. 외모의 변화 ········ 120
1) 신장과 체중 120
2) 피부와 머리카락 121
2. 감각기관의 변화 ········ 122
3. 근육, 관절, 뼈의 변화 ········ 123
4. 심혈관 및 호흡기의 변화 ········ 125
5. 신경계의 변화 ········ 127
6. 면역체계의 변화 ········ 128
7. 내분비계의 변화 ········ 129
1) 남성의 갱년기 129
2) 여성의 갱년기 130
Ⅲ. 성인후기의 신체변화 ········ 132
1. 외모와 움직임 ········ 132
2. 감각기관의 변화 ········ 133
1) 시 각 133
2) 청 각 134
3) 후각, 미각, 촉각, 통각 135
3. 순환계와 호흡기의 변화 ········ 135
4. 면역체계의 변화 ········ 136
5. 수면의 변화 ········ 137
6. 대뇌기능의 변화 ········ 138
1) 대뇌 측화의 감소 139
2) 뉴런의 변화 141

Chapter 05 인지능력의 변화

Ⅰ. IQ 점수 ········ 145
1. IQ 점수의 안정성과 변화 ········ 146

1) 상관적 일관성 146
2) 절대적 일관성 147
2. IQ 하위검사 점수의 변화 ······ 149
1) 웩슬러 성인지능검사 149
2) 결정화된 지능과 유동적 지능 150
3) 시애틀 종단연구 151
Ⅱ. 정보처리 능력의 변화 ······ 153
1. 정보처리 속도의 변화 ······ 153
2. 기억능력의 변화 ······ 153
1) 감각기억과 작업기억 154
2) 장기기억 155
3) 기억감퇴의 원인 156
3. 문제해결 능력의 변화 ······ 158
1) 문제해결 능력의 연령에 따른 변화 158
2) 문제해결 능력의 감퇴를 완화시키는 전략 159
Ⅲ. 지적 구조의 변화 ······ 160
1. 피아제의 인지발달단계 ······ 160
2. 인지발달의 제5단계—후형식적 사고 ······ 162
1) 페리의 이론 163
2) 리겔의 변증법적 조작기 164
3) 샤이의 이론 164
4) 라보비-비프의 이론 166
5) 크래머의 이론 167
6) 아르린의 문제발견기 168
Ⅳ. 지혜와 창의성 ······ 168
1. 지 혜 ······ 168
1) 지혜란 무엇인가 169
2) 지혜로운 사람의 특징 172
2. 창 의 성 ······ 173
1) 창의성의 연령에 따른 변화 174

2) 창의성을 촉진시키는 방법 176

Chapter 06 관계형성의 변화-결혼, 가족, 우정

I. 성인기 관계형성의 기저요인 ········ 181
1. 애 착 ········ 182
1) 애착의 질적 특성과 내적 작동모델 182
2) 애착과 낭만적 사랑의 관계 184
3) 성인후기의 애착 186
2. 사 랑 ········ 188
1) 사랑의 이론 188
2) 스턴버그의 사랑양식에서의 변화 192
II. 결혼과 가족 ········ 193
1. 배우자 선택 ········ 194
1) 배우자 선택이론 194
2) 배우자 선택의 조건 195
2. 결혼생활 ········ 196
1) 행복한 결혼생활과 불행한 결혼생활 197
2) 결혼생활 만족의 변화와 가족생활주기 198
III. 가족구조의 변화 ········ 200
1. 독 신 ········ 200
2. 동 거 ········ 201
3. 무자녀 가족 ········ 202
4. 한부모 가족 ········ 203
5. 복합가족 ········ 204
IV. 가족구성원들의 관계 ········ 206
1. 부모-자녀 관계 ········ 206

1) 부모-자녀간의 애착 206
2) 부모-자녀 상호작용의 구체적 내용 207
2. 형제자매 관계 ······ 209
V. 친구관계-우정 ······ 211
1. 사회적 호위대로서의 친구 ······ 211
2. 우 정 ······ 213
1) 우정의 의미와 발달 213
2) 성인기 동안의 우정 214
3) 우정에서의 성차와 남녀간의 우정 214

Chapter 07 사회적 역할과 성역할

I. 사회적 역할의 변화 ······ 220
1. 사회적 역할 변화이론 ······ 220
2. 인생의 전환점 ······ 221
II. 발달단계에 따른 사회적 역할의 변화 ······ 222
1. 성인초기 ······ 222
1) 부모로부터의 독립 223
2) 부모역할 223
2. 성인중기 ······ 227
1) 성인자녀의 독립— 텅빈 보금자리시기 227
2) 조부모 역할 228
3) 노부모 부양 231
4) 시어머니-며느리 관계: 고부간의 갈등 236
3. 성인후기 ······ 240
1) 노인에 대한 사회적 편견과 혼자의 생활 241
2) 자원봉사자 활동 242
III. 성역할의 변화 ······ 244

1. 성역할 고정관념 ······ 245
1) 성역할 고정관념의 내용 245
2) 성역할 고정관념 이론 247
2. 성인초기의 성역할 ······ 248
1) 결혼에 의한 성역할 변화 248
2) 부모역할에 의한 성역할 변화 249
3. 성인중기와 후기의 성역할 ······ 250

Chapter 08 성격, 도덕성, 자기관련 개념의 발달

I. 성인기 성격발달에 관한 접근방법 ······ 255
1. 인생사건 접근법 ······ 256
2. 인생사건 접근법에서 고려해야 할 요인 ······ 258
1) 출생동시집단 효과 258
2) 성별효과 258
3) 문화적 맥락효과 260
II. 성격의 안정성과 변화 ······ 261
1. 성격의 안정성 ······ 262
1) 다섯 가지 성격차원과 안정성 262
2) 성격의 안정성에 기여하는 요인들 265
2. 성격의 변화 ······ 267
1) 성인초기부터 성인중기까지의 변화 267
2) 성인중기부터 성인후기까지의 변화 270
3. 성격연구와 관련된 문제 ······ 272
1) 측정도구의 문제 272
2) 출생동시집단 효과 273
3) 역할변화 275
III. 도덕성 발달 ······ 276

1. 콜버그의 도덕성 발달단계 …… 277
2. 성인기의 도덕성 발달 …… 277

Ⅳ. 자기관련 개념의 변화 …… 280
1. 자기존중감 …… 280
2. 자기효능감 …… 282
3. 자아정체감 …… 284
1) 위트본의 모델 284
2) 맥아담스의 모델: 인생-이야기 모델 285

Chapter 09 일과 은퇴

Ⅰ. 일의 특성 …… 289
1. 일의 의미와 중요성 …… 289
2. 일의 본질적 변화 …… 291
3. 일, 수입, 사회경제적 수준 …… 293

Ⅱ. 직업발달 …… 294
1. 남성의 직업발달 …… 295
2. 여성의 직업발달 …… 297

Ⅲ. 직업선택과 만족 …… 299
1. 직업선택에 영향을 미치는 요인 …… 300
1) 성 별 300
2) 가 족 301
3) 성격특성 302
2. 직업만족 …… 304
1) 연령과 직업만족 304
2) 애착양식과 직업만족 305
3) 소외와 소진 306

Ⅳ. 직업역할과 가족역할의 관계 ………………………………… 308
1. 일과 가족의 상호관계 모델 ………………………………… 308
2. 가족역할과 직업역할의 상호작용……………………………… 310

Ⅴ. 은　퇴 …………………………………………………… 313
1. 발달과정으로서의 은퇴 …………………………………… 313
2. 은퇴자의 특징 ………………………………………… 314
3. 은퇴와 관련된 요인 ……………………………………… 316
1) 은퇴 시기 316
2) 은퇴 결정에 영향을 주는 요인 317
3) 여성의 은퇴 319
4. 은퇴에 대한 적응 ……………………………………… 320

Chapter 10 스트레스에 대한 대처와 생활만족

Ⅰ. 스트레스란 무엇인가…………………………………………… 325
1. 스트레스 이론 ………………………………………… 326
1) 반응지향 이론 326
2) 자극지향 이론 327
3) 상호작용주의자 접근 330
4) 통합적 견해 331
2. 스트레스의 영향 ……………………………………… 332
1) 긍정적 영향 332
2) 부정적 영향 333

Ⅱ. 성인기 동안 심각한 스트레스를 유발하는 사건……………… 335
1. 배우자의 사망 ………………………………………… 335
2. 이　혼 ……………………………………………… 337
1) 이혼의 부정적 영향 338
2) 이혼의 부정적 영향과 관련된 요인 339

3. 노년기 주거이전—시설기관 수용 ······ 340
Ⅲ. 스트레스에 대한 대처 ······ 341
1. 대처방식의 유형 ······ 342
2. 대처전략으로서의 종교와 삶의 의미 ······ 343
1) 종 교 343
2) 삶의 의미 345
3. 대처방식에 영향을 주는 요인 ······ 346
1) 연령과 대처방식 346
2) 성별과 대처방식 347
3) 성격특성, 긍정적 정서, 희망이론과 대처방식 347
Ⅳ. 생활만족 ······ 349
1. 생활만족의 측정 ······ 350
2. 연령과 생활만족 ······ 350
3. 생활만족에 영향을 주는 요인 ······ 353
4. 생활만족과 개인의 지각 ······ 356

Chapter 11 신체적 질병, 심리적 장애, 성공적 노화

Ⅰ. 신체적 질병 ······ 359
1. 암 ······ 361
2. 뇌혈관질환 ······ 361
3. 심장혈관질환 ······ 363
4. 알츠하이머 병 ······ 364
1) 실태와 증상 364
2) 원 인 365
3) 진행과 처치 367
Ⅱ. 심리적 장애 ······ 368

1. 우 울 …… 369
2. 불 안 …… 372
Ⅲ. 건강과 질병에서의 개인차 …… 373
1. 성 차 …… 374
2. 계 층 차 …… 375
3. 건강습관과 위험행동 …… 376
4. 성격특성과 건강 …… 378
Ⅳ. 성공적 노화 …… 380
1. 성공적 노화란 무엇인가 …… 380
2. 성공적 노화이론 …… 382
1) 전통적 이론 382
2) 20세기 후반의 이론 384
3. 성공적 노화에 영향을 주는 요인 …… 388
1) 주관적 안녕 388
2) 개인적 통제력 390
3) 그 외의 요인들 392

Chapter 12 인생의 최종단계-죽음과 죽어가는 과정, 사별

Ⅰ. 죽음이란 무엇인가 …… 397
1. 죽음의 정의 …… 397
1) 의학적 혹은 임상적 정의 397
2) 사회문화적 정의 399
2. 윤리적 문제 …… 403
1) 안 락 사 403
2) 생전유서와 사전 위임장 405
Ⅱ. 죽음에 대한 발달적 조망 …… 407

1. 연령에 따른 죽음의 원인과 기대 …… 407
2. 전생애 동안의 죽음에 대한 태도 …… 409
1) 아 동 기 409
2) 청 년 기 410
3) 성 인 기 411
Ⅲ. 죽음에 대한 공포와 불안 및 죽음수용 …… 413
1. 죽음에 대한 공포 …… 413
1) 연령 및 성별과 죽음공포 415
2) 죽음에 대한 공포와 관련된 요인 416
2. 죽음불안 …… 417
1) 죽음불안과 성차 418
2) 죽음불안과 연령차 418
3. 죽음수용 …… 419
Ⅳ. 죽어가는 과정 …… 420
1. 큐블라-로스의 죽어가는 과정 …… 421
1) 큐블라-로스의 5단계 421
2) 큐블라-로스 연구에 대한 비판 423
2. 죽어가는 과정과 맥락적 접근 …… 425
Ⅴ. 사별: 타인의 죽음에 대한 대처 …… 426
1. 죽어가는 사람과의 의사소통 …… 426
2. 애 도 …… 428
1) 예상한 죽음과 예상하지 못한 죽음 429
2) 애도와 관련된 요인 430
3) 복합비애 432
참고문헌 …… 433
인명색인 …… 463
사항색인 …… 465

Chapter

1

성인기 발달의 특징과 연구방법

Ⅰ. 성인기 발달의 특징

1. 전생애 발달적 조망
2. 왜 성인기 발달을 연구하는가
3. 성인기 연구의 역사
4. 성인기의 구분
5. 성인기 발달에서 자주 등장하는 개념들

Ⅱ. 성인발달 연구

1. 성인연구의 설계법
2. 성인연구 방법
3. 성인기 실험연구
4. 성인연구에서 고려할 점

Adult Development

&

Aging Psychology

Chapter 01

성인기 발달의 특징과 연구방법

성인기는 전생애의 2/3 이상을 차지하는 긴 기간임에도 불구하고 언제부터 성인기가 시작되는지에 대해서 아직도 합의된 기준이 없다. 더욱이 평균수명의 증가로 성인기는 한 세대 전보다 더 길어지고 있어 최근에는 성인후기의 후기가 새로운 발달단계로 첨가되는 추세에 있다. 또한 이 시기는 아동기나 청년기와는 다르게 생물학적 변화와 함께 사회적 사건들에 기인한 변화들이 많이 일어나므로 개인에 따라 많은 다양한 경험을 하는 시기이기도 하다. 이 장에서는 변화하는 성인기 발달을 이해하기 위한 기초로서 성인기 발달의 특징과 역사 및 성인기 구분방법 등을 설명하고 성인연구의 설계를 포함하여 다양한 성인 연구방법들을 소개한다.

unit I 성인기 발달의 특징

성인기는 20세기 이전까지는 존재하지 않았던 발달단계로서 전생애 발달을 중요시한 Erikson의 심리사회적 이론에 의해 처음으로 중요한 발달단계로 인식되기 시작하였다. 특히 독일의 발테스(Baltes, 1987; Baltes 등, 1998)가 제안한 전생애 발달적 조망(life-span developmental perspectives)은 성인기를 아동기나 청년기 못지않게 많은 새로운 변화들이 일어나는 중요한 발달단계로 부각시켰다.

Paul Baltes

1. 전생애 발달적 조망

전생애 발달적 조망에서는 아동기나 청년기와 같은 특정한 발달단계만이 중요한 것이 아니라 전생애 동안의 모든 발달단계가 동등하게 중요하며, 인간발달은 임신되는 순간부터 죽음의 순간까지 계속된다는 입장을 취한다.

전생애 발달심리학자들은 각 발달단계에서 나타나는 행동에서의 항상성과 변화에 관심을 갖고 전생애 동안의 연령관련적 변화를 연구한다. 그들은 성인기 동안에도 중요한 변화나 발달이 이루어진다고 주장하고 성인기 발달의 중요성을 강조하였다. 이 외에도 전생애 발달적 조망은 다음과 같은 특징을 지닌다.

① 발달은 획득과 상실을 포함한다

인간발달의 한 영역에서 성장이 이루어지고 있을 때 다른 영역에서는 각기 다른 속도로 감퇴가 일어난다. 그 예로서 어휘능력은 일생 동안 증가하는 경향이 있는 반면, 반응시간은 연령증가와 함께 점차 느려진다. 성장과 감퇴가 항상 동등한 영향력을 갖는 것은 아니지만, 발달은 전생애의 모든 시점에서 획득과 상실의 결합으로 표현된다. 그림 1-1은 연령증가와 함께 획득은 감소하고 상실이 증가한다는 것을 보여 준다. 발테스는 인간발달의 궁극적 목표는 모든 연령에서 획득과 상실의 균형을 유지하는 것이라고 주장하였다.

그림 1-1 전생애 동안 계속되는 획득과 상실의 이론적 비율

연령증가와 함께 획득은 감소하고 상실은 증가한다.

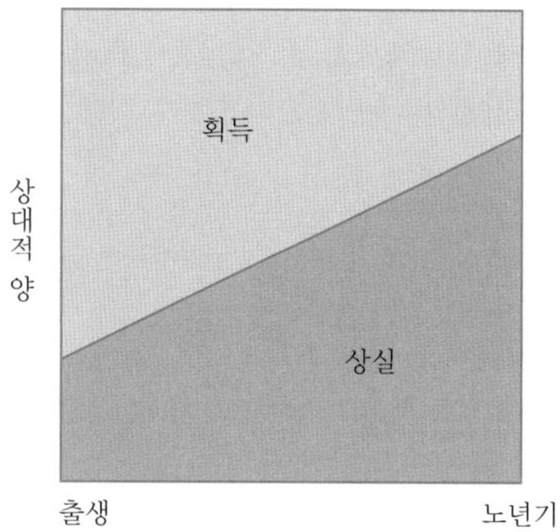

출처: Baltes, 1987.

② 발달은 중다차원적, 중다방향적, 중다원인적이다

전생애 동안의 변화는 다양한 영역에서 일어나고 다양한 방향으로 진행되며 많은 상이한 요인들의 영향을 받는다. 발달은 신체적, 사회적, 인지적, 정서적 차원 등 여러 상이한 차원에서 일어난다. 각 차원에서의 발달은 다른 차원들과 서로 관련되어 있기는 하지만, 각각은 독립적으로 그 자체의 발달적 패턴이나 시간표를 따라 이루어진다. 따라서 발달이 진행되는 방향은 개인에 따라 매우 다양하고 각 개인은 생물학적, 심리적, 사회문화적 요인과 생애주기요인 등 중다의 영향을 받는다. 그 결과 연령이 증가할수록 개인은 더 유사해지기보다는 점점 더 큰 차이를 나타낸다.

③ 가소성(plasticity)이 있다

가소성이란 인간이 지니고 있는 변화의 잠재가능성으로 성인기 동안은 물론 성인후기의 노인들도 훈련을 통하여 기술을 습득하고 개선시킬 수 있다. 물론 기술의 습득이나 개선의 정도에는 한계가 있지만, 변화가능성은 전

생애 동안 계속된다.

④ 발달은 역사적, 문화적, 사회적 맥락 내에서 일어난다

각 개인은 그가 태어난 역사적 시기와 몸담고 있는 사회문화적 영향을 받지 않을 수 없다. 역사적 시기와 사회문화적 특성 모두 환경을 구성하는 중요한 요소로서 그것은 개인에게 영향을 주고 개인 또한 그것에 영향을 주는 상호작용체계를 형성한다.

발테스 등(Baltes 등, 1998)은 그림 1-2에 제시된 바와 같이, 전생애 동안의 발달이 개인의 생물학적 요인과 환경적 요인의 상호작용을 바탕으로 규범적인 연령관련 요인과 규범적인 역사관련 요인 및 비규범적 요인들의 영향을 받는다고 제안하였다. 이 세 가지 요인들은 전생애 동안 개인의 발달에 영향을 주고 그 영향은 축적되며 개인의 삶이 어떻게 변화하는지를 결정한다.

여기서 규범적이라는 의미는 개인에 따라 혹은 문화에 따라 매우 유사하다는 뜻을 지닌다. 그러므로 규범적인 연령관련 요인은 대부분의 여성들이

그림 1-2 전생애 발달에 영향을 주는 세 가지 요인들

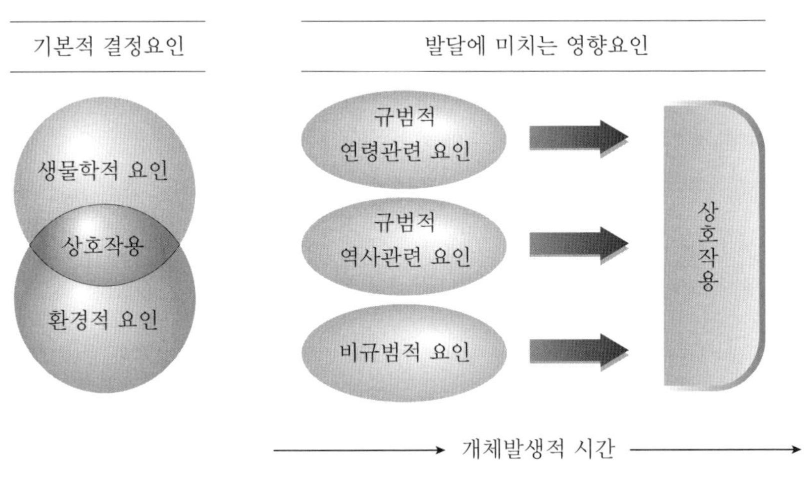

출처: Baltes 등, 1998.

10-12세에 사춘기에 도달하고 40대 후반이나 50대 초반에 폐경기를 경험하는 것과 같이 연령과 밀접하게 연결된 예측가능하고 보편적으로 경험되는 사건들에 해당한다.

규범적인 역사관련 요인은 개인이 성장한 역사적 상황요인들로서 전쟁, 기근, 전염병, 경제성장, 자동차나 TV의 기술적 진보, 인터넷 사용, 남녀 평등사상의 영향 등이 여기에 해당한다. 이러한 역사관련 요인들은 동일한 역사적 시기에 태어난 출생동시집단(cohort)간에 차이를 가져와 출생동시집단효과(cohort effect)를 만들어낸다. 6.25 전쟁 직후에 성장한 세대와 IMF 시대 및 스마트폰 시대에 성장한 세대간에 차이를 나타내는 것도 그들이 경험한 역사적 상황요인에서의 차이 때문이다.

비규범적 요인이란 각 개인의 독특한 경험으로 심각한 질병, 사고, 실직, 이직이나 직업전환, 혹은 우연한 만남 등 개인이 미리 계획하거나 예측하지 못한 사건들을 의미한다. 비규범적 요인들에 의해 개인차는 점점 더 커지고 개인들간의 다양성은 점점 더 확대된다.

⑤ 발달은 다학제적이다

인간발달은 중다학문적 지식을 요구한다. 개인은 일생 동안 한 사람의 유기체로 생활할 뿐 아니라 특정한 역사적 시기의 사회환경 내에서 가족을 포함한 여러 사람들과 어울려 생활하기 때문에, 개인의 발달적 특성을 이해하기 위해서는 심리학적 지식은 물론 생물학, 신경과학, 사회학, 인류학, 역사학, 가족학 혹은 가족심리학의 지식을 필요로 한다. 그러나 발달심리학자만으로는 이러한 다양한 특성을 지니고 있는 개인들을 연구하기 어려우므로 관련 학문분야의 연구자들과 공동연구를 수행하는 것이 전생애 발달에 대한 더 효과적 접근방법이다. 최근에 인간발달에 관심갖는 여러 학문분야의 연구자들을 통틀어 발달연구자(developmentalist)라고 하고 그들이 연구하는 학문을 발달과학(sciences of development)이라고 명명하는 것도 발달의 중다학문적 성격을 잘 나타내는 예로 볼 수 있다.

2. 왜 성인기 발달을 연구하는가

성인기는 평균수명이 증가함에 따라 분리된 발달단계로서 20세기 이전까지는 존재하지도 않았다. 20세기 동안 기대여명(제 3 장 참조)의 증가는 중년기(middle adulthood)라는 새로운 인생단계를 생성하였고 자녀가 가정을 떠난 후의 텅빈 보금자리시기(empty nest period)를 출현하게 하였다. 이제 각 개인은 청년기 이후 거의 50년 이상을 생존할 수 있게 됨으로써 성인기는 중요한 발달단계로 포함되지 않을 수 없다.

그렇다면 우리 생애의 거의 75%에 해당하는 성인기가 최근에 와서야 연구되기 시작한 이유는 무엇일까? 그 이유는 프로이트에 있다. 일찍이 프로이트는 아동초기 경험을 이해해야만 성인기 발달을 이해할 수 있다고 주장하였다. 그는 "아동은 어른의 아버지"라는 우드워스(Woodworth)의 주장대로, 성인기 사건의 대부분이 아동초기 경험에 기초한다고 믿었다. 프로이트 주장에 동조한 많은 발달연구자들은 일차적으로 인생초기의 발달에 관심을 가졌기 때문에 성인기 발달을 중요시하지 않았다.

우리는 성인기 동안 많은 사건들을 경험한다. 결혼하고, 자녀를 출산하고, 지역사회와 국가를 위해 일하고, 운동하고, 종교에 심취하고, 전쟁을 치르고, 예술작품을 창작함으로써 사회의 중추적 역할을 담당한다. 여기에 덧붙여 성인기 동안에도 중요한 변화나 발달이 일어난다는 발테스의 주장은 성인기가 중요한 발달단계라는 인식을 확산시킬 수 있었다. 이 외에도 성인기는 다음과 같은 이유로 자세히 연구될 필요가 있다.

첫째, 노인 인구가 증가하고 있으므로 우리는 그들의 능력이나 욕구를 이해하고 그들에게 도움을 제공해야 할 필요가 있다.

둘째, 성인기 발달에 대한 연구는 노화에 대한 신화나 오해 혹은 거기에 기인한 차별을 제거하는 것을 돕는다. 노인들은 저조한 신체능력과 기억능력을 지니고 있으므로 생산적인 삶을 살 수 없다는 부정적 고정관념이 우리 사회에 확산되어 있다. 노화에 대한 이러한 잘못된 인식을 수정하기 위하여 성인기 연구가 이루어져야 한다.

셋째, 성인기 발달에 대한 연구는 우리 각자의 잠재력을 발달시키고 그 것을 훼손시키는 경험이나 생활방식을 회피하는 것을 돕는다.

요약하면, 우리 모두가 노화하고 있으므로 성인기 발달에 관한 연구는 우리 자신을 이해하는 것은 물론 타인을 더 잘 이해하고 궁극적으로 우리 모두가 행복한 삶을 영위할 수 있도록 한다.

3. 성인기 연구의 역사

성인기 연구는 1920년대에 출현한 노화에 관한 연구로부터 시작되었다. 위생과 영양 및 의료기술의 진보는 기대여명을 증가시켰고 그것은 풍부한 연구대상자들을 얻을 수 있도록 하였을 뿐 아니라 그들을 이해하기 위한 연구를 필요로 하게 하였다. 또한 1920-30년대에 시작된 아동에 관한 종단연구의 연구대상자들이 성인이 됨으로써 자연스럽게 성인기 연구로 전환되었다. 최근에는 성인기에 관한 본격적인 체계적 연구들이 수행됨으로써 이 시기에 관한 심리학적 연구는 기하급수적으로 증가하고 있다.

1) 노년학의 출현

평균수명의 증가로 노인인구가 증가함에 따라 노인을 대상으로 하는 학문분야들이 출현하게 되었고 그 대표적인 분야가 노년학(gerontology)이다. 노년학은 개인의 성숙에서부터 노년기까지의 노화과정 현상을 연구하는 학문 분야로 노인에 대한 의학적 처치를 다루는 노인병학(geriatrics)과는 차이가 있다.

미국에서 노년에 관한 심리학적 연구는 1922년에 출판된 스탠리 홀(G. Stanley Hall)의 저서, 『노쇠기: 인생의 후반부』(Senescence: The last half of life)에서 시작되었다. 그는 이 책에서 노년기 특유의 변화를 설명함으로써 이 시기에 관한 연구가 필요함을 역설하였다. 홀의 저서에도 불구하고 1920년대에는 노년에 관한 연구가 많이 이루어지지는 못했다. 그러나 1930년대부터 이 분야의 연구가 점차 증가하기 시작하여 1950년대와 1960년대에 이르러서는 그 증가폭이 점차 커지게 되었다.

이와 때를 같이하여 1945년에는 미국노년학회(http://www.geron.org)가 설립되었고 1950년에는 국제노년학회(http://www.sfu.ca/iag/)도 설립되었다. 미국노년학회에서는 생물학, 의학, 심리학 분야의 노년 전문잡지 즉 『Journal of Gerontology: Biological Sciences』, 『Journal of Gerontology: Medical Sciences』, 『Journal of Gerontology: Psychological Sciences』를 각각 연 6회 발행하고 국제노년학회 역시 전문잡지 『Gerontology』를 연 6회 발행하고 있다. 한국에서는 1978년에 한국노년학회(http://www.tkgs.or.kr)가 설립되었고 1980년부터 『한국노년학』이라는 전문잡지를 출판하기 시작하였으며 현재 연 4회 발행되고 있다.

전문잡지의 출간에 힘입어, 심리학 분야에서의 노년학 연구는 1970년대에 들어오면서 극적으로 증가하였고 1980년대 이후부터는 1970년대와 비교할 수 없을 정도로 엄청난 양의 노년학 연구들이 국내외에서 쏟아져 나오고 있다.

2) 종단연구

1920년대와 1930년대에 아동들을 대상으로 수행된 종단연구의 연구대상자들이 성장하여 성인기에 접어들게 됨으로써 연구는 자연스럽게 성인기 연구로 전환되었다. 연구자들은 여러 해 동안 연구해 온 연구대상자들이 성인기에 도달하였을 때 연구를 중단하지 않고 계속함으로써 성인기 연구가 가능하게 되었고, 그것은 아동기 경험과 성인기 사건들을 연결지을 수 있도록 하였다.

버클리 성장연구(Berkeley Growth and Guidance Studies: Eichorn 등, 1981)를 포함한 여러 종단연구들의 결과로, 성인기의 신체적 노화(Shock 등, 1984), 건강과 행동(Steen & Djurfeld, 1993), 성격(Costa & McCrae, 1993), 직업

생애 발달(Howard & Bray, 1988), 기억(Hultsch 등, 1998), 지능(Schaie, 1996) 등 다양한 영역의 발달이 규명될 수 있었다.

3) 성인기에 관한 체계적 연구

성인기에 관한 최초의 체계적 연구는 1958년 미국 국립노화연구소(NIA)의 전신인 미국 국립보건원(NIH)의 노년학 분과회장인 네이선 쇼크(Nathan Shock) 박사에 의해 시작되었다. 이 연구는 노화에 관한 볼티모어 종단연구(Baltimore Longitudinal Study of Aging: BLSA)로 알려져 있다.

현재까지 1,200여 명의 연구대상자를 관찰하고 실험하였으며 뇌와 기억력, 성격과 행복, 대사능력과 감각능력 등의 연령에 따른 변화를 연구하고 있다. BLSA 외에도 시애틀 노화종단연구(Seattle Longitudinal Study of Aging), 듀크 노화종단연구(Duke Longitudinal Studies of Aging), 미국 건강 및 영양평가조사, 미국 재향군인회 정상노화연구 등이 수행되고 있으며, 국내에서는 1996년 서울대 체력과학노화연구소에 의해 서울 노화종단연구가 진행되고 있다.

1990년대에 들어오면서 발달심리학 분야의 연구자들도 청년기 이후부터 65세까지의 성인들의 심리적 발달을 연구하기 시작하였고 2000년대 이후에는 65세 이후의 노인에 관한 연구도 활발해졌다. 1990년대 초기에는 빠르게 변화하는 현대 사회에서 성인들이 경험하는 스트레스나 파괴적 영향을 감소시키기 위하여, 학습능력이나 기억능력과 같이 성인기 적응과 관련된 요인들을 연구하였으나 최근에는 성인기 발달의 전 영역(신체적, 심리적, 정서적, 사회적)은 물론 성공적 노화에 관한 연구들이 활발하게 수행되고 있다.

유럽에서는 평균수명이 증가함으로써 지금까지는 연구되지 않았던 80세 이상의 노인들에 관한 포괄적인 종단연구들이 수행되고 있다. 그 대표적인 연구로서 다음과 같은 연구들이 있다.

① 베를린 노화연구(Berlin Aging Study(BASE): Baltes & Mayer, 1999)

② ILSE 연구(Interdisciplinary Longitudinal Study on Adult Development: Rudinger & Minnermann, 1997)

③ Lund 80+(Svensson 등, 1993)

④ 조지아 100세 연구(Georgia Centenarian Study: Poon 등, 1992)

4. 성인기의 구분

성인기를 어떻게 구분하는가는 연구자에 따라 차이가 있다. 청년기가 길어지고 있기 때문에 성인기 시작이 늦어지고 건강과 웰빙의 중요성은 과거보다 개인의 노화를 지연시켜 더 오랫동안 젊음을 유지할 수 있도록 한다. 따라서 성인기가 언제 시작되고 노년기 시작이 언제인지는 사회에 따라 그리고 동일한 사회 내에서도 개인에 따라 큰 차이가 있다.

1) 성인기의 시작

헬렌 비(Helen L. Bee, 2000) 같은 연구자는 성인기를 18세부터 사망까지로 분류하기도 하지만, 18세를 성인기 시작으로 보기에는 몇 가지 문제점이 있다. 우선 성인기의 시작은 곧 개인이 성숙했음을 의미하기 때문에 과연 18세의 개인이 완전한 성숙에 도달했다고 할 수 있느냐이다.

개인의 성숙여부는 생물학적 성숙, 심리적 성숙 및 사회적 성숙의 세 가지 차원에서 논의된다. 우선 생물학적 성숙은 신체적으로 완전하게 성장했다는 뜻으로 생식이 가능하다는 의미를 내포한다. 물론 만성적인 영양부족 상태에 있거나 질병을 앓고 있을 때는 20대 중반까지도 성숙에 도달하기 어려울 것이지만, 일반적으로 생물학적 성숙은 18~21세경에 완성된다.

심리적 성숙은 정신적 혹은 정서적 수준의 성숙상태와 연결되므로 심리적으로 성숙한 사람은 새로운 상황에 적응할 수 있고 미래에 대해 생각하고 계획할 수 있으며 친밀한 관계에 헌신할 수 있어야 한다. 한편 사회적 성숙은 개인이 가정을 떠나, 결혼하고 가정을 꾸미고 스스로를 부양할 수 있을 때 이루어진다. 그러므로 사회적 성숙은 사회가 법적으로 보장하는 여러 가지 권리와 의무를 수행할 수 있을 때 도달가능하다.

따라서 성인이 될 수 있기 위해서는 공식적 교육을 모두 끝내고 결혼과 부모역할을 수행하기 위해 집을 떠나며 안정적인 전일제 직업을 가질 수 있어야 한다. 그러나 전세계의 거의 모든 나라에서 이 모든 과업의 수행이 지연되고 있다. 14세부터 23세까지의 젊은이들을 종단적으로 추적한 결과에 의하면(Seiffge-Krenke & Gelhaar, 2007), 젊은이들은 23세까지 성인초기 발달과업을 시작하지도 성취하지도 못하였다. 흥미롭게도 청년기 발달과업은 청년초기에 이미 달성되는 반면, 대부분의 성인초기 젊은이들의 발달상태는 매우 저조하여 성인기 시작이 지연되고 있음이 확인될 수 있었다.

아네트(Arnett, 2000) 같은 연구자는 개인이 자신을 성인으로 지각하는지 아닌지에 따라 성인기 시작 여부가 결정된다고 주장하고, 12세부터 55세까지의 성인들에게 자신을 성인으로 지각하는지를 질문하였다. 그림 1-3에 제시된 바와 같이 18세부터 25세까지의 젊은이들은 어떤 점에서는 그렇고 어떤 점에서는 그렇지 않다는 응답을 가장 많이 하였다. 그러나 26세부터 35세 사이의 성인들 중 50% 이상이 자신을 성인으로 지각한다고 응답하여, 아네트는 26세가 성인기 시작시점일 수 있다고 제안하였다.

2) 노년의 의미

노년의 기준도 성숙의 기준만큼 광범위하고 주관적이며 그것은 생물학적, 심리적 및 사회적 의미를 지니고 있다. 우선 생물학적으로 노년이나 노화의 기준은 생식능력의 상실, 흰머리, 신체적 감퇴, 만성적 질병 등을 포함한다. 그러나 생식능력의 상실은 여성들에서만 일어나고 노화의 증후들은 큰 개인차를 나타내기 때문에 과연 노년의 시작시점이 언제인지를 알기 어렵다.

심리적으로 개인이 노화하였다고 느낄 때를 노년의 기준으로 잡을 수도 있다. 예를 들면 신체가 더 이상 부드럽게 움직이지 않거나 자주 사용하는 물건을 어디에 두었는지 기억나지 않을 때 우리는 자신이 노화했다고 느낀다. 또한 심리적으로 지혜가 발달하였을 때를 노년의 시작으로 잡을 수도 있다. 문제는 노화의 지각시점이 개인에 따라 차이가 있고 사람에 따라 영원히 지혜롭지 않을 수도 있기 때문에 심리적 기준도 노년의 시작으로 적절하지 못하다.

그림 1-3 성인에 대한 자기지각

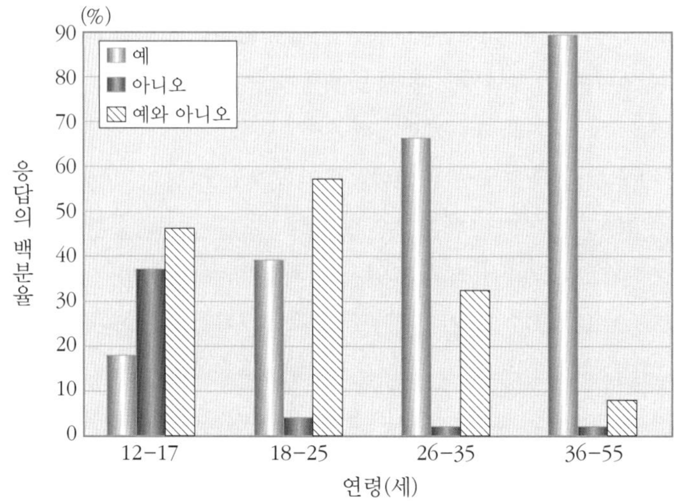

출처: Arnett, 2000.

노년의 사회적 기준으로는 조부모 역할의 시작과 직업으로부터의 은퇴, 부모의 사망 등이 있으며, 혼자서 움직일 수 없을 때도 그 기준이 될 수 있다. 그러나 이 모든 사건의 시작시점 역시 개인에 따라 큰 차이를 보이기 때문에 노년기 시작시점으로 잡기는 어렵다.

3) 성인기 발달단계와 발달과업

일찍이 허비거스트(Havighurst, 1972)는 성인발달 단계를 성인초기, 성인중기 및 성인후기로 구분하고 성인초기를 18세부터 35세까지, 성인중기를 35세부터 60세까지 그리고 성인후기를 60세 이상으로 규정하였다. 그러나 오늘날의 18세는 아직도 청소년으로 성인의 역할을 수행하기에는 너무 어리다고 할 수 있으므로 18세를 성인기 시작시점으로 보기 어렵다. 또한 건강에 대한 관심은 중년기 시작을 지연시키고 60세 이후에도 직업역할을 수행하는 사람들을 증가시키므로 성인중기의 시작연령과 성인후기의 시작연령은 더 늦어지는 추세에 있다.

평균수명이 길어짐에 따라 어떤 연구자들(Moen & Spencer, 2006)은 성인후기를 다시 10년씩 구분하여 성인후기 초기(66-75세), 성인후기 중기(76-85세) 그리고 성인후기 후기(85세 이상)로 구분하기도 한다. 그러나 이 책에서는 제 2 장에서 설명할 레빈슨(Levinson, 1986)의 발달단계를 따라 성인기를 성인초기, 성인중기, 성인후기 및 성인후기의 후기로 구분하고 각 연령단계가 20년 정도 계속될 것으로 가정하였다. 우선 성인초기는 아네트(Arnett, 2000)의 연구에 기초하여 26세부터 45세까지, 성인중기는 45세부터 65세까지 그리고

표 1-1 허비거스트의 성인기 발달과업

성인기의 구분	발달과업
성인초기(18-35세)	• 배우자를 선택하기 • 배우자와 생활하는 것을 학습하기 • 가족을 형성하기 • 아동을 양육하기 • 가정을 관리하기 • 직업역할을 시작하기 • 민주시민으로서의 책임을 다하기 • 마음맞는 사람과 사회집단을 형성하기
성인중기(35-60세)	• 성인으로서, 민주시민으로서 사회적 책임을 완수하기 • 생활의 경제적 표준을 확립하고 유지하기 • 책임감있고 행복한 성인이 될 수 있도록 청소년 자녀를 돕기 • 여가시간 활동을 개발하기 • 한 사람의 개인으로서 배우자와의 관계를 확립하기 • 중년기의 심리적 변화를 수용하고 적응하기 • 노화하는 부모에 적응하기
성인후기(60세 이상)	• 감소하는 신체적 힘에 적응하기 • 은퇴와 감소하는 수입에 적응하기 • 배우자의 죽음에 적응하기 • 자신의 연령집단과 친밀한 관계를 확립하기 • 사회적 혹은 민주시민의 의무를 다하기 • 만족스러운 삶의 방식을 확립하기

성인후기는 65세부터 85세까지 그리고 성인후기의 후기는 85세 이후로 구분하였다.

표 1-1은 허비거스트가 제안한 성인기 동안의 발달과업(developmental task)을 제시한다. 발달과업이란 개인이 환경에 적응하기 위하여 요구되는 기술이나 능력으로 특정한 연령이나 단계에서 개인이 성취해야 하는 활동이나 목표에 해당한다. 만약 한 단계에서의 발달과업의 성취가 만족스럽지 못하면 다음 단계의 발달이 지장을 받게 되므로 발달과업은 개인의 성공적 적응 여부를 평가하는 기준으로 활용된다.

그러므로 발달과업의 성공적 성취는 곧 적응적 발달을 이루었다는 의미로서 개인을 행복으로 인도하고 이후 단계에서의 성공을 가능하게 한다. 반면에 그것의 실패는 개인을 불행하게 하고 사회로부터 인정받지 못하게 하며 이후 단계에서의 성취를 어렵게 한다(장휘숙, 2009; Pinquart 등, 2004; Schulenberg 등, 2004; Seiffge-Krenke & Gelhaar, 2007). 더욱이 발달과업의 성취 여부는 정신건강이나 정신병리를 예언하는 지표의 역할도 하므로 발달심리학자나 발달정신병리학자들이 중요시하지 않을 수 없다.

연구자들은 발달과업 중 특히 성인기 진입 여부를 결정짓는 성인초기의 발달과업에 큰 관심을 갖는다. 일찍이 에릭슨(Erikson, 1968)은 친밀감 탐색을 성인초기의 중요한 발달과업으로 설정하고 이성과의 친밀감 형성을 중요시하였다. 그러나 슐렌버그와 그 동료들(Schulenberg 등, 2004)은 교육과 일, 경제적 자율성, 낭만적 관계 몰입, 친구관계 몰입, 약물남용 회피 그리고 시민의식을 성인초기의 특징적 발달과업으로 제시하였고 아네트(2000)는 경제적 독립이 성인초기의 중요한 발달과업이라고 주장하였다.

또한 18세부터 39세까지의 한국인 2,603명(남: 1,255명, 여: 1,348명)을 대상으로 연구한 장휘숙(2008)은 허비거스트가 제안한 성인초기 발달과업 중에서 '마음이 맞는 사람과 사회적 집단을 형성한다'를 제외한 7개의 발달과업이 한국인의 성인초기 발달과업이라고 보고하였다. 7개의 발달과업 중 처음 5개의 발달과업은 배우자와 자녀를 포함하는 가족관련 과업이고, 나머지 2개의 발달과업은 직업 및 시민의 의무와 관련한 과업이어서, 한국의 젊은이들은 성인초기 동안 사회적 관계의 형성보다는 오로지 가족과 직업관련 과업을 중요시한다는 것을 알 수 있다.

결국 이러한 결과는 연구자들간에 조금씩 차이가 있기는 하지만 성인초기의 발달과업이 존재하고 문화에 따른 변이가 있다고 할지라도 그 차이는 크지 않다는 것을 시사한다. 어느 시대 어느 사회에서나 각 발달단계를 위한 규범적 기대가 존재하므로 이 시대에서도 발달과업의 성취는 여전히 중요한 개인적 과업임이 분명하다.

5. 성인기 발달에서 자주 등장하는 개념들

성인기 발달을 설명할 때 자주 등장하는 개념들이 있다. 사회적 시계(social clock)와 연령 및 연령차별주의(ageism) 그리고 중년기 위기(midlife crisis) 등이 그것이다.

1) 사회적 시계

사회적 시계란 중요한 인생사건들이 일어날 것으로 기대되는 연령으로 특정 사회가 규정하는 규범적 연령이다. 일반적으로 결혼이나 자녀양육, 은퇴 혹은 조부모 되기와 같은 중요한 인생사건들은 그 사회 내의 합의된 연령규준에 따라 수행된다. 따라서 개인의 발달은 특정한 인생사건들이 이 연령규준에 맞추어 전개되는지 아니면 이 연령보다 늦게 혹은 일찍 전개되는지에 따라 평가된다. 만약 어떤 사람이 사회적 시계를 따르지 않는 생활을 한다면, 타인으로부터 비난을 받고 개인적 괴로움을 경험할 수 있다.

따라서 사회적 시계는 사회가 적정한 연령에서 개인이 특정한 역할을 수행하도록 압력을 가하기도 하고 연령에 적절하지 않다고 생각되는 행동을 억제하는 역할도 한다. 19세의 임신이 때 이른 행동으로 생각되고, 40세의 결혼이 때늦은 행동으로 평가받는 것도 이 때문이다.

그러나 최근의 경향은 사회적 시계를 무시하고 개인 자신의 독특한 시계에 맞추어 생활하는 사람들이 늘어나고 있다. 결혼연령은 매우 다양해져서 30대 초반에도 결혼하지 않은 사람들이 많은가 하면 결혼 자체를 거부하고 독신생활을 계속하는 젊은이들도 많이 있다. 또한 결혼하고도 자녀출산을 거부하는 성인초기 성인들도 상당수 있을 뿐 아니라 65세 이후에도 은퇴 없이 여전히 직업을 갖고 활발하게 활동하는 사람들도 많기 때문에 그 어느 때보다 사회적 시계의 개념이 약화된 상태에 있다.

2) 연령과 연령차별주의

(1) 연 령

연령이란 발달단계를 구분하는 기초인 동시에 특정한 출생동시집단의 구성원임을 나타내는 지표로서 우리 모두는 생년월일에 기초한 생활연령 혹은 역연령(chronological age)을 가지고 있다.

생활연령은 아동의 발달을 설명할 때 매우 유용하다. 그 예로서 생후 10개월의 영아라고 하면, 우리는 그 아기의 신체능력이나 인지능력을 거의 정확하게 예측할 수 있다. 아동기의 특징적인 발달적 이정표들인 걷기, 두 단어를 말하기, 자신의 이름을 쓰기, 초등학교에 입학하기도 연령과 밀접하게 연결되어 있으므로 생활연령은 아동의 발달을 효과적으로 기술해낼 수 있도록 한다.

그러나 성인기 동안 일어나는 결혼이나 이혼, 재혼, 부모되기 혹은 은퇴와 같은 발달적 이정표들은 매우 다양한 연령에서 시작되고 성취되기 때문에 특정한 생활연령을 가정하기 어렵다. 따라서 성인기에 유용한 연령은 생활연령보다는 오히려 기능적 연령(functional age)이다.

기능적 연령이란 생활연령과 관계없이 개인이 수행할 수 있는 능력 정도로서 다음과 같은 세 가지 연령에 기초한다.

① 생물학적 연령(biological age): 유사한 연령(생활연령)의 다른 사람과 비교한 건강 특히 핵심적 기관체계에서의 건강 연령. 심장기능과 폐기능이 중요한 지표로 활용된다.

② 심리적 연령(psychological age): 유사한 연령의 다른 사람과 비교한 환경에 대한 적응능력이나 대처능력 연령. 우리는 매일매일 문제를

해결하기 위해 행동적, 인지적 그리고 정서적 기술을 사용한다.

③ 사회적 연령(social age): 생활연령이나 전체적 기능과 비교한 사회적 역할이나 기대에 기초한 연령. 사별은 성인후기에 주로 일어나므로 젊은 여성이 사별하였다면 우리는 그 여성을 실제보다 더 나이많은 사람으로 지각할 것이다.

그러므로 어떤 사람이 단순히 55세라는 것을 아는 것보다는 그 사람의 건강과 성격 및 사회적 관계에 대해 알고 있다면 그 사람의 신체능력이나 인지능력을 더 잘 추론할 수 있으므로 기능적 연령은 성인기에 유용한 개념임이 분명하다.

주관적 연령(subjective age) 또한 성인기에 유용하다. 주관적 연령이란 개인 스스로 지각한 연령 혹은 개인 자신이 느끼는 연령으로서 사람들은 생활연령보다는 주관적 연령을 자신의 실제 연령으로 생각하는 경향이 있다(Kaufman & Elder, 2002). 일반적으로 남성노인들은 여성노인들보다 노년기로의 이동이 실제보다 더 늦은 시점에서 이루어진다고 생각하기 때문에(Musaiger & D'Souza, 2009), 남성노인들은 자신을 생활연령보다 더 젊다고 지각한다. 그러나 여성노인들은 젊을수록 주관적 연령을 생활연령보다 더 낮게 지각하여 자신을 실제보다 더 젊다고 생각하지만, 늙어갈수록(75세 이후) 주관적 연령과 생활연령을 동일하게 지각하는 경향이 있었다(장휘숙, 2010).

주관적 연령의 중요성은 그것이 신체적, 심리적 안녕의 지표라는 것이다. 높은 주관적 연령을 지니고 있는 사람들은 자신을 실제보다 더 늙었다고 생각하기 때문에 더 낮은 자기존중감과 건강에 대한 부정적 고정관념을 지니며 더 우울한 상태에 있었다(윤유경, 1995; 장휘숙, 2010; Palacios 등, 2009).

(2) 연령차별주의

연령차별주의(ageism)란 연령을 바탕으로 개인을 모욕하거나 비하하는 태도나 신념, 행동 혹은 사회적 관습 등을 말한다. 다시 말하면 연령차별주의는 상이한 연령집단에 대해 갖는 고정관념으로서 이론적으로는 노인은 물론

10대에게도 적용될 수 있는 개념이지만, 실제적으로는 65세 이상의 노인에 대한 부정적 고정관념을 의미한다.

연령차별주의의 문제는 성차별주의(sexism)와 같이 외형적 특성만으로 개인을 과일반화한다는 것이다. 그에 따라 노인들은 성미가 까다롭고, 노쇠하고, 어리석고, 효율적인 행동이 불가능한 사람으로 평가되고 가까이하기 싫은 대상으로 분류된다. 특히 노인들은 젊은 성인들과 비교하여 매력없고 무능력한 사람으로 평가된다.

연령차별주의가 존재하는 이유는 무엇인가? 일치된 견해가 없기는 하지만, 일부의 연구자들은 죽음과 죽어가는 과정에 대한 공포 때문에 노인에 대한 연령차별주의가 존재한다고 주장한다. 노인들을 보면 젊은이들도 죽을 수밖에 없다는 생각을 하게 하므로 노인들에 대한 부정적 태도가 존재한다는 것이다. 문제는 노인과 죽음을 연결지음으로써 노인에 대한 부정적 고정관념을 만들어 내는 사람들은 자신이 노인이 되었을 때 자신에게도 여전히 부정적 고정관념을 적용한다는 것이다.

현대사회의 도시화와 산업화가 노인을 쓸모없는 존재로 만들었다는 주장도 있다. 그러나 사회가 현대화된다고 해서 노인의 지위가 낮아지고 연령차별주의가 더 심각해지는 것은 아니다. 동시대의 산업화되지 않은 사회에서도 노인에 대한 부정적 태도가 발견될 뿐 아니라 산업화된 선진국 노인들은 오히려 존경을 받고 복지제도의 혜택을 받으면서 행복한 생활을 하고 있기 때문이다.

노인 여성들에게는 중다의 편견이 적용된다. 소위 중다위험가설(multiple jeopardy hypothesis)에 의하면, 노인 여성들은 노인이기 때문에 그리고 여성이기 때문에 고정관념적 태도에 기인한 이중적인 부정적 편견에 시달린다. 이와는 달리 여성이든, 남성이든, 소수집단이든, 노인이라는 사실 하나만으로 연령차별주의에 시달리게 되므로 노인 여성들이라고 해서 특별히 불리할 이유가 없다고 주장하는 사람도 있다. 더욱이 여성들은 여러 해 동안 여성이라는 이유로 차별을 받아 왔기 때문에 연령에 기인한 고정관념에 이미 면역되어 있으므로(예방접종가설, inoculation hypothesis), 예방접종을 받은 일이 없는 노인 남성들이 더 힘들게 연령차별주의에 견디지 않으면 안 된다는 주장도 있다.

연령차별주의에 기인한 노인에 대한 부정적 태도는 노인을 대상으로 하는 연구에도 그대로 영향을 미쳐, 노인들을 실제보다 더 불건강하고, 더 가난하고 더 무능하다고 해석하게 한다. 이러한 문제를 해결하기 위해 미국심리학회는 이미 성인 및 노인 연구를 위한 비연령차별주의자 지침(Non-Ageist Guidelines)을 개발하기 시작하였고, 용어의 정의에서부터 표본선택, 측정 그리고 자료분석과 해석상의 문제를 특히 역점두어 다루고 있다.

3) 중년기 위기

중년기 위기란 인생의 중반(40–45세) 무렵에 이르러 겪게 되는 성격특성에서의 급격한 변화를 말한다. 이 개념이 대중매체에 등장한 것은 1970년대 초반으로 저널리스트인 쉬이(Sheehy, 1974)가 레빈슨의 이론을 바탕으로 저술한 『통과: 성인생활의 예측가능한 위기』(Passages: Predictable Crises of Adult Life)라는 책을 출판하면서였다.

실제로 중년기 동안 여러 가지 변화들이 일어난다. 이 때 처음으로 노화의 증후들이 나타나기 시작하고 자녀들은 하나둘씩 가정을 떠나며 노부모를 모셔야 하는 책임을 맡게 됨으로써 가족생활주기(제 6 장 참조)에서 변화가 일어나는가 하면 직업생활에서도 변화가 일어날 수 있다. 특히 남성들은 젊은 날에 꿈꾸었던 직업적 성공이 더 이상 가능하지 않다는 생각으로 괴로움을 겪는다. 일찍이 레빈슨(Levinson 등, 1978)은 이 시점에서 각 개인은 젊은 날에 설정했던 목표와 현재의 성취를 비교하고 지금까지 살아온 날에 대해 회의하며 이제 무엇을 하기에는 너무 늦었다는 생각으로 중년기 특유의 위기를 경험한다고 주장하였다.

그러나 중년기 위기의 존재는 경험적 연구에 의해 확인되지 못하였다. 맥크레와 코스타(McCrae & Costa, 1990)는 그들이 개발한 성격의 5요인 모델을 사용하여 연구한 결과, 그림 1–4와 같이 남녀 모두 정서적 불안정성과 외향성 및 경험에 대한 개방성에서 연령에 따른 변화를 나타내지 않는다는 것

그림 1-4 정서적 불안정성, 외향성 및 경험에 대한 개방성에서의 연령에 따른 변화

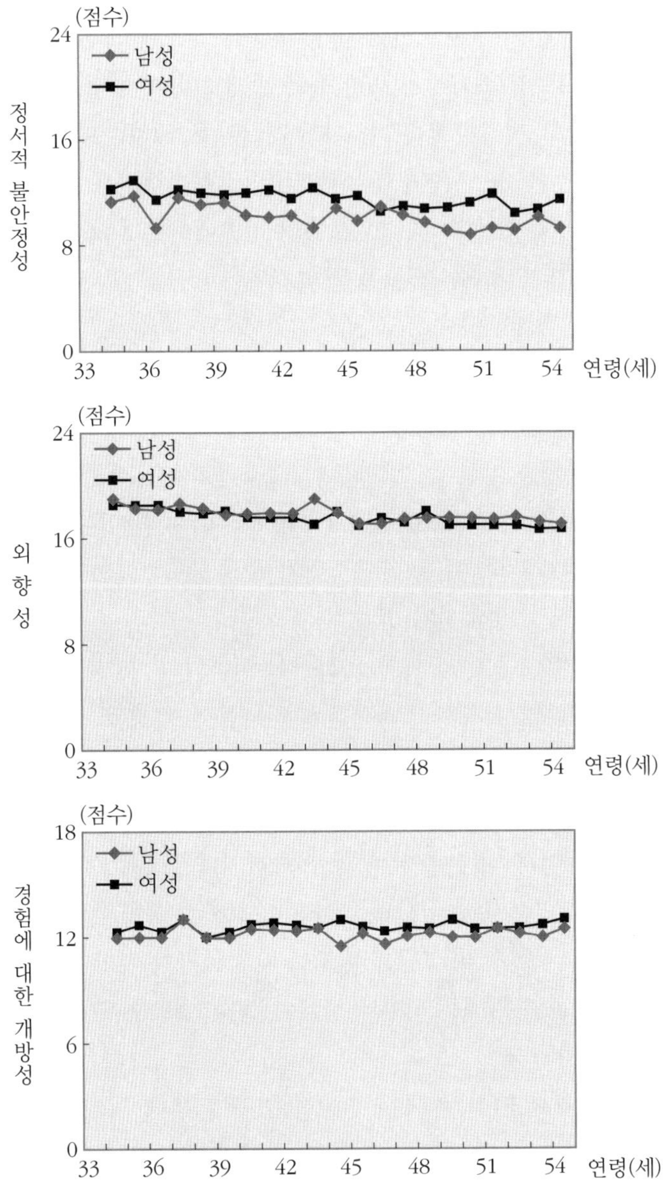

출처: McCrae & Costa, 1990.

을 확인하였다.

만약 중년기 위기가 존재한다면 40세와 45세 사이에 정서적 불안정성 점수가 크게 높아져야 하지만, 그와 같은 변화는 나타나지 않았다. 다만 10년 전에 정서적 불안정성 점수가 높았던 사람들만이 중년기에 정서적 불안정성 점수가 더 높아졌다. 이러한 결과는 중년기 위기가 보편적인 현상이 아니며, 만성적인 심리적 문제를 지니고 있는 사람들 사이에서만 나타나는 독특한 현상이라는 것을 의미한다(McCrae & Costa, 2003). 그러므로 중년기 위기이론에서 주장하는 독특한 갱년기 경험이나 자녀의 독립, 노부모 모시기 혹은 직업 불만족 등은 성격특성에서 부정적 변화를 초래하지 않는 것이 분명하였다.

unit Ⅱ 성인발달 연구

성인발달에 관한 연구도 아동발달이나 청년발달 연구와 같이 실험연구와 조사연구를 통해 이루어지지만 연령에 따른 변화에 관심을 갖기 때문에 발달연구 특유의 설계법을 필요로 한다. 이 절에서는 먼저 성인연구에 활용되는 설계법을 소개하고 구체적 연구방법들을 차례로 설명한다.

1. 성인연구의 설계법

1) 횡단적 설계와 종단적 설계

아동연구나 청년연구에서와 동일하게 성인연구에서도 연령에 따른 변화를 규명하려고 하므로 연령변화(age change)와 연령차이(age difference)를 구별해야 한다. 연령변화란 연령이 증가함에 따라 특정 개인에게 일어나는 변화를 의미하는 반면, 연령차이란 서로 다른 연령의 개인이나 집단을 비교할 때 관찰될 수 있는 차이를 말한다. 만약 70세 노인의 반응이 그가 25세였을 때의 반응만큼 빠르지 못하다면 그 차이는 곧 연령변화에 기인할 것이나 현

그림 1-5 횡단적 설계와 종단적 설계

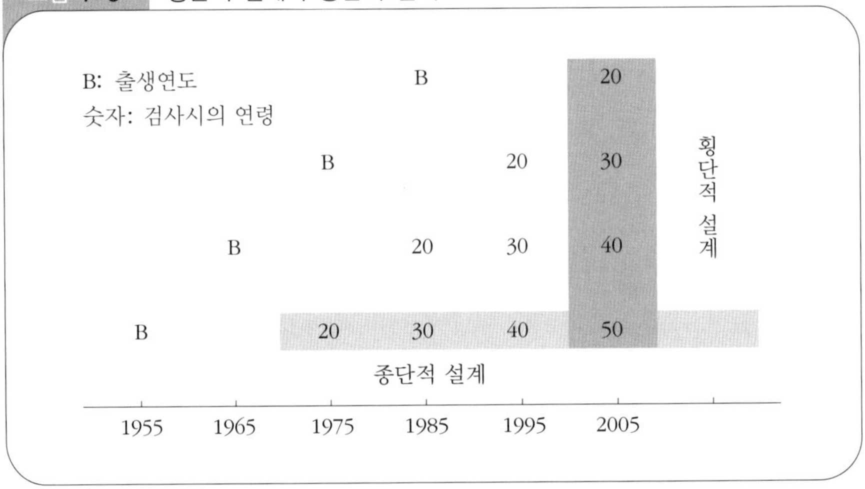

재 70세 노인의 반응이 현재 25세의 젊은이들의 반응보다 더 느리다면 그 차이는 곧 연령차이가 될 것이다.

연령변화와 연령차이는 발달연구에서 사용되는 두 가지 설계법에 의해 생성될 수 있다. 그림 1-5는 횡단적 설계와 종단적 설계를 함께 제시한다. 횡단적 설계는 동일한 시기에 서로 다른 사람들을 비교하는 실험설계로서 연령차이를 확인할 수 있도록 하는 반면, 종단적 설계는 동일한 개인들을 서로 다른 시기에 2회 이상 측정함으로써 시간경과에 따른 차이 즉 연령변화를 찾아낼 수 있도록 한다. 따라서 횡단적 설계에 의한 연구(횡단연구)는 단 하루만에도 끝마칠 수 있지만 종단적 설계에 의한 연구(종단연구)는 수년에서 수십 년까지 계속될 수 있다.

(1) 출생동시집단 효과

횡단적 설계와 종단적 설계 양자에서 가장 중요한 변인은 연령이다. 연령이 중요한 이유는 발달연구의 목적이 연령에 따른 변화를 규명하려는 데 있기도 하지만, 출생동시집단 효과 때문이기도 하다. 출생동시집단이란 동일한 시기나 한정된 범위의 시기에 함께 태어난 사람들로서 그들이 공유하는 독특한 특성 때문에 출생시기가 다른 사람들간에 차이가 나타난다. 이러한 차이를 출생동시집단 효과라 한다.

횡단적 설계와 종단적 설계의 차이는 전자가 몇 개의 서로 다른 출생동시집단에 속하는 사람들을 연구대상으로 하는 반면, 후자는 동일한 출생동시집단에 속하는 사람들을 연구대상으로 한다는 것이다. 만약 횡단연구 결과, 현재 70세의 노인들이 현재 20세의 젊은이들보다 트로트 음악을 더 좋아한다는 것이 확인되었다 할지라도, 현재 20세인 사람이 70세가 되었을 때 트로트 음악을 더 좋아하게 될 것이라고 말하기 어렵다.

그 이유는 현재의 70세 노인과 20세 젊은이는 각기 다른 출생동시집단에 속하기 때문이다. 현재의 70세 노인들은 그들이 20세였을 때 이미 트로트 음악을 좋아하였지만, 현재의 20세 젊은이들은 트로트 음악이 아닌 K-pop을 더 좋아하므로 그들이 70세가 되었을 때 트로트 음악을 더 좋아할 것이라고 보기 어렵다는 것이다.

그러므로 이 연구에서 나타난 70세와 20세의 차이는 출생동시집단 효과에 기인한 차이일 뿐 연령변화에 기인된 차이가 아니므로 트로트 음악에 대한 개인의 선호는 연령과 함께 증가한다는 결론을 내릴 수 없다. 그러나 종단연구의 결과는 동일한 출생동시집단을 포함하기 때문에 연령차이는 곧 연령에 따른 변화로 해석될 수 있다.

(2) 연습의 효과와 측정시기 효과

종단적 설계가 출생동시집단 효과가 배제된 연령변화를 확인할 수 있도록 한다고 할지라도, 문제점이 없는 것이 아니다. 연구가 오래 계속되다 보니 시간과 비용이 많이 들고 연구대상자의 손실이 일어날 수 있는 동시에 연습의 효과와 측정시기의 영향을 받는다는 문제점을 지니고 있다.

연습의 효과란 동일한 척도에 반복적으로 노출됨으로써 검사점수가 높아지는 현상을 의미한다. 특정한 검사를 반복해서 실시하면 개인은 연습의 효과로 점점 더 높은 점수를 받을 수 있다. 따라서 종단연구에서 시간경과와 함께 개인의 점수가 높아졌다고 할지라도, 연령에 따른 변화가 아니라 연습의 효과로 나타난 결과일 수 있다는 것이다.

또한 종단연구에서 나타난 결과가 때로 연령증가와는 상관없이 검사나 측정이 이루어진 시기의 독특한 사회적 특성 때문에 나타난 결과일 수 있다. 예를 들어 북한에 대한 태도에서의 변화를 종단적 설계를 사용하여 연구한다고 하자. 이를 위해 1995년도, 2005년도 및 2015년도에 각각 1970년, 1975년, 1980년도에 출생한 사람을 대상으로 태도변화를 측정하였다.

연구결과 연구대상자들이 북한에 대해 점점 더 긍정적인 태도를 나타내었다면, 북한에 대한 태도는 연령증가와 함께 긍정적으로 변화한다고 해석할 수 있겠는가? 오히려 3회의 측정시점에서 나타난 사회-역사적 변화에 의해 연구대상자들이 긍정적인 태도를 갖게 되었다고 이야기하는 것이 더 타당할 것이다.

(3) 성인발달 연구에서 횡단연구와 종단연구의 의미

발달심리학자들의 일차적 목표는 연령변화를 기술하고 설명하는 것이다. 이를 위해 연구자들은 자주 횡단연구에서 나타난 연령차이를 관찰하고 연령변화를 추정하려고 한다. 다음과 같은 경우에는 횡단연구 결과로도 연령변화를 추적할 수 있다.

첫째, 서로 다른 출생동시집단들이 연구자가 관심갖는 변인에 대해 유사한 태도를 지니고 있을 때

둘째, 비교적 연령차이가 적은 집단을 서로 비교할 때

연구대상자가 아동일 때, 횡단연구와 종단연구는 자주 유사한 결과를 산출한다. 그 이유는 아동을 대상으로 하는 연구들은 비교적 작은 연령범위를 포함하기 때문이다. 만약 2세 아동과 4세 아동을 비교한다면, 두 개의 연령집단은 연령차이가 적기 때문에 출생동시집단 효과가 나타날 가능성이 거의 없다. 또한 아동기 동안 나타나는 여러 가지 연령관련적 변화들은 주로 생물학적 변화에 기초하기 때문에 큰 개인차를 나타내지 않는다.

대조적으로 성인기는 아동기와 비교하여 긴 기간일 뿐 아니라 생물학적 변화와 함께 사회적 사건들에 기인한 변화들이 많이 일어나는 시기이기 때문

에 연령집단간에 큰 차이가 나타날 수 있다. 그러므로 성인초기 젊은이와 성인후기 노인들을 횡단적으로 비교하면 안 되는 이유는 큰 연령차이와 거기에 기인한 상이한 사회적 경험 때문이다.

이와 같이 성인을 대상으로 수행되는 횡단연구들은 연령효과와 함께 출생동시집단 효과를 포함하기 쉬우므로 연령변화를 추정하기 위해서는 종단연구가 수행될 수 있어야 한다. 성인기는 평균 60년의 기간을 포함하는 긴 여정으로 다양한 사회적 사건들이 일어날 수 있으므로 종단연구만이 이 시기 동안의 발달적 변화를 규명할 수 있도록 할 것이다. 결론적으로 종단연구는 아동발달 연구에서보다는 성인발달 연구에서 더 중요하고 더 많이 이루어져야만 한다.

2) 시간-지연 설계법

시간-지연 설계법(time-lag design)은 각기 다른 시기에 동일한 연령의 서로 다른 대상자를 연구함으로써 출생동시집단 효과를 직접적으로 연구할 수 있도록 구성된 효과적인 설계법이다. 20대 젊은이들의 성생활에 대한 태도가 시대에 따라 어떻게 변화했는지를 연구하려고 한다면, 시간-지연 설계법이 사용될 수 있다. 이를 위해 먼저 1990년도에 20대 젊은이들을 대상으로 성생활에 대한 태도를 조사하고 다시 2010년도에 20대인 젊은이들을 대상으로 조사를 실시한다.

시간-지연 설계법은 연령이 고정되는 특징이 있으나 측정시기의 효과가 혼합될 수 있다는 문제점이 있다. 그 예로서 성생활에 대한 조사에서 만약 현재의 20대가 더 많은 성적 활동을 보고한다면, 현재의 20대가 20년 전의 동년배들보다 더 많은 성적 활동에 가담한다고 해석할 수 있을 것이다. 그러나 측정시기 1과 측정시기 2 사이에 사회가 성행동에 대해 더 솔직하고 개방적으로 변화하였다면, 그와 같은 결과는 오로지 측정시기에 기인된 효과이지 세대간 차이와는 상관없는 변화일 것이다.

3) 계열설계법

계열설계법(sequential design)은 횡단적 설계법과 종단적 설계법의 단점을 보완하기 위해 샤이(Schaie, 1965, 1996)에 의해 개발되었다. 계열설계법의 장점은 종단적 설계법에서 소요되는 기간의 1/2밖에 소요되지 않으며 출생동시집단 효과를 찾아낼 수 있다는 것이다. 계열설계법에는 횡단적 계열설계법과 종단적 계열설계법이 있으며 두 개의 설계법을 혼합한 계열설계법(샤이가 제안한 가장 효과적인 설계법)도 사용될 수 있다.

종단적 계열설계법은 2개 이상의 종단연구로 구성된다. 20세부터 80세까지의 연령변화를 종단적으로 연구하려고 한다고 하자. 그림 1-6에 제시된 바와 같이 먼저 1990년에 20세인 사람(1970년 출생동시집단)을 표집하여 그들이 80세가 될 때까지 10년마다 재검사를 실시하면 이것은 단순한 종단연구가 된다. 그러나 여기에 그치지 않고 2000년에 20세(1980년 출생동시집단)인 새로운 표본을 표집하여 그들이 80세가 될 때까지 매 10년마다 재검사를 실시하면 두 개의 종단연구가 진행될 것이고, 이것은 가장 간단한 종단적 계열설계가 될 것이다.

그림 1-6 종단적 계열설계법

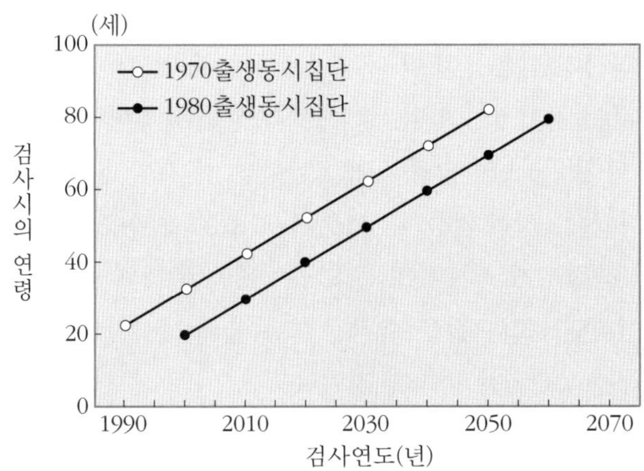

그림 1-7 횡단적 계열설계법

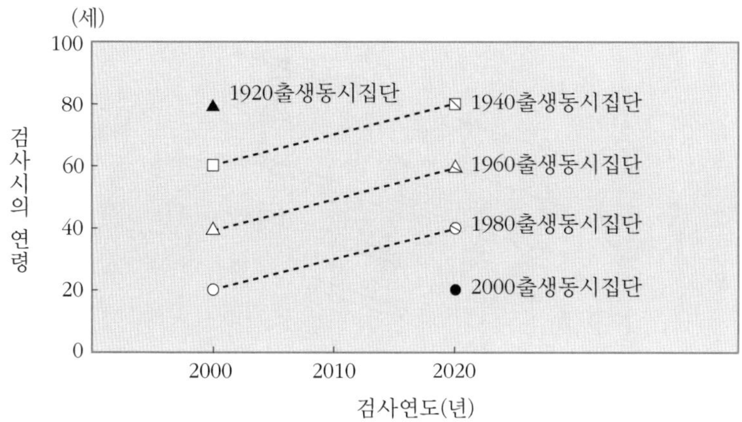

횡단적 계열설계법은 2개 이상의 횡단연구로 구성되며 동일한 연령범위를 대상으로 두 번 이상의 검사가 실시된다. 그림 1-7과 같이 2000년에 20세, 40세, 60세, 80세 집단을 표집하여 검사하고 2020년에 다시 새로운 20세, 40세, 60세 그리고 80세 집단을 검사한다면, 두 개의 횡단연구를 포함하는 횡단적 계열설계가 구성될 것이다.

그러나 샤이는 여기에 그치지 않고 가장 효과적인 설계법(Most Efficient Design)으로 횡단적 계열설계법과 종단적 계열설계법을 혼합한 보다 복잡한 연구설계를 제안하였다. 연구자는 먼저 몇 개의 연령집단을 대상으로 횡단연구를 시작한다. 몇 년이 경과한 후에 연구자는 재검사를 실시함으로써 몇 개의 출생동시집단에 대한 종단자료를 수집한다. 동시에 그들은 새로운 연구대상자 집단을 표집함으로써 횡단적 계열설계를 형성한다. 이 설계법의 전체적 과정은 기존의 연구대상자들을 재검사하고 새로운 연구대상자들에게 검사를 시작하며, 이러한 과정은 매 5년 혹은 10년마다 반복될 수 있다.

그림 1-8은 샤이가 제안한 가장 효과적인 설계법(Most Efficient Design)으로 2000년에 4개의 연령집단이 검사를 받게 되며 그들은 2010년과 2020년

그림 1-8 샤이의 가장 효과적인 설계법

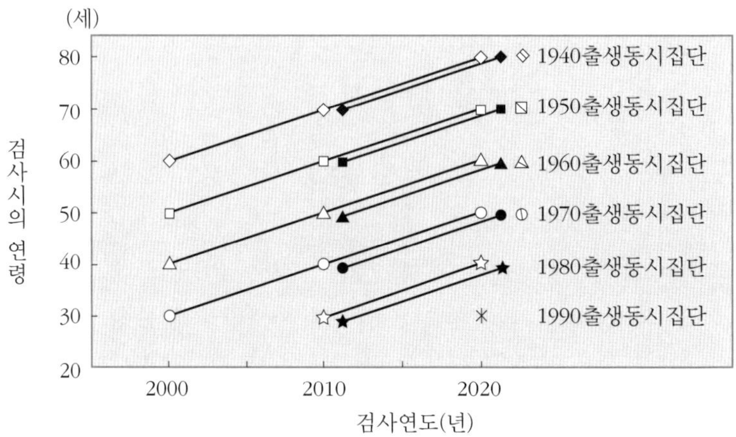

에 재검사를 받는다. 또한 2010년과 2020년에 동일한 연령의 새로운 연구대상자들이 새롭게 표집되고 다시 10년 후에 재검사를 받는다.

2. 성인연구 방법

적절한 실험설계를 선택하고 나면 연구대상자를 선택하고 그들을 어떻게 연구해야 할지 결정해야 한다.

1) 연구대상자 선정

연구대상자를 선정하기 전에 우리는 연구결과를 어떤 집단에 일반화시킬 수 있을지 생각해야 한다. 만약 연구결과를 성인 전체에 일반화하기를 원한다면 우리는 세계의 모든 성인들을 대표할 수 있는 표본을 선정해야 한다. 그러나 그렇게 하는 것은 불가능하므로 연구자들은 연구대상자를 선정할 때 다양한 절충방식을 사용한다.

보통 사회학자들이나 역학자(疫學子: 전염병이나 유행병에 관한 조사와 연구, 진단, 예방 등을 수행하는 의학자)들은 자주 대단위의 대표적 표본을 선택하려고 하는 반면, 심리학자들은 작은 크기의 표본을 선택하여 연구하려고 한다. 지금까지 서구에서 이루어진 많은 성인발달 연구들은 잘 교육받은 중류계층의 백인 남성들을 대표적 표본으로 선정하는 경향이 있었다.

그러나 성인발달과 노화에 관한 연구에서 표본의 본질은 연구목적에 따라 달라진다. 만약 우리가 일반적인 노인들 사이의 사회적 상호작용을 연구하기 원한다면, 시설기관에서 생활하는 노인들을 대상으로 연구해서는 안 될 것이다. 그 이유는 시설기관에서 생활하는 노인들은 전체 노인 인구의 일부로서 전형적인 노인들이 아니기 때문이다. 그러나 우리가 시설기관에서의 생활이 노인의 사회적 상호작용에 어떤 영향을 미치는지를 연구하려고 한다면, 그 때 시설기관은 이상적인 표집장소가 될 것이다.

표본의 본질은 우리가 연령차이를 기술하려고 하는지 혹은 예언하려고 하는지 아니면 설명하려고 하는지에 따라 달라진다. 그 예로서 "노인들은 실제로 가난한가?"와 같이 노인을 기술하는 것을 목적으로 하는 연구는 무선표집된 노인들을 대상으로 수행되어야 한다. 즉 연구가 일반화될 연령집단의 모든 구성원들이 선택될, 동등한 기회를 갖는 무선표집이 이루어져야만 일반적 노인들의 빈곤 상태가 확인될 수 있다는 것이다.

연구가 예언을 목적으로 한다면, 그 연구는 미래에 존재할 수 있는 차이를 추정한다는 의미를 지닌다. 이 경우에는 먼저 미래에 예상되는 전집의 특성을 가정하고 거기에 맞추어 선택적인 비무선적 표본을 선정해야 한다. 예를 들어 2030년도에 노인 여성들의 경제상태에 대해 알고 싶어한다면 현재의 일반 여성노인들을 무선표집해서는 안 될 것이다. 그 이유는 현재 직업을 갖는 한국 여성들의 수가 증가하고 있고 앞으로도 더 많은 여성들이 직업을 갖게 될 것이므로, 2030년도에는 연금으로 생활하는 여성들이 크게 늘어날 것이기 때문이다. 따라서 이 연구에서는 현재 직업 가진 여성들을 선택적으로 표집하여 연구해야만 2030년도의 노인여성들의 경제상태에 대한 예측이 가능할 것이다.

한편 설명을 목적으로 하는 연구들은 관찰된 연령차이의 기초가 되는 원인을 규명해야 하므로 표본은 선택적이어야 하고, 특히 출생동시집단 효과가 배제될 수 있어야 한다. 출생동시집단 효과는 교육, 건강 혹은 사회경제적 지위와 같은 변인에서 크게 나타나므로, 이 변인들이 연구대상자의 발달적 특성과 밀접하게 연결되어 있는 연구에서는 무선표집 절차는 적절한 표집방식이 되지 못한다.

평균적으로 20대는 70대 노인들보다 더 많은 교육을 받고 더 나은 건강과 더 높은 사회경제적 지위를 갖는다. 만약 성인들의 기억능력을 연구하기 원한다면 교육 정도는 기억에 영향을 줄 수 있으므로 20대의 대학생과 교육적 배경에서 비교가능한 70대를 표집해야만 순수한 연령효과가 확인될 수 있을 것이다. 교육받은 70대는 동일한 출생동시집단의 전형적 구성원들은 아니지만, 그들의 수행은 교육효과가 배제된 순수한 연령차이를 확인할 수 있도록 할 것이다.

2) 자료수집 방법

연구설계가 결정되고 연구대상자가 선정되면 그들로부터 어떻게 정보를 수집해야 할지 결정되어야 한다. 아래에 간략하게 제시된 각 자료수집 방법은 그 나름대로의 장단점을 지니고 있다.

(1) 관 찰

자연상황에서 연구대상자의 행동을 직접적으로 눈으로 보면서 기록하는 자료수집 방법이다. 관찰은 아동연구에서는 흔하게 사용되지만, 성인을 대상으로 한 연구에서는 거의 사용되지 않는다. 성인에 대한 관찰은 특별히 고안되거나 인공적 상황에서 대단히 드물게 이루어지며, 특히 알츠하이머 환자와 같이 자기지각이 결여된 노인들에게 제한적으로 사용된다. 실제로 우리가 가지고 있는 성인기 정보의 대부분은 성인들에게 직접 질문하여 수집한 자료들이다.

(2) 면 접

연구대상자에게 직접 질문하는 가장 흔한 방법 중의 하나로서 면접은 주로 면대면의 상황에서 이루어지지만 전화면접도 가능하다. 지금까지 수행된 많은 종단연구들은 그들의 검사절차 속에 광범위한 면접을 포함한다.

면접에는 구조화된 면접과 비구조화된 면접 혹은 임상적 면접이 있다. 구조화된 면접은 질문 내용과 질문 순서 및 질문 방식이 사전에 미리 결정되어 있는 면접 방식이다. 반면 비구조화된 혹은 임상적 면접은 사전에 전체적인 면접 내용이 정해져 있기는 하지만, 어떤 순서로 어떻게 질문하는지는 피면접자의 반응에 따라 달라진다. 비구조화된 면접에서는 피면접자가 제시한 최초의 반응이 다음 질문의 기초가 되며 면접자는 피면접자의 반응에 맞추어 질문을 해야 하므로 숙련된 면접 기술을 필요로 한다.

성인생활의 다양한 측면에 대한 자료들은 주로 구조화된 면접을 사용하여 수집된다. 이 때 피면접자들의 반응은 때로 추고록의 형태로 기록되고 이후에 다른 연구자들에 의해 활용되기도 한다.

(3) 질 문 지

질문지는 성인연구에서 가장 많이 사용되는 자료수집 방법으로 연구대상자에 대한 정보(연령, 직업, 친구의 수, 결혼 여부, 수입 등)나 태도 혹은 신념에 대한 사실적 정보를 수집할 수 있도록 한다. 질문지는 개인적인 질문을 포함할 수 있을 뿐 아니라 값싸고 실시하기 용이하다는 이점이 있다. 그러나 피검사자 스스로 질문에 응답을 해야 하기 때문에 언어 이해능력이나 표현능력이 부족한 노인들에게는 실시되기 어렵다.

(4) 표준화 검사

표준화된 지능검사와 다른 구체적 능력검사들이 광범위하게 사용되고 있으며, 그 외 표준화 성격검사들도 사용된다. 검사는 개별적으로 때로는 집단으로 실시된다. 표준화 검사는 개인의 점수를 다른 사람들의 점수와 비교해볼 수 있도록 하므로 집단 내에서 개인의 상대적 위치를 확인할 수 있도록 하는 이점이 있다.

성인을 대상으로 수행되는 연구들은 위에 제시한 자료수집 방법들 중 단지 하나의 방법만을 사용할 수도 있지만, 특히 장기적인 종단연구들은 풍부한 자료를 수집하기 위해 가능한 모든 자료수집 방법을 함께 사용하기도 한다.

3. 성인기 실험연구

실험이란 연구자가 하나 이상의 변인을 통제하거나 조작하고, 하나의 처치나 비처치에 연구대상자를 무선으로 할당하는 연구절차로서 인과관계를 규명할 수 있도록 한다. 발달연구에서 연구자가 관심갖는 문제는 대부분 서로 다른 연령집단들간의 차이와 관련되어 있음에도 불구하고, 연구대상자를 연령집단에 무선으로 할당할 수는 없다.

그러므로 성인연구에서 사용되는 실험은 무선할당이 이루어지지 않은 준실험설계(quasi-experimental design)를 사용한다. 준실험설계를 사용할 때 연령 자체는 확인된 변화를 설명할 수 있는 인과적 요인이 되지 못한다. 그럼에도 불구하고 준실험설계를 사용한 연구들은 우리에게 많은 중요한 정보를 제공하고 다양한 노화현상에 대한 대안적 설명을 검토할 수 있도록 한다. 성인발달연구에서 많이 사용되는 두 가지 설계법을 소개한다.

1) 연령-비교 실험

연령-비교 실험(age-comparative experiments)은 연령을 제외하고, 가능한 한 많은 인구통계학적 변인들을 짝지은 다음, 연령이 다른 두 개의 집단을 구성한다. 먼저 두 집단의 수행을 평정한 다음 연구대상자들의 수행을 개선시키기 위하여 고안된 처치를 가한다. 연령에 따라 차이나는 개선이 일어났는지 아닌지를 알아보기 위하여 모든 연구대상자를 대상으로 재검사를 실시한다. 이러한 설계는 비동질적 통제집단, 사전-사후 검사 설계로 명명된다(nonequivalent control group, pretest-posttest design).

이 실험에서 우리가 관심갖는 중요한 요인은 연령과 처치의 상호작용 효과이다. 만약 나이 많은 집단이 젊은 집단보다 유의하게 더 많은 증가를 나타내었다면, 사전검사에서 나타난 나이 많은 집단의 저조한 수행은 더 젊은 집단보다 필요한 전략을 제대로 지니고 있지 못했기 때문이라고 우리는 말할 수 있다. 바꾸어 말하면, 처치의 결과로 연령에 따라 차이나는 효과가 나타날 수 있다면, 우리는 특정한 행동에서의 연령차이를 설명하는 요인을 확인하였다고 주장할 수 있다는 것이다.

2) 단일연령집단 중재실험

어떤 프로그램이 노인들의 인지적 감퇴를 완화시키는 데 효과적인지를 결정하려고 한다면, 우리는 하나의 연령집단만을 대상으로 소위 단일연령집단 중재실험(single age group interventions)을 실시해야 한다. 그 이유는 동일한 프로그램을 더 나이어린 통제집단에게 실시한다고 할지라도 프로그램의 효과를 비교하는 것은 무의미하기 때문이다.

그렇다고 해서 통제집단이 불필요하다는 것은 아니며 보통 두 가지 유형의 통제집단이 사용된다. 제 1 통제집단과 제 2 통제집단 모두 실험집단과 동일한 연령의 연구대상자로 구성된다. 제 1 통제집단의 연구대상자들에게는 사전검사와 사후검사가 모두 실시되지만 어떤 중재 프로그램도 실시되지 않는다. 그러나 제 2 통제집단의 연구대상자들에게는 사전검사를 실시하고 대안적 혹은 중립적 프로그램을 실시한 후 다시 사후검사를 실시한다.

제1통제집단	사전검사		사후검사
제2통제집단	사전검사	대안적 혹은 중립적 처치	사후검사
실험집단	사전검사	중재 프로그램	사후검사

만약 실험집단의 사후검사 점수가 가장 높다면 중재 프로그램이 인지적 감퇴를 완화시킬 수 있는 효과적 프로그램이라는 주장을 할 수 있을 것이다.

4. 성인연구에서 고려할 점

1) 기본적인 윤리적 문제

성인을 대상으로 하는 연구는 아동이나 청년연구에서와 마찬가지로 미국심리학회가 제정한 윤리적 기준을 따라 수행되어야 한다. 중요한 것은 기본적으로 인간의 존엄과 자율성, 공평성이 보장되고 연구대상자는 위험으로부터 보호를 받을 수 있어야 한다는 것이다.

또한 문서화된 연구참여 동의서(informed consent)가 요구되고 연구대상자에 대한 인도적 처우가 보장되어야 한다. 불가피한 속임수도 제한적으로 사용되어야 하며 연구대상자 개인의 비밀이 보장될 수 있어야 한다. 치매를 앓고 있는 노인이나 장기간 요양시설에 수용되어 있는 노인들과 같이 직접적으로 연구참여 동의서를 받을 수 없는 대상자에 대해서는 보호자나 시설기관장의 동의서가 첨부되지 않으면 연구가 이루어질 수 없다.

2) 성인 연구대상자들의 특성

성인들은 아동이나 청소년들과는 달리 다음과 같은 특성을 지니고 있으므로 성인 연구대상자들에게 적절한 연구설계가 사용될 수 있어야 한다.

① 성인들은 아동이나 청소년들보다 아는 것이 많고 순진하지 못하며 연구자의 숨겨진 의도를 알아내기 쉽다.

② 성인들은 유치원이나 학교 장면에 있는 아동이나 청소년들과는 달리 한곳에 묶어 놓을 수 있는 청중들이 아니어서 한꺼번에 자료를 얻기 어렵다. 또한 성별이나 계층, 교육 정도 혹은 생활양식 등이 다양하여 이 모든 특성들을 고루 포함하는 대표적 표본을 얻기 어렵다. 그 결과 대부분의 성인 연구자들은 임의표집법을 사용하여 표본을 추출한다.

③ 노인 연구대상자들은 젊은 사람과 비교되는 실험상황을 싫어한다. 실패의 쓰라린 경험을 가지고 있는 노인들은 실험상황에서 실패하지 않기 위해 지나치게 조바심하므로 오히려 저조한 수행을 나타낼 수 있다.

④ 성인 특히 노인 연구에서는 수명문제를 고려하지 않을 수 없다. 소위 수명편견(survival bias)에 의해 강한 노인들만 연구대상자로 포함되는 문제점이 있다. 실제로 연구에 포함되는 노인들은 오랫동안 생존할 수 있는 강한 사람들이므로 이러한 노인들에 관한 연구는 일반적 노인이 아니라 오로지 장수한 노인들의 특성에 지나지 않는다.

⑤ 건강과 관련된 문제로서 시력이나 청력의 변화를 고려하지 않으면 안 된다. 노안에 의해 노인들은 작은 크기의 글자를 읽을 수가 없고 질문 문항을 빠뜨릴 수도 있다. 또한 청력의 감소는 언어적 지시를 잘못 이해하게 하여 연구자가 질문한 내용과는 다른 내용을 응답하게 할 수 있다. 아니면 처음부터 연구자의 요구에 응하려고 하지 않을 수 있으므로 노인들의 감각능력에 대한 사전조사가 이루어지는 것이 바람직하다.

3) 사회문화적, 인종적, 성별요인

특정한 사회의 문화적 특성이나 개인의 사회경제적 지위 혹은 성별이 개인의 발달에 중요한 영향을 미치는 데도 불구하고, 성인연구의 대부분은 미국의 백인, 남성들에 한정되어 있다. 아동연구에서는 이러한 인구통계학적 특성들이 큰 문제가 되지 않으나 성인연구에서는 연구결과에 영향을 주는 중요한 요인들이다.

대부분의 성인연구들은 중류계층 출신의 성인들을 연구대상으로 한다. 연구자들은 중류계층의 연구대상자들에게 접근하기 쉽다고 생각하고 연구수행에 협조적일 것으로 기대한다. 더욱이 연구자 자신들이 대부분 중류계층 출신들이기 때문에 다른 계층 출신의 연구대상자들을 이해하지 못하는 경우가 많이 있다.

성별과 관련된 문제로서 많은 연구자들은 어떤 주제는 남성에게 적합하고 또 다른 주제는 여성에게 적합하다는 선입관을 지니고 있기 때문에 하나의 성만을 연구하는 오류를 범한다. 예를 들면, 부모-자녀관계를 연구할 때 우리는 어머니-아동 관계만을 연구하였고 공격성을 연구할 때는 남성들만을 연구대상으로 하였다. 그러나 아버지도 부모역할을 수행할 뿐 아니라 공격성은 남성들만의 문제가 아니기 때문에 남녀를 모두 포함하는 연구가 수행되어야 할 것이다.

Chapter

2

성인발달의 이론

I. 단계이론

1. 에릭슨의 정체감 발달이론
2. 레빙거의 자아발달이론
3. 레빈슨의 이론

II. 비단계이론

1. 베이런트의 이론
2. 펄린의 모델

III. 통합이론

1. 위트본의 정체감 과정이론
2. 발테스의 SOC이론
3. 페룬과 빌비의 인생과정 시기모델

Adult Development

&

Aging Psychology

Chapter 02

성인발달의 이론

30년 전까지만 하더라도 성인발달을 설명하는 이론은 전생애 발달을 중요시한 에릭 에릭슨(Erik Erikson)의 심리사회적 이론이 전부였다. 현재까지도 그의 이론은 성인기 발달을 설명하는 영향력있는 이론으로 평가받고 있기는 하지만, 에릭슨 이후에 그의 이론과는 완전히 다른 관점에서 성인기 발달을 설명하는 이론들이 많이 나타났다. 이 장에서는 에릭슨 이론과 같이 성인기 발달이 단계적으로 이루어진다고 가정하는 단계이론과 단계를 가정하지 않는 비단계이론 및 오로지 전생애적 조망에서 발달을 설명하는 통합이론으로 구분하고 관련 학자들의 이론을 자세히 설명한다.

unit I 단계이론

단계를 가정하는 이론은 발달적 단계이론(developmental stage theory)과 변화의 단계이론(stage theory of change)으로 구분될 수 있다. 발달적 단계이론은 발달적 변화는 불연속적이며 질적 변화를 거듭한다는 전제를 바탕으로 인간발달의 목표나 종착점을 가정하고 발달이 진행될수록 그리고

그림 2-1 발달적 연속성과 불연속성

(a) 발달적 연속성

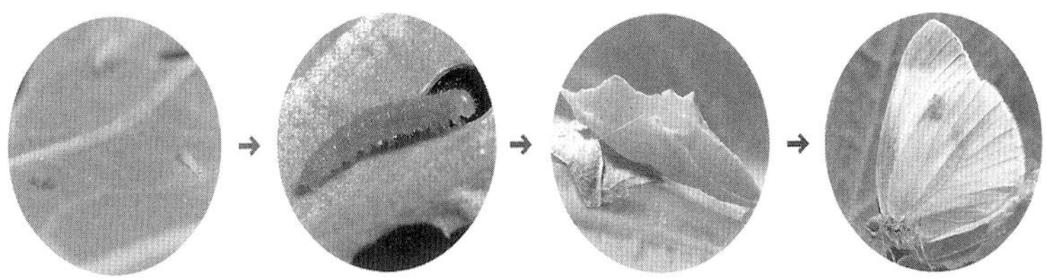

(b) 발달적 불연속성

(a) 그림은 발달적 연속성을 그리고 (b) 그림은 발달적 불연속성을 나타낸다.

종착점에 가까워질수록 개인은 더 나아지고 더 성숙해진다고 주장한다. 반면, 변화의 단계이론은 발달적 변화는 연속적이며 양적 변화를 이룬다는 전제하에 목표도 종착점도 가정하지 않고 성장이나 개선도 일어나지 않으며 오로지 양적 증가를 이룬다고 주장한다.

그림 2-1은 발달의 연속성과 불연속성의 특징을 잘 보여 준다. 어린 묘목이 자라서 큰 나무가 되는 과정은 발달이 연속적이고 오로지 양적 변화가 일어난다는 것을 의미하는 반면(그림 2-1a), 애벌레에서 나비가 되는 과정은 발달이 불연속적이며 질적 변화가 일어난다는 것을 보여 준다(그림 2-1b).

따라서 에릭슨의 심리사회적 이론은 인간발달의 최종단계로서 자아통합(ego integrity) 단계를 가정하고 지혜가 발달한다고 제안함으로써 전형적인 발달적 단계이론에 해당한다. 또한 자아발달의 단계를 가정한 레빙거의 자아발달이론 역시 발달적 단계이론에 포함되나 레빈슨의 이론은 발달적 연속성을 전제로 양적 변화를 가정하므로 변화의 단계이론으로 분류된다.

1. 에릭슨의 정체감 발달이론

1) 8단계의 심리사회적 이론

에릭슨(Erikson, 1950, 1982)은 개인 내적 동기와 사회문화적 요구 사이의 상호작용에 의해 심리사회적 발달이 이루어진다고 가정하고, 후성적 원리(epigenetic principle)에 기초하여 발달단계를 설정하였다. 후성적 원리란 인생주기의 각 단계는 그 단계가 우세하게 출현되는 최적의 시기가 있고, 각 단계는 전 단계의 심리사회적 위기의 해결을 토대로 한다는 것이다. 표 2-1은 전생애 동안 계속되는 8개의 심리사회적 단계와 특징 및 발달의 결과로 나타나는 덕성(virture)을 제시한다.

에릭슨의 8단계는 긍정적 요소와 부정적 요소를 모두 포함하는 심리사회적 위기(psychosocial crisis)로 구성된다. 심리사회적 위기란 발달의 각 단계에서 사회적 환경의 요구에 적응하기 위한 심리적 노력으로 일상생활에서 겪게 되는 긴장으로 정의된다. 에릭슨 이론에서 위기의 긍정적 해결은 성장하는 자아 속에 통합되어 건전한 발달을 주도하게 된다.

Erik Erikson

물론 위기가 계속되거나 불만스런 양상으로 해결되면 자아발달은 손상을 입고 부정적 요소가 자아 속에 통합되어 건강한 성격이 형성되기 어렵다. 왜냐하면 위기의 불만족스런 해결은 해결되지 못한 갈등을 남기고 그것은 다음 단계의 위기를 성공적으로 해결하는 것을 어렵게 하기 때문이다. 이와 같이 개인의

표 2-1 에릭슨의 심리사회적 발달단계

대략적 연령(세)	단 계	덕 성	특 징
0–1	기본적 신뢰 대 불신	희 망	영아는 양육자와 최초의 애정적이고 신뢰로운 관계를 확립하거나 아니면 지속적인 불신뢰의 느낌을 형성한다.
2–3	자율성 대 수치와 의심	의 지	유아는 걷기, 쥐기, 괄약근 통제와 같은 핵심적인 신체적 기술을 발달시키기 위해 노력한다. 유아는 통제를 학습하지만 합리적이지 못한 제지나 요구에 의해 수치심이 발달한다.
4–5	선도성 대 죄책감	목 적	유아는 점점 더 자기주장적으로 변하고 주도적으로 행동한다. 그러나 자기통제의 과도한 요구는 죄책감을 유발한다.
6–12	근면성 대 열등감	능 력	초등학교 아동들은 새롭고 복잡한 기술을 학습함으로써 근면성 발달을 이루나 무능력감의 경험은 열등감을 초래한다.
13–21	자아정체감 대 역할혼란	충성심	10대 청소년들은 직업, 성역할, 정치, 종교 등 여러 영역에서 내가 누구이고 무엇을 할 수 있는지를 탐색함으로써 자아정체감을 형성한다. 자아정체감 형성에서 실패하면 미래의 성인역할에 대한 혼란을 경험한다.
21–40	친밀성 대 고립감	사 랑	이 시기의 젊은이들은 가족 이외의 타인과 친밀한 관계를 형성한다. 타인과 개방적이고 지원적인 관계를 형성하지 못한 사람들은 고립감에 빠진다.
40–65	생산성 대 자기몰두와 침체	보살핌	성인초기와 중기의 성인들은 다음 세대를 위해 자녀를 양육하고 타인을 돌보며 생산적인 일에 몰두함으로써 생산성을 확립한다. 그러나 자신의 에너지를 오로지 자기확대와 자기만족을 위해 사용하는 사람들은 침체를 경험한다.
65+	자아통합 대 절망	지 혜	자아통합을 이룰 수 있는 사람들은 자신이 살아온 인생을 수용하고 두려움 없이 죽음에 직면할 수 있다. 그러나 자신의 인생을 실패했다고 생각하는 사람들은 자신과 타인을 원망하고 죽음을 두려워하며 절망에 빠진다.

심리사회적 발달은 고정된 순서를 따르는 동시에 누적적으로 전개되는 특성을 지닌다.

에릭슨 이론에서 핵심적 개념은 자아정체감(sense of ego identity) 혹은 정체감의 확립이다. 에릭슨은 심리사회적 발달의 다섯번째 단계를 자아정체감 대 역할혼란의 시기로 규정하였으나 완전하고 안정된 자아정체감의 확립은 그가 제안한 여덟 개의 심리사회적 위기를 성공적으로 해결함으로써 이루어질 수 있다고 가정하였다. 다시 말하면 위기의 성공적 해결은 최종적인 정체감 확립상태인 자아통합에 이르게 하고 지혜를 획득할 수 있도록 한다는 것이다.

흥미롭게도 에릭슨은 연구생애의 후반기에 이르러 각 위기의 건강한 해결은 희망, 의지, 목적, 능력, 충성심, 사랑, 보살핌, 지혜의 여덟 가지 덕성(virtures)이나 잠재력(potential strength)을 획득하게 한다고 주장하였다. 여기서 건강한 해결(healthy resolution)이란 심리사회적 위기가 전적으로 긍정적 극단방향으로 이동하는 것을 의미하는 것이 아니라 긍정적 극단과 부정적 극단 사이에서 균형을 이루는 것을 의미한다. 다시 말하면 심리사회적 위기의 긍정적 극단에 해당하는 신뢰나 자율성 혹은 선도성 등의 발달이 과도하면 개인의 성격은 오히려 편협해질 수 있으므로 부정적 방향의 해결도 필요하다는 것이다.

2) 성인기 동안의 심리사회적 위기

에릭슨 이론에서 성인기는 친밀감 대 고립감, 생산성 대 침체, 자아통합 대 절망의 심리사회적 위기를 해결해야 한다.

(1) 친밀감 대 고립감 – 성인초기

성인초기 동안 해결해야 할 심리사회적 위기는 친밀감 대 고립감(intimacy versus isolation)의 위기이다. 타인과의 친밀감 확립은 합리적인 개인적 정체감을 형성한 후에 가능하다. 일반적으로 자아정체감을 확립하지 못한 젊은이들은 타인과 친밀한 관계를 형성해야 할 때 두려워하면서 뒷걸음질친다.

확고한 자아정체감을 지니고 있으면 있을수록 우정이나 지도성, 사랑 혹은 영감(靈感)의 형태로 타인과 친밀한 관계를 형성할 수 있다. 그러므로 친밀감이란 자신의 정체감을 잃는다는 두려움 없이 타인의 정체감과 자신의 정체감을 융합시킬 수 있는 능력을 의미한다.

에릭슨(Erikson, 1959)에 의하면, 많은 젊은이들이 타인과의 관계 내에서 그들의 자아정체감을 확립할 수 있을 것이라고 잘못 생각하고 서둘러 결혼함으로써 실패한다. 분명한 것은 개인적 정체감을 확립한 젊은이들만이 타인과 정체감 융합을 이룰 수 있다는 것이다. 대조적으로 취약한 정체감을 지니고 있거나 정체감을 형성하지 못한 젊은이들은 고립감이나 외로움을 경험한다.

연구의 초기에 에릭슨은 모든 사람들이 동일한 순서로 심리사회적 발달단계를 거쳐 간다고 가정하였으나 후기에 이르러 여성들은 남성들과는 다르게 타인과의 관계 내에서 정체감을 확립할 수 있다고 주장하였다. 여성의 도덕성 발달을 연구한 길리건(Gilligan, 1982)도 여성의 정체감 발달은 처음부터 독립적으로 발달하는 것이 아니라 타인과의 관계 내에서 발달한다는 데 동의하였다.

다시 말하면 여성들은 타인과의 관계 내에서 자신을 정의하고 자신의 선택이나 갈등을 고려하는 반면, 남성들은 타인과는 상관없이 자신이 누구이고 무엇을 할 수 있는지에 따라 자신을 정의한다는 것이다. 그러므로 여성의 발달에서 친밀감 형성은 하나의 분리된 단계로 존재하는 것이 아니라 모든 발달단계의 배경으로 작용한다.

(2) 생산성 대 침체 – 성인중기

성인초기의 친밀감 대 고립감의 위기와는 다르게 남녀 모두 성인중기에 이르면 생산성 대 침체(generativity versus self-absorption)의 위기를 해결해야 한다. 생산성이란 다음 세대를 위해 자녀를 양육하고 타인을 지도하며 생산적인 일에 에너지를 투자함으로써 사회를 위해 일하는 것을 의미한다.

에릭슨에 의하면, 이 단계의 핵심적 특성은 자녀를 출산하고 양육하는 일이지만, 젊은 세대를 위해 후견인이 되어 주고 사회를 위해 자비로운 일을 하는 것 역시 생산성의 표현이다. 그러나 결혼이 곧 친밀감 위기의 성공적 해결이 아닌 것처럼, 단순히 자녀를 양육하고, 가르치고, 후견인이 되는 그 자체로서 생산성이 확립되는 것은 아니다. 에릭슨이 제안한 대로, 타인과 사회를 보살피는 것이 성인중기의 핵심적 역할이므로 질적으로 애정적이고 합리적인 보살핌을 제공할 수 있어야만 생산성이 확립될 수 있다. 생산성을 성공적으로 표현할 수 있는 방법을 찾지 못한 성인들은 타인을 거부하고 자기몰입에 빠지거나 침체감을 경험한다.

맥아담스와 그의 동료들(McAdams 등, 1993)은 에릭슨의 생각을 확장하여 개인 내적 욕구와 사회적 요구의 상호작용에 의해 생산성 확립을 위한 노력이 이루어진다고 제안하였다. 연구자들의 설명에 의하면, 사회적 요구는 보통 두 가지 형태의 압력을 포함한다. 즉 자녀출산의 압력과 전통의 유지 · 발전을 위한 중추자로서의 역할 압력이 그것이다. 각 개인은 그의 내적 요구와 이러한 두 가지 형태의 사회적 압력을 바탕으로 다음 세대에게 관심을 갖고 생산적 활동에 전념하게 된다.

(3) 자아통합 대 절망 – 성인후기

에릭슨이 제안한 심리사회적 발달의 마지막 단계는 자아통합 대 절망(ego integrity versus despair)이다. 그러나 자아통합에 대한 에릭슨의 생각은 그의 연령과 함께 변화하였다. 에릭슨이 처음 이 개념을 제안하였을 때 그는 중년성인으로 낙관주의적인 관점에서 인생의 최종적 발달을 가정하고, 자아통합을 자신이 살아온 인생을 수용하고 두려움 없이 죽음에 직면할 수 있는 능력으로 정의하였다. 즉 어떤 방식으로든 타인이나 사물을 돌보고 보살핀 사람은 인생의 유한성과 실망을 극복하고 승리감을 경험할 수 있다는 것이다.

그러나 그가 70–80대에 이르렀을 때, 에릭슨은 인생의 최후 단계를 보다 더 부정적으로 지각하였다. 그는 다가오는 죽음에 기인된 혼란과 무력감, 신체적 유한성, 상실의 느낌 등이 개인을 자기몰입에 빠지게 한다고 기술함으로써 초기에 강조한 보편주의나 이타주의와는 큰 차이를 보였다. 그는 이 단계의 위기를 해결한 결과로 획득되는 지혜를, 죽음에 직면하여 삶 자체로부터 분리될 수 있는 능력으로 정의하였다.

물론 이전 단계에서 획득한 위기의 부정적 해결의 결과(불신뢰, 죄책감, 혼란, 고립, 자기몰두 등)로 자아통합에 이르지 못한 사람들은 절망감을 경험한다. 그들은 시간이 너무 짧고 그들의 인생은 실패했으며 다시 한번 더 살 수 있기를 원한다. 그들은 다가올 죽음을 조용하게 수용할 수 없으며 자신이나 타인을 원망하면서 강한 우울증상을 나타낸다.

흥미롭게도 에릭슨이 가정한 자아통합 상태에 이르는 구체적 방법으로 바틀러(Butler, 1968)는 인생회고(life review)를 제안하였다. 인생회고란 지나간 세월을 되돌아보면서 과거의 경험과 갈등을 의식화함으로써 인생에 대한 창조적인 정리작업을 하는 것을 의미한다. 바틀러는 인생회고를 성인후기의 정상적이고 보편적 경험이라고 주장하였다.

인생회고 과정을 통하여 노인들은 멀어진 가족이나 친구와 화해하고 인생의 미진한 부분을 완수할 수 있는 기회를 가질 수 있다. 그러나 일부의 노인들은 자신의 인생이 낭비되었고 타인에게 해를 끼쳤으며, 이제는 그것을 보상하기에는 너무 늦었다는 생각으로 괴로워하고 우울해하므로 전문적인 도움을 필요로 한다.

로버트 펙(Robert Peck, 1968) 같은 연구자는 자아통합 대 절망의 단계에서 다음과 같은 세 가지 발달과업을 성취해야 한다고 강조하였다.

① 분화 대 역할몰입(differentiation versus role preoccupation): 직업역할에서 벗어나 다른 일로써 자기가치를 재정의한다. 직업역할과 자녀양육에 사용되었던 시간들이 이제는 다른 가치 있는 활동에 투자될 수 있어야만 한다.

② 신체초월 대 신체몰입(body transcendence versus body preoccupation): 쇠퇴하는 신체건강에 대처한다. 노화함에 따라, 만성적 질병과 신체기능에서의 쇠퇴는 노인들의 정체감과 생활만족에 심각한 위협으로 작용한다. 그러나 대부분의 노인들은 질병을 가지고 있으면서도 노화하는 신체에 몰입하지 않고 인생을 즐길 수 있다.

③ 자아초월 대 자아몰입(ego transcendence versus ego preoccupation): 죽음이 불가피하고 얼마 남지 않았음을 인식한다. 자녀양육

이나 직업역할을 통하여 미래 세대의 성장에 기여하였으므로 이제 자아를 초월하여 편안하게 죽음을 맞이할 수 있다.

2. 레빙거의 자아발달이론

1) 자아발달 단계

제인 레빙거(Jane Loevinger) 역시 발달적 단계이론을 제시한 사람으로 전생애 동안 개인의 자아(ego)는 단계적으로 발달하고 발달이 진행될수록 개인은 더 성숙한 자아발달 상태를 지향한다고 설명하였다. 표 2-2는 레빙거가 제안한 2개의 과도기를 포함하는 10개의 자아발달 단계를 제시한다. 에릭슨의 이론과 동일하게 각 단계는 연속적 패턴으로 진행되고 누적적이며 후성적 원리에 따라 전개되지만, 에릭슨 이론과의 차이점은 다음 단계로의 이동은 현 단계의 발달이 완성되었을 때만 가능하다는 것이다.

레빙거의 이론에서 아동기 동안 처음 몇 개의 단계가 발달한다. 그러나 모든 단계들은 특정한 연령과 직접적으로 연결되지 않으며 특히 성인기는 자아발달의 광범위한 단계들을 포함하는 특징이 있다. 레빙거는 개인에 따라 자아발달을 이루는 속도는 물론 최종적으로 도달하는 단계에서 큰 차이가 있음을 강조하였다.

Jane Loevinger

레빙거에 의하면, 모든 성인들은 처음 세 개의 단계를 성공적으로 거쳐간다. 일부는 자기보호적 단계(self-protective stage)에 고착되고 또 다른 일부는 동조자 단계(conformist stage)로 이동하여 더 이상 발달하지 못한다. 그러나 대부분의 성인들은 적어도 레빙거가 자기인식 수준(self-aware level)이라고 부르는 과도기에 도달하며 많은 사람들은 이 단계를 넘어서 양심적 단계(conscientious stage) 혹은 그 이상의 단계로 발달할 수 있다.

하나의 과도기를 포함하는 마지막 3개의 단계, 즉 양심적 단계, 자율적 단계 및 통합적 단계는 특히 성인기 발달과 밀접

표 2-2 레빙거의 자아발달 단계

단계나 수준	특성
전사회적 단계	아기들은 자신의 욕구 충족에만 관심을 보이며, 대상영속성을 획득하기 위하여 자신과 주변환경을 구별하는 것을 학습해야 한다.
공생적 단계	아기는 어머니나 다른 주된 양육자와 공생관계(symbiotic relationship)를 유지한다. 주된 과업은 공생관계로부터 벗어나는 것이며, 그것은 부분적으로 언어를 통해서 가능하다.
충동적 단계	아동들은 충동적으로 행동함으로써 어머니와 분리된 존재임을 주장한다. 타인들은 자신에게 무엇을 해줄 수 있는가를 바탕으로 평가되며 대단히 자기중심적이다. 이 단계에 오랫동안 머무르는 개인들은 "통제불가능한" 혹은 "구제불능의" 사람이 된다.
자기보호적 단계	아동들은 즉각적인 단기적 보상이나 처벌을 예상함으로써 스스로 충동을 통제하는 것을 학습한다. 규칙이 존재한다는 것을 알지만 항상 자신의 이익을 최대화하려고 노력한다. 일부의 성인들은 이 단계의 발달에 머문다.
동조자 단계	아동이나 성인은 집단의 기대에 일치하는 행동을 하며 집단의 안녕과 자신의 안녕을 동일시한다. 이 단계의 개인들은 개인차를 무시하고 흑백논리에 따라 사고하며 고정관념적으로 행동한다. 외모, 명성, 지위, 물질 등을 중요시한다.
자기인식 수준 (과도기)	동조자 단계와 양심적 단계 사이의 과도기이다. 자기인식이 증가하고 개인차를 인식하며 감정이나 견해의 미세한 변화를 수용하기 시작한다. 그러나 다른 사람의 개인적 특성이나 욕구보다는 아직도 성별, 결혼상태, 교육 등과 같은 고정관념적 범주들이 판단의 기초가 된다.
양심적 단계	규칙, 이상, 의무, 탁월함에 대한 내적 표준을 형성하며 내재적 규칙과 죄책감에 의해 행동이 조절된다. 이 단계의 성인들은 사람이 서로 다른 욕구를 가지고 다양한 행동 패턴을 나타내며 독특한 특성을 갖는다는 것을 이해한다. 타인과의 관계는 보다 더 상호적으로 변화한다.
개인주의적 수준(과도기)	양심적 단계와 자율적 단계 사이의 과도기이다. 이 수준에 이른 개인은 독립과 의존의 문제에 강하게 집중한다. 그들은 또한 내적 갈등을 더 잘 인식한다.
자율적 단계	이 단계에 이른 개인은 완전히 독립적이며 내적 갈등을 인식하고 처리할 능력을 지닌다. 다른 사람들을 있는 그대로 수용하고 그들을 변화시키려고 시도하지 않는다. 그들은 개별성과 자율성을 중요시하고 자기실현에 몰두한다.
통합적 단계	이 단계에 도달할 수 있는 사람은 대단히 드물며 자신의 내적 갈등을 초월할 수 있다. 자신이 설정한 인생목표에 도달할 수 없다고 판단되면 과감히 포기한다. 그들은 진정으로 자기실현한 사람으로서 현명하고, 감정이입적이며 개성을 중요시한다.

하게 연결되어 있다. 우선 양심적 단계는 일련의 자기선택과 자기평가에 기초한 규칙이 출현하는 것으로 정의된다. 레빙거는 청년기가 지나야 양심적 단계로의 이동이 가능하다고 주장하기는 하였지만, 여러 가지 점에서 이 단계는 에릭슨의 정체감 대 역할혼란의 단계와 유사하다. 이전의 단계들이 고정관념적이고 2차원적 관계를 지향하는 것과는 대조적으로 양심적 단계의 개인들은 타인을 3차원적으로 볼 수 있기 때문에 타인의 관점을 깊이 이해하고 진실로 상호적인 대인관계를 형성할 수 있다.

양심적 단계와 자율적 단계(autonomous stage) 사이에 개인주의적 수준(individualistic level)이라는 과도기가 존재한다. 이 수준의 개인들은 자기와 타인 모두에 대해 더 많이 인내할 수 있다. 사람은 그 자체의 단점과 장점을 갖는 독특한 존재로 인식되고 사회적 관계는 양극관계로서가 아니라 하나의 연속체로 이해된다. 이 수준에서 타인에 대한 의존 문제가 새로운 갈등으로 등장한다. 독립은 스스로 돈을 벌고 집을 장만하는 것으로 단순히 성취되는 것은 아니며, 독립의 내적 수준에 도달할 수 있어야 한다는 인식이 가능해진다. 그들은 아직도 완전한 수준의 독립에 도달하지는 못했지만 그것이 가능하다는 것을 잘 알고 있다.

자율적 단계에 이르면 내적 독립이 가능하다. 자율성은 타인에 대한 무관심을 의미하는 것이 아니라 오히려 타인의 개별성을 중요시하고 풍요로운 대인관계를 형성하는 것을 뜻한다. 가족을 포함하여 타인들의 결점이나 실패를 수용하고 그들을 사랑할 수 있다. 또한 이 단계의 개인들은 인간 삶에서의 갈등과 역설을 수용하고 양심적 단계의 개인들처럼 세상을 양극관계로 보지 않으며 예외나 복잡성을 인정한다.

레빙거의 이론에서 최상의 단계는 통합적 단계(integrated stage)이다. 표면적으로는 자아통합에 대한 에릭슨의 초기개념과 일치하나 레빙거는 자아통합보다 더 발달된 단계라고 가정하였다. 매슬로우(Maslow)의 자기실현(self*-actualization)한 사람과 유사한 특성을 지니고 있는 이 단계의 개인들은 내적 갈등을 자유롭게 조절할 수 있고, 자신이 설정한 인생목표에 도달할 수 없다

*이 책에서 'ego'는 '자아'로 그리고 'self'는 '자기'로 번역하였다. 이론적으로 ego는 정신분석이론에 기초하는 반면, self는 현상학적 심리학에 기초하므로 두 가지 단어를 구분함으로써 그것이 갖는 미세한 의미차이를 반영하고자 하였다.

고 판단되면 그것이 무엇이든 과감히 포기한다. 단순히 개인차를 인내하기보다는 오히려 그것을 소중히 여긴다. 어느 사회에서나 이 단계에 도달할 수 있는 사람은 1% 미만에 지나지 않는다.

2) 레빙거 이론의 특징

레빙거 이론은 최근에 와서 인기를 끌고 있다. 그 이유는 다음과 같은 두 가지 특징 때문으로 정리될 수 있다.

첫째, 자아발달의 단계들이 구체적인 연령과 연결되어 있지 않다는 것이다. 연령으로 성인기 발달단계를 엄격하게 구분하면 실생활과 맞지 않을 때가 많다. 성인들은 광범위한 영역에서 큰 개인차를 보이기 때문에, 엄격하게 연령을 구분하는 이론보다는 레빙거의 이론처럼 연령으로 구분되지 않는 이론이 성인기 동안의 개인차를 더 효과적으로 설명할 수 있도록 한다.

둘째, 자아발달 단계를 경험적으로 측정할 수 있는 도구가 개발되었다는 것이다. 레빙거와 그 동료들은 그들이 개발한 문장완성검사(Sentence Completion Test: SCT)를 사용하여 개인의 자아발달 상태를 측정하였다. 36개의 불완전한 문장으로 구성되어 있는 이 검사는 레빙거의 이론이 성인발달의 광범위한 연구에 활용될 수 있도록 하였다. 문장완성검사의 구체적 문항은 장휘숙(2009)의 『청년심리학 4판』에 수록되어 있다.

3. 레빈슨의 이론

1) 변화의 단계와 생애구조

임상심리학자인 다니엘 레빈슨(Daniel Levinson)은 1967년에 40명의 성인 남성들을 대상으로 성인발달에 관한 개척자적 연구를 시작하였다. 그는 성인기 동안의 삶이나 발달에 유의한 성차가 있다고 가정하고 자신이 남성이기 때문에 먼저 그 자신의 성인기 발달을 이해하려는 목적으로 남성들만을 대상으로 집중적인 전기적 면접(intensive biographical interview)을 실시하였다. 면접결과는 1979년에 『남성 생애의 계절』(The Seasons of a Man's Life)이라는 제목으로 출판하였다.

여성들에 관한 레빈슨의 연구는 남성연구 결과를 책으로 출판한 1979년부터 시작되었다. 그는 여성들을 대상으로 면접을 실시하고 그 결과를 바탕으로 『여성 생애의 계절』(The Seasons of a Woman's Life)을 저술하였으나 저술 직후 사망하였으므로(1994년 4월), 책의 출판을 보지는 못하였다.

앞에서 설명한 것처럼 레빈슨 이론은 성인기 동안 일어나는 변화를 단계적으로 구분하는 소위 변화의 단계이론으로, 중심적 개념은 생애구조(life structure)이다. 생애구조란 '일정 시기에 개인의 생에 내재된 양식과 설계'로서 사람이나 사물과의 관계가 그 핵심요소를 이룬다. 예를 들면 배우자나 파트너, 자녀, 직장 상사나 부하직원, 종교단체나 클럽과 같은 유의미한 집단, 심지어 자연이나 생명 없는 대상물과의 관계까지 우리는 다양한 관계를 형성한다. 삶의 과정에 특정한 형태를 부여하는 이러한 관계들은 개인의 성격에

그림 2-2 성인발달에 대한 레빈슨 모델—남성 생애의 계절

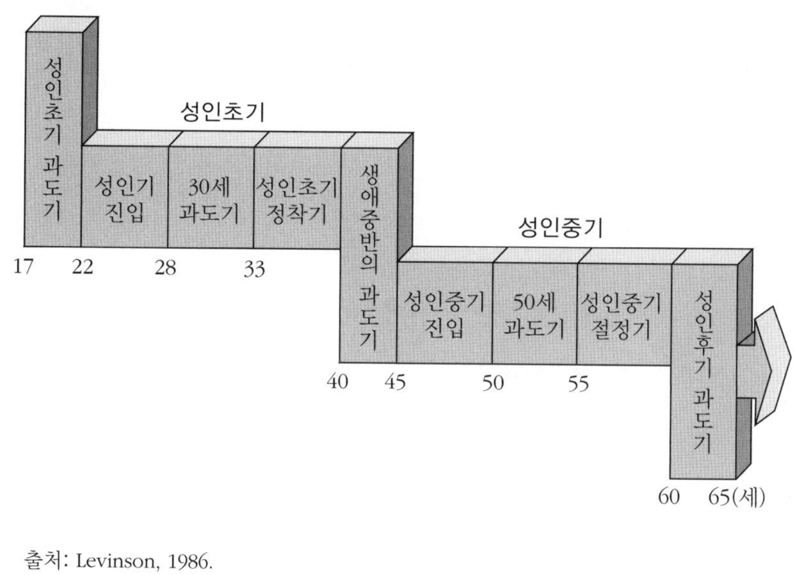

출처: Levinson, 1986.

의해 영향을 받기 때문에 사람마다 다른 생애구조를 형성한다.

그러나 부모-자녀관계를 포함하여 모든 관계는 변화하기 때문에, 생애구조 역시 성인기 동안 변화한다. 레빈슨은 생애구조의 중심요소로서 직업, 결혼, 가족, 우정, 종교를 제시하고 개인의 생애는 안정된 생애구조의 기간과 생애구조가 변경되는 과도기를 포함한다고 제안하였다. 그는 생애구조를 바탕으로 그림 2-2와 같이 전생애를 대략 20년 정도 계속되는 시대(era)로 구분하고 각 시대마다 몇 개의 단계와 과도기를 포함하는 남성 생애의 계절을 정리하였다.

2) 시대와 과도기의 특징

레빈슨은 다음과 같이 네 개의 시대와 다섯 개의 과도기를 제안하였다.

네 개의 시대

① 성인기 이전시대(아동기 및 청년기 0-17세)
② 성인초기 시대(17-40세)
③ 성인중기 시대(40-60세)
④ 성인후기 시대(60세 이후)

다섯 개의 과도기

① 성인초기 과도기(17-22세)
② 30세 과도기(28-33세)
③ 생애중반의 과도기(40-45세)
④ 50세 과도기(50-55세)
⑤ 성인후기 과도기(60-65세)

성인초기부터 후기까지 과도기를 포함하는 개별적 단계들을 간략하게 설명한다.

① 성인초기 과도기(17-22세): 성인기 이전 시대를 종결짓고 성인기로의

이동을 준비한다. 가능성을 탐색하고 시험적으로 이성에 대한 전념을 시도한다.

② 성인기 진입(22-28세): 결혼, 가정, 스승과의 관계를 포함하는 최초의 중요한 생애구조를 형성한다. 자신이 설정한 꿈과 이상을 추구하며, 주된 관심은 가족보다는 가정 바깥에 있다.

③ 30세 과도기(28-33세): 자신이 설정한 최초의 생애구조에 결함이 있음을 인식하고 그것을 재평가한다. 이전 단계에서 이루어진 선택을 재고하고 필요한 새로운 선택을 시도한다.

④ 성인초기 정착기(33-40세): 일, 가족, 우정, 지역사회로 구성되는 두 번째의 생애구조를 형성한다. 사회 속에 터전을 잡고 꿈을 실현하기 위해 노력한다.

⑤ 생애중반의 과도기(40-45세): 성인초기와 중기 사이의 교량으로서 성인초기에 설정한 꿈과 현실간의 괴리를 발견하고 스스로 추구해 오던 목표를 재평가한다. "나는 아내와 무엇을 했는가?" "나는 내 자신과 다른 사람을 위해 무엇을 하기 원하는가?"와 같은 기본적 질문을 자신에게 던진다.

⑥ 성인중기 진입(45-50세): 새로운 생애구조를 설정한다. 때로 직업과 결혼생활에서 변화가 일어나기도 한다.

⑦ 50세 과도기(50-55세): 30세 과도기와 유사한 기능을 한다. 만약 생애중반의 과도기 동안 위기가 일어나지 않았다면, 이 시기에 일어날 수 있다.

⑧ 성인중기 절정기(55-60세): 두 번째의 중년기 생애구조를 구축한다. 역할이나 자기문제에서 생애구조를 성공적으로 변화시킬 수 있다면, 만족스러운 시기가 될 것이다.

⑨ 성인후기 과도기(60-65세): 성인중기를 종결짓고 성인후기로 넘어가는 교량이다. 은퇴와 성인후기의 신체적 쇠퇴에 대한 준비를 한다. 인생주기에서 중요한 전환기이다.

⑩ 성인후기(65세 이상): 은퇴와 급격한 신체적 쇠퇴에 적합한 새로운 생

애구조를 구축한다. 질병에 대처하고 젊음의 상실에 대한 심리적 문제를 해결하기 위해 노력한다.

레빈슨에 의하면, 각 단계에서 나타나는 특징적인 생애구조들이 사람마다 매우 다양하기 때문에 개인의 생애는 각기 다른 양식으로 전개된다. 그러나 레빈슨은 네 개의 시대가 전개되는 순서나 과도기의 존재는 어느 문화의 성인들에게나 동일하게 나타난다고 주장하였다.

동시에 레빈슨은 각 단계의 생애구조들이 더 나쁜 상태에서 더 좋은 상태로 혹은 덜 성숙한 상태에서 보다 더 성숙한 상태로 이동한다고 가정하지 않았다. 그는 연령에 따라 단지 체계적인 변화를 가정하였을 뿐이므로 우리는 레빈슨의 이론을 변화의 단계이론으로 분류한다. 그는 한 단계에서 다음 단계로 혹은 한 시대에서 다음 시대로의 이동 속에는 획득뿐 아니라 상실도 함께 포함되어 있음을 강조하였다.

레빈슨 이론의 문제점은 연구 속에 45세 이상의 연구대상자들이 포함되지 않았기 때문에 이 시기 이후의 발달은 단지 레빈슨의 생각을 바탕으로 기술되었다는 것이다. 더욱이 평균수명이 길어지고 있음에도 불구하고 65세 이후의 시기를 단지 하나의 시기로 구분하였다는 것도 또 다른 문제점이 아닐 수 없다.

흥미롭게도 레빈슨은 그가 저술한 『여성 생애의 계절』에서 여성들도 남성들과 동일하게 그 자체의 특성을 갖는 분리된 시대와 과도기를 경험하고 남성들과 동일한 생애구조 내에서 동일한 순서의 단계를 거쳐 간다고 주장하였다. 그러나 여성들은 남성들보다 평균수명이 더 길기 때문에 남성들이 경험하는 네 개의 시대 외에 성인후기의 후기(85세 이후)라는 제 5 의 시대를 경험한다고 밝혔다.

결론적으로 레빈슨은 남성역할과 여성역할의 구분에 의해 그리고 가사영역과 직업영역의 구분에 의해 그리고 가부장적 사회에서 가정주부인 여성과 생계유지자인 남성의 구분에 의해, 여성들의 삶이 남성들의 삶보다 더 고달프고 어렵다고 지적하였다. 그는 이제 가정주부의 역할만 수행하는 전통적 여성역할은 더 이상 유지되기 어려우므로 사회가 남녀평등을 이루기 위해 노력해야 한다고 강조하였다.

unit Ⅱ 비단계이론

성인기 발달을 설명하는 이론들 중 단계를 구분하지 않는 이론들은 많지 않다. 여기서는 단계를 가정하지 않으면서도 기능이나 능력의 발달을 가정하는 베이런트(Vaillant, 1977)의 이론과 단지 변화를 가정하는 펄린(Pearlin, 1982a, b)의 모델을 설명한다.

1. 베이런트의 이론

베이런트는 단계개념에 의존하지 않으면서 성인기 동안의 고난과 시련에 대한 적응방식에서의 발달을 설명하려고 하였다. 그는 발달의 기초로서 에릭슨의 단계를 수용하기는 하지만, 에릭슨보다는 레빙거와 더 유사한 이론을 전개하였다. 레빙거와 같이 베이런트는 성장이나 발달이 일어나는 방향을 기술하지만, 모든 사람들이 동일한 정도로 발달할 것으로 가정하지 않았다. 그는 특히 시련이나 위기에 직면한 개인이 나타내는 심리적 적응방식에서의 발달적 변화에 관심을 가졌다.

베이런트가 논의한 적응의 주된 형태는 방어기제(defense mechanism)이다. 방어기제란 프로이트가 제안한 대로 불안에 대처하기 위해 사용되는 정상적인 무의식적 전략으로, 사람들은 불안하면 어떤 형태로든 방어기제를 사용한다. 그러나 모든 방어기제는 자기속임수나 현실왜곡을 포함하는 특징이 있다.

그 예로서 사람은 자신을 불쾌하게 만든 일을 잊어버리거나 불쾌하지 않은 방식으로 그것들을 기억한다. 또한 하면 안 되는 일을 했을 때 이유를 붙여 변명하는가 하면, 자기 자신 속에서 이유를 찾기보다는 다른 사람들에게

표 2-3 베이런트의 방어기제 수준

수 준	특 징
정신병적 기제	• 망상적 투사(delusional projection): 피해망상과 같은 명백한 망상증상 • 부정(denial): 외부현실을 부정한다. • 왜곡(distortion): 환각이나 소원성취 망상을 포함하여 내적 욕구에 맞도록 외부현실을 재구성한다.
미성숙한 기제	• 투사(projection): 자신이 용납하기 어려운 감정을 타인에게 귀인시킨다('당신은 두려워하지만, 나는 아니다'). • 정신분열적 공상(schizoid fantasy): 갈등을 해결하기 위하여 공상을 사용하거나 내면으로 후퇴한다. • 심기증(hypochondrasis): 타인에 대한 비난을 자신의 질병에 대한 불평으로 표출한다. 타인에 대한 의존욕구를 회피하기 위하여 또는 무시당하는 데 대해 직접적으로 불평하지 않기 위하여 심기증을 사용한다. • 수동-공격적 행동(passive-aggressive behavior): 타인에 대한 공격성을 수동성을 통해 혹은 자신에게로 향하게 함으로써 간접적으로 표현한다. • 액팅아웃(acting out): 무의식적 소망을 직접적으로 표현하지만, 수반되는 정서를 인식하지는 못한다. 비행은 물론 울화도 포함한다.
신경증적 기제	• 주지화(intellectualization): 감정을 배제한 채 소망에 대해 생각하지만, 소망을 행동으로 옮기지는 않는다. • 억압(repression): 특정한 정보를 기억하지 못하거나 인식하지 못함으로써 의식적 기억을 거부한다. • 치환(displacement): 원래 감정을 일으킨 대상이 아닌 다른 대상물에 감정을 표출한디(예, 애인과 포옹하고 싶을 때 애완견을 껴안는다). • 반동형성(reaction formation): 무의식적으로 실제 행동하고 싶은 것과는 정반대로 행동한다.
성숙한 기제	• 이타주의(altruism): 타인에 대한 대리적, 건설적 봉사 • 유머(humor): 불안유발적 생각이나 감정의 표현으로, 타인에 대한 빈정거림도 없고 불쾌한 효과도 일으키지 않는다. • 억압(suppression): 충동이나 갈등의 처리를 연기하려는 의식적, 반(半)의식적 결정 • 기대(anticipation): 미래의 문제나 불쾌함을 예상하고 계획을 세운다. • 승화(sublimation): 소망이나 욕구의 간접적 표현으로, 스포츠를 통해 공격성을 표현하는 것같이 유해한 효과를 일으키지 않는다. 본능을 억누르기보다는 적절하게 표현한다.

자신의 불유쾌한 감정을 투사하기도 한다. 그러나 베이런트는 프로이트와는 달리 방어기제들 중에서도 더 성숙한 방어기제가 존재한다고 주장하였다.

표 2-3은 베이런트가 제안한 네 가지 수준의 방어기제를 제시한다. 일반적으로 성숙한 방어기제는 현실을 더 적게 왜곡하고 더 품위있으며 덜 불유쾌한 방식으로 어려움에 대처할 수 있도록 한다. 베이런트의 핵심적 주장은 일상생활의 괴로움에 효과적으로 대처할 수 있는 성인들은 더 성숙한 방어기제를 지니고 있다는 것이다.

방어기제를 분류하기 위하여 수준(level)이라는 용어를 사용한 베이런트는 어떤 한 순간에 우리는 단지 하나의 수준에 속하는 방어기제만을 사용하는 것이 아니라 여러 수준에 해당하는 방어기제들을 광범위하게 사용한다고 주장하였다. 그 예로서 스트레스를 받을 때는 퇴행(regression)과 같은 유치한 방어기제가 사용되고 심각한 수술을 받아야 할 때는 억압(repression: 공포 때문에 의식적 기억을 거부하는)이나 주지화(intellectualization: 수술의 세부사항을 매우 추상적으로 알아보는 것같은), 투사(projection: 내 남편은 두려워하지만 나는 아님을 강조하는) 혹은 액팅아웃(acting out: 채혈하기 위해 두 번 찌르는 간호사에게 화를 내는) 같은 미성숙한 방어기제들이 사용된다.

그러나 사람은 항상 미숙한 방어기제만을 사용하는 것은 아니다. 베이런트에 의하면, 삶의 과정에서 성인들은 미숙한 방어기제를 사용하기도 하지만, 성숙한 방어기제를 더 빈번하게 사용한다. 여기에 덧붙여 베이런트는 방어기제의 사용에서 큰 개인차가 있음을 강조하고 개인생활과 직업생활에서 성공적인 사람들은 미성숙한 방어기제의 사용에서 더 성숙한 방어기제의 사용으로 이동한다고 주장하였다.

이와 같이 베이런트는 인간이 더 높은 수준의 성숙을 지향한다는 것을 전제로 하기 때문에 그의 이론은 분명히 발달적이다. 그러나 미성숙한 수준의 방어기제에서 성숙한 수준의 방어기제로의 이동은 단계적이기보다는 오히려 점진적이기 때문에 비단계적 발달이론으로 분류된다. 레빙거와 같이, 베이런트도 모든 사람들이 성숙한 수준에 도달할 수 있는 것은 아니라고 가정하였다.

2. 펄린의 모델

레오나드 펄린(Leonard Pearlin, 1982a, b)은 심리학과 사회학에서 나온 개념들을 통합한 사람으로 그의 주된 관심은 성인기 동안의 괴로움의 근원과 그것에 대처하는 방법에 있다. 그는 단계를 가정함이 없이 괴로움의 근원과 대처방식 양자가 성인기 동안 어떻게 변화하는지를 설명하려고 하였으므로 그의 이론은 비단계적인 변화이론에 해당한다.

물론 성인기에 대한 펄린의 제안들은 괴로움이나 스트레스에만 한정되는 것은 아니다. 펄린은 특정한 연령단계와 연결된 심리적 문제나 인생과업들이 있다는 것을 인정하면서도 연령관련적 문제는 단지 노화의 일부분을 설명할 뿐이라고 강조하고, 오히려 개인들간에 나타나는 경로들의 다양성을 중요시하였다. 즉 사람들이 동일한 연령이나 인생주기에 처해 있다고 할지라도, 현재의 위치에 도달하기 위하여 그들은 동일한 발달경로를 거쳐 오지 않았을 뿐 아니라 미래에 동일한 상태에 도달하는 것도 아니라는 것이다.

펄린은 발달경로의 다양성에 영향을 미치는 요인들을 다음과 같이 정리하였다.

① 개인차의 차원들(특히 사회경제적 지위가 큰 영향을 미친다)
② 스트레스나 인생변화에 대처하기 위해서 개인이 지니고 있는 기술(다양한 기술을 지니고 있으면 있을수록 더 적은 괴로움을 경험한다)
③ 사회적 지원망의 활용가능성과 유용성(강력한 지원적 연결망을 가지고 있는 성인들은 더 적은 잠재적 괴로움을 경험한다)
④ 개인이 경험하는 스트레스나 괴로움의 본질과 시기

특히 펄린은 성인기 동안의 스트레스나 괴로움의 근원을 다음과 같이 세 가지 유형으로 구분하였다.

① 매일의 생활긴장: 만성적이고 지속적인 괴로움으로서 시어머니의 잔소리, 지루한 직장일, 가사일과 직장일을 동시에 처리해야 하는 역할

갈등, 물가상승에 맞추어 가계경제를 꾸려가기 등이 여기에 해당한다.

② 미리 계획된 생활긴장: 예측가능한 사건들로서 자녀의 출생, 성인초기 자녀의 집떠나기 혹은 은퇴와 같은 예상된 역할변화들을 포함한다.

③ 미리 예상하지 못한 생활긴장: 직장에서의 해고, 부모나 가까운 친구의 갑작스러운 죽음, 교통사고 등과 같이 예상하지 못한 변화들에 해당한다.

펄린에 의하면, 미리 계획된 변화들은 괴로움이나 안녕감에 비교적 적은 영향을 미치지만, 예상하지 못한 변화들은 개인에게 큰 영향을 미친다. 놀랍게도 예상하지 못한 변화의 영향이 간접적일 때조차도 매일의 생활긴장은 크게 증가한다.

예를 들어 적절한 재정적 · 정서적 자원을 가지고 있는 여성들에게 배우자와의 사별은 그래도 견딜 수 있는 수준의 영향을 주지만, 사별 후 새롭게 직업을 찾아야 하고 가난 속에서 혼자 자녀를 양육해야 하는 여성들은 훨씬 더 큰 괴로움을 경험하고 불안이나 우울로 고통을 겪는다. 레빈슨의 개념을 빌어 설명한다면, 예상하지 못한 생애구조의 붕괴는 극도의 괴로움을 초래한다는 것이다.

결론적으로 펄린은 내적으로 전개되는 성장이나 성숙 상태로의 이동을 거부하기 때문에 그의 모델은 성인생활에서의 발달이 아니라 변화를 설명하는 이론이다. 펄린에 의하면, 개인의 삶은 외부적 상황에 대처하는 계속적인 적응과정에 해당한다. 비슷한 연령의 성인들은 다양한 외부적 상황을 서로 공유하고 인생과정의 서로 다른 시점에서 공통적 경험을 할 수 있을 것이다. 그러나 펄린이 중요시한 것은 모든 성인들이 공유하는 보편적인 단계적 경험이 아니라 성인생활의 변화하는 다양한 요구에 대한 개별적 성인들의 대처방식이 어떤 원리에 의해 지배되는지를 탐색하는 것이다.

unit Ⅲ 통합이론

통합이론은 성인생활에서 일어나는 변화의 법칙에 관심을 갖고 그것을 이해하려고 한다. 이 분야의 이론가들은 각 개인이 경험하는 인생경로가 모든 사람들에 의해 공유된다고 가정하지 않으며, 또한 모든 경로가 감퇴나 더 높은 수준의 효율성에 이르게 한다고도 가정하지 않는다. 그들은 오로지 상이한 기저의 법칙들이 서로 다른 표면적 패턴을 생성한다고 가정한다. 이 분야의 대표적 이론으로 위트본(Whitbourne, 2002), 발테스(Baltes & Baltes, 1990) 그리고 페룬과 빌비(Perun & Bielby, 1980)의 이론을 소개한다.

1. 위트본의 정체감 과정이론

위트본(Whitbourne, 1996a, 2002)의 정체감 과정이론(identity process theory)은 성인기 동안 개인의 자아정체감이 형성되고 수정되는 과정을 설명한다. 그는 그림 2-3과 같이 피아제 이론의 동화(assimilation)와 조절(accommodation) 과정을 사용하여 개인의 정체감이 경험과 상호작용하여 어떻게 변화하는지를 설명하려고 하였다. 이 이론으로 개인과 경험간의 상호작용은 물론 성인기 동안 개인이 노화과정에 어떻게 반응하는지도 설명될 수 있다.

자아정체감이란 개인의 외모를 포함하여 인지능력, 성격특성, 타인과의 관계, 사회적 역할 등을 포함하는 통합적인 자기상이다. 개인이 어떤 자아정체감을 지니고 있느냐에 따라 사고나 행동 혹은 태도는 물론 타인과의 관계형성이나 사회적 역할 수행방식이 달라진다. 심리학적으로 건강한 사람들은 자신을 신체적으로 그리고 정신적으로 유능하고 정직하며 타인을 배려하는 사람으로 지각하는 동시에 타인들 역시 자기를 긍정적 시각으로 바라본다고 생각한다.

청년기까지 형성된 개인의 자아정체감은 그림 2-3의 과정을 통하여 성

그림 2-3 정체감 과정이론

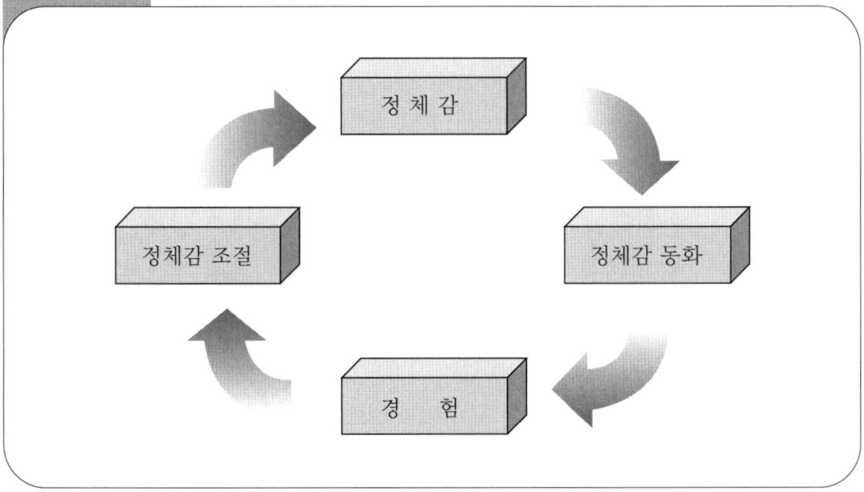

인기 동안 계속적으로 변화한다. 이 그림에서 정체감 동화과정은 개인이 현재의 상황을 처리하기 위하여 기존의 정체감 측면을 사용하는 과정에 해당하는 반면, 정체감 조절과정은 상황의 변화에 대처하기 위하여 개인의 정체감을 변화시키는 과정에 해당한다. 위트본(Whitbourne, 1996b)에 의하면, 성인들은 정체감 동화에 주로 의존하여 경험을 처리하는 사람, 정체감 조절에 주로 의존하여 경험을 처리하는 사람 및 동화와 조절을 모두 활용하는 균형이룬 정체감 과정에 의존하는 사람으로 구분될 수 있다.

정체감 동화과정에 의존하는 사람들은 자기에 대한 견해를 변화시키지 않기 위하여 변화를 거부하고 경험에 대한 지각을 왜곡하므로 젊은 세대는 물론 노인 세대의 특성도 이해하려고 하지 않는다. 그들은 새로운 경험의 지각을 거부하기 때문에 노화에 의해 신체기능이 변화할 때도 변화의 중요성을 부정(denial)한다. 그들은 연령과 관련한 기능 변화를 노화과정에서 나타난 결과가 아니라 단순히 건강이나 건강과 관련된 일시적 상태로 귀인시킨다.

정체감 조절과정에 의존하는 사람들은 사소한 사건이나 경험에 과도하게 반응하고 단지 하나의 상황으로부터 지나치게 광범위하거나 일반적인 결론을 도출한다. 그들은 조그만 연령관련적 변화에조차 과도하게 반응하기 때문에 지나치게 일찍 나이를 먹었다고 지각하는 경향이 있다. 그러므로 정체감 조절은 발달된 정체감을 지니고 있지 않을 때 일어나기 쉽다.

그러나 동화와 조절을 모두 활용하는 균형이룬 정체감을 지니고 있는 사람들은 성인기 동안 불가피하게 일어나는 변화에 관심을 가지고 오랫동안 기능을 유지하려고 노력하며 그것들을 보상하는 방법을 발견함으로써 변화가 일어날 때 상실에 적응할 수 있다. 그들은 자신이 노화하고 있음을 지각하면서도, 노화가 매일의 기능이나 미래계획을 방해하지 않도록 함으로써 동화와 조절간의 타협을 이룬다.

성인기 동안의 노화과정은 개인이 안정된 자아정체감을 유지하는 데 특별한 도전으로 작용한다. 신체적 노화와 인지적 변화, 유의미한 타인과의 관계 변화 및 사회적 맥락 내에서의 변화에 기인한 사건들은 개인의 자아정체감에 영향을 준다. 각 개인은 성인기 동안 노화 과정의 결과로서 일어나는 변화들을 정체감 속에 통합하는 방식을 발견하지 않으면 안 된다.

물론 노화의 어떤 측면들이 더 중요한지는 개인에 따라 차이가 있다. 운동선수에게는 신체적 민첩성이 중요할 것이고 학자에게는 지적 기능이 그리고 예술가에게는 시각적 기술이나 정교한 운동기술이 더 중요할 것이다. 노화에 의해 신체적, 심리적 기능에서 많은 변화가 일어나기는 하지만, 이와 같은 중심적 기능에서의 변화는 개인에게 더 큰 영향을 준다.

그러므로 정체감 과정이론에서 건강한 성인이란 정체감 동화와 조절 사이에 균형이나 평형(equilibrium)을 유지할 수 있는 사람들이다. 그들은 시간 경과에도 불구하고 일관성의 느낌을 유지하면서 새로운 경험에 반응하여 변화할 수 있는 사람들이다.

2. 발테스의 SOC이론

폴 발테스와 마가렛 발테스(Paul Baltes & Margret Baltes, 1990; Max Planck Institute for Human Development)는 사람들이 개인적 발달과 안녕을

증진시키기 위해 그들의 삶을 어떻게 관리하는가를 연구하기 위하여 SOC이론 혹은 보상을 수반한 선택적 최적화이론(selective optimization with compensation)을 제안하였다(장휘숙, 2002 참조). SOC란 선택(Selection), 최적화(Optimization) 그리고 보상(Compensation)의 첫 글자로서 발달적 조절의 세 가지 중심적 과정에 해당한다.

노화심리학(psychology of aging)과 전생애 심리학(life-span psychology) 내에서 발달된 이 이론은 성공적 발달 혹은 적응적 발달을 설명하는 일반이론으로서 획득의 최대화와 상실의 최소화를 적응적 발달로 가정하고 이를 위해 선택, 최적화 그리고 보상의 발달적 조절이 이루어져야 한다고 강조한다. 즉 인간발달의 모든 단계에서, 개인들은 발달적 조절의 세 가지 과정을 통하여 그들의 삶을 성공적으로 관리할 수 있으므로 이 이론은 인생관리전략(life-management strategy)이라고도 불린다.

1) 선 택

선택이란 목표를 설정하고, 목표의 위계를 구성하며 설정한 목표에 어느 정도로 전념할 것인지를 결정하는 과정이다. SOC 모델은 인생에서 내적 그리고 외적 자원들의 제한이나 구속이 있다고 가정한다. 그 예로서 각 개인은 개인적 능력과 스태미나, 시간, 돈, 사회적 지지 등에서 제한받는 동시에 가소성* 에서도 연령관련적 변화가 일어나기 때문에, 우리는 목표를 선택해야 하고 때로 대안적인 목표도 선택할 필요가 있다. 선택은 특정한 기능영역에 자원을 집중함으로써 자원의 낭비를 막고 발달적 방향을 인도하는 역할을 한다.

선택은 의도적 선택(elective selection: ES)과 상실-기초된 선택(loss-based selection: LBS)으로 구분될 수 있다. 전자가 개인 자신이 원하는 것을 목표로 삼는 순수하게 자신의 소망의 표현으로 이루어진 선택이라면, 후자는 목표관련적 수단을 상실했을 때 이루어지는 선택으로 개인의 목표체계를 재구성하는 것을 수반한다(관절염의 통증이 너무 심해 더 이상 테니스를 칠 수 없을 때 테니스 대신 우표수집에 전념하는 것이 여기에 해당한다).

*가소성 고체가 힘을 받아 형태가 바뀌어 본디 모양으로 되돌아가지 않는 현상으로 인간발달의 변화가능성을 의미한다. 어릴수록 발달의 가소성은 더 크다고 평가된다.

2) 최 적 화

선택된 영역에서 더 높은 수준의 기능에 도달할 수 있기 위해서는 최적화를 필요로 한다. 최적화란 선택한 영역을 수행하기 위하여 목표관련적 수단이나 자원을 획득하고 통합하고 그리고 적용하는 과정에 해당한다. 다시 말하면 구체적인 목표관련적 기술을 획득하고 훈련하며 계속해서 목표를 추구할 수 있도록 인내심을 가지고 더 높은 수준의 기능을 성취하는 것을 지향한다.

개인이 목표를 달성할 수 있는지 아닌지는 목표영역의 종류(예, 수학에서 높은 수행을 성취하는 것을 돕는 수단은 가까운 관계에서 신뢰와 친밀성을 성취하는 것과 관계가 없을 것이다)와 개인적 특성(예, 연령, 성격) 그리고 사회문화적 맥락(예, 기회구조)에 따라 달라진다. 그러므로 어떤 개인이 특정한 성격프로파일을 갖게 되는 것도 최적화의 한 예가 될 수 있다(Staudinger & Pasupathi, 1998).

3) 보　상

발달은 전생애 동안 성장과 감퇴를 포함하는 중다방향적 특성을 지니고 있으므로 SOC 모델은 보상의 중요성을 강조하고 감퇴와 상실에 직면하여 개인의 기능수준을 어떻게 유지하는지를 역점두어 다룬다. 그러므로 보상이란 목표관련적 수단에서 상실이나 감퇴가 일어나 개인의 기능수준을 위협할 때, 기능의 유지를 위하여 부가적 자원이나 수단을 활용하고 대체물을 투자하는 것을 의미한다.

일반적으로 다음과 같은 세 가지 상황에서 보상이 활성화된다.

첫째, 환경조건의 특성 때문에 자원들이 고갈될 때

둘째, 동일한 목표에 도달하기 위한 보상의 전략으로 새로운 수단이 요구될 때

셋째, 생물학적 노화와 연합된 가소성의 감소와 인생후기에 다양한 수단들이 상실될 때

보상의 예는 수단의 대치나 외부적 도움을 사용하는 것이다. 물론 보상적 노력이 실패하거나 비용이 이익을 초과할 때, 보다 더 적응적인 반응은 개인의 목표-위계를 재조정하거나 개인적 표준을 낮추기 혹은 새로운 목표를 찾기 등 여러 가지 방안이 동원될 수 있다.

어떤 사람이 일류 축구선수가 되기를 소망하였으나 그 목표를 달성하기 어려울 때, 그는 축구보다 학업을 목표위계의 상위에 배치함으로써 목표를 재조정할 수 있고, 일류가 아닌 이류 축구선수로 만족할 수도 있으며(표준을 낮추기), 또한 새로운 목표로서 학업수행에 모든 힘을 쏟음으로써(새로운 목표 찾기: 상실기초된 선택) 축구선수로서의 소망을 포기할 수 있다. 선택, 최적화 및 보상의 특성을 요약하면 표 2-4와 같다.

실제로 선택, 최적화 그리고 보상과정은 각각 목표선택, 목표추구 그리고 목표유지/변경의 과정을 의미하기 때문에 개별적으로 작용하기보다는 그림 2-4와 같이 조화된 전체로서 기능한다. 다시 말하면 성공적인 발달은 그들의 조화된 통합을 요구한다는 것이다(Freund & Baltes, 2002). 이 그림은 선

표 2-4 선택, 최적화 및 보상의 특성

선 택 (목표나 선호들)	최 적 화 (목표-관련적 수단들)	보 상 (목표관련적 수단의 상실이나 차단에 대처하는 수단들)
의도적 선택(elective selection) • 목표의 구체화 • 목표체계(위계) • 목표의 맥락화 • 목표 전념 상실기초된 선택(loss-based selection) • 가장 중요한 목표에 집중하기 • 목표위계의 재구성 • 표준의 변경 • 새로운 목표의 탐색	• 주의집중 • 최적의 순간을 포착하기 • 인내심 • 새로운 기술/자원의 획득 • 기술의 연습 • 자원의 할당(노력, 시간) • 성공한 사람들을 모방하기	• 수단의 대치 • 외부적 도움/타인의 도움 사용 • 치료적 중재의 사용 • 새로운 기술/자원의 획득 • 사용하지 않는 기술/자원의 활성화 • 자원할당에서의 변화(노력, 시간) • 성공적으로 보상하는 타인을 모방하기 • 다른 수단의 최적화를 무시하기

출처: Freund & P. Baltes, 2002.

그림 2-4 SOC의 전생애 모델

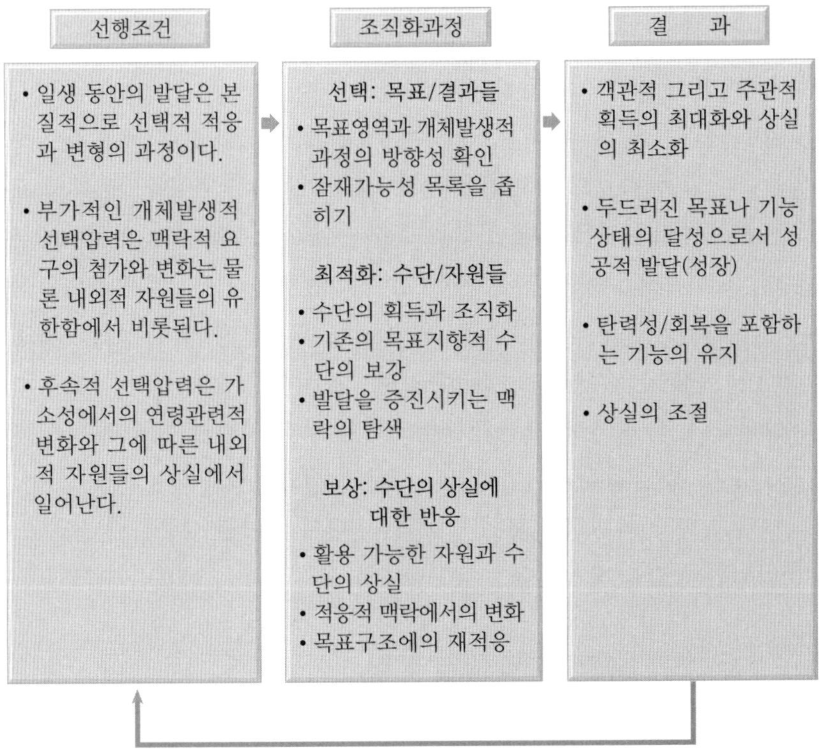

출처: Baltes 등, 1999.

택, 최적화 그리고 보상, 모두 맥락 내에서 일어나고 또한 맥락의 영향을 받는다는 것도 보여 준다.

표 2-4에서 목표의 맥락화는 목표를 위계적으로 배열하고 설정된 목표를 조화된 목표체계 속에 통합하며 개인적, 생물학적 그리고 사회적 요구와 조화되도록 목표들을 설정하는 것을 의미한다. 최적화의 맥락화는 목표추구를 위해 사용되는 수단들이 개인적 그리고 사회적 가치와 조화를 이루고 환경에 의해 지지를 받을 수 있어야 한다는 것이다. 물론 보상의 적응성도 목표체계의 맥락에서 그리고 자원의 활용가능성 맥락에서 고려되어야 할 것이다.

선행연구들에 의하면, SOC 전략을 사용한다고 보고하는 개인들이 또한 성공적 노화의 주관적 지표에서 더 높은 점수를 얻고 긍정적 정서를 더 많이 경험한다(Freund & Baltes, 2002). 또한 만족을 지연시키는 능력, 계획하는 능력, 통제신념 그리고 자기효능감 등은 SOC의 발달을 위한 기본적인 태도와 기술의 발달에 영향을 주는 중요한 요인들로 확인되고 있다. 세로드(Sherrod, 2001) 같은 사람은 연령이 증가할수록 자신의 유전적 경향성과 일치하는 환경을 찾아간다고 설명하는 스카와 매카트니(Scarr & McCartney, 1983)의 적소선택(niche picking)* 모델과 SOC 모델이 매우 유사하다고 제안하기도 하였다.

*적소선택 스카와 매카트니에 의해 제안된 개념으로 자신의 유전적 특성을 보완하기 위하여 주위 환경을 능동적으로 선택하는 개인의 경향성을 의미한다.

3. 페룬과 빌비의 인생과정 시기모델

파멜라 페룬과 데니스 빌비(Pamela Perun & Denise Bielby, 1980)에 의하면, 성인생활은 각기 다른 발달적 영역의 시간적 진행(temporal progressions)으로 구성되며 그것의 총합이 개인의 삶이다. 여기서 시간적 진행이란 정해진 시간표를 따라 이루어지는 경험이나 내적 변화의 연쇄를 의미한다. 그 예로서 성인기 동안 개인의 신체는 가족생활주기에서의 변화나 레빙거에 의해 기술된 자아발달에서의 변화 혹은 직업역할이나 성역할에서의 변화와 함께 시간에 따른 변화를 경험한다.

그림 2-5는 페룬과 빌비의 인생과정 시기모델(timing model of the life course)을 간결하게 나타내 준다. 이 그림에서 각 원반은 특정 영역에서 일어나는 시간적 진행을 나타낸다. 즉 성인기 동안의 신체변화와 핵가족 내에서의 역할변화(결혼, 자녀출산, 성장한 자녀를 갖기 등의 핵가족 내에서의 생활주기 변화), 다른 가족역할에서의 변화, 직업역할의 변화 및 정서적/개인적 과업의 변화를 의미한다.

페룬과 빌비는 사람마다 원반들의 진행속도는 다르기 때문에 개인에 따라 생애과정의 시기모델은 달라진다고 주장하였다. 만약 어떤 사람이 16세에

그림 2-5 페룬과 빌비의 인생과정 시기모델

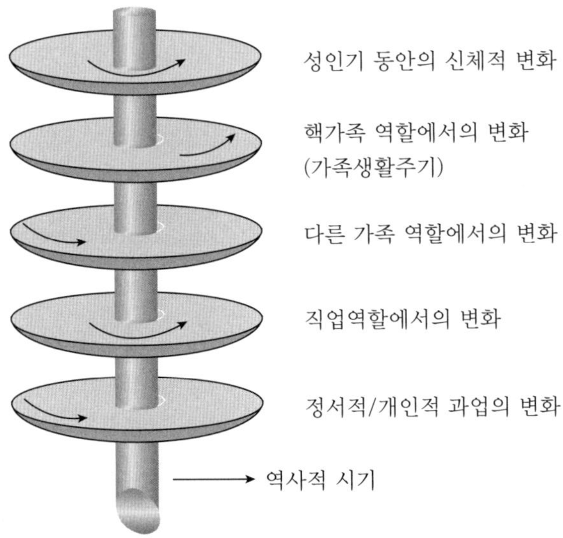

출처: Perun & Bielby, 1980.

결혼하였다면 그 사람의 가족생활주기의 진행속도는 가속화될 것이고, 일주일에 세 번 운동하는 사람은 다른 사람들보다 더 느린 신체변화의 진행속도를 경험할 것이다. 여기에 덧붙여 이러한 변화의 전체적 과정은 특정한 역사적 시기 동안 일어나기 때문에, 역사적 시기 또한 진행속도에 영향을 미칠 것이다. 이 모델에서 시간적 진행들의 집합체가 곧 개인이라는 하나의 전체를 형성한다.

페룬과 빌비에 의하면, 실제로 우리가 경험하는 것은 이러한 시간적 진행들 사이의 상호관계이고 상호관계의 핵심적 특성은 동시성(synchrony)이거나 비동시성(asynchrony)이다. 만약 몇 개의 시간적 진행이 서로 조화를 이루고 지원적 관계를 형성한다면 동시성이 존재하고, 개인은 낮은 수준의 스트레스를 경험할 것이다. 반면에 하나 혹은 그 이상의 차원들이 다른 차원들과 조화를 이루지 못하고 서로 상반된다면 비동시성이 발생할 것이다. 이 때 마찰과 불화가 일어나고 그것은 스트레스나 위기로 경험될 것이므로, 개인은 동시성을 회복하기 위하여 각 차원에서의 변화 속도를 조절하려고 노력할 것이다.

예를 들어 보자. 55세의 남성이 계단을 걸어 올라갈 때 숨이 차서 헐떡거리고 테니스를 칠 때 젊은 사람을 더 이상 이길 수 없다면, 그는 이러한 상태를 비동시성으로 지각하고 대처방안을 찾으려고 할 것이다. 그는 신체변화의 진행속도를 늦추거나 내적 재평가 과정에 의해 신체적 경쟁을 중요시하지 않음으로써 그의 지각방식을 변화시킬 것이다. 결국 그는 자신의 신체적 노화와 타협하여 더 높은 수준의 자아발달로 이동하고 또다시 동시성을 경험할 수 있을 것이다.

이 모델은 변화를 초래하는 두 가지 요인을 포함한다. 그 중 하나는 기본적인 시간진행 자체이고 또 다른 하나는 비동시성이다. 그 결과 페룬과 빌비의 모델은 다음과 같은 특성을 지닌다.

① 시간차원에서의 이동비율은 성별, 인종, 지능, 기질, 교육, 사회계층 등의 개인차에 의해 영향을 받는다. 예를 들어 근로자 계층의 여성들은 더 일찍 결혼하고 더 일찍 자녀를 출산한다. 이것은 원반 중의 하나의 시기를 변화시키고 그것은 다시 비동시성이 경험되는 시점을 변화시킨다.

② 한 차원의 시간적 진행에서, 예상된 변화는 예상하지 못한 변화보다 덜 파괴적인 비동시성을 유발할 것이다. 만약 내가 65세에 은퇴한다고 계획을 세웠다면, 나는 앞으로 일어날 변화를 예상할 수 있고 부분적으로라도 변화에 미리 대처할 수 있을 것이다.

③ 어떤 하나의 시간적 진행에서, 시간에 맞추어 행동하지 못한다면 전 생애 동안 비교적 높은 비율의 비동시성을 경험할 것이다. 10대에 자녀를 출산한 여성들이나 30대 후반이 될 때까지 첫아이를 출산하지 못한 여성들은 시간을 맞추지 못한 예가 될 수 있다. 그러나 페룬과 빌비는 또한 시간을 맞추지 못함으로써 생성된 비동시성에 대처하는 것이 더 높은 수준의 개인적 적응이나 성장을 가져오기 때문에, 시간을 맞추지 못하는 것이 반드시 나쁜 것은 아니라고 주장하였다.

④ 시간적 진행의 이동비율에서 개인차가 있음에도 불구하고, 많은 사람

들에 의해 공유되는 비동시성의 시점이 존재한다. 그 대표적인 시기가 중년기이다. 이 시기 동안 자녀가 집을 떠나고 노부모의 건강은 악화되며 자신의 신체 또한 노화에 기인한 감퇴의 표시들이 나타난다. 직장에서도 점차 젊은 사람들에게 뒤처지게 되므로 대부분의 중년기 성인들은 거의 동일한 시기에 비동시성을 경험한다.

⑤ 만약 비동시성이 개인적 변화를 일으키는 핵심이라면, 변화를 강요하는 상황에 처해 있음을 인식하는 성인들은 큰 성장을 경험할 수 있다. 예로서 복잡한 직업을 갖는 성인들은 더 일상적이고 적은 기술을 요하는 직업에 종사하는 성인들보다 지적 기술에서 더 큰 성장을 보인다. 그 이유는 높은 수준의 복잡한 사고를 요하는 직업은 더 복잡하고 정교한 사고를 하도록 하기 때문이다(Kohn & Schooler, 1983).

⑥ 비동시성이 존재한다고 해서 반드시 성장이 이루어지는 것은 아니다. 즉 비동시성이 존재할 때 어떤 사람들은 단순히 퇴행함으로써 동시성을 회복하기 때문에 성장의 기회를 잃는다. 그 예로서 새로운 직업이 복잡한 새로운 기술을 요구하여 비동시성을 초래할 때, 개인은 새 직업을 포기하고 예전의 친숙한 일로 되돌아가는 것이 여기에 해당한다.

이와 같이 페룬과 빌비의 인생과정 시기모델은 전생애적 조망을 넘어서 성인기 생활변화와 발달을 지배하는 기본규칙을 제안하는 유용한 모델이다. 그럼에도 불구하고 이 모델은 다음과 같은 질문에 답변하지 못하는 문제점을 지니고 있다.

첫째, 개인이 비동시성에 직면할 때 무엇이 대처방식을 결정하는가?

둘째, 동일한 위기에 처했을 때 왜 어떤 사람은 건설적으로 반응하고 어떤 사람은 파괴적으로 반응하는가?

셋째, 무엇이 새로운 인생구조의 형태를 결정하는가?

넷째, 비동시성에 직면했을 때 무엇이 특정한 선택을 하도록 하는가?

다섯째, 그러한 선택은 성격이나 사회적 계층 혹은 성별에 의해 영향을 받는가?

Chapter

3

성인기 동안의 변화, 노화, 수명

Ⅰ. 성인기 동안의 변화

1. 연령에 기초한 변화
2. 문화적 특성과 출생동시집단 효과
3. 비규범적 사건

Ⅱ. 노 화

1. 노화의 유형
2. 노화의 생물학적 이론
3. 행동에 미치는 신체적 노화의 영향
4. 신체적 노화의 패턴과 속도에서의 개인차

Ⅲ. 수 명

1. 수명의 증가
2. 수명에서의 성차
3. 수명에 영향을 미치는 요인
4. 자신의 수명을 계산하기
5. 장수: 100세 이상 사는 사람들

Adult Development

&

Aging Psychology

Chapter 03

성인기 동안의 변화, 노화, 수명

성인기 동안 여러 가지 변화가 일어난다. 생물학적 변화는 물론 가족역할과 직업역할 및 다양한 사회적 역할에서 변화가 일어난다. 이 시기 동안 생물학적 노화가 점진적으로 진행되고 있음에도 불구하고, 개인은 사회의 생산적 구성원으로서 열심히 노력한다. 특히 성인중기의 성인들은 가정이나 사회의 중추로서 힘과 권위를 획득하고 사회를 지도하는 역할을 수행한다. 그러나 성인후기에 이르면 자주 질병으로 고통을 겪고 가족 내에서는 물론 사회적으로 힘이나 중요성을 잃게 되며 결국 죽음에 이르게 된다. 이 장에서는 성인기 변화의 근본 원인을 고찰하고 생물학적 변화 중 노화와 수명 문제를 논의한다.

unit I 성인기 동안의 변화

성인기 동안의 변화는 근본적으로 연령에 기초한 변화, 문화적 특성과 출생동시집단 효과에 기인한 변화 그리고 특정한 개인만이 경험하는 비규범적 사건들에 의한 변화를 포함한다. 세 가지 변화 중 거의 모든 성인들은 연령에 기초한 변화와 개인이 소속한 문화와 출생동시집단의 독특한 특성에 기인한 변화를 경험한다. 동시에 예측하지 못한 개인적 사건 때문에 변화를 경험하는 사람도 있다.

1. 연령에 기초한 변화

연령에 기초한 변화는 모든 사람들에 의해 공유되는 변화로서 예측가능한 소위 규범적 변화들이 여기에 해당한다. 성인기 동안의 규범적 변화는 대부분의 성인들이 유사한 경험을 하도록 하므로 사회의 질서나 안정감이 유지될 수 있도록 한다. 연령에 기초한 변화에 영향을 미치는 요인에는 생물학적 요인, 경험적 요인 및 내적 변화요인들이 있다.

1) 생물학적 요인

인간은 생물학적 유기체이기 때문에 연령이 증가함에 따라 자연적 노화과정을 경험하지 않을 수 없다. 생물학적 변화 중에는 머리카락 색깔의 변화나 주름살과 같이 쉽게 눈에 띄는 변화도 있지만, 근육조직의 상실이나 대뇌신경세포의 효율성 감소와 같이 신체 내부에서 일어나기 때문에 쉽게 감지되지 않는 변화도 있다.

중요한 것은 모든 사람들이 매우 비슷한 순서로 신체적 변화를 경험하기는 하지만, 변화의 속도는 사람에 따라 큰 차이가 있다는 것이다. 각 개인은 서로 다른 생물학적 시간표를 지니고 있기 때문에 사람마다 노화하는 속도가 다르다. 주위의 가까운 사람들을 살펴보아도 일찍 노화하는 사람이 있는가 하면 오랫동안 젊음을 유지할 수 있는 사람도 있다. 다른 사람보다 자신의 노화속도가 더 빠르다고 지각하거나 체력을 유지하기 위해서는 운동을 하지 않으면 안 된다고 느낄 때, 우리는 우울해하기도 하고 좌절하기도 한다. 이와 같이 생물학적 변화는 개인의 심리적 측면에도 영향을 준다.

2) 경험적 요인

앞에서도 설명한 것처럼 우리 사회에는 사회적 시계의 개념이 있다. 많은 사람들은 사회적 시계에 맞추어 생활하기 때문에, 그 사회의 다양한 인생 사건들은 공유되고 성인기 동안 유사한 변화와 발달이 이루어진다.

또한 어느 사회에든 연령에 따른 층화체계(age stratification system)가 존재한다. 연령에 따라 개인을 분류하는 층화체계에 의해 각 연령에 적합한 규준이 만들어지고 역할이나 중요성이 결정된다. 연령층화체계는 문화에 따라서도 차이를 나타낸다. 한 예로서 서구문화의 노인들은 전통적 동양문화권의 노인들보다 더 부정적으로 지각된다(Hawkins, 1996). 그들은 허약하고, 고집세고, 까다롭고, 쓸모없고, 무기력하다고 지각됨으로써 노인에 대한 연령차별주의(ageism)를 만들어 낸다.

개인은 성인기 동안 사회가 각 연령에 부여한 연령규준에 따라 가정이나 직장에서의 역할을 부여받는다. 사회가 다양한 연령단계를 어떻게 규정하느냐에 따라 개인이 힘(power)과 돈에 접근할 수 있는 정도는 달라진다. 특히 성인중기는 어느 문화에서나 사회의 중추로서 혹은 버팀목으로서의 역할을 하기 때문에 가장 중요시되는 연령단계이다. 이와 같이 우리 모두는 연령층화의 연쇄를 거쳐가면서 성인기를 통과하기 때문에 서로 유사한 경험을 할 수밖에 없다.

또한 대부분의 성인들은 결혼하고 결혼한 부부의 대부분은 자녀를 출산하기 때문에 유사한 가족생활주기(family life cycle)를 경험한다. 첫아이가 출생하면 대부분의 부부들은 아동의 발달단계에 맞추어 생활하게 된다. 자녀들이 영아기, 유아기, 아동기, 청년기를 지나 결국 가정을 떠나게 되는 동안 부모는 각 발달단계에서 나타나는 아동의 다양한 요구에 직면하게 되고, 그것을 해결하기 위해 거의 20-30년 동안 노력한다. 사회적 시계나 연령층화체계와 같이 가족생활주기도 그 사회의 구성원들이 성인기 동안 매우 유사한 변화를 경험하도록 한다.

3) 내적 변화요인

생물학적 시계나 사회적 시계의 압력에 반응하는 방식 때문에 많은 사람들에게서 나타나는 내적 변화들이 있다. 예를 들면 모든 영아들은 생후 12개월이면 생물학적 변화의 결과로 걷기 시작한다. 그러나 걷는 행위는 심리적 변화를 일으켜 영아의 독립성을 자극한다.

성인발달에서도 생물학적 변화가 내적, 심리적 변화를 일으키는 경우는 자주 있다. 그 예로서 성인중기에 이르러 자녀들이 성장하여 집을 떠나면 남성은 정서적, 표현적으로 변하는 반면, 여성들은 보다 더 자기주장적, 독립적으로 변함으로써 성역할 교차(gender-role crossover) 현상이 나타난다. 이러한 현상은 전적으로 생물학적 변화에 기인된 것도 연령규준에 의해 일어난 변화도 아니지만, 동일 연령의 대부분의 성인들이 경험하는 내적 변화로서 많은 사람들이 유사한 성인기 발달을 경험하도록 한다.

2. 문화적 특성과 출생동시집단 효과

문화에 따라 기대되는 결혼연령이나 자녀출산 연령은 물론 자녀의 수, 남성과 여성의 역할, 계층구조 등이 다르기 때문에 문화가 달라지면 성인기 경험이나 변화양상도 달라진다. 불행하게도 성인에 관한 연구나 성인발달을 설명하는 이론들은 단지 몇 개 문화(주로 서구문화)에 한정된 연구결과를 바탕으로 하기 때문에, 우리가 보편적이라고 생각하는 문화적 특성들조차도 실제로는 특정 문화에 한정된 현상일 가능성이 있다.

동일한 문화 내에서도 출생동시집단에 따라 성인기 발달은 큰 차이를 보인다. 그 이유는 출생동시집단마다 독특한 특성을 지니고 있으므로 출생동시집단이 달라지면 전생애 동안의 경험도 달라지고 거기에 기인한 변화의 내용이나 양상도 달라지기 때문이다. 출생동시집단과 유사한 개념으로 세대(generation)라는 단어도 사용되고 있으나 두 개념은 전적으로 상이한 개념이다.

출생동시집단은 단지 수년의 짧은 기간을 포함하는 반면, 세대는 30년을 단위로 구분되는 특성을 지니고 있다. 출생동시집단은 다음과 같은 두 가지 이유로 특히 성인기 연구에서 중요시된다.

첫째, 특정 시기의 성인들이 인생경험과 태도 및 가치에서 어떻게 그리고 왜 유사한지를 설명할 수 있도록 한다.

둘째, 서로 다른 연령집단간에 나타나는 성인들의 인생경험이나 태도 혹은 가치에서의 차이를 설명할 수 있도록 한다.

출생동시집단의 차이로서 1940년에 출생한 사람과 1980년에 출생한 사람을 비교해 보자. 두 개의 출생동시집단은 여러 가지 특성에서 큰 차이를 나타낸다. 그 이유는 무엇인가? 40년이라는 연령차이 때문인가?

그들은 서로 다른 사회역사적 환경에서 성장한 사람들이다. 1940년생은 해방 이전에 출생하였고 6.25전쟁을 겪은 세대이지만, 1980년생은 전쟁을 경험하지 않았을 뿐 아니라 경제발전의 결과로 풍요로운 성장기를 보낸 사람들이다. 그 결과 1940년생은 해방직후의 혼란과 전쟁의 어려움으로 가난한 환경에서 아동기를 보내고 1980년생과는 전혀 다른 가족상호작용 방식과 교육기회를 경험함으로써 상이한 개인적 성격특성을 갖게 되었다.

이와 같이 서로 다른 출생동시집단이 갖는 특성 때문에 나타나는 출생동시집단 효과에 의해, 성인발달에 대한 보편적 원리나 이론을 도출하는 것이 어려워지고 순수하게 연령증가에 기인한 차이들을 찾아내기 어렵게 된다. 그러므로 성인발달 연구자들은 무엇이 출생동시집단 효과이고 무엇이 연령관련적 효과인지를 구별하여 성인기 변화를 설명할 수 있어야 한다.

3. 비규범적 사건

일부의 성인들만이 경험하는 독특한 비규범적 사건들 또한 성인기 변화에 영향을 준다. 예를 들면 인생초기의 심각한 질병이나 부모의 죽음, 자녀나 배우자와의 사별, 실직, 혹은 너무 빠른 결혼이나 너무 늦은 결혼과 같은 지

Neugarten

극히 개인적인 사건들은 개인의 인생행로를 바꾸어 놓을 수 있는 정도의 강한 영향력을 행사한다. 최근에 증가 추세를 보이는 부부의 별거와 이혼 역시 비규범적 사건으로 성인기 동안 유의미한 변화를 일으키는 역할을 한다.

일찍이 이 분야의 연구자들은 이와 같은 비규범적인 개인적 사건들이 언제 발생하는지가 무엇보다 중요하다고 강조하였다. 특히 뉴가르텐(Neugarten, 1979)은 예측가능한 생활주기를 따라 발생하는 사건들이 예상하지 못한 시점에서 갑작스럽게 발생하는 사건들보다 더 견디기 쉽고 덜 파괴적이라고 주장하였다. 예를 들어 20세의 자녀가 부모의 죽음을 경험하는 것은 50세의 자녀가 동일한 사건을 경험하는 것보다 더 대처하기 어렵고 더 큰 파괴적 경험이라는 것이다.

지금까지 설명한 연령에 기초한 변화, 문화적 특성과 출생동시집단 효과에 기인한 변화 및 비규범적 사건에 기인한 변화들은 동시적으로 일어나기도 하고 서로 상호작용하기도 한다. 그러므로 성인기 동안의 변화는 우리가 생각하는 것보다 훨씬 더 복잡한 양상으로 전개될 수 있다.

unit Ⅱ 노 화

노화(aging)는 연령관련적 변화 중 생물학적 요인에 기인된 변화로서 신체와 행동에서의 연령관련적 감퇴나 저하를 의미한다. 노화가 진행되면, 신체는 삶에서 생겨나는 손상이나 상해를 회복시킬 수 있는 능력을 상실하고 환경적 도전이나 어려움에 대한 적응능력이 감소하므로 우리의 생존기회도 함께 감소한다.

불행하게도 인간은 연령증가와 함께 노화하지 않을 수 없고 노화의 끝은 곧 죽음을 의미하기 때문에, 우리는 노화의 양상이나 원리 혹은 노화를 막는 방법 등에 대해 관심을 갖지 않을 수 없다.

1. 노화의 유형

일반적으로 노화는 세 가지 유형으로 구분된다. 즉, 일차적 노화(primary aging), 이차적 노화(secondary aging) 및 삼차적 노화(tertiary aging)가 그것이다.

1) 일차적 노화

일차적 노화는 전생애 동안 계속되는 점진적인 연령관련적 변화에 해당한다. 그것은 유전적 프로그램의 결과로서 모든 사람들이 경험하는 불가피한 노화과정을 의미하며, 정상적 노화(normal aging)라고 불리기도 한다.

노화는 출생시부터 시작되지만, 우리가 눈으로 노화의 징후들을 식별할 수 있기 위해서는 상당한 시간이 경과해야 한다. 보통 성인중기에 이르면 노화의 징후들이 하나 둘씩 눈에 띄기 시작한다. 희고 가늘어진 머리카락이나 손등의 반점, 느려진 움직임, 시력의 약화나 손상된 청력 등은 쉽게 눈에 띄는 노화의 징후들이다. 또한 겉으로 드러나지는 않지만 신체의 적응력에서도 감소가 일어난다. 그 결과 온도 변화에 대한 반응이 느려지고 면역체계의 효율성도 감소하며 운동 후의 회복시간도 더 길어진다. 세포 내에서는 개인의 발달을 인도하는 DNA의 기능도 점차 저하된다.

이와 같이 일차적 노화는 세포에서 기관까지 그리고 기관에서 체계까지, 신체의 모든 수준에서 일어나기는 하지만, 신체의 모든 기관이나 체계에서 동일한 속도로 진행되는 것은 아니다. 사람에 따라 젊은 사람과 같은 혈관체계 기능을 유지하고 있으면서 배설체계에서는 더 늙은 사람의 기능상태를 나타낼 수 있는 것도 바로 이 때문이다. 특히 하나 이상의 기관체계들 사이의 조화가 요구되는 활동을 해야 할 때, 노화의 효과는 가장 현저하게 나타난다.

2) 이차적 노화

이차적 노화는 질병에 의해 그리고 신체기관을 사용하지 않거나 각종 약물을 남용할 때 일어난다. 그러므로 이차적 노화는 전생애 동안 거의 모든 사람에게 일어날 수 있지만 보편적이거나 불가피한 현상은 아니다.

우선 연령과 질병간에는 매우 높은 상관이 있다. 65세 이상의 노인 80%와 80세 이상의 노인 90% 이상이 1개 이상의 만성질환을 앓고 있다(보건복지부 국민영양조사, 2003). 노인들은 치료되기 어려운 만성질환을 앓는 외에도 일년에 적어도 한두 번은 심각한 질병으로 고생한다. 물론 노화가 질병 자체를 유발하는 것은 아니지만 노화는 저항력을 저하시켜 질병에 걸리기 쉽게 하고 질병은 다시 노화를 촉진시키는 역할을 한다.

우리 몸의 신체기관들이 충분하게 사용되지 않을 때도 이차적 노화가 촉진된다. 그 예로서 운동부족은 근육을 위축시키고 관절을 굳어지게 한다. 더욱이 질병은 노인들의 활동성을 제한하고 쉽게 할 수 있는 운동조차도 피하게 함으로써 운동부족을 유발하고, 그것은 또한 질병과 상호작용하여 이차적 노화를 촉진시킨다. 심한 흡연이나 알코올같은 약물의 남용과 비만이나 영양부족 역시 이차적 노화에 기여한다. 영양부족은 특히 70세 이상의 가난한 노인들에게 자주 일어나고 여성노인들보다는 남성노인들 사이에서 더 빈번하게 나타난다.

그러나 이차적 노화는 연령과 높은 상관이 있기 때문에 자주 일차적 노화의 결과로 잘못 인식되는 일이 많다. 그 예로서 한때 주름살은 일차적 노화의 전형적 표시로 생각되었지만, 오늘날 우리는 대부분의 주름살이 이차적 노화의 결과이고 태양의 자외선이 그 원인요인임을 잘 알고 있다. 또한 얼마 전까지만 하더라도 휴식하고 있을 때의 심장근육의 강도는 20대부터 매년 1%씩 감소한다고 생각되었으나 20세부터 80세까지 휴식시의 심장기능에 변화가 없음이 밝혀지기도 하였다.

이와 같이 일차적 노화와 이차적 노화의 결과들은 서로 혼합되는 경우가 많아서, 연구자들이 정상적 노화과정을 제대로 연구하지 못하게 하는 일이 많이 있다. 더욱이 노화에 관한 평정은 대부분 횡단연구 결과에 의존하기 때문에, 의학적 처치나 생활양식에서의 차이 때문에 나타나는 출생동시집단 효과와 연령관련적 변화가 혼합됨으로써 연구자들이 무엇이 정상적 노화의 결과인지 구별하기 어렵게 한다.

3) 삼차적 노화

삼차적 노화는 인생의 종말을 신호하는 최종적인 급속한 감퇴로서 사망 직전에 나타나는 빠른 상실을 의미한다. 죽음이 가까워오면 신체건강은 물론, 인지기능과 사회적 기능에서 급속한 감퇴가 일어난다. 삼차적 노화에 기인한 변화는 정상적 노화에 의한 변화와는 노화의 질과 양에서 큰 차이를 보인다. 질병에 대한 저항능력이 급속하게 저하되고 타인이나 세상에 대한 관심이 사라지며 하루 시간의 대부분을 수면으로 보냄으로써 죽음이 멀지 않았음을 신호한다.

이러한 세 가지 유형의 노화는 서로 상호작용하기 때문에, 시간경과와 함께 노화의 속도는 점차 빨라진다. 가속화된 노화는 더욱 빠르게 개인을 죽음의 문턱에 이르게 하고 결국 사망하게 한다. 비렌과 커닝햄(Birren & Cunningham, 1985)은 이런 현상을 높은 곳에서 떨어지는 물의 가속도에 비유하여 노화의 폭포모델(cascade model)이라고 명명하였다.

우리는 어떻게 하면 성공적으로 노화할 수 있는가? 생물학적 의미에서 성공적 노화란 수십 년간에 걸쳐 이루어지는 일차적 노화와 짧은 기간의 삼차적 노화를 경험하고 대략 85세 이후에 이르러 조용히 잠자듯이 사망하는 것을 의미한다. 성공적 노화는 노화의 정상적 방식이기는 하지만 대부분의 사람들은 그것을 경험하지 못한다.

성공적으로 노화한 사람들은 반응속도는 다소 느려지지만 80세에도 맑은 사고력과 지혜를 지니고 있고 긴장상태가 아니면 정상적인 심장기능을 유지할 수 있다. 그들은 정상적인 혈압과 신진대사 및 신장기능을 지니고 있고 뼈도 튼튼하며 면역기능도 급격하게 감소하지 않는다. 신문을 읽을 때는 돋

보기를 필요로 하지만, 정상적 시력을 지니고 있고 테니스, 수영 혹은 하이킹도 가능하다.

생물학적으로 누구나 성공적 노화를 경험할 수 있으나 몇 가지 조건이 충족되지 않으면 안 된다. 우선 건강한 식사와 규칙적 운동이 이루어지고 흡연이나 과도한 음주를 피해야 하며 심리적으로는 환경에 대한 통제감, 자율성 및 사회적 통합감이 유지될 수 있어야 한다. 만약 타인으로부터 과보호를 받는다거나 자신의 삶을 통제할 수 없는 사람들은 점차 수동적으로 변화하고 그에 따라 면역체계의 기능과 건강상태의 지속적 악화로 성공적 노화는 어려워진다.

2. 노화의 생물학적 이론

우리가 이차적 노화를 피할 수 있다고 할지라도, 일차적 노화는 출생직후부터 계속된다. 노화는 여러 가지 원인요인들의 복합적 결과로서, DNA 수준에서, 세포수준에서 그리고 조직과 기관 및 전체 유기체 수준에서 일어난다. 문제는 현재까지 수백 개의 노화이론들이 제시되었으나 우리는 아직도 노화가 무엇인지 잘 알지 못한다는 것이다.

한때 인기가 있었던 마모이론(wear-and-tear theory)은 인간의 노화를 지나치게 단순화했다는 비판을 받으면서 노화이론으로서의 가치를 상실하였다. 마모이론에서는 신체기관들을 반복적으로 사용하게 되면 옷이 낡아서 더 이상 입을 수 없는 것처럼 못쓰게 된다고 주장한다. 그러나 실제로 낡은 신체부분들은 스스로 회복할 수 있는 능력을 지니고 있으므로 마모이론의 주장과는 차이가 있다. 더욱이 심한 신체활동과 이른 죽음간에 어떤 관계도 없을 뿐 아니라 정력적인 운동은 더 건강하고 오래 살 수 있도록 하기 때문에 마모이론은 노화를 설명하는 이론으로 더 이상 타당한 이론이 되지 못한다.

최근에 노화를 설명하는 가장 영향력 있는 이론으로 세포시계 이론, 면역체계 이론, 유리기 이론 및 호르몬-스트레스 이론이 있다. 그러나 중요한 것은 이 중 어떤 이론도 일차적 노화과정에서 나타나는 모든 변화들을 완전하게 설명하지 못한다는 것이다.

1) 세포시계 이론

레오날드 헤이플릭(Leonard Hayflick, 1977)은 대표적인 유전적 계획이론가로서 신체의 세포 속에 노화시계(aging clock)가 내장되어 있다는 세포시계 이론(cellular clock theory)을 제안하였다. 그는 배양기 속에서 세포가 생존할 수 있는 최대한계를 헤이플릭 한계(Hayflick Limit)라고 명명하고 세포의 수명은 유전적 프로그램에 의해 한정되어 있다고 주장하였다.

헤이플릭에 의하면, 인간태아로부터 채취한 세포들을 배양기 안에서 배양시키면 50±10번 정도 분열될 수 있으나 성인 세포를 배양하면 단지 14-26회의 분열이 가능할 뿐이었다. 세포분열 능력은 개인에 따라서도 큰 차이를 보인다. 그 예로서 87세 노인의 경우 배양기 안에서 29회의 세포분열을 할 수 있었으나 26세 젊은이는 단지 20회의 세포분열만 가능하였다. 따라서 연령만이 세포분열의 수를 결정하는 유일한 요인은 되지 못한다.

문제는 헤리플릭 실험이 실험실의 배양기에서 이루어졌다는 것이다. 실제 살아 있는 동물에서의 헤이플릭 한계를 실험한 결과(Norwood & Smith, 1985), 부신피질, 피부, 뇌하수체, 신장세포 등에서 헤이플릭 한계를 넘어 75-85회의 분열이 가능하였다. 그러나 결국에는 이 세포들도 세포분열이 불가능해졌으므로 헤이플릭은 이를 기초로 인간수명의 상한계를 약 120년으로 추정하였다.

지난 10여 년간 과학자들은 세포시계 이론을 확장하여 세포가 왜 사망하는지를 설명하려고 하였다. 특히 미국 텍사스 대학교 사우스웨스턴 메디컬센터 세포 생물학 교실 노화연구팀의 제리 샤이와 우드링 라이트(Jerry Shay & Woodring Wright, 2000) 교수는 염색체 끝 부분에 있는 유전자 조각인 텔로미어(telomere)(그림 3-1 참조)가 그 원인요인임을 발견하였다.

DNA 모형 앞에 있는 Shay(오른편)와 Wright 교수

여기서 '텔로'는 '멀다'라는 뜻이고 '미어'는 유전자인 'DNA'를 뜻한다. 세포는 끊임없이 분열하면서 새로운 세포를 만들어 낸다. 이 때 유전정보가 담긴 세포핵 내에 있는 23쌍의 염색체는 정확히 2배로 복제되어 다시 반으로 나누어진다. 그러나 세포분열을 거듭할수록 텔로미어는 짧아지고 70-80회의 분열을 거듭한 후에는 텔로미어의 길이가 극적으로 감소하여 세포는 더 이상 분열하지 못하게 된다. 그러므로 텔로미어의 길이를 측정하면 세포의 수명이 예측될 수 있다는 것이다.

연구자들은 여기에서 더 나아가 실험실에서 성장한 인간세포에 텔로머라제(telomerase)라는 효소를 주입하면 75-80회의 정상적 세포분열 이상으로

그림 3-1 텔로미어

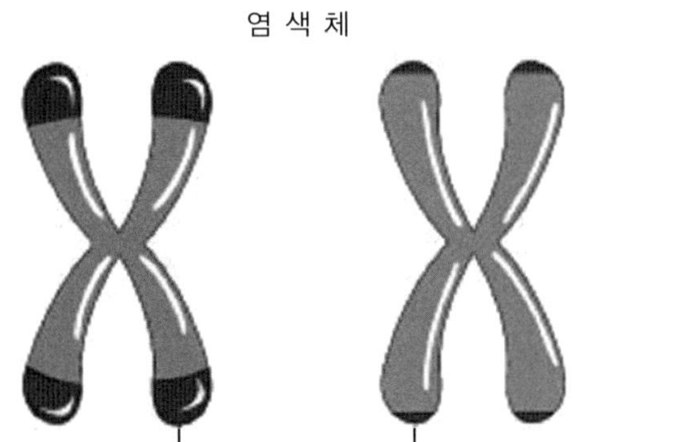

세포의 수명이 연장된다는 것도 확인하였다. 이와 함께 텔로미어의 감소는 스트레스로부터 회복하는 능력의 손상은 물론 암세포 발생비율의 증가와도 관련되어 있음이 밝혀졌다(Rudolph 등, 1999).

2) 면역체계 이론

면역체계 이론은 신체가 노화함에 따라 면역기능은 점차 감소한다고 가정한다. 면역체계의 수명은 유전자 속에 프로그램되어 있으므로 노화에 의해 면역체계의 효율성이 감소되면 신체는 질병에 대처할 능력을 점차 상실한다. 그 결과 유해한 세포들이 점점 더 많이 생존하게 됨으로써 신체에 손상을 일으켜 노화가 촉진된다는 것이다.

실제로 면역체계의 기능이 감소하면 신체의 자기면역(autoimmune) 반응 능력이 증가되고 그것은 세포를 파괴하는 자기면역 항체(antibodies)를 점점 더 많이 생성하게 한다. 중년기에 많이 나타나는 당뇨병은 전형적인 자기면역 질환으로 알려져 있지만, 아동기에 시작되는 당뇨병도 있기 때문에 질병이 세포 손상을 일으키고 그 결과 노화하는지 아니면 노화세포(aging cell)가 손상을 일으켜 노화를 촉진시키는지는 분명하지 않다.

일부의 과학자들은 호르몬 치료 특히 DHEA 호르몬을 사용하여 병든 노인들의 면역체계를 회복시키려고 노력하고 있다(Trifunovic 등, 2005). DHEA 호르몬은 쥐의 B형 간염을 치료하여 쥐의 면역체계를 회복시켰다는 보고가 있다. 또한 남성 호르몬인 테스토스테른을 주입하면 근육의 강도가 증가하고 빈혈증을 치료할 수 있다는 보고도 있어 면역체계를 강화시키는 원인물질을 찾기 위한 노력이 계속되고 있다.

3) 유리기 이론

유리기(free-radical, 遊離基)란 산소대사의 부산물로서 정상적인 대사과정에서 생성된 불안정한 산소분자들이며 활성산소라는 이름으로 더 많이 알려져 있다. 다시 말하면 세포 내에서 물질대사가 일어날 때 여분의 자유로운 전자를 갖는 부산물이 생성되며 그것이 유리기 혹은 활성산소라는 것이다.

유리기 이론(free-redical theory)에 의하면, 불안정한 산소분자는 세포 주변을 돌아다니다가 DNA나 다른 세포구조를 손상시킴으로써 광범위한 장애를 유발하고 결국 노화를 촉진시킨다. 암, 관절염, 노화반점(age spots) 모두 유리기에 기인한 손상의 결과들이다(Hauck & Bartke, 2001). 유리기 이론은 전형적인 손상이론으로 인간의 노화와 죽음은 유전적으로 계획된 생물학적 결과가 아니라 우리가 사는 동안 축적된 무작위적 손상이나 오류의 결과라고 설명한다.

중요한 것은 늙어갈수록 더 많은 유리기가 생성되지만, 다행스럽게도 자연 산화방지제들이 도처에 많이 있다는 것이다. 예를 들면, 초코렛이나 적포도주는 물론 시금치, 부루컬리, 사과, 체리, 포도, 불루베리 등이 산화방지제의 기능을 하므로(Hillier & Barrow, 2011) 유색의 과일과 체소를 많이 섭취하면 노화를 지연시킬 수 있을 것으로 기대된다.

4) 호르몬-스트레스 이론

세포시계 이론이나 면역체계이론 혹은 유리기 이론 모두 세포 수준에서의 변화에 초점을 맞춘 이론이라면, 호르몬-스트레스 이론(hormonal stress theory)은 호르몬 수준에서의 변화를 바탕으로 노화를 설명하려고 한다. 이 이론은 신체의 호르몬 수준에서의 노화가 스트레스에 대한 저항력을 저하시키고 질병의 가능성을 증가시킨다고 주장한다(Finch & Seeman, 1999).

시상하부-뇌하수체-부신(hypothalamic-pituitary-adrenal: HPA) 체계는 유기체가 외부적 스트레스에 반응하고 신체 내부의 평형을 유지할 수 있도록 하는 주된 조절체계 중의 하나이다. 스트레스가 발생하면 대뇌의 시상하부에 정보가 전달되고 시상하부는 뇌하수체에 명령을 내려 신장 위의 부신이 스트레스 대처 호르몬을 방출하게 한다. 다시 말하면 시상하부는 뇌하수체를 통제하는 뇌영역이고, 뇌하수체는 일반적인 호르몬 수준을 통제하는 역할을 한다.

호르몬-스트레스 이론에서는 노화함에 따라 HPA 조절체계에 문제가 발생한다고 주장한다. 젊을 때와는 달리 노화가 일어나면, HPA 체계에 의해 분비된 많은 양의 호르몬이 이전 수준으로 회복되지 못하고 오랫동안 그대로 유지된다는 것이다. 젊은 사람들의 HPA 체계는 분비된 호르몬들을 빠른 시간 내에 스트레스 이전 수준으로 회복시킬 수 있으나 노인들의 HPA 체계는 탄력성을 잃어 원상태로 복귀하는 데 더 오랜 시간을 필요로 한다. 높은 수준의 스트레스 호르몬들이 오랫동안 그대로 유지되면 심장혈관 질환, 암, 당뇨병, 고혈압 등을 포함한 여러 가지 질병들이 발생하고 그 결과 노화가 촉진된다.

네 가지 이론 중 어느 이론이 인간의 노화과정을 가장 잘 설명하는가? 분명한 것은 이 네 가지 이론 모두가 인간의 노화와 관련이 있기는 하지만 어느 이론도 노화과정을 완전하게 설명하지는 못한다는 것이다.

3. 행동에 미치는 신체적 노화의 영향

1) 반응속도의 감소

신체적 노화는 자극에 대한 반응속도를 감소시킨다. 소위 행동둔화(behavior slowing)라고 불리는 이 현상은 성인후기만의 문제가 아니며 훨씬 더 일찍부터 시작된다. 예를 들면 속도를 요하는 운동에서 최상의 수행은 10대나 20대에 가능하다. 장거리 육상과 같이 속도보다는 지구력을 요하는 운동에서의 절정 연령은 약간 높아지기는 하지만, 최상의 수행은 20대를 벗어나지 못한다. 연령증가와 함께 반응속도는 꾸준히 감소하며, 성인후기에 이르면 걸음걸이까지도 느려져서 파란 신호등이 켜져 있는 동안 횡단보도를 건너기도 어려워진다.

2) 스태미나, 정교성, 균형감각

속도의 상실과 함께 노화는 스태미나, 정교성 및 균형감각의 감소를 초래한다. 노화가 진행되면 근육은 물론 순환계에서 변화가 일어나기 때문에 일정한 시간 동안 정력적으로 활동을 계속할 수 있는 능력인 스태미나(stamina)가 현저히 감소한다. 또한 관절에서의 변화에 의해 신체, 특히 손을 능숙하게 사용할 수 있는 능력인 정교성을 상실한다.

위치변화에 적응하는 균형감각도 점차적으로 상실되므로 65세 이상의 노인의 약 33%와 80세 이상의 노인 약 50%가 적어도 1년에 한번 정도 낙상한다(de Rekeneire 등, 2003). 노화와 함께 탄력성과 근육의 힘을 상실하기 때문에 성인후기의 노인들은 울퉁불퉁한 도로나 눈길을 걷기 어려워하며 흔들리는 버스에서도 균형을 잘 잡지 못한다. 더욱이 균형감각의 상실은 잘 보이지 않는 시력과 부러지기 쉬운 뼈가 서로 상호작용하여 노년기의 신체건강을 심각하게 위협한다.

3) 수 면

노화는 불면증을 증가시킨다. 성인중기에 이르면, 전체적인 수면시간에는 변화가 없지만 밤에도 여러 번 잠을 깨고 깊은 수면(deep sleep)을 취할 수 있는 시간은 점진적으로 감소한다(McCrae & Dubyak, 2009). 밤 동안 침대에서 깨어 있는 시간의 양이 점차 증가하므로 아침에도 충분히 휴식하였다는 느낌을 갖지 못한다. 또한 수면 동안 호흡곤란을 겪는 일도 더 자주 발생한다. 성인후기에는 깊은 수면을 포함한 전체적인 수면양이 감소하므로 낮 동안에 조는 노인들이 많아진다. 수면시간의 감소는 노인들의 생활리듬과 패턴을 변화시킨다.

성인중기 불면증은 많은 양의 약물복용과 비만 그리고 심혈관질환을 가진 사람 및 우울한 사람들 사이에서 흔하게 나타난다. 유사하게 노년기 불면증도 일차적 노화의 결과이기는 하지만, 이차적 노화의 원인인 질병이나 약물 복용이 그 원인이다. 특히 통증과 기침, 잦은 소변 및 전신열감(hot flash) 등은 수면을 방해한다. 또한 우울증이나 불안과 같은 심리적 문제에 의해서도 노년기 수면문제가 초래된다(Loponen 등, 2010).

불면증을 치료하기 위해 수면제나 항우울제 등 광범위한 약물을 사용할 수 있지만, 더 중요한 것은 규칙적으로 운동하고 낮 동안에 야외활동 시간을 늘리며 수면시간 외에는 침대에 누워 있지 않아야 한다는 것이다.

4) 성적 활동

성적 능동성이나 성적 활동의 빈도가 감소한다. 20대 초기에는 월 평균 10회 이상의 성교가 가능하였으나 65세에는 3회 정도로 감소한다. 그림 3-2에 제시된 바와 같이, 횡단연구이든 종단연구이든 모든 연구들이 일관성 있게 성적 활동의 빈도에서의 감소를 보고한다.

그림 3-2에서 종단자료는 듀크 종단연구(Palmore, 1981)의 결과이고 횡단자료는 1987-1988년에 미국의 전국적 표본을 대상으로 면접한 결과(National Survey of Families and Households: Marsiglio & Donnelly, 1991)이다. 왼편의 그림은 다양한 연령의 결혼한 성인들 중 얼마나 많은 사람들이 성적으로 능동적인지를 보여 주고 오른편의 그림은 월평균 성교빈도를 보여 준다. 이 그림에서 성적 능동성은 연령과 함께 감소하지만, 70대 노인의 약 1/2 이상이 아직도 성적으로 능동적임을 알 수 있다.

그림 3-2 결혼한 사람 중 성적으로 능동적인 성인들의 백분율과 성교의 빈도에 대한 종단연구 및 횡단연구 결과들

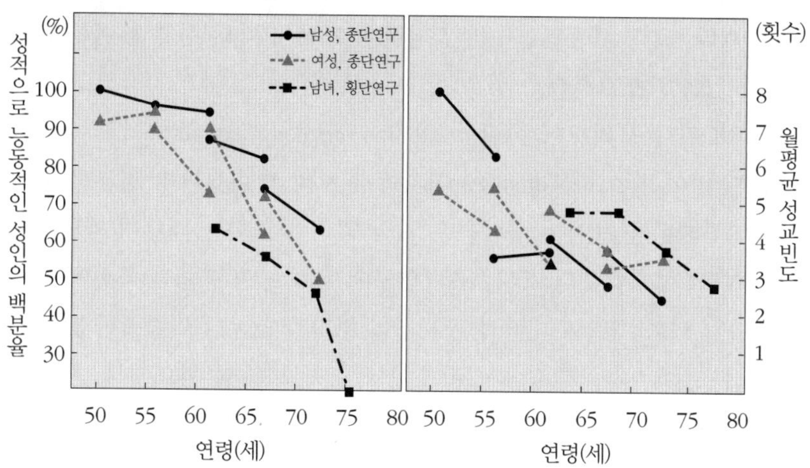

종단연구에서 한 개의 선분은 6년 동안 추적된 한 집단의 남녀를 나타낸다.

출처: Palmore, 1981; Marsiglio & Donnelly, 1991.

그러나 성적 활동에 대한 모든 연구들이 조사연구로 이루어지기 때문에 다음과 같은 몇 가지 문제점을 지니고 있다.

첫째, 연구대상자가 보고하는 숫자는 그들이 실제로 행하지 않은 성교 횟수일 수 있다.

둘째, 연구대상자들은 주로 자신의 성행위를 이야기하기 좋아하는 사람으로 구성된다.

셋째, 실제 성행위와는 관계없이, 젊은 사람들은 나이 많은 사람들보다 성행동을 보고할 가능성이 더 많아 출생동시집단 효과가 혼합된다.

넷째, 연구자들은 거의 항상 성행위의 빈도에 관심을 갖기 때문에 성행위의 질적 특성에 관한 정보를 제공하지 못한다.

4. 신체적 노화의 패턴과 속도에서의 개인차

신체적 노화에 관한 거의 모든 연구들은 다양한 연령집단의 평균치를 연구결과로 제시하기 때문에, 개인의 인생궤도나 패턴은 대략 동일하다는 인상을 주기 쉽다. 그러나 종단연구의 결과들은 노화에 따른 신체적 변화에서 큰 개인차가 있음을 보고한다.

노화에 관한 볼티모어 종단연구(Baltimore Longitudinal Studies of Aging)를 주도한 네이선 쇼크(Nathan Shock) 박사는 각 연령집단의 평균적 패턴과 유사한 연령패턴을 보이는 사람들은 거의 없으며 노화는 대단히 개별적으로 이루어진다고 주장하였다. 그는 종단연구에서 도출된 평균적 곡선이라고 할지라도 단지 노화 패턴의 대략적 근사치에 지나지 않는다고 강조하였다.

중요한 것은 어느 연령에서든 개인에 따라 노화의 정도에서 큰 차이를 나타내기 때문에, 연령만으로 노화 정도를 예측하기 어렵다는 것이다. 실제로 거의 대부분의 2세 유아들은 유사한 신체특징과 능력을 지니고 있으나 30대에 이르면 신체상태에서의 개인차가 커지고 80세경에는 훨씬 더 큰 개인차를 나타낸다.

1) 경험의 영향

신체적 노화에서 어떤 요인들이 개인차를 초래하는가? 경험은 신체적 노화의 패턴이나 속도에 영향을 주는 중요한 요인으로 일반적 자극수준과 소음수준 및 정서적 스트레스 등이 개인차에 기여한다. 특히 운동은 노화와 관련된 가장 중요한 요인으로 신체의 산소흡입량에 영향을 준다.

개인의 최대 산소흡입량은 성인기 동안 점차 감소한다. 성인후기에 이르면 대뇌, 근육, 신체 다른 기관 등에 공급되는 산소의 양이 점점 더 감소한다. 그러나 운동을 하면 성인후기의 노인들조차도 최대 산소흡입량이 증가하는 훈련효과(training effect)를 나타내므로, 연령이 증가할수록 적절한 운동이 요구된다. 또한 골밀도를 증가시키기 위한 웨이트 트레이닝(weight training: 역기, 아령 등을 이용한 훈련) 운동과 관절염의 증상을 완화시키는 규칙적인 에어로빅 운동은 일차적 노화는 물론 이차적 노화를 예방하므로 수명을 연장시킬 수 있다(Haydar 등, 2000).

2) 유전의 영향

우리 모두는 부모로부터 신체적 노화의 패턴과 속도를 결정하는 유전자를 물려받는다. 쌍생아 연구와 가족연구들은 수명 자체가 유전된다고 주장한다(Herskind 등, 1996). 미국 하버드 대학생들을 종단적으로 추적(Grant Study)한 베이런트(Vaillant, 1991)는 조부모가 90세 이상 생존했던 가정의 남성들이 65세에 이르러 만성질환을 앓을 가능성은 약 25%라고 보고하였다. 그러나 조부모가 78세 이전에 사망한 가정의 남성들이 만성질환을 앓을 가능성은 약 75%여서 큰 차이를 나타내었다. 다시 말하면 장수한 가정의 자녀들이 성인후기에 질병으로 고통받을 가능성이 더 적다는 것이다.

의사들은 환자에게 부모와 조부모는 물론 삼촌과 고모 · 이모까지 가까운 가족구성원들의 질병역사에 관해 질문한다. 이 때 유전의 영향을 받는다고 생각되는 고혈압, 심장질환과 암(특히 유방암), 알츠하이머 병(Alzheimer's disease), 골다공증 등에 관한 질문들이 반드시 포함된다.

unit Ⅲ 수 명

수명(壽命: longevity)이란 어떤 특정한 시기에 특정 문화에서 기대되는 평균적 삶의 길이를 의미한다. 수명과 비슷한 용어로 기대여명(life expectancy)이 있다. 기대여명은 어떤 연령의 개인들이 아직도 더 살 수 있다고 기대되는 기간으로 출생 당시의 기대여명은 물론 40세, 65세 혹은 85세에서의 기대여명이 계산될 수 있다. 또한 인간이 최대 몇 살까지 생존할 수 있는지를 나타낼 때는 최대수명(maximum life span)이라는 용어가 사용되며, 수명의 상한계나 수명범위(life span)도 최대수명과 동일한 의미를 지닌다.

1. 수명의 증가

전세계의 모든 나라에서 개인의 수명은 놀라울 정도로 증가하고 있다. 수명의 증가는 영아기와 아동초기 동안의 사망률 감소와 지난 수세대 동안 감염질환의 감소 및 심장질환과 같은 핵심 장애들을 유발하는 위험요인의 감소에 그 원인이 있다. 2010년 한국 남성의 기대여명은 77.20세, 한국 여성의 기대여명은 84.07세로서 10년 전과 비교하여 5년가량 증가하였다.

문제는 증가된 기대여명이 노인들의 수와 비율을 빠른 속도로 증가시킨다는 것이다. 65세 이상 한국 노인의 인구구성비가 1970년에 3.1%이던 것이 2000년에는 7.2%, 2005년에는 9.0%, 2010년에는 10.7%, 2020년에는 15.1% 그리고 2030년에는 20%에 이를 것으로 추정된다. 더욱이 최근의 출산율 감소는 현재 추정되는 것보다 더 빠른 속도로 한국 사회를 고령사회*가 되게 할 것으로 예상된다.

*고령사회 65세 이상의 노인인구 비율이 전체 인구의 14%를 넘을 때를 고령사회라고 하고, 7%를 넘으면 고령화 사회라고 한다. 현재 우리나라는 고령화 사회에 해당한다.

그림 3-3은 우리 사회의 노령화 지수의 증가추이를 보여 준다. 노령화 지수란 65세 이상의 노인인구를 0-14세의 아동인구

그림 3-3 노령화 지수의 추이

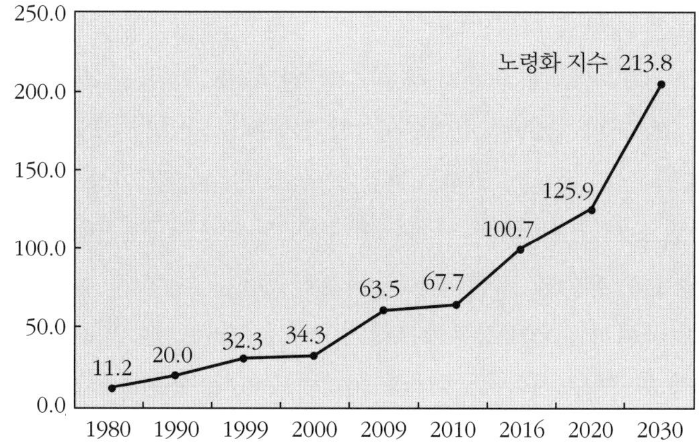

출처: 통계청(2010). 2009 고령자 통계.

로 나누어 100을 곱해준 수치이다. 노령화 지수가 100를 넘어서면 노인인구가 14세 이하의 아동인구보다 더 많다는 의미로서 2015년경에는 65세 이상의 인구가 14세 이하의 인구를 초과할 전망이다.

기대여명의 급속한 증가에도 불구하고, 인간의 최대수명(대략 110-120세)은 거의 변화되지 않고 있고, 100세 이상 생존할 수 있는 사람의 수도 많지 않다. 비록 최대수명에 도달하는 사람들이 점점 더 많아지고 성인후기 동안 과거보다 더 좋은 건강상태를 유지할 수 있다고 할지라도, 수명의 상한계 즉 최대수명 자체가 증가한다는 보고는 없다. 그러므로 기대여명이나 수명의 증가는 오로지 최대수명 내에서의 증가에 지나지 않는다.

2. 수명에서의 성차

여성들이 노인인구의 대다수를 차지하고 있음에도 불구하고, 지금까지 여성들은 생물의학적 연구의 대상자가 되지 못하였다(Matthews 등, 1997). 연구자들은 남녀가 생리적 특성에서 차이를 보임에도 불구하고, 남성만을 연구하고 그 결과를 여성에게 일반화하였다. 또한 여성이 포함되는 연구에서도 노인 여성들은 자주 무시되었다.

그 예로서 1980년대 후반에 하루에 한 알의 아스피린을 복용하면 심장병의 위험이 50%가량 감소될 수 있다는 결과가 제시되었다. 그러나 이 연구의 연구대상자들은 모두 남성 의사들이었다. 심장병은 65세 이상의 여성들을 사망하게 하는 중요한 원인요인임에도 불구하고, 연구자들은 아스피린이 여성들에게도 동일한 영향을 미칠 것으로 가정하였다.

최근 미국에서는 연방정부로부터 연구비를 지급받는 연구자들에게 의무적으로 여성 연구대상자들을 포함하도록 하고 있다. 또한 미국 국립위생연구소(National Institutes of Health: NIH)는 50세부터 70세까지 폐경후 여성 16만 4,000명을 대상으로 WHI(Women's Health Initiative) 연구 프로젝트를 시작하였다. 이 프로젝트는 나이 많은 여성들의 식이요법과 흡연의 효과는 물론 심장병, 뇌졸중, 골다공증, 유방암 및 대장암을 유발하는 위험요인들을 규명하는 동시에 호르몬 대체요법(hormone replacement therapy)과 저지방 식사 및 칼슘-비타민 D 보충효과도 함께 연구한다.

일반적으로 남성과 여성은 질병의 진행속도가 다른 질환을 앓는 경향이 있다. 특히 남성들은 여성들보다 더 심각하고 치명적인 질병에 걸려 사망할 가능성이 많은 반면, 여성들은 남성들보다 덜 심각한 질환이나 신체적 불편을 초래하는 만성질환을 더 자주 앓는다. 그 증거로서 심장질환은 남성들 사이에서 더 많이 나타나고, 관절염과 골다공증은 여성들 사이에서 훨씬 더 빈번하게 나타난다.

심장질환의 경우 남성들은 성인초기에 많이 걸리지만, 여성들은 폐경기에 도달하여 여성 호르몬인 에스트로겐의 생성이 중단된 이후부터 그 위험성이 크게 증가한다. 일반적으로 2회 이상 심장발작을 일으킬 가능성은 여성들이 남성들보다 2배 더 많으며, 두 번째 심장발작이 일어나면 더 이상 생존하기 어렵다. 더욱이 65세 이상의 여성 노인 심장질환자들은 다른 만성질환도 함께 지니고 있는 경우가 많아, 현재까지 효과적인 치료방법은 없는 상태이다.

만성질환에도 불구하고, 여성들은 남성들보다 더 오래 산다. 여성들이 오래 사는 이유는 다음과 같이 정리될 수 있다(Lips, 1997).

① 여성들은 반성유전(성염색체 내에 있는 유전자에 의해 결정되는)에 기인된 유전질환을 가질 가능성이 더 적다.

② 생식이 가능한 동안 여성들은 비교적 높은 수준의 에스트로겐에 의해 여러 가지 질병으로부터 보호받을 수 있다.

③ 여성들은 낮은 대사율과 더 많은 양의 체지방 때문에 환경적 악조건에서도 잘 생존할 수 있다.

④ 여성들은 전쟁을 수행하거나 자동차 경주 같은 위험한 행동에 가담할 가능성이 적다.

⑤ 여성들은 건강을 해치거나 상처입을 위험이 적은 직업에 주로 종사한다.

⑥ 여성들은 건강에 대한 정보를 많이 가지고 있고 건강을 증진시킬 수 있는 방향으로 행동한다.

3. 수명에 영향을 미치는 요인

모든 사람들은 오래 살기를 소망하지만, 늙는 것을 좋아하는 사람은 아무도 없다. 우리는 어떻게 하면 늙지 않고 오래 살 수 있을까? 현대 과학은 식이요법과 영양섭취, 운동 등의 요인들이 수명에 영향을 준다는 것을 이미 확인하였을 뿐 아니라 수명을 연장시키는 다양한 방법들을 찾아내기 위해 노력하고 있다.

1) 식이요법과 영양섭취

동물에게 평소에 섭취하는 음식물 양의 50-70%를 감소시키면 수명이 약 30% 이상 연장된다는 것은 이미 1930년대에 확인된 바 있다. 음식물 섭취를 제한당한 동물들은 면역체계의 기능이 좋아지고 더 오래 살며, 심장병과 암, 당뇨병 및 백내장의 발생빈도도 현저히 감소하였다(Smith, 2005). 이와 같이 칼로리 제한은 여러 종(種)들에서 수명을 연장시키는 것이 분명하지만, 수명을 연장시키는 메커니즘에 대해서는 알려진 것이 거의 없다.

동물 연구에서처럼 인간에게 음식물 섭취를 제한하는 것은 어려운 일이다. 그러나 이상적 체중을 가지고 있는 사람들이 그보다 약간 높은 체중(2-6%)을 갖는 사람들보다 더 오래 사는 것은 분명하다(Manson & Gutfeld, 1994). 평균적 일본인들이 섭취하는 음식량의 60%만을 섭취하는 오키나와섬 주민들은 더 오래 살고 더 오랫동안 열심히 일할 수 있으며, 심장병과 당뇨병 및 암의 발생비율도 평균적 일본인들의 절반 정도에 지나지 않았다. 아마도 오키나와섬 주민들의 칼로리 섭취 제한은 DNA 복원이나 포도당 조절 및 면역기능과 같은 연령 민감한 생물학적 지표들에 영향을 주었을 것으로 추측된다.

그러나 칼로리 섭취를 제한한다고 해서 영양부족 상태가 초래되어서는 안 된다. 잘못된 식이요법은 질병을 초래하지만 식이요법과 질병의 관계를 분명히 밝히기는 어렵다. 그 이유는 부적절한 식이요법과 질병 발병간에 이미 상당한 시간이 경과하기 때문이기도 할 뿐 아니라 사람들은 자신의 식사습관을 잘 기억하지 못하기 때문이다.

전문가들은 건강과 장수를 위해 소금과 붉은 살 육류 그리고 포화지방을 피하고 신선한 과일과 야채 그리고 곡류를 섭취하라고 권한다. 그들은 음식물로써 적절한 영양을 섭취하기 어려울 때는 건강보조 식품을 사용하라는 충고를 하기도 한다. 특히 비타민 C의 섭취는 운동하는 노인들의 최대 산소흡입과 연합되어 있으므로(Quinn, 2006) 비타민 C를 음식물로 섭취할 수 없을 때에는 건강보조 식품으로 보충하는 것이 바람직하다는 것이다.

연령증가와 함께 신진대사 속도는 느려지고, 신체는 더 적은 에너지와 칼로리를 요구하므로 칼로리 섭취는 점차 감소되어야 한다. 또한 신장기능도 감소하기 때문에 노인들은 신장의 부담을 덜어주기 위해 더 적은 양의 단백질을 섭취해야 한다. 신장기능 외에도 소화기능의 감소와 치아문제 그리고 미각, 시각 및 후각의 민감성 저하로 식욕이 감소하고 음식물 섭취를 즐기지 않게 됨으로써 노인들은 영양부족에 특별히 취약하다. 더욱이 관절염과 같은 신체적 장애로 거동이 불편해질 때 노인들은 음식물을 조리하는 것조차 어려워지므로 생존 자체가 위협받는다.

2) 운 동

신체운동은 그것이 어떤 운동이든 그리고 전생애의 어떤 시점에서 이루어지든 긍정적인 신체적 그리고 정신적 결과를 가져온다. 운동을 하지 않는 것보다는 어떤 운동이든 하는 것이 더 좋으며 이미 늙어서 운동을 하기에는 너무 늦었다고 생각될 때도 운동을 시작하기만 한다면 그것보다 더 좋은 일은 없다.

구체적으로 운동은 혈액순환과 호흡을 개선시키며 체지방과 혈압을 감소시킨다. 또한 운동은 신경긴장과 스트레스를 감소시키는 동시에 균형감을 유지하게 하고 신체유연성을 증가시키며 더 나은 수면패턴을 지닐 수 있도록 한다(Prohaska 등, 2006). 특히 수영, 걷기, 달리기, 에어로빅, 자전거 타기, 테니스 등은 비용이 저렴하면서도 수명을 증가시킬 수 있는 신체 운동들이다.

신체운동의 효과를 검증한 연구들은 일관성있게 신체운동이 심장질환의 발병을 저하시키고 심장질환 발병 후의 회복을 촉진시키며 2차적 심장발작(second heart attack)의 가능성도 감소시킨다고 보고한다(Mason, 2011). 놀랍게도 노년기에 나타나는 많은 건강문제들은 신체를 사용하지 않는 데 그 원인이 있다. 사용하지 않는 조직과 기능은 빠르게 감퇴하고, 특히 사용하지 않는 근육조직은 지방조직으로 변화한다.

한 연구(Prohaska 등, 2006)에 의하면, 30세와 80세 사이에 등과 팔 그리고 다리의 근육 강도는 약 60% 감소하고 관절은 뻣뻣해져 움직임의 범위를 축소시키지만 적절한 운동은 이러한 변화를 느리게 할 수 있을 뿐 아니라 변화의 방향을 역전시킬 수도 있다. 특히 근력운동과 유연성 운동은 쇠약하고 아픈 노인들에게조차도 기동성을 유지하게 하고 삶의 질을 개선시키며 오랫동안 독립적으로 생활할 수 있도록 한다. 그 이유는 기동성의 상실은 노인들의 독립성을 상실하게 하는 주된 원인이기 때문이다.

신체건강은 정신건강과도 연결되어 있다. 하버드 대학교 2학년 학생들을 대상으로 1937년에 시작된 72년간의 종단연구는 신체건강과 관련하여 다음과 같은 결과를 제시하였다(Shenk, 2009).

① 낙관주의자들은 비관주의자들보다 중년기와 노년기에 더 좋은 건강 상태를 나타낸다.

② 건강한 스트레스 해소방법을 가지고 있는 사람들은 더 행복하고 더 오래 산다.

③ 겸손하고 매사를 지나치게 심각하게 생각하지 않는 사람들이 더 건강하고 오래 산다.

④ 행복은 공유되어야만 한다. 친구 및 가족과 지속적이고 건강하고 의미있는 관계를 갖는 사람들이 더 건강하고 행복하다.

3) 그 외의 요인들

개인의 성격특성도 수명에 영향을 준다. 우선 타인에 대한 적개심은 분노를 유발하고 복수심을 갖게 하므로 때이른 죽음에 이르게 할 수 있다. 또한 억압된 분노와 우울, 자아중심성 및 다양한 부정적 태도는 수명을 단축시키는 성격특성들이다(Shephard 등, 1995). 반대로 매사에 긍정적인 태도는 면역체계를 활성화하므로 최근에는 명상이나 최면 혹은 다른 이완기법들을 사용하여 긍정적 태도를 갖게 하려는 노력들이 이루어지고 있다.

환경적 요인도 중요하다. 소음과 오염된 공기, 농약(살충제, 제초제 등), 오염된 물과 음식물 등은 질병을 유발하고 결국 수명을 단축시킨다. 사회적 계층도 수명과 연결되어 있다. 특히 경제적 어려움으로 건강을 돌보기 어려운 빈곤계층은 일찍부터 만성질환에 시달리고 더 일찍 사망한다(장휘숙, 2010; Mcdonough & Berglund, 2003). 그 외에 이혼과 사고, 흡연, 과도한 알코올이나 약물의 사용, 지나치게 많거나 적은 수면시간, 일과 여가의 불균형 등이 수명을 단축시킨다.

4. 자신의 수명을 계산하기

우리는 자신의 수명을 예측할 수 있는가? 아래에 제시한 유전요인, 건강역사, 현재의 생활 문항에 응답하고 전체 점수를 계산한 다음 그것을 기대여명과 합산하면 자신의 수명이 예측될 수 있다(Woodruff-Pak, 1997). 문항 중 일부는 개인이 통제할 수 없는 요인들이지만, 많은 문항들은 부분적 혹은 전적으로 통제할 수 있는 요인들이므로, 수명은 개인의 노력이나 생활습관과 높은 상관이 있다는 것을 알 수 있다.

유전요인

① 80세 이상 생존한 조부모가 계시면 각 조부모당 1년을 더한다.
② 80세가 아니라 70세까지 생존한 조부모가 계시면, 각 조부모당 1/2년을 더한다.
③ 만약 어머니가 80세 이상 생존하였다면, 4년을 더한다.
④ 만약 아버지가 80세 이상 생존하였다면, 2년을 더한다.
⑤ 50세 이전에 심장질환으로 사망한 조부모, 부모 혹은 형제자매가 있다면 한 사람당 4년을 뺀다.
⑥ 50세와 60세 사이에 심장질환으로 사망한 친척이 있으면 한 사람당 2년을 뺀다.
⑦ 60세 이전에 당뇨병이나 궤양으로 사망한 조부모, 부모 혹은 형제자매가 있다면 한 사람당 3년을 뺀다.
⑧ 여성: 60세 이전에 유방암으로 사망한 자매나 어머니가 계시다면 한 사람당 1년을 뺀다.
⑨ 당신의 지능이 높다면, 2년을 더한다.

건강역사

① 당신을 출산할 당시 어머니가 18세 이하 혹은 35세 이상이었다면 1년

을 뺀다.

② 당신이 부모의 첫 자녀이면 1년을 더한다.

③ 여성: 자녀가 없거나 자녀를 갖지 않을 계획이라면 1/2년을 뺀다.

④ 매년 신체검사를 받고 있다면 2년을 더한다.

⑤ 이상적 체중보다 10–30% 초과할 때 연령과 성별에 따라 빼는 양은 달라진다.

여성: 20–30세이면 5년, 30–50세이면 4년 그리고 50세 이상이면 2년을 뺀다.

남성: 20–30세이면 10년, 30–45세이면 4년 그리고 그 이상이면 2년을 뺀다.

⑥ 이상적 체중보다 30% 이상을 초과할 때,

여성: 20–30세이면 $6\frac{1}{2}$년, 30–50세이면 5년, 그 이후에는 4년을 뺀다.

남성: 20–30세이면 13년, 30–40세이면 6년 그리고 그 이후에는 4년을 뺀다.

⑦ 섭취하는 음식물의 지방과 당분 함량이 낮고 포만감을 느낄 때까지 먹지 않는다면 1년을 더한다.

⑧ 하루에 담배 2갑 이상을 피운다면 12년을 빼고, 1–2갑을 피우면 7년 그리고 1갑 이하를 피우면 2년을 뺀다.

⑨ 음주하지 않는다면, 뺄 것도 더할 것도 없다; 만약 심한 음주자라면 8년을 빼고 적당량의 음주자는 3년을 더하며, 가벼운 음주자는 $1\frac{1}{2}$년을 더한다.

⑩ 일주일에 적어도 3번 에어로빅 운동을 한다면, 3년을 더한다.

⑪ 하루 밤에 10시간 이상 혹은 6시간 이하의 수면을 취한다면 2년을 뺀다.

⑫ 일주일에 1–2회 친밀한 성적 관계를 갖는다면 2년을 더한다.

⑬ 고혈압, 당뇨병, 궤양, 암과 같은 만성질환을 갖거나 자주 아프다면 5년을 뺀다.

현재의 생활

① 4년 혹은 그 이상의 대학교육을 받았다면 3년을 더한다. 1–3년의 대학교육을 받았다면 2년을 더하고 고등학교를 졸업하고 더 이상의 교육을 받지 않았다면 1년을 더한다. 만약 8학년 이하의 교육을 받았다면 2년을 뺀다.

② 전문직, 기술직 혹은 관리직의 직업을 가지고 있다면 1년을 더하고 미숙련 노동자이면 4년을 뺀다.

③ 가족의 수입수준이 평균 이상이면 1년을 더하고, 평균 이하이면 1년을 뺀다.

④ 당신의 직업이 육체적으로 활동적이면 1년을 더하고 가만히 앉아서 일하는 직업이면 2년을 뺀다.

⑤ 인생의 대부분을 도시에서 살았고 현재도 도시에서 살고 있다면 1년을 뺀다. 시골지역에서 인생의 대부분을 살았다면 1년을 더한다.

⑥ 결혼을 해서 배우자와 살고 있다면 1년을 더한다.

⑦ 별거하거나 이혼했다면, 남자는 9년을 빼고 여자는 4년을 뺀다.

⑧ 사별했다면, 남자는 7년을 빼고 여자는 4년을 뺀다.

⑨ 결혼하지 않았다면, 25세 이후부터 매 10년마다 1년을 뺀다.

⑩ 결혼하지 않은 남성으로 가족과 함께 살고 있다면, 25세 이후부터 매 10년마다 1년을 빼고, 혼자 살고 있다면 25세 이후부터 매 10년마다 2년을 뺀다.

⑪ 비밀을 털어놓을 수 있는 적어도 두 명의 가까운 친구를 가지고 있다면 1년을 더한다.

⑫ 성격이 공격적이고 적대적이면 그 정도에 따라 2–5년을 뺀다.

⑬ 기본적으로 행복한 사람이고 인생을 즐겁게 사는 사람이면 2년을 더한다.

⑭ 적어도 1년 이상 지속된 우울이나 긴장, 죄책감을 갖거나 근심한 일이 있다면 그 정도에 따라 1–3년을 뺀다.

⑮ 위험을 추구하거나 범죄율이 높은 이웃 속에서 생활하고 있다면 2년

을 뺀다; 규칙적으로 안전벨트를 착용하고 위험을 피하는 생활을 한다면 1년을 더한다.

5. 장수: 100세 이상 사는 사람들

사회가 고령화하고 장수하는 노인들이 많아짐에 따라 노화와 장수에 관한 연구가 활발히 이루어지고 있다. 국내에서는 2002년 과학기술부의 지원으로 서울대학교 체력과학노화연구소에서 노화연구가 처음 시작되었지만, 미국에서는 이미 1967년에 국립노화연구소가 설립되었고, 일본에서는 1972년에 도쿄 도립노화연구소가, 그리고 1995년에는 국립장수연구소가 설립되어 노화에 관한 연구가 활발히 수행되고 있다.

일부의 과학자들은 수명에 영향을 미치는 요인들을 연구하는 하나의 방법으로 100세 이상을 사는 사람들의 특성을 연구한다. 대표적인 조지아 100세인 연구(Georgia Centenarians Study: Poon, 1992)는 장수하는 사람들의 다양한 특성을 보고한 바 있다.

이 연구에 의하면, 100세 이상을 사는 사람들은 높은 지배성과 상상력을 지니고 의심이 많았으며 낮은 동조성과 의존성을 지니고 있었다. 또한 고집이 있고 정신적으로 강건하였다. 그들은 지능검사나 기억력 검사에서 낮은 점수를 얻었지만 실용적 문제해결 검사에서는 높은 점수를 얻었고 종교가 그들의 중요한 대처 수단이었다. 100세 이상을 사는 사람들의 대부분은 식사조절을 하지도 않았고 채식주의자들도 아니었으며 적절한 양의 음식물을 즐겁게 섭취하였다. 그들은 흡연하지 않았으나 술은 조금 마시는 정도였다.

100세 이상의 장수노인들 중 절대 다수는 여성들이다.

100세인들의 개인차를 연구하는 과정에서 장수는 좋은 건강습관과 자극적인 신체적 · 정신적 활동, 영성, 절제, 인내, 통합성 그리고 타인과의 상호적용과 관련되어 있음이 확인되었다. 커크렌드(Kirkland, 1994)같은 연구자는 개인의 수명이 유전의 영향을 받는 것은 사실이지만 그것은 30%를 넘지 않으며 나머지 70%는 생활양식을 포함한 환경적 요인들과 관련되어 있다고 주장하였다.

우리는 장수노인에 대해 몇 가지 잘못된 생각을 가지고 있다. 우선 늙어갈수록 질병도 많아질 것으로 생각하지만, 실제 장수하는 노인들은 특별한 질병 없이 건강하게 생활한다. 또한 장수하기 위해서는 스트레스 없이 살 수 있어야 한다고 생각하지만, 대부분의 장수노인들은 가난과 자연재난, 가까운 가족의 사망 등 어려운 생활을 많이 경험하였다. 그러나 그들은 스트레스에 성공적으로 대처할 수 있는 능력을 지니고 있었다(Perls 등, 1999).

세계에서 최장수촌인 오키나와의 예를 들어 보자.

오키나와 장수촌

일본의 오키나와(Okinawa) 섬은 세계 최장수 지역으로 인구 100,000명당 39.5명이 100세 이상자이다. 미국 인구 100,000명당 10명과 비교하여도 놀라운 숫자이다. 이 지역의 기대여명은 평균 81.2세로서 그 중 여성은 86세 그리고 남성은 78세로 세계에서 가장 높다. 오키나와 사람들이 장수할 수 있는 이유는 어디에 있는가? 몇 가지 가능성 있는 원인을 찾아보면 다음과 같다(Willcox 등, 2002).

① 식사: 오키나와 사람들은 곡류와 생선 및 야채를 많이 먹고 육류, 계란 및 유제품을 적게 먹는다. 암으로 사망할 위험도 매우 낮다. 그러나 오키나와에서 브라질로 이민한 사람들의 기대여명은 평균 17년 더 적었다. 그들은 브라질 생활환경에 빠르게 적응하였고 육류를 많이

섭취하였다.

② 스트레스 적은 생활양식: 오키나와 사람들은 편안하고 한가로운 생활을 한다. 많은 스트레스를 받는 일본의 다른 지역과는 차이가 있다.

③ 지역사회의 보살핌: 오키나와 사람들은 서로를 보살피고 특히 노인을 무시하거나 고립시키지 않는다. 도움이 필요할 때, 노인들은 주저하지 않고 이웃에 도움을 요청한다.

④ 활동: 오키나와의 노인들은 활동적이다. 많은 노인들은 직업세계에서 계속해서 일을 하고 있었고, 직업이 아니더라도 정원에서 꽃을 가꾸거나 산책하면서 바쁘게 움직인다.

⑤ 영성(spirituality): 오키나와의 노인들은 자주 기도하고 영적 세계에서 안식을 발견함으로써 심적으로 편안한 상태를 유지한다.

101세 나이에도 밭일을 하는 오키나와의 할머니

일본 내에 채식의 중요성을 알리는 전단광고의 모델이기도 하다.

Chapter

4

신체변화

I. 성인초기의 신체변화

1. 기관체계의 변화
2. 성적 변화

II. 성인중기의 신체변화

1. 외모의 변화
2. 감각기관의 변화
3. 근육, 관절, 뼈의 변화
4. 심혈관 및 호흡기의 변화
5. 신경계의 변화
6. 면역체계의 변화
7. 내분비계의 변화

III. 성인후기의 신체변화

1. 외모와 움직임
2. 감각기관의 변화
3. 순환계와 호흡기의 변화
4. 면역체계의 변화
5. 수면의 변화
6. 대뇌기능의 변화

Adult Development
&
Aging Psychology

Chapter 04 신체변화

성인초기 동안 개인의 신체는 최상의 절정상태를 경험하며 인생에서 가장 건강한 생활을 할 수 있다. 따라서 이 시기의 성인들은 건강문제에 관심을 보이지 않고 건강을 증진시키기 위한 노력도 거의 하지 않는다. 그럼에도 불구하고 감퇴는 계속되고 있으므로, 성인중기에 이르면 신체변화들이 눈에 띄기 시작하고 노화의 증후들이 분명하게 나타난다. 이제 건강에 대한 관심이 커지고 식이요법과 운동이 중요시되며 갱년기 변화에 대한 걱정도 많아진다. 이와 같이 성인기 동안의 신체변화는 성인초기, 중기, 후기에 따라 큰 차이를 보이므로 각 단계의 발달을 구분하여 고찰한다.

unit I 성인초기의 신체변화

우리 대부분은 약 19세와 26세 사이에 신체적 수행의 절정에 도달한다. 일반인은 물론 운동선수들도 동일한 연령에서 절정상태를 경험하지만, 개인에 따라 절정기간은 어느 정도 연장될 수 있다. 또한 운동의 유형에 따라서도 차이를 보인다. 수영과 체조선수는 10대 후반에 절정에 도달하고 골프와 마라톤 선수는 20대 후반에 절정기를 맞는다.

성인초기는 신체수행의 절정기일 뿐 아니라 인생에서 가장 건강한 시기이기도 하다. 만성질환에 걸리는 사람도 거의 없고 아동기와 비교하여 감기나 호흡기 질환으로 고생하는 사람도 훨씬 더 적기 때문에 이 시기의 성인들은 건강문제에 큰 관심을 보이지 않는다.

그들은 질병을 예방하고 건강을 증진시키기 위해 무엇을 해야 하는지 알고 있으면서도, 건강에 자신이 있기 때문에 특별한 노력을 기울이지 않는다. 그들은 심장병과 운동, 흡연, 높은 수준의 콜레스테롤간의 관련성은 물론 생활양식과 이후의 건강과의 관계에 대해서도 생각하지 않는다. 젊은이들은 자신의 미래의 건강에 대해 지극히 비현실적이고 지나치게 낙관적인 태도를 취한다.

또한 이 시기 성인들은 아침을 거르는 것이 보통이고 규칙적인 식사를 하지 않으며 주로 스낵으로 점심을 때운다. 그들은 체중이 정상체중을 초과할 때까지 과도하게 먹는가 하면 심한 흡연과 음주를 하고 운동을 하지 않으며 밤에 잠도 적게 자는 일이 많다.

문제는 성인초기의 바람직하지 못한 생활양식과 이후의 건강상태간에 유의한 관련성이 있다는 것이다. 40년 이상 계속된 버클리 종단연구(Berkeley Longitudinal Study)에서, 30세의 신체적 건강은 70세의 생활만족을 예언하는 중요한 변수였다(Mussen 등, 1982). 보통 성인초기 남성들이 여성들보다 건강을 손상시키는 위험한 행동을 더 많이 한다(Courtenay 등, 2002).

1. 기관체계의 변화

1) 체형의 변화

키와 근육량 그리고 체지방에서의 변화 때문에 연령과 함께 체형이 변화한다. 성인초기 동안 전생애에서 가장 아름다운 체형을 갖지만 이 시기를 지나면서 키와 근육량은 점차 감소하고 체지방은 증가하므로 체형은 사회의 이상적 모습과는 멀어지기 시작한다.

보통 키는 성인초기부터 70세까지 평균 약 4cm(1.57인치) 감소하고 70세부터 90세까지 또 다시 약 3.5cm (1.38인치) 감소한다(Sagiv 등, 2000). 또한 근육량은 30세와 70세 사이에 약 20% 감소하고 중년기에 이르면 신진대사의 감소로 체지방은 증가한다(Mayo Clinic, 2008). 그에 따라 중년 성인과 노인들은 성인초기의 섭취량만큼 음식물을 섭취하지 않아야만 정상적 체중을 유지할 수 있다.

체형의 변화에 대한 남녀의 반응은 각기 다르다. 22세부터 62세까지의 성인 42명을 면접한 결과에 의하면(Halliwell & Dittmar, 2003), 남성들은 하나의 전체로서 자신의 신체를 바라보는 반면, 여성들은 자신의 신체를 부위별로 구분하는 경향이 있었다. 신체상(身體像)에 대해 질문하면, 남성들은 전체로서의 그들의 신체가 얼마나 잘 노화하고 있는지를 강조하였으나, 여성들은 신체 각 부위에 대한 불만을 이야기하거나 비판을 일삼았다.

또한 남성들은 자신의 신체가 얼마나 잘 기능하는지에 관심을 가지고 있었지만, 여성들의 일차적 관심은 외모의 아름다움이었다. 외모에 대해 구체적으로 질문했을 때 대부분의 남성들은 노화가 그들의 외모에 중립적 혹은 긍정적 영향을 준다고 응답한 반면, 대부분의 여성들은 노화가 그들의 외모에 부정적 영향을 준다고 응답하였다.

불행하게도 사회는 노화해가는 남성과 여성들에게 각기 다른 표준을 적용한다. 흰 머리칼과 연륜이 느껴지는 주름잡힌 피부는 남성들에게는 멋진 외모의 조건일 수 있지만, 여성들에게는 이상적 모습을 심각하게 훼손시키는 원인요인들이다. 중요한 것은 남녀 모두 자신의 변화해 가는 체형이나 신체상을 수용할 수 있을 때 성공적 노화가 가능하다는 것이다.

2) 감각기능의 변화

성인초기 동안 감각기능에서 작은 변화들이 나타난다. 눈의 수정체가 탄력성을 잃기 시작하므로 가까운 물체에 초점을 맞추는 능력이 조금씩 감소한다. 또한 청년기에 절정에 도달했던 청력은 성인초기의 전반부까지는 그대로 유지되지만 후반부에 이르면 감퇴를 시작한다. 30대의 10년 동안 높은 소리를 감지하는 능력이 조금씩 저하되고 큰 소리와 부드러운 소리를 혼동하기 시작한다. 그 결과 가까운 곳에서 들리는 소리와 약간 떨어진 곳에서 들리는 소리를 구별하기 어려워진다.

후각능력은 성인초기 동안에는 절정상태가 그대로 유지되지만, 40세와 70세 사이에 약간 저하되고 70세가 넘으면 현저한 저하가 일어난다. 그러나 미각능력의 손상은 매우 점진적으로 이루어진다. 성인초기 성인들의 대부분은 단맛과 신맛, 짠맛 그리고 쓴맛을 감지하는 약 9,000개의 미뢰를 가지고 있으나 여성들은 40대부터 그리고 남성들은 50대부터 미뢰(taste bud)의 수가 서서히 감소한다(Mason, 2011).

3) 섭식과 체중

20대 중반에서 후반 사이에 체지방 조직이 증가하기 시작하므로 성인초기 동안 체중증가가 일어난다. 놀랍게도 한국 성인의 약 40%와 미국 성인의

그림 4-1 연령에 따른 비만 성인의 백분율

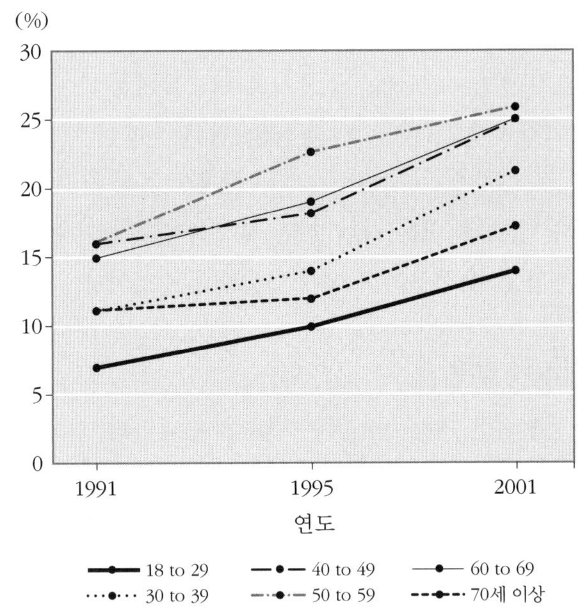

출처: Centers for Disease Control and Prevention, 2003.

약 33%가 비만(Stunkard, 2000)으로 진단된다. 개인의 비만 여부는 키와 비교한 체중의 측정치에 해당하는 신체무게 지수(body mass index: BMI)에 의해 결정된다.

비록 미국 자료이기는 하지만, 비만은 그림 4-1과 같이 10년 간에 걸쳐 모든 연령에서 증가하였고, 비만율이 가장 높은 연령은 50대임을 알 수 있다. 남성들보다 여성들 사이에서 흔하게 나타나는 비만은 아름답지 못한 외모의 원인요인이기도 하지만 고혈압과 심혈관질환 및 당뇨병을 유발하기 때문에 더욱 문제가 된다. 체중과 관련된 요인들을 차례로 설명한다.

(1) 유전적 영향

과학자들은 오랫동안 체중에 미치는 유전의 영향을 과소평가하였다. 그러나 비만 경향성이 유전될 수 있다는 연구결과들이 제시되었을 뿐 아니라 일란성 쌍생아들이 분리되어 양육되어도 유사한 체중을 갖는다는 사실에 의해 유전의 중요성이 부각되기 시작하였다. 최근에 와서 유전에 의해 설명될 수 있는 체중의 변량 추정치가 25-70%에 이를 정도로 유전의 영향이 중요시되고 있다(Santrock, 2004).

비만이 유전된다고 주장하는 사람들은 포만에 관여하는 화학물질인 렙틴(leptin)에 관심을 갖는다. 지방세포에 의해 방출되는 렙틴은 음식물 섭취를 감소시키고 에너지 소비를 증가시키므로 반-비만(反-肥滿) 호르몬으로 작용한다(Oberauer 등, 2001). 만약 유전적 이상에 의해 렙틴의 생성에 문제가 생기면, 비만이 초래될 것이다.

비만 쥐에게 렙틴을 주사하면 신진대사율이 증가하여 점점 활동적으로 변화하고 더 적은 양의 음식물을 섭취하기 때문에 결국 체중은 정상수준으로 떨어진다는 연구가 있다. 인간의 경우에도 렙틴이 체중을 감소시킬 수 있을 것이라는 기대하에 활발한 연구가 이루어지고 있다(Wauters 등, 2001).

(2) 지방의 양

지방은 지방세포(adipose cell) 속에 저장된다. 체중이 증가하면 지방세포의 수가 증가할 것이고 저장되는 지방의 양도 많아질 것이므로 비만이 일어난다. 문제는 한번 형성된 지방세포를 제거할 수는 없다는 것이다. 어떤 연구자는 지방세포는 단지 크기가 쪼그라들기만 할 뿐 사라지지는 않는다고 주장한다.

정상적 체중을 지니고 있는 사람들은 보통 300-400억 개의 지방세포를 가지고 있으나 비만인들은 800-1200억 개의 지방세포를 가지고 있기 때문에 비만할 수밖에 없다.

(3) 기초대사율

체중은 인간이 휴식상태에서 사용하는 최소한의 에너지를 의미하는 기초대사율(Basal Metabolism Rate: BMR)과 관계가 있다. 기초대사율은 그림 4-2에 제시된 바와 같이 연령에 따라 감소하고 성별에 따라서도 차이를 보인다. 수년에 걸쳐 점진적으로 감소하는 기초대사율은 특히 청년기 동안 급격

그림 4-2 연령에 따른 기초대사율의 변화

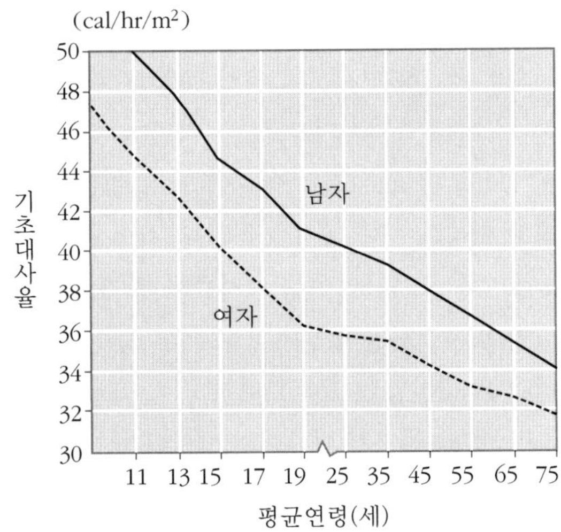

출처: Santrock, 2004.

히 감소하고 성인기 동안에는 다소 점진적으로 감소한다. 또한 남성들의 기초대사율이 여성들보다 약간 높다. 기초대사율의 감소는 체중증가를 초래하므로 연령증가와 함께 체중이 증가하는 것은 당연한 일이다.

(4) 환경적 영향

인간은 단맛에 대한 강한 선호를 지니고 있다. 성장기의 아동은 물론 성인들도 즐겨 먹는 각종 청량음료나 사탕과 같이 영양분은 없고 칼로리만 높은 음식물들은 체중을 증가시킨다. 또한 지방분이 많은 식사와 적은 신체활동은 비만을 증가시키므로 우리나라를 비롯하여 전세계적으로 비만인구가 급증하고 있다. 비만이 건강을 위협한다는 것은 널리 알려진 일이므로 체중을 감소시킬 수 있다고 알려진 각종 다이어트 제품들이 인기를 얻고 있다.

(5) 규칙적 운동

규칙적 운동은 체중조절은 물론 여러 가지 질병을 예방할 수 있도록 한다. 우선 운동은 근육과 뼈를 강하게 하고 유연성을 증가시키며 특히 심장과 허파의 활동을 자극한다. 하루 종일 걷거나 밀거나 들어올리는 직업을 가진 사람들이 가만히 앉아서 운전을 하거나 책상 앞에 앉아서 일하는 사람들보다 심장질환을 가질 위험성이 절반 정도 더 적다. 하버드 대학교 남자 졸업생 17,000명을 대상으로 연구한 결과에 의하면, 규칙적으로 운동하는 사람들이 더 적은 심장질환 위험을 지니고 있었고 중년기까지 생존할 가능성이 훨씬 더 많았다(Lees 등, 2005).

규칙적인 운동은 일주일에 2,000칼로리를 이상을 소모하게 하므로 흡연이나 고혈압, 비만 혹은 유전과 관련된 다른 위험요인들이 존재한다고 할지라도, 심장질환의 발병가능성을 감소시킬 수 있다. 그러나 운동으로 일주일에 2,000칼로리 이상(하루에 300칼로리)을 소모한다는 것은 쉬운 일이 아니다. 하루에 25분간 수영하거나 달리기, 한 시간에 4마일을 걸을 수 있는 속도로 45분간 걷기 그리고 30분간 에어로빅을 하면 하루에 약 300칼로리가 소모될 수 있다.

규칙적 운동은 신체건강을 증진시키고 개인에게 즐거움과 기쁨을 주며 심리적 건강에도 도움을 준다(Phillips 등, 2001). 특히 운동은 자기개념을 개선시키고 불안과 우울을 감소시킨다. 사람들은 자주 "바빠서," "시간이 없어서," 운동을 하지 못한다고 이야기하지만, 그것은 핑계에 지나지 않는다. 규칙적인 운동은 성인기 건강을 유지할 수 있는 최선의 방법이므로 운동을 생활화하는 노력이 무엇보다 중요하다.

2. 성적 변화

연령증가와 함께 신체가 변화하는 것과 똑같이 성욕과 성행동 능력도 변화한다. 성인초기는 다양한 방식의 성적 표현이 가능한 시기로서 대부분의 성인들은 결혼한다. 사랑하는 관계에서 성적 표현은 강한 즐거움과 정서적 만족을 경험하게 하고 자기에 대한 느낌과 개인적 안녕감에 기여한다. 그러나 성을 정의하는 방식에 따라 성적 표현은 자신이 사랑받고 있고 소중한 존재임을 확인할 수 있는 근원이기도 하지만, 부적절감을 야기하는 불안의 근원이 될 수도 있다.

배우자와의 성관계는 부부 사이의 친밀감을 촉진시키고 서로의 사랑을 확인하는 매체가 된다. 결혼한 부부의 성교 횟수는 결혼초기에 가장 많고 결혼 후 2년 무렵부터 급격히 감소하며, 결혼생활 5-6년 동안 크게 감소한 후 그 이후에는 보다 더 점진적으로 감소한다(Christopher & Sprecher, 2000).

이 과정에서 혼외 성관계를 갖는 사람들이 있다. 기혼남녀 320명을 대상으로 이루어진 조사에서(양다진, 조희선, 2005), 한국의 결혼한 남성들은 30대에 그리고 여성들은 40대에 혼외 성관계를 가장 많이 경험하였다. 혼외 성관계 비율은 남성은 20대에 29.2%, 30대에 33.8% 그리고 40대에 26.2%인 반면, 여성들의 비율은 각각 15.3%, 36.2% 그리고 37.8%였다. 미국의 결혼한 성인초기 남성들의 25%와 여성들의 15%가 혼외 성관계를 경험한다는 결과(DeLamater & Friedrich, 2002)와 비교하여도 성인초기 한국 남녀들의 혼외 성관계 비율이 높다는 것을 알 수 있다.

개인의 성적 지향성은 이성애(heterosexuality)만 존재하는 것은 아니다. 남성과 여성 모두에게 매력을 느끼는 양성애자(bisexuality)도 존재할 수 있는가 하면 동성애자(homosexuality)이면서 때로 이성과 성행동을 할 수 있는 사람, 이성애자이면서 때로 동성과 성행동을 할 수 있는 사람 등 다양한 유형이 존재할 수 있다. 그러므로 개인의 성적 지향성은 배타적 이성애에서부터 배타적 동성애까지 하나의 일직선으로 가정된다.

1) 동성애적 태도와 행동

왜 어떤 사람은 이성애자가 되고 어떤 사람은 동성애자가 되는가? 이성애자나 동성애자 모두 성적 각성 동안 유사한 생리적 반응을 보이고 동일한 유형의 촉자극을 통해 각성된다. 연구자들은 이성애자와 동성애자의 태도나 행동 혹은 적응에서 어떤 차이도 없다고 보고한다. 한때 동성애는 정신장애로 분류되기도 하였지만, 미국심리학회와 미국정신의학회는 1970년대에 동성애를 정신장애로 분류하지 않기로 결정한 바 있다.

그렇다면 동성애자가 되는 원인은 무엇인가? 우선 호르몬 때문이라는 주장이 있으나 모든 연구들이 일관성 있는 결과를 제시하는 것은 아니다. 남성 동성애자들에게 남성호르몬(안드로겐)을 주입하여도 그들의 성적 지향성은 변하지 않았고 단지 성적 욕구만 증가하였다. 그러나 임신 2–5개월에 여성호르몬을 주입했을 때 남아이든 여아이든 상관없이 남성에게 매력을 느끼는 사람으로 성장하였다(Ellis & Ames, 1987). 이러한 결과는 태내기가 성적 지향성에 영향을 주는 결정적 시기임을 시사한다. 만약 이러한 결정적 시기 가설(critical period hypothesis)이 사실이라면, 개인의 성적 지향성이 수정되기는 어려울 것이다.

신경학자인 사이몬 리베이(Simon LeVay, 1991)는 이성애자들이 동성애자들보다 성행동과 관련된 대뇌의 시상하부 영역이 2배 정도 더 크다고 밝히고 이성애자와 동성애자간에 해부학적 차이가 있음을 보고하였다. 그러나 이 연구에 포함된 많은 수의 동성애자들이 이미 AIDS에 감염되어 있었기 때문에 그들의 뇌가 변화되었을 가능성이 있다는 것이 문제점으로 지적된다. 그러나 개인의 성적 지향성은 유전적 요인과 호르몬 요인, 인지적 요인 및 환경적 요인들의 상호작용에 의해 결정되고, 각 요인들의 상대적 영향력도 사람에 따라 달라지므로 동성애의 원인요인을 찾는다는 것은 어려운 일이다.

중요한 것은 아동이 게이나 레즈비언 부모에 의해 양육된다고 할지라도 이성애 지향적 부모에 의해 양육되는 아동들보다 동성애자가 될 가능성이 더 많지도 않다는 것이다. 또한 남성들이 지배적 어머니나 허약한 아버지에 의해 동성애자가 되는 것도 아닐 뿐 아니라 남성 역할 모델을 선택하는 소녀들이 여성 동성애자가 되는 것도 또한 아니다. 현재로서 분명한 것은 왜 동성애자가 되는지 알 수 없다는 것이다.

불행하게도 게이나 레즈비언 모두 우리 사회의 주류집단으로 생활하지 못하고 소수집단으로서 2개 문화 병존 정체감(bicultural identity)을 형성한다. 동성애자들이 적응적 삶을 살 수 있기 위해서는 자신을 주류문화로부터 완전히 분리되어 고립된 생활을 한다고 생각하지도 말고, 동시에 동성애에 대한 주류집단의 편견이나 견해를 전적으로 수용하지도 않는 것이 가장 바람직하다.

2) 성　병

문란한 성은 성병 감염을 증가시킨다. 성병은 한때 STD(sexually transmitted disease) 혹은 VD(venereal disease)라고도 불리기도 하였으나 최근에는 STI(sexually transmitted infections)로 명명된다.

성병은 박테리아에 의한 감염과 바이러스에 의한 감염으로 구분될 수 있다. 대표적인 성병인 임질, 매독, 클라미디아는 박테리아에 의해 그리고 음부헤르페스와 AIDS는 바이러스에 의해 감염된다. 표 4-1에 각종 성병의 원인과 증상 및 처치방법이 정리되어 있다.

여러 가지 성병 중에서도 AIDS만큼 지난 수십 년간 인간의 성행동에 영향을 주고 대중적 공포를 불러일으킨 질환도 없다. 인체 면역결핍 바이러스인 HIV(human immunodeficiency virus)에 감염되면 정상적 면역체계가 방어

표 4-1 성병의 원인과 증상 및 처치

성 병	원인과 증상	처치방법
임 질	임균 박테리아에 의해 감염되며 신체의 각종 점막을 통해 전염된다. 임질에 감염된 남성은 성기에 통증을 느끼고 소변시에도 통증으로 고통을 겪는다. 그러나 남성의 10%와 여성의 90%는 자각증상이 없다. 성교시 콘돔을 사용하면 예방될 수 있으며, 방치하면 불임이 될 수 있다.	페니실린과 다른 항생제
매 독	매독 트레포네마(Treponema pallidum)라는 박테리아에 의해 감염되며 매독 환자와의 성교나 입맞춤 혹은 모체로부터 태아에게 전염된다. 감염되면 외부생식기, 질 혹은 항문에 종기가 돋아나며 조금 시간이 지나면 손바닥과 발바닥까지 피부 발진이 돋는다. 치료하지 않으면 결국 마비나 사망을 초래한다. 콘돔의 사용으로 예방될 수 없다.	페니실린
클라미디아	클라미디아 트라코마티스(Chlamydia trachomatis)라는 박테리아에 의해 감염되며 비임균성 요도염을 일으킨다. 성적 접촉으로 전파되며 임질과 유사한 증상을 나타내고 임질과 함께 나타나기도 한다. 여성은 자각증상이 없고 남성도 가벼운 증상만을 나타내므로 대부분 방치된다. 감염된 여성들은 불임이 되기 쉽다.	항생제
음부 헤르페스	헤르페스 단순 바이러스 유형 1과 2에 의해 감염된다. 감염되면 남녀 모두 생식기 여러 부위에 수포가 돋는다. 극심한 아픔과 통증을 동반하지만 완치되지는 않는다. 감염자가 피로하거나 스트레스 혹은 질병으로 저항력이 떨어질 때 재발한다. 분만시에 태아에게도 감염시킬 수 있으며 감염확률은 40-60%이다. 여성은 불임이 되기 쉽다.	치료방법이 없으나 항바이러스 약물에 의해 발진기간이 단축될 수 있다.
AIDS	신체의 면역체계를 파괴하는 에이즈 바이러스(HIV)에 의해 감염된다. 정액과 혈액으로 전염되며 모체에서 태아로 전달되거나 감염된 모유에 의해 어린 아기가 감염되기도 한다. 흔한 증상은 고열, 식은땀, 체중감소, 만성피로 및 림프절의 부종 등이 있다.	치료방법은 아직 없지만 HIV 감염에서 AIDS 발병까지의 진행기간을 연장시키는 새로운 처치법이 있다.

할 수 있는 병원균조차도 막아낼 수 없기 때문에 AIDS를 일으킨다. AIDS 환자의 약 25%는 5년 내에 합병증을 일으키고 심한 경우 사망한다.

unit Ⅱ 성인중기의 신체변화

청년초기에 나타나는 급격한 신체성장이나 노년기의 급격한 신체적 쇠퇴와는 대조적으로 성인중기 동안의 신체변화는 대단히 점진적으로 이루어진다. 이 시기 동안 모든 사람들이 노화에 기인한 신체적 변화를 경험하기는 하지만, 노화의 속도는 사람마다 다르다. 50대에 이르면 노화에 따른 신체변화들이 눈에 띄게 현저해진다. 성인중기와 그 이후에 만성질환으로 고통을 겪을 것인지 아닌지는 전적으로 개인의 유전적 특성과 생활양식 요인 양자에 달려 있다.

1. 외모의 변화

1) 신장과 체중

앞에서 이미 언급한 것처럼 성인중기 동안 신장이 감소하고 체중이 증가한다. 신장의 감소는 처음에는 척추 사이의 디스크가 오그라들기 때문에 일어나지만 이후에는 척추 자체가 줄어드는 데 기인한다. 그에 따라 팔과 다리의 길이는 그대로 유지되는 데도 몸통은 점점 더 짧아지는 전형적인 중년의 모습이 나타난다.

체중은 보통 30, 40대 초기에는 증가하지만 이후에는 약 10파운드 정도 감소하였다가 다시 증가하는 역전된 U자 형태를 나타낸다. 체중감소의 이유는 신체의 지방 저장소들이 이동하여 이전의 근육을 대신하기 때문이다. 50세 이후에 이르면 얼굴, 다리, 하완(下腕: 팔의 하부)의 지방은 감소하고, 상완(上腕: 팔의 상부)과 넓적다리, 복부 및 엉덩이의 지방은 증가한다. 청년기 동안에는 체중의 약 10%가 지방이었으나 중년기에는 체중의 20% 이상이 지방으로 구성된다.

성인중기의 건강을 위협하는 가장 중요한 요인은 비만이다. 비만은 이 시기 사망률 증가의 중요한 원인으로 고혈압이나 심장질환을 앓을 가능성을 증가시킨다. 그러나 규칙적으로 운동하고 식이요법을 실시하면, 근육의 상실이나 지방의 증가를 막을 수 있으므로 체중 변화를 예방할 수 있다.

2) 피부와 머리카락

개인에 따라 다소 차이가 있기는 하지만, 40세 혹은 50세에 피부는 주름지고 늘어지기 시작한다. 주름은 피부 밑에 있는 지방층과 콜라겐(collagan)의 상실로 일어나며 피부 자체의 탄력성 감소도 주름의 생성에 기여한다. 주름과 함께 얼굴이나 손등에는 멜라닌 색소가 침착(沈着)되어 노화반점(aging spots)이 생겨난다.

피부변화의 일차적 원인은 노화 때문이지만, 햇볕에의 노출은 피부노화를 촉진시킨다. 흐린 날에도 자외선은 여전히 존재하므로 햇볕차단제를 사용해야함은 물론 인위적으로 피부를 태우는 것 역시 피부건강을 위협한다. 흡연 또한 햇볕에의 노출과 마찬가지로 피부에 과도한 주름을 생성하고 피부암의 발병위험을 증가시킨다.

50-60대에 이르면 머리카락은 재생능력의 저하와 멜라닌 색소의 감소로 점점 더 가늘어지고 흰색으로 변하기 시작한다. 여성들 중에서는 많지 않으나 많은 남성들은 대머리가 된다. 60대 남성들의 머리 상부에는 한 올의 머리카락도 남아 있지 않는 경우가 많으며 이를 감추기 위해 모자를 쓰는 남성들이 늘어난다. 머리카락의 상실은 유전의 영향을 받지만, 보잘것없는 영양과 당뇨병같은 질병 그리고 우울증이나 고혈압, 암 혹은 관절염을 치료하기 위한 약물 등에 의해 일어나기도 한다.

노인이나 젊은 여성들보다 얼굴에 더 많은 관심을 갖는 중년 여성들은 노화의 증후들이 그들의 외모에 부정적 영향을 준다고 생각하고 젊음을 유지할 수 있는 다양한 방법을 모색한다. 그들은 노화의 표시들을 감추거나 개선시키기 위해 고가의 화장품을 구입하고 피부관리에 몰두하며 성형수술을 시도하는가 하면 머리카락을 염색하고 가발을 구입하기도 한다. 대머리가 심한 남성들 중에는 머리카락 이식수술을 받는 사람도 있다.

2. 감각기관의 변화

노화가 진행됨에 따라 시각능력은 점차 저하된다. 눈의 수정체는 점차적으로 두꺼워지고 황색화(yellowing)하며 감소된 빛에 반응하는 동공의 능력도 저하된다. 그에 따라 수정체의 탄력성은 감소하고 망막에 도달하는 빛의 양은 줄어든다.

탄력성 감소는 사물에 초점을 맞추고 망막에 상을 유지하는 조절능력의 저하를 가져온다. 조절능력의 감소는 40세와 59세 사이에 가장 급격하게 일어나므로 중년기 성인들은 가까운 물체를 잘 보지 못하게 된다. 또한 망막에 도달하는 빛의 양이 감소하므로 시각정확도(visual acuity)도 점차적으로 감소한다. 60세경의 망막은 20대에 경험한 빛의 양의 단지 30% 정도만 경험할 수 있을 뿐이다.

노화에 관한 볼티모어 연구(Baltimore Study of Aging) 결과에 의하면, 20세와 80세 사이의 매 10년마다 시각정확도에서 급격한 감소가 일어난다(Woodruff-Pak, 1997). 특히 조절능력의 감소는 성인중기와 후기의 전반적인 시각정확도를 감소시킨다. 감소된 시각정확도와 가까운 물체를 잘 보지 못하는 원시안 때문에 거의 모든 성인중기 성인들은 안경이나 콘텍트 렌즈를 착용하지 않으면 안 된다.

40세 이후부터 청력 감퇴도 크게 일어나며, 높은 소리에 대한 민감성이 큰 폭으로 감소한다. 그러나 성인중기 동안에도 낮은 소리를 듣는 능력은 감퇴하지 않는다. 남성들은 여성들보다 직장에서 시끄러운 소리에 더 많이 노출되므로(광부, 자동차 관련 직업 등), 높은 소리에 대한 민감성을 더 일찍 상실한다(Fozard & Gordon-Salant, 2001).

3. 근육, 관절, 뼈의 변화

근육조직의 상실은 50세 이후부터 급격하게 일어난다(Fiatarone & Evans, 1993). 노화에 기인한 근육의 상실은 신체적 힘의 감소를 초래하고 특히 등과 다리근육의 힘이 크게 감소한다. 35세부터 60세까지 최대 근력강도의 10-15%를 상실한다. 서울대학교 체력과학노화연구소의 종단적 관찰에 의하면(조선일보 2003년 7월 4일자), 한국 여성들은 40대에 근력이 쇠퇴하기 시작하는 반면, 남성들은 50대에 이르러 근육의 감퇴가 급격하게 일어나는 차이를 나타낸다. 남녀 모두 50세경에 이르면 처음으로 턱이 늘어지고 배가 나오기 시작한다.

성인중기 동안 뼈의 움직임을 위해 쿠션의 역할을 하는 힘줄과 인대의 효율성도 감소하기 때문에, 관절이 뻣뻣해져 움직일 때 어려움을 느낀다. 25세와 35세 사이에 최대치에 도달했던 뼈의 밀도도 점차 감소하기 시작하며 50대에 이르러서는 감소비율이 가속화한다(Whitbourne, 2001).

또한 남녀 모두 30대 후반부터 팔과 다리뼈의 골수(혈액 세포를 만드는)는 사라지고 몸통뼈에만 골수가 모이게 된다. 동시에 뼈에서 칼슘이 빠져나가기 시작하여 뼈 속에 작은 구멍이 생기므로 뼈의 무게가 감소하고 부러지기 쉬워진다. 원래 여성들의 뼈는 남성들보다 더 작고 더 적은 양의 칼슘을 포함하기 때문에, 뼈의 감소는 남성들보다 여성들 사이에서 더 크게 일어난다.

50세 이상 여성들의 50%와 70세 이상 여성들의 거의 전부가 뼈에서 칼슘이 빠져나가 작은 구멍이 생기는 골다공증(osteoporosis)으로 고생한다. 골다공증에 기인한 가장 큰 문제는 미끄러지거나 넘어져서 뼈가 부러지면 치료되기 어렵다는 것이다. 더욱이 잘 보이지 않는 시력과 감소된 균형감각으로 넘어지는 일이 많아지기 때문에 골다공증으로 고생하는 노인들은 심각한 상처를 입고 독립적인 생활이 불가능해지며 심지어 사망하기까지 한다. 50세 이후의 골절상은 보통 손목과 골반뼈에서 자주 일어난다.

여성들은 폐경기 동안 뼈의 밀도를 크게 상실한다. 연구자들은 골다공증에 미치는 에스트로겐의 역할을 연구하고 뼈의 밀도가 저하되는 것을 막기 위하여 여성 호르몬을 주입하는 호르몬 대체요법(hormone replacement therapy)을 추천한다. 그 이유는 대표적인 여성 호르몬인 에스트로겐이 성장 호르몬과 뼈-관련 호르몬의 생성을 촉진시키기 때문이다.

뼈를 강하게 유지할 수 있기 위해서는 칼슘도 필요하지만 효과적인 칼슘 흡수를 위해 비타민 D를 섭취하지 않으면 안 된다. 최근의 연구들은 뼈의 밀도는 비타민 D의 흡수에 영향을 주는 유전자와 관련되어 있다고 주장한다. 어떤 여성이 두 개의 열성유전자로 구성된 비타민 D 흡수관련 유전자를 가지고 있다고 가정해 보자. 그 여성은 청년기 동안 더 낮은 밀도의 뼈를 가질 것

표 4-2 골다공증의 위험요인들

요 인	위 험
연 령	남녀 모두 연령과 함께 뼈의 밀도가 감소하나 여성들은 폐경기에 급격한 감소를 경험한다.
성 별	여성들은 남성들보다 더 적은 뼈의 밀도를 가지고 있으며, 폐경기에 이르면 남성들보다 더 빠르게 뼈의 밀도를 상실한다. 더욱이 여성들은 남성들보다 더 오래 생존하기 때문에 골다공증으로 고생할 가능성이 더 많다.
인 종	백인과 아시아계 미국인들이 아프리카계 미국인들보다 골다공증 위험성이 더 크다.
폐경상태	폐경후 여성들이 훨씬 더 큰 위험에 처한다. 에스트로겐 대체요법은 골다공증 위험을 유의하게 감소시킨다.
체 중	키에 비해 가벼운 여성들이 더 큰 위험을 갖는다.
폐경시기	폐경이 빠른 여성들 혹은 수술로 난소를 제거한 여성들이 더 높은 위험에 처한다.
유 전	비타민 D의 흡수능력에 영향을 주는 유전자가 존재하기 때문에 골다공증 환자가 있는 가계의 사람들이 더 큰 위험에 노출된다.
식 사	칼슘은 적고 카페인은 많은 식사가 더 큰 위험을 초래한다.
운 동	운동을 많이 할수록 골다공증의 위험은 감소한다.
생활양식	흡연자들이 비흡연자들보다 골다공증의 더 큰 위험을 갖는다.

출처: Morrison 등, 1994; Murray 등, 1996.

이고 폐경기에 이르면 뼈의 밀도를 더 많이 상실하게 되어 골다공증의 위험이 커질 것으로 추정된다(Phillips, 2003). 칼슘과 비타민 D 외에도 골다공증을 일으키는 위험요인들을 정리하면 표 4-2와 같다.

4. 심혈관 및 호흡기의 변화

성인중기 동안 심혈관계에도 변화가 일어나므로 그림 4-3에 제시된 바와 같이 심혈관질환이 크게 증가한다. 이 시기에 혈관 내에는 지방 찌꺼기(fatty deposits)와 상처 조직들이 서서히 축적되어 심장과 뇌를 포함한 여러 기관으로 흘러가는 혈액의 흐름을 방해한다. 청년기에 지방질이 많은 음식을 선호하고 과체중일 때, 이후에 혈관계 질환으로 고생할 가능성이 많다(Birren, 2002).

40,50대에 혈압도 상승한다(Siegler 등, 1999). 폐경기에 이르면, 여성들의

그림 4-3 성별과 연령에 따른 심혈관질환의 변화율

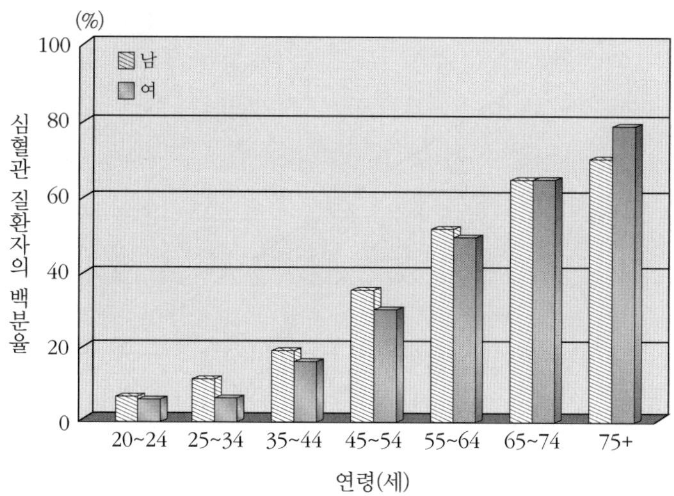

출처: Santrock, 2010.

혈압은 급격히 상승하고 이후 남성들보다 더 높은 혈압을 유지한다. 운동과 체중조절 및 과일, 야채, 곡물위주의 식사는 성인중기의 많은 혈관계 질환을 예방할 수 있도록 한다.

폐용량은 성인중기 동안에도 크게 감소하지 않는다. 그러나 55세경에 이르면 폐조직 내에 있는 단백질의 탄력성 감소로 혈관 속으로 산소를 운반하는 폐의 능력이 저하된다. 그림 4-4는 최대 산소흡입량(VO_2max)의 연령에 따른 변화를 보여 준다. 20세를 정점으로 산소흡입량이 급격히 감소하고 있음은 물론 활동적인 사람의 산소흡입량과 움직이는 것을 싫어하는 사람의 산소흡입량의 변화에서 현저한 차이가 있음을 확인할 수 있다.

활동성/비활동성 외에도 흡연 여부는 개인의 폐용량에 큰 영향을 미친다. 흡연하는 사람의 폐용량은 중년기 동안 더 급격하게 감소한다. 물론 금연하면 폐용량은 증가될 수 있지만, 비흡연자의 수준에는 미치지 못한다.

그림 4-4 활동적인 사람과 비활동적인 사람의 최대 산소흡입량(VO_2max)의 연령에 따른 변화

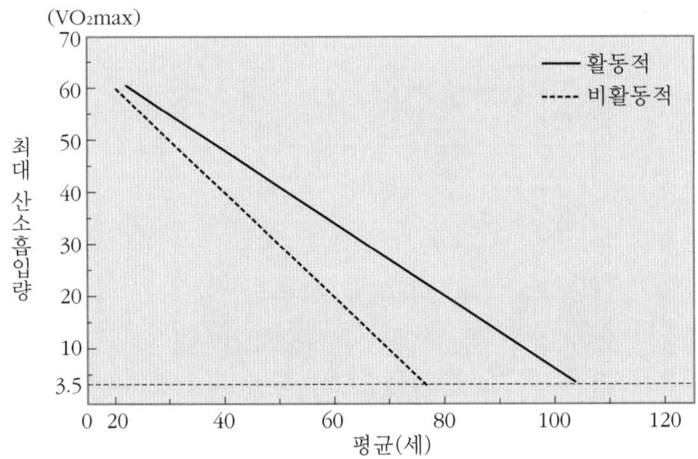

3.5는 생명유지에 필요한 최저 산소흡입량이다.

출처: Larson & Bruce, 1997.

5. 신경계의 변화

몇 년 전까지만 하더라도 성인기 동안 하루에 약 10만 개 정도의 뉴런이 상실된다고 생각되었다. 그러나 새로운 과학기술에 의해 일차적 노화에 의한 뉴런의 상실은 예상한 것보다 훨씬 더 적다는 것이 확인되고 있다(Nelson, 2008). 놀랍게도 뉴런의 상실은 특정 영역에 한정되고, 개인마다 뉴런의 상실에서 상당한 차이가 있을 뿐 아니라 뉴런의 기능이 개선되기도 한다는 것이다.

일차적 노화에 기인한 가장 분명한 효과는 뉴런과 뉴런 간의 정보의 전달이 늦어지는 것이며, 행동적 수준에서는 반응시간(reaction time: 자극의 제시와 반응 사이의 시간)의 증가로 나타난다. 반응시간의 증가는 성인중기에 시작되고 성인후기에 가속화하며(Birren, 2002), 그것은 지적 수행은 물론 신체적 협응을 손상시킨다.

노화에 관한 볼티모어 종단연구도 과제가 복잡할수록 노화와 함께 반응시간은 더 느려지고, 또한 더 많은 오류를 범한다고 보고하였다(Fozard 등, 1994). 언뜻 보면 노인들이 정확한 대답을 하기 위하여 반응시간이 길어진다고 생각할 수 있으나 반응시간의 증가와 함께 정확성도 동시에 감소하기 때문에, 오답과 느린 반응의 조합은 노화의 전형적 특성이라고 볼 수 있다.

비록 대부분의 뉴런들이 더 이상 분열할 수 없게 된다고 할지라도, 신경계는 전생애 동안 가소성(plasticity)을 지니기 때문에 수상돌기(dendrites)들이 뻗어나와 다른 뉴런과 새로운 연결을 만들 수 있다. 건강한 중년성인과 노인 및 알츠하이머 병에 걸린 노인의 대뇌를 검시(檢屍)한 결과(Coleman & Flood, 1987), 건강한 노인들의 대뇌에서 뉴런의 상실과 함께 주변의 수상돌기들이 새롭게 뻗어나와 다른 뉴런과 연결되고 있음이 확인되었다. 그러나 알츠하이머 병에 걸린 노인에서는 수상돌기의 성장 징후가 발견되지 않았다.

특히 규칙적인 신체활동이나 운동은 성인후기 동안에도 대뇌의 신경세포를 유지하게 한다. 그 예로서 신체활동을 많이 하는 노인들은 더 빠른 반응시간과 인지기능 및 기억기능을 지니고 특히 강도 높은 에어로빅은 보다 큰 해마(hippocampus)를 갖게 하여 기억기능을 개선시켰다(Erickson 등, 2009).

6. 면역체계의 변화

면역체계는 두 가지 방식으로 인체를 보호한다. 즉 B세포와 T세포이다. B세포는 뼈의 골수에서 만들어지고 바이러스나 다른 감염물질에 반응하는 항체(antibody)를 생성한다. 대조적으로 T세포는 흉선(thymus gland)에서 생성되고 박테리아나 타인으로부터 이식받은 조직과 같은 유해한 세포를 거부하거나 소멸시키는 역할을 한다.

노화와 함께 흉선의 크기와 무게가 극적으로 감소하여 45–50세의 중년 성인들은 사춘기 때 흉선무게의 단지 10%를 지니고 있을 뿐이다(Burns & Goodwin, 1997). 이처럼 작아지고 기능이 저하된 흉선은 미성숙한 T세포를 완전한 성인세포로 효과적으로 전환시키지 못한다. 또한 성인들은 아동이나 10대 청소년들보다 더 적은 양의 항체를 생산하며 T세포는 부분적으로 낯선 세포를 인지할 수 있는 능력을 상실함으로써 질병에 걸릴 위험성을 증가시킨다.

영양부족 특히 단백질 부족은 T세포의 수를 감소시키는 반면(Hughes 등, 2009), 운동은 면역체계의 기능을 개선시킨다(Sakamoto 등, 2009). 또한 심리적 스트레스나 우울증도 면역력 감소에 기여하며, 특히 배우자와 사별한 성인들은 면역체계 기능에서 급격한 감소를 경험한다(Irwin & Pike, 1993).

최근에는 면역기능을 개선시킬 수 있는 영양 보충물에 관심을 갖는다. 특히 비타민 E가 면역기능을 개선시킬 수 있다는 결과들이 제시되면서 모든 음식물을 골고루 섭취해야만 면역기능이 유지될 수 있다는 오래된 신념이 무너지는 추세에 있다. 어떤 사람은 영양 보충물을 섭취하는 것이 병원에서 치료받는 비용보다 더 저렴하다고 주장하기도 한다.

7. 내분비계의 변화

남녀 모두 성인중기 동안 내분비 체계에서 변화를 경험한다. 가장 두드러진 변화는 생식능력의 상실을 의미하는 갱년기 경험이다. 갱년기는 남성에서는 성인중기와 후기에 걸쳐 점진적으로 나타나는 반면, 여성들은 40대 혹은 50대 초반에 보다 갑작스럽게 나타난다.

1) 남성의 갱년기

남성의 정자 생산능력은 40세를 정점으로 감소하기 시작하지만 점진적으로 진행되므로 80세에 자녀를 출산하였다는 남성도 있다. 고환은 점차적으로 감소하고 60세 이후에는 정액의 양도 감소하기 시작한다. 성인초기부터 시작되는 이러한 변화는 고환에서 분비되는 주된 남성 호르몬인 테스토스테론의 점진적 감소에 기인한다. 남성 호르몬 수준의 감소는 근육양과 성적 욕구, 식욕, 수염, 뼈의 무게 및 적혈구 세포의 감소와 연결되고 체지방의 증가와 관련된다(Johnson 등, 1997).

생식능력에서의 감소와 함께 성인중기의 남성들은 성적 반응에서도 감소를 경험한다. 40세부터 65세 사이 남성의 약 5%와 65세 이상의 남성 25%가 발기부전을 경험한다. 발기부전은 노화 외에도 심혈관질환, 당뇨병, 과도한 알코올과 약물 섭취, 흡연 등 여러 가지 원인으로 일어나지만, 그 원인은 성적 각성 동안 대뇌에서 방출되는 사이클릭 GMP(호르몬 작용의 발현을 매개하는 물질)의 부족에 있다.

사이클릭 GMP는 정상적으로는 흘러나가야 하는 혈액을 막기 위하여 음경의 혈관을 닫는 역할을 한다. 사이클릭 GMP에 의해 음경에는 혈액 공급이 증가되고 조직이 충혈됨으로써 발기가 가능해진다. 최근에 사이클릭 GMP의 효과를 극대화하기 위한 여러 가지 약물들이 개발되었고 그 중의 하나가 비아그라(Viagra)이다.

2) 여성의 갱년기

여성들은 성인중기 동안 월경주기가 점진적으로 끝나면서 생식능력의 종결을 신호하는 폐경기(menopause)를 경험한다. 우리는 자주 여성의 폐경기와 갱년기를 동일한 개념으로 생각하기도 하지만, 갱년기와 폐경기는 엄연히 다른 개념이다.

여성들의 갱년기는 폐경전 생식이 가능한 상태에서부터 폐경후 생식능력이 상실된 상태로 변화되는 시기 전체를 의미한다. 다시 말하면 난포 호르몬의 분비감소는 물론 배란과 월경 등의 생리현상이 불규칙해지는 내분비적 혼란시기로부터 폐경이 되어 생식능력을 상실한 후 다시 안정을 찾을 때까지의 기간을 말한다. 대조적으로 폐경기는 월경이 최종적으로 정지된 시기를 의미하기 때문에, 시간적으로 갱년기의 중간에 해당하는 시기이다. 한국 여성의 갱년기는 평균 폐경연령인 48세를 전후하여 5-10년의 기간에 해당한다(대한 폐경학회, 1994).

폐경의 주된 원인은 난소에서 분비되는 핵심 여성호로몬인 에스트로겐(estrogen)을 생성하지 못하는 데 기인한다. 여성 호르몬의 분비가 감소하면, 여성의 월경주기는 점점 불규칙해지고 결국 월경은 종결된다. 폐경이 늦어지면 여성 호르몬의 분비가 계속되므로 유방암 발병위험은 오히려 증가한다(Mishra 등, 2009).

남성들과 동일하게 호르몬 변화들은 여성들의 생식능력은 물론 생식기관에 변화를 일으킨다. 우선 생식기와 유방에서 일부 조직의 상실이 일어나고 유방조직의 밀도가 감소하여 딱딱해진다. 또한 난자와 자궁은 더 작아지고, 질도 더 짧아지고 작아진다. 동시에 질은 얇아지고 탄력성도 감소하며 성적 자극에 반응하여 생성되는 윤활물질의 양도 감소하므로 성적 민감성도 감소한다.

폐경기는 때로 얼굴이 화끈 달아오르는 열감(hot flush), 두통, 메스꺼움, 현기증, 골반통, 유방통증 및 호흡장애나 헐떡거림 같은 신체적 증상을 야기시킨다. 특히 짧은 순간 갑자기 체온이 상승하는 열감은 보통 얼굴에서 시작하여 목과 가슴으로 번져가며 피부의 달아오름과 땀이 흐르는 증상을 동반한다.

열감 증상은 보통 약 1년 정도 계속되지만, 폐경기 여성들의 1/3 가량은 5년 혹은 그 이상 고통을 겪기도 한다. 문제는 심각하고 빈번하게 발생하는 열감 증상으로 정상적인 수면이 방해를 받고 낮 동안 일을 하기 어렵게 된다는 것이다. 아직까지 열감의 원인은 규명되지 않았으나 대뇌의 신경전달물질과 천연 마취제 수준의 변화에 그 원인이 있을 것으로 추정된다(Bellatoni & Blackman, 1996).

한때 폐경기 여성들은 우울이나 불안, 무가치감과 같은 심리적 문제로 어려움을 겪는다고 생각되었으나 최근에 와서 대부분의 여성들은 그렇지 않다는 연구결과들이 보고되고 있다. 40-60세 여성 3,049명을 대상으로 10년간 수행된 부쉬와 그 동료들(Busch 등, 1994)의 연구에서, 폐경전 여성, 폐경진행중의 여성, 폐경후 여성(수술한 여성과 자연적 폐경을 경험한 여성으로 구분됨)들을 비교한 결과 우울증이나 안녕감 혹은 수면문제에서 어떤 차이도 발견되지 않았다. 분명한 사실은 단지 소수의 여성들만이 폐경과 관련된 불유쾌한 신체적 증상을 경험하고, 또한 이 여성들 10명 중 1명만이 이러한 신체적 증상들의 결과로 우울증이나 신경과민을 경험한다는 것이다.

폐경기 증상을 완화시킬 수 있는 효과적인 방법으로 에스트로겐과 프로제스테론을 보충하는 호르몬 대체요법(Hormone Replacement Therapy: HRT)이 광범위하게 활용되고 있다. 그러나 HRT가 심혈관질환이나 치매 혹은 유방암 발병 위험을 증가시킨다는 보고도 있어(Dobson, 2009; Toh 등, 2010), 대안적 방법을 찾는 여성들이 증가하고 있다.

이제 많은 여성들은 HRT 대신에 비타민 E를 1일 400-800IU를 섭취하거나 비스테로이드계 약물을 복용하고, 이완요법과 지압요법을 사용하거나 규칙적으로 운동함으로써 폐경기 증상을 완화시키려고 한다(Gosden, 2007). 물론 과도한 정서적 동요나 술, 카페인 및 뜨거운 음료 등은 폐경기 증상을 오히려 악화시키므로 금하는 것이 바람직하다.

unit Ⅲ 성인후기의 신체변화

1. 외모와 움직임

성인후기에 이르면 그 동안 진행되어 온 주름과 노화반점은 더 깊어지고 더 많아진다. 키도 작아져서 자그마한 노인으로 변화한다. 성인중기와 후기 동안의 신장의 감소는 척추에서의 뼈의 상실에 기인하지만, 감소의 정도는 개인에 따라 큰 차이를 보인다.

60세 이후부터 근육이 감소하기 때문에 체중도 감소한다. 25세의 젊은이는 근육 : 지방 : 뼈의 비율이 30 : 20 : 10의 비율이었으나 75세 노인은 15 : 40 : 8의 비율을 나타낸다. 물론 성인후기 동안에도 운동은 근육양의 감소를 막고 젊은 날의 외모를 어느 정도 유지할 수 있도록 한다.

행동둔화(behavioral slowing)에 의해 노인들의 발걸음은 느려지고 이동할 때 여러 가지 어려움이 초래된다. 즉 한 장소에서 다른 장소로 이동할 때 더 많은 시간을 필요로 하고 물체를 잡거나 정해진 장소에 도달하는 능력도 저조하여 자주 물건을 떨어뜨리며, 식사시에 음식물을 흘리는 일도 많아진다.

행동둔화와 함께 균형감각과 이동감각의 감퇴는 넘어지는 일이 많아지게 한다. 65세 이상 노인들의 약 33%와 80세 이상 노인들의 약 50%가 적어도 1년에 한번 정도 낙상을 경험하며 낙상하는 노인들의 약 2%는 골반골절로 독립적 생활이 불가능해진다(Newton, 2003).

2. 감각기관의 변화

1) 시 각

성인초기나 중기에 시작된 시각에서의 감퇴가 보다 더 현저해진다. 번쩍이는 빛에 잘 견디지 못하므로 성인후기에 이르면 밤운전이 특히 어려워진다. 암순응 능력의 저하로 밝은 장소에서 어두운 장소로 이동할 때 시력을 회복하는 데 더 오랜 시간을 필요로 한다. 시각장(visual field)이 좁아지기 때문에 시각장 중심부에서 멀리 떨어져 있는 자극은 잘 감지하지 못하므로 시각장 외곽에 있는 자극의 강도는 더 강해야만 감지될 수 있다. 이와 같은 다양한 유형의 시각적 감퇴는 망막에 도달하는 빛의 질과 강도를 감소시키므로 노인들은 작은 글씨의 책을 읽을 수 없고 확대경이 없으면 생활하기 어렵다.

65세와 92세 사이의 노인 155명을 면접한 결과(Travis 등, 2004), 시각적 감퇴는 신문을 읽고 TV의 자막을 읽는 것을 방해하며, 수퍼마켓에서 물건을 살 때 상품설명서를 읽을 수 없게 하였다. 또한 가족과 친구를 방문하기 위한 운전이나 여행을 어렵게 하여 노인들을 우울하게 함으로써 저하된 시력과 우울증이 연결되어 있음을 확인시켜 주었다(Horowitz, 2004).

이 시기에 많이 나타나는 눈의 이상에는 백내장(cataracts)과 녹내장(glaucoma)이 있다. 백내장은 수정체가 혼탁해져서 물체가 흐릿하게 보이는 질환으로 심하면 실명할 수도 있다. 노화에 의한 백내장과 당뇨성 백내장, 외상성 백내장이 있으며 또 다른 유형의 선천성 백내장도 있다. 수술로 혼탁한 수정체를 제거하고 인공 수정체를 삽입하면 시력을 회복할 수 있다. 백내장 수술은 65세 이상의 노인들 사이에서 가장 흔하게 이루어지는 수술이라고 해도 과언이 아니다.

녹내장은 안압의 비정상적 상승에 의해 시신경 장애가 초래되는 질환으로, 환자의 동공이 약간 청록색으로 보인다고 하여 이런 명칭이 붙여졌다. 안압 상승의 원인 요인을 찾아내는 것이 무엇보다 중요하며 혈압과도 높은 상관이 있다. 즉 혈압이 올라가면 안압도 올라가기 때문에 혈압을 체크하는 것도 녹내장 예방을 위해 중요한 일이다. 특수 안약을 사용하여 녹내장을 치료할 수 있으나 적기에 치료하지 않으면 시신경의 손상으로 시력을 상실할 수 있다. 70대 노인의 1%와 90대 노인의 10%가 녹내장으로 고통을 겪는다.

2) 청　각

성인중기에 청력 손상이 시작되기는 하지만 성인후기까지 장애가 급속하게 증가하지는 않는다. 그러나 연령은 청력감퇴의 정도를 결정하는 중요한 요인으로 60세 이상의 성인들의 33%와 85세 이상 성인들의 50%가 청력문제를 경험한다(NIDOCD, 2010). 성인후기의 청력 문제의 대부분은 내이의 청각세포의 손상과 이도(耳道: 외이에서 고막까지의 좁은 통로)와 중이의 변성, 달팽이관(cochlea)의 청각세포 상실 및 청신경에서의 뉴런 상실에 그 원인이 있다(Fozard & Gordon-Salant, 2001).

청력 손상이 일어나면 먼저 고음을 잘 듣지 못하고 점차적으로 모든 주파수의 소리를 잘 들을 수 없게 된다. 또한 남성들이 여성들보다 더 일찍 그리고 더 빠르게 청력감퇴를 경험한다. 그 이유는 남성들이 여성들보다 직업적으로 청력을 손상시킬 수 있는 환경적 조건에 더 많이 노출되기 때문이다.

청력 손상 중에서도 언어 지각능력의 감퇴는 성인후기의 삶의 만족을 심각하게 훼손시킨다. 70세 이후부터 대화의 내용과 정서적 의미를 탐지하는 능력이 감퇴하기 때문에 노인들은 대화 상대자에게 적절하게 반응하지 못하는 일이 많아진다(Villaume 등, 1997). 주위의 가족들은 청력 손상을 입은 노인과 대화하기 위하여 큰 소리를 질러야 하고 그래도 알아듣지 못하는 일이 반복되면, 결국 노인은 사회적으로 고립될 수밖에 없다.

다행스럽게도 노인들은 얼굴 표정이나 제스처, 입술 움직임을 관찰함으로써 대화내용을 해석하는 데 도움을 얻을 수 있고 보청기 사용으로 청력 손상을 어느 정도 완화시킬 수 있으므로, 우리가 생각하는 것만큼 청력 손상으로 큰 고통을 겪지는 않는다. 보청기를 사용하는 노인과 대화를 해야 할 때, 보청기는 주위의 잡음까지도 증폭시키므로 주위환경을 조용하게 하는 것이 무엇보다 중요하다.

3) 후각, 미각, 촉각, 통각

성인후기 노인들의 대부분은 후각과 미각 중 하나 혹은 두 가지 모두를 상실한다(Murphy, 2009). 후각과 미각의 감소는 먹는 즐거움과 삶의 만족을 빼앗아간다. 더욱이 후각의 상실은 불이 나거나 물건이 타고 있어도 냄새를 감지하지 못하게 하므로 노인들을 위험에 그대로 노출시킨다.

보통 후각과 미각의 상실은 60세경부터 시작되지만, 건강하지 못한 노인들은 건강한 노인들보다 더 큰 감퇴를 경험한다. 또한 노인들은 그들의 감퇴된 후각과 미각을 보상하기 위하여 보다 더 자극적인 음식물을 선호하며, 이것은 결국 영양이 부족한 음식물을 섭취하도록 한다(Hoyer & Roodin, 2003).

노화와 함께 촉각도 감퇴한다. 보통 신체의 상부(손목, 어깨 등)보다 하부(무릎, 발목, 발)에서 더 많은 감퇴가 일어난다. 그러나 촉각 민감성의 감퇴는 다른 감각기관의 감퇴만큼 성인후기 노인들에게 큰 어려움을 주지는 않는다(Hoyer & Roodin, 2009).

통각 민감성도 감소하여 성인후기의 노인들은 동일한 상처나 외상에 대해 성인초기의 젊은이들만큼 큰 고통을 경험하지 않는다. 비록 통각에 대한 민감성의 감소가 성인후기의 질병이나 상해를 잘 견딜 수 있도록 하기는 하지만, 시급한 치료가 요구되는 질환이나 상처일 경우에는 치료시기를 놓쳐 생명을 위태롭게 할 수도 있다.

3. 순환계와 호흡기의 변화

심장이 한번에 분출하는 혈액의 양은 연령과 상관없이 동일하다. 적어도 심장질환이 없는 한, 연령증가와 함께 심장이 펌프질하는 혈액의 양이 감소하는 일은 없다. 60세의 성인이 160/90의 혈압을 지니고 있다면, 과거에는 "연령과 비교하여 정상"이라는 판정을 받았으나 이제는 심장질환이나 뇌졸중 혹은 신장질환의 위험을 초래하는 질병상태로 인식된다.

불행하게도 심혈관질환은 매우 흔하고 때로는 심각한 상태이다. 연령증가와 함께 심장은 비대해지고 심장박동 조절세포의 감소로 심장박동은 더 느려지며 혈액으로부터 산소를 추출하는 신체능력도 또한 감소한다. 그 결과 성인후기 동안 운동시의 최대 산소소모량도 남성 노인들은 약 10% 그리고 여성 노인들은 약 7.5% 감소한다(Aldwin & Gilmer, 2004).

동맥은 연령증가와 함께 점점 딱딱해지고 신체로 혈액을 보내기 위해 더 많은 힘을 필요로 하므로 혈압을 상승시킨다. 혈관경화 외에도 혈압상승은 질병이나 비만과 높은 상관이 있고 운동부족 혹은 심리적 불안과도 연결되어 있다. 물론 이러한 요인들이 오래 지속되면 지속될수록, 혈압이 높아질 가능성은 더 커진다. 심혈관의 건강을 위해 전문가들은 잘 먹고, 운동하고, 건강한 체중을 유지하고, 흡연하지 않는 외에도 수시로 혈압과 콜레스테롤 수준을 체크하라고 충고한다.

허파의 용량은 질병이 없을 때에도 20세와 80세 사이에 약 40% 감소한다(Fozard, 1992). 노화와 함께 허파는 탄력성을 잃고, 흉곽은 오그라들며 횡격막은 약해진다. 그러나 노인이라고 할지라도 횡격막-강화 운동(diaphragm-strengthening exercise)을 하면 허파기능을 개선시킬 수 있다. 특히 흡연은 허파기능을 심각하게 손상시키는 결정적 요인이다.

4. 면역체계의 변화

성인후기 동안, 면역체계의 노화에 의해 병원체를 공격하는 T세포들의 효능성이 감소하며, 그것들은 오히려 정상적 체세포를 공격할 가능성이 많아진다. 면역체계의 효능성 감소는 노인들이 감기와 같은 감염성 질환은 물론 심혈관질환, 류머티스성 관절염, 당뇨병 혹은 암과 같은 자기면역 장애에 걸릴 위험성을 증가시킨다.

그러나 면역체계의 기능에는 개인차가 있다. 어떤 노인들은 젊은이 같은 면역기능을 계속 유지하기도 한다. 그러나 대부분의 노인들은 기능의 부분적 상실에서 전반적 상실까지 면역기능의 저하를 경험한다(Pawelec 등, 1999). 면역체계의 강도는 노인들의 전반적인 신체적 힘이나 정력의 표시이기 때문에, 높은 T세포 활동과 같은 면역지표들은 노인들의 생존을 예언한다(Miller, 1996).

성인후기에 나타나는 면역기능의 손상은 유전적 결과이기는 하지만, 노화에 기인한 신체적 변화들이 면역기능의 저하를 촉진시킨다. 그 대표적인 예가 스트레스 호르몬의 증가이다. 스트레스가 많아지면 T세포의 기능이 저하됨에도 불구하고, 노화와 함께 자율신경계는 더 높은 수준의 스트레스 호르몬을 혈액 내에 방출한다. 그러므로 노화는 혈액 내에 스트레스 호르몬을 증가시키고 증가된 스트레스 호르몬은 T세포의 기능을 감소시켜 면역기능의 저하를 촉진시킨다.

그러나 건강한 식사와 적절한 운동은 노년기에서의 면역기능의 저하를 막을 수 있도록 하는 반면, 비만은 연령과 관련된 기능저하를 악화시키므로 노년기의 체중조절은 생존과 관련된 중요한 과업이다.

5. 수면의 변화

노인들의 25-35%가 불면증을 호소한다(Roberts 등, 1999). 노인들도 젊은 사람들과 같이 하루에 대략 7시간 정도의 수면을 필요로 하지만 노화와 함께, 점점 잠들기 어렵고 계속해서 잘 자지도 못하며 깊은 잠을 자는 것도 어려워진다. 남성들은 보통 30세 이후에 그리고 여성들은 50세 이후에 이러한 경향이 나타난다. 또한 취침시간도 변하여, 저녁에 더 일찍 잠을 자고 아침에는 더 일찍 일어나는 수면패턴을 보인다. 이와 같은 수면패턴의 변화는 수면을 통제하는 대뇌 구조의 변화와 중추신경계를 각성시키는 혈액 내의 스트레스 호르몬 수준의 증가에 기인한다(Whitbourne, 1996).

일반적으로 통증과 기침, 잦은 소변, 열감 등은 물론 사별에 기인한 우울이나 불안에 의해 노년기 수면은 방해를 받는다. 노인들은 밤에 잘 자지 못하기 때문에 낮 동안에 피로감을 느낀다. 그들은 모자라는 수면을 보충하기 위해 낮잠을 자지만, 낮잠 때문에 밤이 되면 오히려 잠들기 어렵다.

70-80세까지 남성들은 다음과 같은 이유로 여성들보다 더 많은 수면장애를 경험한다.

첫째, 전립선의 확장으로 요도가 수축되어 낮에는 물론 밤에도 소변을 더 자주 하게 된다.

둘째, 남성들은 10초 혹은 그 이상 동안 호흡을 멈추는 수면 무호흡(sleep apnea) 증상을 갖기 때문에 자주 잠을 깬다. 노인 남성들의 30-50%가 하룻밤에 수면 무호흡으로 20회 이상 잠에서 깬다.

셋째, 근육의 긴장이나 순환장애 혹은 대뇌의 운동영역에서의 연령관련적 변화에 의해 노인들은 수면중에 다리를 주기적으로 빠르게 움직인다. 이러한 다리의 움직임은 위험한 것은 아니지만 노인들의 수면을 방해한다.

일부의 노인들은 수면제를 복용하기도 하지만, 약물은 단지 일시적으로 불면증을 완화시킬 수 있을 뿐이다. 수면제의 장기 복용은 수면시 무호흡의 빈도와 강도를 증가시키고, 약물을 복용하지 않으면 점점 더 잠들 수 없게 됨으로써 더 심한 불면증을 초래한다. 규칙적인 수면시간과 기상시간 및 규칙적인 운동이 수면문제를 어느 정도 완화시킬 수 있다. 또한 식사를 하거나 책을 읽고 TV를 볼 수 있는 방과는 분리된 수면 전용의 방을 사용할 때 수면은 훨씬 더 용이하게 이루어질 수 있다.

6. 대뇌기능의 변화

성인중기부터 시작된 대뇌기능의 전반적 둔화는 성인후기 동안 더욱 증가하여 신체협응과 지적 수행능력을 저하시킨다. 70세 이후에 이르면 슬개건 반사를 보이지 않는 노인들이 많아지며 90세경에는 대부분의 반사들이 사라진다. 대뇌기능의 둔화는 특히 속도를 요하는 지능검사의 수행을 심각하게 손상시킨다.

대뇌영상 기술의 발달은 노인들이 젊은이들보다 정보의 인출 동안 전두엽 피질에서 더 느린 정보처리가 이루어진다는 것을 확인할 수 있도록 하였다. 또한 알츠하이머 병과 같은 대뇌조직의 변화에 기인한 장애를 이해가능하게 하였고, 노화에 의한 전형적인 신경학적 변화들도 탐지될 수 있도록 하였다(Rypma 등, 2007). 그에 따라 대뇌의 회백질*과 백질* 모두 연령증가와 함께 감소하고 노화는 대뇌의 전두엽과 측두엽의 신경세포에 가장 큰 영향을 미친다는 것이 확인될 수 있었다(Kensinger & Corkin, 2003).

*회백질 대뇌의 세포조직이 회백색을 띠는 부위로 신경세포와 수상돌기 및 무수신경돌기로 구성되어 있으므로 뇌로 들어오는 정보를 받아들이는 대뇌부위이다.

*백질 대뇌의 세포조직이 백색을 띠는 부위로 축색과 수초로 구성되어 있으며 뇌에 들어온 정보를 뇌의 다른 영역으로 보내거나 재구성한다.

또한 노화에 의해 70대 이후에는 아세틸콜린(acetylcholine)과 도파민(dopamine) 그리고 GABA(gamma-aminobutyric acid)를 포함한 신경전달물질의 생성이 감소된다는 것도 확인되었다(Lester 등, 2010). 이러한 신경전달물질 중 아세틸콜린의 감소는 기억기능에서의 감소와 관련되고 도파민의 감소는 운동활동의 계획과 수행에 문제를 일으키며 GABA의 감소는 하나의 뉴런에서 다른 뉴런으로 전달되는 신호의 정확도를 통제하는 기능을 약화시킨다.

1) 대뇌 측화의 감소

측화(lateralization)란 대뇌의 좌 · 우반구의 기능의 전문화를 의미한다. 즉 두 개의 반구가 수행하는 기능은 서로 달라서 각기 전문화된 정보처리 분야를 갖는다는 것이다. 예를 들면 언어능력과 수리능력 및 긍정적 정서는 좌반구에 의해 그리고 공간능력과 예술적 재능 및 부정적 정서와 관련된 정보는 우반구에 의해 처리됨으로써 두 개의 반구는 기능에서 차이를 보인다.

대뇌 영상기술의 발달로 성인초기 성인들과 성인후기 노인들의 인지과제 수행을 비교했을 때, 노인들의 전전두엽(prefrontal) 피질이 덜 측화되어 있음이 발견되었다. 그림 4-5에 제시된 바와 같이, 재인*과제가 주어지면 성인초기 성인들은 주로 우반구에서 정보를 처리하는 반면, 노인들은 좌우반구 모두를 사용함으로써 좌우반구의 기능이 전문화되어 있지 않음을 나타내었다(Craik, 2003).

*재인 어떤 자극이 이전에 경험한 것과 동일하거나 유사하다는 것을 인지하는 능력(제 5장 참조)

그림 4-5 대뇌 측화의 감소

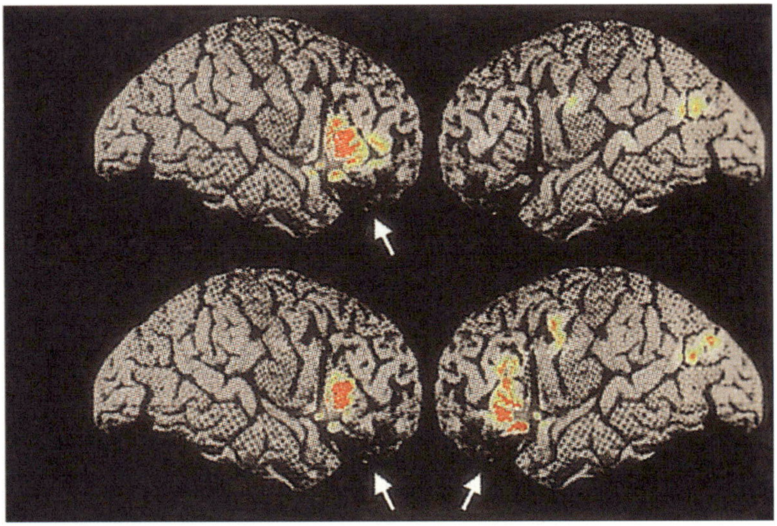

위의 그림은 성인초기 성인들의 좌우반구 전두엽 피질이고 아래의 그림은 노인들의 동일한 대뇌 부위이다.

출처: Santrock, 2004.

성인후기에 나타나는 측화의 감소는 노화하는 뇌를 보상하는 메커니즘으로 두 개의 반구를 모두 사용함으로써 인지기능을 개선시키는 역할을 할 것으로 추정된다. 체리와 그 동료들(Cherry 등, 2005)의 연구에서도 두 개의 반구를 모두 사용하는 성인들이 단지 하나의 반구만을 사용하는 성인들보다 작업기억 과제를 더 빨리 수행한다는 것이 밝혀짐으로써 측화의 감소는 보상 메커니즘의 일환이라는 주장을 뒷받침한다.

그러나 모든 성인후기 노인들이 측화의 감소를 경험하는 것은 아니다. 성공적인 사업가로서 적극적인 생활양식을 유지하고 열심히 운동하며 인지적으로 복잡한 과제를 수행하는 사람은 80세에도 측화의 감소는 일어나지 않았다. 그러한 사람들의 뇌는 대부분의 젊은이들처럼 여전히 좌반구가 우세하게 활성화되고 있었다(Helman, 2008). 따라서 일부의 연구자들은 측화의 감소가 단순히 노화의 부산물이며 기능을 전문화하는 대뇌능력의 감퇴를 보여 줄 뿐이라고 주장한다.

2) 뉴런의 변화

연령증가와 함께 대뇌기능의 일부가 상실되기는 하지만, 성인후기까지도 대뇌는 놀라운 회복능력을 지니고 있음이 확인되고 있다(Anderton, 2002). 40세부터 70세까지 대뇌의 수상돌기가 증가하여 상실된 뉴런의 기능을 대체한다. 그러나 90세경에 이르면 수상돌기의 성장은 더 이상 일어나지 않는다.

흥미롭게도 동일한 과제를 수행하는 젊은 성인과 노인을 비교한 스탠리 라파포트(Stanley Rapaport, 1994)에 의하면, 노인들의 뇌는 상실에 대처하는 보상 메커니즘을 지니고 있으므로 뇌의 기능이 유지될 수 있다. 라파포트는 노화에 의해 어떤 뉴런이 특정한 역할을 수행하지 못하게 될 때 이웃에 있는 다른 뉴런이 그 역할을 대신 맡아준다고 주장하고 노화와 함께 특정한 과제에 대한 책임은 하나의 영역에서 다른 영역으로 이동한다고 주장하였다.

그러나 무엇보다 중요한 것은 노년기 동안에도 지적으로 자극적인 생활이 이루어지면 수상돌기들이 계속적으로 증가할 수 있으므로 대뇌는 계속적으로 성장할 수 있다는 것이다(Danner 등, 2001). 따라서 지적인 활동을 계속하는 사람들이나 더 많은 교육을 받은 사람들이 알츠하이머 병에 걸릴 가능성이 더 적으며 뇌졸중에서도 더 잘 회복할 수 있다. 뇌졸중에 의해 대뇌 영역이 영구적으로 손상되었을 때조차도, 새로운 메시지 통로가 만들어짐으로써 손상된 영역의 기능은 회복될 수 있었다.

Chapter 5

인지능력의 변화

I. IQ 점수
1. IQ 점수의 안정성과 변화
2. IQ 하위검사 점수의 변화

II. 정보처리 능력의 변화
1. 정보처리 속도의 변화
2. 기억능력의 변화
3. 문제해결 능력의 변화

III. 지적 구조의 변화
1. 피아제의 인지발달단계
2. 인지발달의 제 5 단계 – 후형식적 사고

IV. 지혜와 창의성
1. 지 혜
2. 창의성

Adult Development

&

Aging Psychology

Chapter 05 인지능력의 변화

노화에 관해 우리가 가지고 있는 고정관념은 연령증가와 함께 개인의 인지능력이 점차 상실된다는 것이다. 우리 모두는 연령증가와 함께 정신적으로 무능해지기 때문에 IQ 점수가 낮아지고 모든 것을 잘 잊어버리며 어리석은 판단을 할 것으로 생각된다. 그러나 우리의 생각과는 다르게 노화에 기인한 감퇴나 상실은 그렇게 크지 않다. 노인들은 복잡한 신문기사를 여전히 잘 이해할 수 있고 장기나 바둑을 두고 퀴즈 문제를 풀 수 있으며, 늙은 과학자들은 아직도 혁신적이고 복잡한 연구과제를 수행할 수 있다.

실제로 인지적 저하나 상실은 우리가 생각하는 것보다 훨씬 더 이후의 연령에서 일어난다. 노화는 다양한 유형의 인지능력에 서로 다른 영향을 미치고 큰 개인차를 나타내기 때문에, 사람에 따라 인지적 상실의 양상과 정도에서도 차이가 있다.

unit I IQ 점수

지능(intelligence)을 어떻게 정의하는가는 학자들에 따라 큰 차이가 있다. 일반적으로 지능(intelligence)은 “의도적으로 행동하고 이성적으로 사고하며 환경을 효과적으로 다루는 개인의 집합적 혹은 전체적 능력”으로 정의된다(Wechsler, 1939). 많은 심리학자들은 소위 "g"요인이라고 불리어지는 일반적인 지적 능력을 가정하고 그것을 지능검사(IQ는 intelligence quotient의 약자이다)의 전체점수로써 계산해 내려고 하였다.

현재 우리가 사용하고 있는 IQ 검사들의 평균점수는 100점(SD=10점)이며 100점 이상은 평균 이상의 점수를 그리고 100점 이하는 평균 이하의 점수를 나타낸다. 그렇다면 IQ 점수로써 측정되는 일반적인 지적능력은 성인기 동안 변화하는가 아니면 그대로 유지되는가? 만약 변화한다면 어떤 양상으로 변화하는가?

1. IQ 점수의 안정성과 변화

안정성(stability)이란 한 시점에서 측정한 IQ 점수가 이후의 다른 시점에서 측정한 IQ 점수를 얼마나 효과적으로 예언할 수 있는지의 문제로서 일관성(consistency)과 동의어로 사용된다. 연령에 따른 IQ 점수의 변화는 두 가지 유형의 안정성 혹은 일관성을 기초로 평가된다. 그 중 하나는 반복된 검사에서 획득한 점수들 사이의 상관을 계산하여 안정성 여부를 평가한다. IQ 점수는 동일연령의 다른 사람과 비교한 상대적 점수이므로 반복적으로 측정된 개인의 IQ 점수들이 서로 높은 상관을 나타낸다면, 개인의 상대적 위치에 변화가 없다는 의미이므로 IQ 점수는 높은 안정성을 유지한다.

또 다른 유형은 연령에 따라 개인이 획득한 IQ 점수의 프로파일을 조사함으로써 안정성 여부를 평가한다. 다시 말하면, 한 개인의 아동기, 청년기, 성인기에 각각 IQ를 측정하고 IQ 점수의 동요 여부를 확인한다. 연구자들은 전자를 상관적 일관성(correlational consistency)으로 그리고 후자를 절대적 일관성(consistency in absolute level)으로 명명한다.

1) 상관적 일관성

미국과 유럽에서 수행된 많은 종단연구들은 성인기 동안 개인의 IQ는 강한 상관적 일관성을 보인다고 보고한다. 그 예로서 버클리 종단연구(Berkeley Longitudinal Study: Eichorn 등, 1981)에서 17세의 IQ 점수와 36세와 48세 사이에 측정된 IQ 점수의 상관이 남성은 .83 그리고 여성은 .77이었고, 연령간격이 적을수록 IQ 점수간의 상관은 더 높았다. 시애틀 종단연구(Seattle Longitudinal Study: Schaie, 2005, 2010)에서도 7년 간격으로 측정된 IQ 점수들의 상관은 .89-.96이었고 60-70대에서의 IQ와 30-40대의 IQ 사이에도 동일한 높은 상관적 일관성이 존재하였다.

그러나 버클리 종단연구에서 11%의 연구대상자들은 20-30년간에 걸쳐 13점 이상의 증가를 나타내었고, 또 다른 11%의 연구대상자들은 6점 이상의 감퇴를 나타내었다. 흥미롭게도 IQ 점수의 증가를 경험한 사람들은 청년후기에 자신의 IQ 점수보다 10점 이상 높은 IQ를 갖는 사람들과 결혼한 사람들인 반면, IQ 점수의 감퇴를 보인 사람들은 심한 음주자이거나 질병을 앓은 사람들이 많았다. 이러한 경향은 시애틀 종단연구에서도 동일하였다.

상관적 일관성을 통하여 우리는 성인기 동안 심리적으로 유의한 개인적 변화가 일어날 수 있다고 할지라도, 성인기 시작 무렵의 IQ 점수는 성인후기의 IQ 점수를 효과적으로 예언할 수 있음을 알 수 있다.

2) 절대적 일관성

개인의 IQ 점수가 성인기 동안 변화하는지 아니면 큰 변화없이 안정적으로 유지되는지를 연구하기 위하여 개인이 반복적으로 획득한 IQ 점수의 프로파일을 조사함으로써 절대적 수준의 일관성을 확인한다. 지능연구의 초기에는 상이한 연령의 사람들을 동시적으로 표집하는 횡단연구를 통하여 절대적 일관성을 연구하고 개인의 지능은 약 20세부터 감퇴하기 시작한다는 결과를 제시하였다. 그러나 20세기 중반 이후에 이루어진 종단연구들은 개인의 지능은 적어도 50세까지 안정적으로 유지된다는 결과를 제시하였다.

이 무렵 샤이(K. Warner Schaie)는 자신이 개발한 계열설계법(sequential design)을 시애틀 종단연구에 적용하였다. 1956년에 시작된 시애틀 종단연구는 25세부터 67세까지의 성인들을 대상으로 7년 간격으로 IQ 검사를 반복적으로 실시하였고(가장 최근의 검사가 2005년에 실시되었다), 이와 동시에 동일한 연령범위에 해당하는 사람들을 표집하여 IQ 검사를 실시하는 횡단연구도 수행하였다.

Schaie

시애틀 종단연구 결과, 그림 5-1과 같은 결과가 나타났다. 이 그림에서 아래선분은 1977년에 수행된 횡단연구의 결과이고 위의 선분은 7개의 출생동시집단을 대상으로 수행된 종단연구의 결과이다. 두 개의 선분을 비교해 보면, 횡단연구와 종단연구의 결과가 매우 다르다는 것을 알 수 있다.

횡단연구 결과에서는 개인의 IQ 점수가 32세와 39세 사이에 감소하기 시작하는 반면, 종단연구에서는 성인중기까지도 IQ 점수가 증가하고 60세 무렵에 이르러야 감퇴하기 시작한다는 것을 보여 준다. 또한 성인의 IQ 점수

그림 5-1 횡단연구와 종단연구에 기초한 전체적 IQ 점수의 연령에 따른 변화

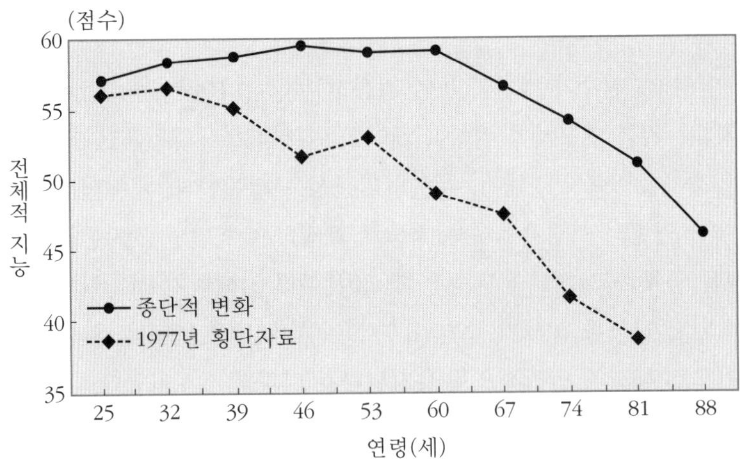

출처: Schaie, 1994.

가 25세의 IQ 점수 이하로 떨어지는 시기는 67세와 74세 사이라는 것도 알 수 있다. 이러한 결과를 바탕으로 샤이(Schaie, 2009)는 인지기능에서 절정에 도달하는 시기는 성인초기가 아니라 성인중기라고 주장하였다.

횡단연구와 종단연구의 결과가 서로 다른 이유는 무엇인가? 출생동시집단 효과 때문이다. 출생시기가 다른 사람들을 비교하는 횡단연구에서 현재의 노인들은 당연히 연령에 기인한 감퇴를 보일 것이다. 거기에 덧붙여 중년성인이나 노인들은 젊은이들과 비교하여 더 낮은 교육을 받았고 보잘 것 없는 건강상태를 지니고 있으므로 연령에 따른 IQ 점수의 하락이 커지게 되므로 IQ 점수는 일찍부터 하락할 것이다. 반면에, 동일한 개인을 반복적으로 연구하는 종단연구에서는 20세기 동안 교육정도가 높아지고 좋은 건강상태를 유지할 수 있는 기간이 길어지면서 연구대상자들의 평균 IQ 점수는 자연스럽게 높아지게 될 것이므로 50대 후반까지도 IQ 점수가 증가할 것이다.

2. IQ 하위검사 점수의 변화

우리가 활용하는 모든 지능검사 점수는 그 검사를 구성하는 하위검사들의 점수를 합산한 결과이다. 몇 가지 지능검사에서 하위검사 점수들의 연령에 따른 변화를 고찰하면 연령에 따른 IQ 점수의 안정성과 변화가 보다 더 분명해질 수 있다.

1) 웩슬러 성인지능검사

웩슬러 성인지능검사(Wechsler Adult Intelligence Scale: WAIS)는 4가지의 핵심영역 즉 언어이해, 지각속도, 작업기억 그리고 처리속도를 측정하는 과제를 사용하여 개인의 지능을 평정한다. WAIS의 최근 개정판은 시각적 결함을 갖는 노인들을 위해 더 큰 그림과 다양한 시각적 자극들을 포함함으로써 노인들의 지능범위를 더 정확하게 측정할 수 있도록 하였다.

이 검사에서 작업기억과 처리속도는 예상한 대로 연령과 함께 감퇴하였으나(Berg, 2000), 언어이해나 어휘크기같은 기술들은 감퇴하지 않았다(Uttl & Van Alstine, 2003). 다시 말하면 소위 전통적인 언어성 지능(기본지식, 어휘문제, 숫자 외우기, 산수문제, 이해문제, 공통성 문제)은 감퇴하지 않지만, 동작성 지능(빠진 곳 찾기, 차례 맞추기, 토막짜기, 모양 맞추기, 바꿔쓰기)은 연령과 함께 감퇴한다는 것이다.

대부분의 언어성 검사는 시간제한이 없는 비속도 검사(unspeeded test)이지만, 동작성 검사들은 시간제한을 받는 속도검사(speeded test)이다. 속도검사에 대한 수행은 비속도 검사에 대한 수행보다 더 일찍(성인초기)부터 감퇴하기 때문에(Jensen, 1993), 동작성 지능이 언어성 지능보다 훨씬 더 일찍 감퇴한다.

2) 결정화된 지능과 유동적 지능

카텔과 혼(Cattell, 1963; Horn, 1982)에 의해 제안된 결정화된 지능(crystallized intelligence)과 유동적 지능(fluid intelligence)은 성인기 지적 능력을 연구하는 사람들 사이에서 특히 인기 있는 지능개념이다. 결정화된 지능은 교육과 경험의 영향을 크게 받는 능력으로 언어이해, 어휘, 실생활 문제를 추론하는 능력 등 특정 문화 내에서 성장과정을 통하여 학습한 기술과 지식으로 구성된다.

Raymond B. Cattell

반면 유동적 지능은 특정한 교육의 영향을 받기보다는 중추신경계의 기능에 더 많이 의존하는 지적 능력으로 정보를 지각하고 조작하는 능력을 포함한다. 유동적 지능을 구성하는 대표적 능력인 추상적 추론능력을 측정하기 위해 문자배열검사(letter series test)가 자주 사용되며, A C F J O와 같은 일련의 문자를 주고 그 다음에 어떤 문자가 따라와야 하는지를 질문한다.

그림 5-2에 제시된 바와 같이 결정화

그림 5-2 전생애 동안의 결정화된 지능과 유동적 지능의 변화

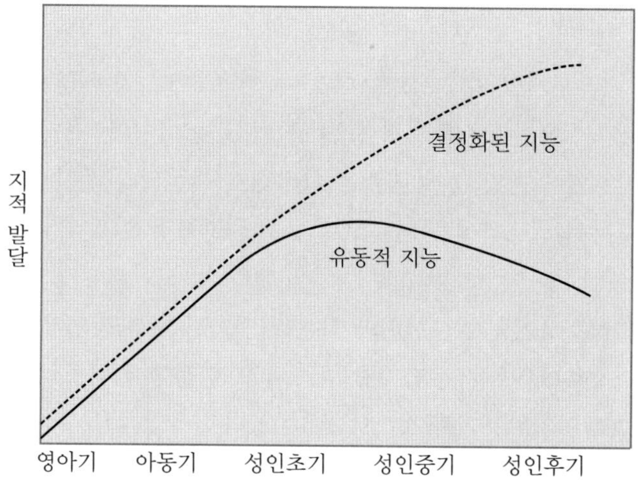

출처: Horn & Hofer, 1992

된 지능은 성인기 동안(거의 70세까지) 계속 증가하거나 안정성을 유지하는 반면, 유동적 지능은 훨씬 더 일찍, 아마도 35-40세 무렵에 감퇴하기 시작한다.

3) 시애틀 종단연구

샤이(Schaie, 2005, 2009)는 시애틀 종단연구에서 서스톤(Thurstone, 1938)이 제안한 기초정신능력(primary mental abilities)의 구성요인들을 측정하는 검사를 실시하였다. 시애틀 종단연구에서 사용된 기초정신능력들은 다음과 같다.

① 어휘(언어로 표현된 생각을 이해하는 능력)

② 언어기억(언어를 부호화하고 의미 있는 언어단위로 회상하는 능력)

③ 수(덧셈, 뺄셈, 곱셈과 같이 단순한 수학적 계산을 수행하는 능력)

④ 공간지향(2차원이나 3차원의 공간에 자극물을 시각화하고 정신적으로 회전시키는 능력)

⑤ 귀납추리(하나의 문제에서 특정한 패턴과 관계를 이해하고 그것을 다른 문

제의 해결에 활용하는 능력)

⑥ 지각속도(시자극을 빠르고 정확하게 구별할 수 있는 능력)

그림 5-3은 6개의 지적 능력들이 25세부터 67세까지 어떻게 변화하였는지를 보여 준다. 우선 6개의 지적 능력 중 어휘, 언어기억, 귀납추리 및 공간지향은 성인중기에 가장 높은 점수를 나타내고 수능력은 성인중기에 감퇴하며 지각속도는 성인초기에 감퇴를 시작함으로써 가장 일찍 감퇴하는 능력이었다.

흥미롭게도 성인중기는 어휘와 같은 결정화된 지능의 일부 요인과 공간지향이나 귀납추리같은 유동적 지능의 일부 요인들에서 최상의 수행을 보이는 시기이므로 인지기능의 절정기로 볼 수 있다.

그림 5-3 25세부터 67세까지 6가지 지적 능력에서의 종단적 변화

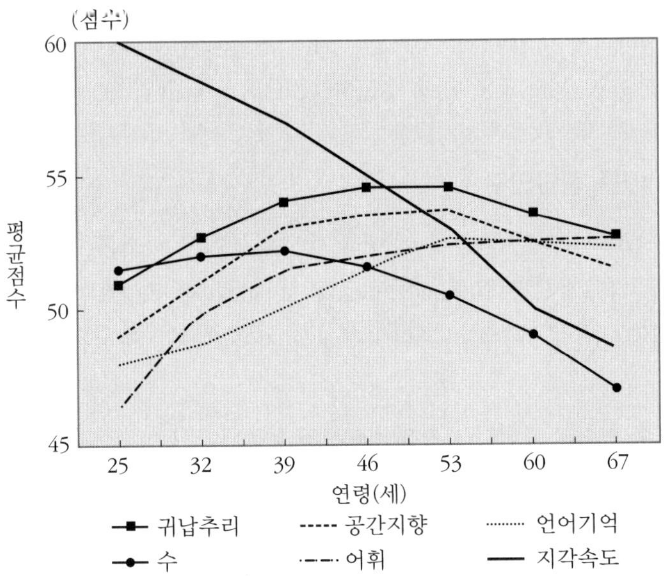

출처: Schaie, 1994.

unit Ⅱ
정보처리 능력의 변화

성인기 동안 정보처리 능력에서도 변화가 일어나지만, 큰 개인차를 보인다. 그 이유는 개인에 따라 환경적 자극의 수준은 물론, 사회적 지원과 개인적 경험, 신체 능력과 활동수준, 개인적 건강, 영양, 인지적 자극의 양 등에서 차이가 있기 때문이다. 이 절에서는 정보처리 속도와 기억능력 및 문제해결능력에서의 변화를 설명한다.

1. 정보처리 속도의 변화

성인기 동안 인지기능이 감퇴하는 일차적 원인인, 정보처리 속도의 감퇴는 성인초기에 시작되고 성인중기 동안에도 감퇴를 계속한다(Thorton & Light, 2006). 정보처리 속도는 보통 불빛이 나타나자마자 버튼을 누르는 반응시간 과제(reaction-time task)를 사용하여 측정한다.

정보처리 속도가 감퇴하는 양은 성인기 동안 그렇게 크지는 않다. 성인중기 성인들은 성인초기 젊은이들보다 버튼을 누르는 속도가 더 느리기는 하지만, 대략 1초 미만의 차이를 나타낼 뿐이다. 또한 그 이유를 알 수 없지만, 반응시간의 감퇴는 남성들보다 여성들 사이에서 더 크게 일어난다(Albert & Killiany, 2001).

2. 기억능력의 변화

기억이란 정보를 보유하고 필요할 때 인출하는 능력이다. 사실 기억은 지능 연구자들이나 기억 연구자들보다는 노화하는 성인 자신들에게 오히려 더 중요한 문제이기도 하다. 65세 이상 노인들의 대부분은 자신의 기억능력이 감퇴한다는 것을 깨닫고 큰 관심을 보인다. 그들은 자신에게 나타나는 기억능력의 감퇴가 혹시 알츠하이머 병 때문에 오는 것이 아닌지 불안해한다. 미국심리학회는 정상적 노화과정에서 나타나는 기억능력의 변화는 물론 치료 가능한 우울이나 정신자극의 부족 혹은 약물에 기인한 기억상실의 원인에 대해서도 치료자나 일반인 모두 잘 알고 있어야 한다고 강조한다.

그러나 지금까지 수행된 대부분의 기억연구들이 주로 횡단연구에만 의존하고 중년성인들을 포함하지 않은 채 단지 20세 집단과 노인집단만을 비교하는 문제점을 지니고 있다. 더욱이 20세 집단은 거의 항상 대학생들인 반면, 성인 연구대상자들은 대학교육을 받지 않은 사람들이어서 연령에 따른 기억능력의 변화를 타당하게 추적하기 어렵다. 성인기 기억능력의 변화를 연구한 대표적 연구자 중의 한 사람인 살트하우스(Salthouse, 2000)는 이와 같은 연구대상자 선정방법이 출생동시집단 효과를 증가시키고 연령차이를 실제보다 더 크게 부각시키는 원인이라고 지적한 바 있다.

1) 감각기억과 작업기억

인간의 기억은 자주 감각기억, 단기기억 그리고 장기기억으로 구분된다(Atkinson & Shiffrin, 1968). 그 중 감각기억(sensory memory)은 정보가 감각기관에 들어와서 1초 이내의 짧은 시간 동안 잔상이나 메아리의 형태로 유지되는 기억으로, 연령증가와 함께 체계적으로 감퇴한다는 증거는 없다. 물론 노인들은 더 보잘것 없는 시력과 청력을 지니고 있기 때문에 사물을 지각할 때 그와 상응한 정도의 어려움을 경험할 것이다. 그러나 전화번호와 같이 어떤 숫자나 사물을 기억해야 할 때 나이 많은 사람들은 젊은 사람들과 비교하여 단지 사소한 정도의 부족함을 보일 뿐이다(Woodruff-Pak, 1997).

단기기억(short-term memory)은 최근 자주 작업기억(working memory)이라는 이름으로 불리어지나 그렇다고 해서 동일한 개념은 아니다. 단기기억은 단순히 기억을 보유한다는 의미만 지니고 있으나 작업기억은 정신적 작업을 하는 장소로서의 기억을 더 많이 강조한다. 그것은 개인이 어떤 결정을 내리

그림 5-4 20대부터 80대까지의 작업기억, 단기기억, 장기기억, 정보처리 속도 및 언어적 지식에서의 변화

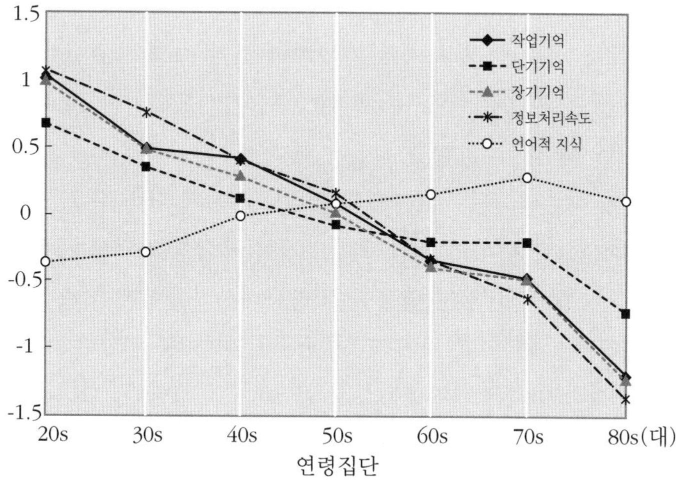

출처: Park 등, 2002.

고 문제를 해결하며 문어나 구어를 이해하려고 할 때 정보를 수집하고 조작하는 작업대와 같다(Baddeley, 2000).

단기기억과 작업기억 능력은 연령에 따라 변화하는가? 비록 횡단연구의 결과이기는 하지만, 그림 5-4에 제시된 바와 같이 연령증가와 함께 작업기억은 단기기억보다 더 크게 감퇴하였고, 장기기억과 거의 동시적으로 감퇴하였다. 또한 정보처리 속도는 가장 급격하게 감퇴하였으나 언어적 지식은 70대까지도 증가하고 80대에도 60대의 능력을 유지하고 있었다. 종단자료를 사용한 연구에서도(Ronnlund 등, 2005) 작업기억은 성인후기로 갈수록 감퇴가 커지는 것으로 확인되어 연령증가와 함께 작업기억은 단기기억보다 더 크게 감퇴하는 것이 분명하였다.

2) 장기기억

대부분의 노인들은 일반적인 장기기억 능력을 측정하는 과제에서 어려

움을 겪으며 특히 회상(recall)과제를 잘 수행하지 못한다. 그러나 재인(recognition)과제는 젊은 성인들만큼 잘 수행할 수 있다. 재인이란 이전에 경험한 것과 동일하거나 유사하다는 것을 인지하는 능력인 반면, 회상은 특별한 단서 없이 이전에 본 물건이나 사건을 기억해야 하기 때문에 재인보다 더 어렵다. 노인들은 잘 알고 있는 것도 쉽게 회상해 내지 못하지만, 힌트나 단서가 있으면 쉽게 기억해 낼 수 있다.

연령증가에 따른 감퇴는 부호화 과정에서도 크게 나타난다. 노인들은 새로운 자료를 학습하기 위하여 효과적인 조직화나 심상 전략을 사용하지 못한다. 그 예로서 이 분야의 많은 연구들은 연구대상자들에게 학습할 단어목록과 효과적인 기억을 위한 몇 가지 전략(단어와 이미지를 연합시키기, 문장만들기, 공통적 요인을 포함하는 군집만들기 등)을 함께 제시한다. 그러나 노인들은 시간제한이 없을 때조차도 그와 같은 전략들을 자발적으로 사용하지 못한다.

일찍이 라비노위쯔(Rabinowitz, 1989) 같은 연구자는 단어목록을 사용하여 각각 15명의 61-74세 노인과 18-25세의 젊은이들의 기억능력을 비교하였다. 두 집단의 어휘능력과 교육 정도를 동일하게 한 후 24개의 단어로 구성된 4개의 목록을 학습하고 회상하게 하였다. 이 때 단어목록을 연습할 수 있는 시간을 주면 젊은이와 노인 모두 더 많은 단어를 기억해 낼 수 있었으나 젊은이들은 노인들보다 연습에 의해 더 큰 도움을 받을 수 있었다.

또한 단어목록을 기억하기 위하여 가장 오랜 시간을 보낸 젊은이들이 가장 높은 회상점수를 획득하였으나 노인들은 그렇지 못하였다. 더욱이 젊은이들은 노인들보다 단어를 기억하기 위해 더 적은 시간을 사용하였음에도 불구하고 더 많은 단어를 기억할 수 있었다. 그 이유는 젊은이들이 단어목록을 부호화할 수 있는 효과적인 전략을 사용하기 때문이었다.

3) 기억감퇴의 원인

기억능력에서 연령관련적 변화는 왜 그리고 어떤 과정에 의해 일어나는가? 성인기 인지과정을 연구한 결과들에 의하면(Craik, 2003; Thornton & Light, 2006), 연령에 따른 감퇴는 모든 인지능력에서 나타나고, 그것은 정보처리 속도와 작업기억의 감퇴 때문이었다.

살트하우스(Salthouse, 2009)는 정보처리 속도의 감퇴는 다음과 같은 세 가지 수준에서 동시적으로 일어난다고 주장한다.

① 인지적 수준: 목표를 유지하고 과제를 연결하며 방해자극이 존재할 때 내적 표상을 보존하는 능력에서의 변화

② 신경해부학적 수준: 전두엽 피질과 같은 특정 뇌부위에서의 변화

③ 신경화학적 수준: 신경전달물질 체계에서의 변화

연령증가와 함께 이러한 세 가지 수준에서 감퇴가 일어나므로 정보처리 속도가 감퇴한다는 것이다. 특히 신경해부학적 수준에 초점을 맞추어 중추신경계를 구성하는 뉴런과 뉴런간의 연결부위의 연접기능(synaptic function)과 대뇌 그리고 감각입력과 운동출력이 통합되는 뇌간 기능의 연령관련적 변화에 의해 처리속도의 감퇴가 일어난다는 주장도 있다(Woodruff-Pak, 1997).

작업기억의 감퇴 또한 인지능력의 감퇴에 기여한다. 작업기억의 감퇴는 단기기억에 정보를 보유하는 것은 물론 자극을 부호화하고 이후에 인출하기 좋은 형태로 조작하는 능력에 영향을 준다(Thornton & Light, 2006). 동물연구에 의하면, 그것은 전전두엽 피질(prefrontal cortex)과 해마(hypocampus)의 공동처리 과정에 의해 이루어지며 결국 전반적인 지적 감퇴를 촉진시킨다.

비록 정보처리 속도와 작업기억 능력에서의 감퇴가 연령증가에 따른 지적 감퇴의 중요한 원인들이기는 하지만, 이 두 가지 요인만으로 성인기 기억 변화를 모두 설명할 수 있는 것은 아니다. 이 외에도 주의집중 능력이나 무관련 자극을 무시하는 능력 혹은 주의를 배분하는 능력 등의 상실도 성인기 기억감퇴의 원인이 될 수 있다. 그러나 파크(Park, 2001) 같은 연구자는 성인기의 기억감퇴는 성인기 동안 축적된 과도하게 많은 정보 때문에, 장기기억에 새로운 정보를 저장할 때나 정보를 인출할 때 더 많은 시간이 요구되기 때문이라고 설명하였다.

3. 문제해결 능력의 변화

문제해결 능력(problem solving ability)이란 원하는 목표를 달성하기 위하여 개인이 사용하는 복잡한 사고과정을 의미한다. 문제해결 능력 속에는 문제를 평가하고 목표를 정의하며 목표성취를 가능하게 하는 방법들을 도출하고 그 중에서 가장 타당한 방법을 찾아내는 과정이 포함된다.

1) 문제해결 능력의 연령에 따른 변화

성인기 동안 문제해결 능력은 어떻게 변화하는가? 개인의 문제해결 능력을 실험하는 방법은 매우 다양하나, 전형적인 방법은 실험대상자들에게 불빛이 들어오도록 하기 위하여 여러 개의 버튼 중 어떤 버튼을 눌러야 하는지 질문한다. 물론 버튼 누르기 과제(button pressing task)에서 젊은이들은 더 나이 많은 성인이나 노인들보다 더 성공적으로 수행하고 더 좋은 전략을 사용할 수 있다. 문제는 버튼 누르기 과제가 성인들이 일상적으로 접할 수 있는 문제가 아니기 때문에 그들의 실제적인 문제해결 능력을 측정하기는 어렵다는 것이다.

성인들은 매일매일 일어나는 생활속의 문제들을 해결해야 할 때, 그들이 관심갖는 문제들을 더 잘 해결한다. 그 예로서 젊은 성인들은 각종 시험이나 컴퓨터 사용과 같은 문제를 더 잘 해결하였으나 노인들은 조부모 역할관련 문제를 더 잘 해결하였다(Artistico 등, 2003).

문제해결시에 사용되는 전략에서도 연령에 따라 차이가 있다. 더 젊은 성인들은 잘 정의된 추상적 문제를 더 잘 해결하고 더 많은 수의 가능한 해결책을 생성한 반면, 중년의 성인들과 노인들은 해결책의 수가 더 적기는 하지만 목표지향적 해결책을 더 많이 생성하였다(Marsiske & Margrett, 2006). 흥미롭게도 중년의 성인들과 노인들은 젊은이들보다 자신의 문제해결 스타일을 더 잘 인식하고 있었고 그것을(충동적 의사결정과 같은) 보상하기 위해 노력하는 경향을 나타내었다(Vukman, 2005).

일찍이 데니(Denney 등, 1992)는 일상생활에서의 문제해결 능력을 측정하기 위하여 먼저 65세 이상의 노인들에게 매일매일의 생활에서 해결해야 하는 문제들이 무엇인지를 질문하고 다음 예와 같은 10개의 문제를 만들 수 있었다.

문제 예

67세의 한 남성은 의사로부터 심장에 결함이 있어 쉬어야 한다는 경고를 받았다. 날씨는 덥고 정원의 잔디는 무성히 자라서 깎지 않으면 안 되는 상황이지만, 잔디깎는 사람에게 줄 비용도 없는 상태이다. 그는 어찌해야 하는가?

연구자는 20세부터 79세까지 다양한 연령의 성인들이 제안한 안전하고 효과적인 해결책의 개수를 비교한 결과, 30세에서 50세 사이의 성인들이 가장 높은 점수를 얻었음을 확인하였다. 이러한 결과는 각 연령집단의 교육수준 차이를 통계적으로 통제했을 때도 동일하였다. 비록 그 수가 적기는 하지만, 종단연구 결과(볼티모어 종단연구, 시애틀 종단연구 등)들도 문제해결 기술의 감퇴는 50세 이후에 일어나며 70세 무렵에 이르면 감퇴의 징후가 뚜렷해진다고 보고하였다.

2) 문제해결 능력의 감퇴를 완화시키는 전략

일상생활에서 문제를 해결해야 할 때, 사람들은 자주 다른 사람으로부터 조언이나 의견을 구한다. 볼티모어 흑인 노화연구(Baltimore Study on Black Aging)에 참여한 249명의 성인들은 다양한 생활문제에 대해 조언을 구할 수 있을 때 더 좋은 해결책을 생성할 수 있었다(Whitfield & Wiggins, 2003). 따라서 타인의 의견이나 조언은 바람직한 문제해결전략이 될 수 있다.

결혼한 사람들은 문제를 해결하려고 노력할 때 배우자와 의논하고 배우자의 조언을 기초로 문제해결을 시도하지만, 배우자와 상의할 수 없을 때에는 성인자녀들이 중요한 조언자의 역할을 한다. 문제해결시에 노인들이 최상의 해결책을 도출하기 위해 도움을 받는 대상은 배우자, 성인자녀, 형제자매,

친구 그리고 이웃의 순으로, 특히 가족이나 친구는 효과적인 문제해결책을 생성하도록 돕는 역할을 하였다. 또한 그들은 노년기의 지적 감퇴를 부분적으로 보상하고 매일의 수행이 원활하게 이루어지도록 하는가 하면 서로간의 관계를 증진시키고 스트레스와 긴장을 감소시키는 역할을 하였다(Meegan & Berg, 2002).

unit III
지적 구조의 변화

연령에 따른 지적 변화를 탐색하는 또 다른 방법으로 피아제의 인지발달 이론이 있다. 지적 구조(cognitive structure)의 변화에 관심을 가진 피아제는 어린 아동들이 사고과정에서 어떤 종류의 논리를 사용하고 그 논리들이 발달과정에서 어떻게 변화하는지를 연구하였다. 비록 피아제의 연구가 거의 전적으로 아동의 인지발달에 한정되어 있기는 하지만, 그의 이론은 성인기 인지발달에 관한 다양한 사고를 자극하는 역할을 하였다.

1. 피아제의 인지발달단계

Jean Piaget

피아제(Piaget & Inhelder, 1969)는 표 5-1에 제시된 바와 같이 네 개의 인지발달단계를 제안하였다. 한 단계에서 다음 단계로의 이동은 갑작스럽기보다는 오히려 점진적으로 일어나기는 하지만, 각 단계는 독특한 사고패턴을 지니고 있다. 모든 성인들은 피아제가 제안한 최상의 인지발달단계인 형식적 조작기에 도달할 수 있는가?

서구 문화의 성인들은 쉽게 구체적 조

표 5-1 피아제의 인지발달단계

단계	연령	특징
감각운동기	출생-2세	영아는 감각과 행위를 통하여 세계와 상호작용하고 그들 주위의 세계를 이해한다. 피아제에 의하면, 적어도 1세가 될 때까지 영아는 대상물을 내적으로 표상하지 못한다. 그들은 대상물을 가지고 무엇을 하고 그것들을 어떻게 경험하는가에 의해서만 대상물을 파악한다.
전조작기	2-6세	전조작기 유아는 아직도 그들 자신의 견해에 얽매여 있으나(피아제 용어로 "자아중심적"), 그들은 단어와 이미지를 사용하여 사물을 내적으로 표상할 수 있다. 그들은 사물을 집단으로 분류하기 시작한다. 원시적 형태의 논리가 나타난다.
구체적 조작기	6-12세	덧셈, 뺄셈, 서열화와 같은 조작(operation)이 가능하다. 이 단계의 아동들은 귀납적 논리(구체적 경험을 첨가함으로써 일반적 원리에 도달하는)가 가능하며 타인의 견해를 더 잘 이해할 수 있다. 그러나 그들은 아직도 자신의 경험에 얽매여 있고 직접적으로 알지 못하는 사물을 상상할 수 없다.
형식적 조작기	12세 이상	가장 발달된 인지능력인 형식적 조작이 가능하다. 이 단계에 도달한 10대와 성인들은 연역추론(만약 … 라면의 추론)이 가능하며 체계적으로 문제에 접근하고 모든 가능한 조합이나 조작을 시험하며, 대상물은 물론 아이디어에 대해서도 생각할 수 있다. 일상생활에서는 구체적 조작만으로 충분하다고 할지라도 더 많은 추상적 조작이 가능하다.

작기에 도달할 수 있다. 그러나 형식적 조작기에 도달할 수 있는 성인들의 수는 구체적 조작기에 도달할 수 있는 성인들의 절반 정도에 지나지 않는다(Bee, 2002). 그렇다면 성인기 동안 더 이상의 인지발달은 이루어지지 않는가? 형식적 조작기에 도달하지 못한 성인들은 오로지 구체적 조작사고로써 일생을 사는가? 여기에 대한 해답이 인지발달의 제 5 단계이다.

2. 인지발달의 제5단계 – 후형식적 사고

성인기 인지발달에 관심을 갖는 많은 이론가들은 피아제의 모델이 성인기 사고를 효과적으로 설명하지 못한다고 주장한다. 그들은 성인기 동안 발달하는 부가적인 사고 수준이나 새로운 유형의 사고가 존재한다고 가정하고 소위 인지발달의 제5단계를 제안하였다. 피아제조차도 형식적 조작능력의 획득 후에 중요한 인지발달이 이루어질 가능성을 배제하지 않았다.

인지발달의 제5단계는 피아제의 형식적 조작사고와는 질적으로 다른 후형식적 사고(postformal thought)로 구성된다. 후형식적 사고는 하나의 문제에 대한 정답을 도출하기 위해서는 반성적 사고(reflective thinking)가 필요하고 문제에 대한 정답은 상황에 따라 달라질 수 있으며 진실의 탐구는 끊임없이 계속되는 과정이라는 전제를 바탕으로 한다. 또한 문제에 대한 해결은 현실적이어야 하고 정서와 주관적 요인들이 사고에 영향을 줄 수 있다는 생각도 후형식적 사고 속에 포함되어 있다(Fischer & Bidell, 2006).

성인들이 청소년들보다 후형식적 사고를 더 많이 한다는 것은 널리 알려진 일이다. 후형식적 사고를 하는 성인들은 문제해결시에 반성적 판단을 많이 하기 때문에 정치나 직업, 관계 혹은 삶의 다른 영역들에 대해서도 젊은 사람들보다 더 깊이 생각한다(Labouvie-Vief & Diehl, 1999). 그들은 일에 대한 최상의 해결책이 배우자나 부모-자녀 문제를 위한 최상의 해결책이 될 수 없다는 것도 잘 알고 있을 뿐 아니라 오로지 하나의 유일한 진리만이 존재한다는 것을 인정하지 않으며 추상적이 아닌 실제적이고 실용적인 사고를 추구한다.

그러나 실제로 후형식적 사고가 존재하는지에 대해서는 아직도 논쟁이 계속되고 있으므로 경험적 연구를 통한 더 많은 검증이 이루어져야 한다. 현실적으로 인지발달의 제5단계를 설명하는 방식은 연구자에 따라 다소 차이가 있으므로 여기서 차례로 설명하기로 한다. 중요한 것은 후형식적 사고를 설명하는 모든 이론들이 성인기 동안 사건이나 문제에 대한 단지 하나의 올바른 해결방식만이 존재한다는 생각에서 벗어나서 수용가능한 중다의 해결책이 존재할 수 있다는 사고로 발달한다는 데 동의한다는 것이다.

1) 페리의 이론

성인기 인지발달을 연구한 페리(Perry, 1999)는 성인기 사고는 2원론적 사고(dualistic thinking)에서 상대적 사고(relativistic thinking)로 변화해 간다고 주장하였다. 그는 대학생들이 복잡다양한 대학생활에 노출된 후 그들의 인지적 조망이 어떻게 변화하는지를 연구하기 위하여, 매년 학년말에 면접을 실시하고 그 결과를 비교하였다.

이 연구에서 대학 저학년 학생들은 지식이 신념이나 명제와 같은 분리된 단위로 존재한다고 가정하고, 진리는 개인적 특성이나 상황과는 무관한 추상적 표준과 지식을 비교하면 도출될 수 있다고 생각하였다. 그들은 옳은 것과 옳지 않은 것, 좋은 것과 나쁜 것, 우리와 그들 식으로 정보나 가치관 혹은 권위를 구분하는 2원론적 사고에 몰두하였다.

대조적으로 고학년들은 거의 모든 문제에 대해 다양한 견해가 존재할 수 있음을 알고 있었다. 그들은 절대적 진리에 의존하지 않고 맥락에 따라 달라지는 중다의 진리를 선호하였으며, 모든 지식은 개인의 사고 내에 존재한다는 상대적 사고를 하기 시작하였다. 그들은 하나의 진리체계에 전념하는 것은 오로지 선택의 문제라는 인식을 바탕으로, 그들의 사고는 더 융통성이 있고 더 관대하며 보다 더 현실적이었다.

그러나 페리의 이론은 대학교육을 받은 고학력 표본에 기초한다는 문제점을 지닌다. 페리 자신도 2원론적 사고에서 상대적 사고로의 이동은 대학교육의 전형적 특징인 중다의 견해에 노출된 젊은이들 사이에서 나타날 수 있음을 강조한 바 있다. 그럼에도 불구하고 페리의 이론은 하나의 질문에 대해 오로지 하나의 정답을 찾는 것이 아니라 맥락에 상응하는 해답을 찾아내는 소위 적응적 인지능력(adaptive cognition ability)을 강조하였고, 그것이 성인기 인지발달의 특징임을 분명히 하였다.

2) 리겔의 변증법적 조작기

Klaus F. Riegel

리겔(Riegel, 1976)은 개인의 인지발달이 청년기 이후에도 계속해서 이루어지며 그것은 변증법적이라고 주장하였다. 변증법(dialectics)이란 정, 반, 합의 단계를 거쳐 이루어지는 자기발전이나 전개의 과정으로 요소나 부분들 사이의 역동적인 내적 긴장과 갈등 및 상호관련성을 그 특징으로 한다.

변증법적 조망에서 보면, 갈등은 지적 발달의 자극제가 되며, 성장하는 개인은 모순을 해결하기 위하여 계속적으로 노력한다. 그러나 모순이 해결되었다고 할지라도 영원한 해결은 없으며 해결은 다시 새로운 모순이나 갈등 혹은 위기를 가져오고 또 다시 새로운 해결을 계속한다. 그러므로 피아제의 모형이 갈등의 해결을 추구하는 평형모델이라면, 리겔의 모형은 오히려 모순이나 갈등을 추구하는 불평형 모델이라고 할 수 있다.

바섹스(Basseches, 1984) 같은 연구자는 변증법적 사고(dialectical thought)가 성인의 유일한 추론형태라고 가정하고 성인기의 인지적 성장은 변증법적 도식(dialectical schemata)의 형태를 취한다고 주장하였다. 바섹스에 의하면, 형식적 사고는 기본적 요소와 불변의 법칙을 기초로 하는 고정된 실체를 찾아내려고 노력하는 반면, 변증법적 사고는 기본적인 변화의 과정과 이러한 변화가 일어나는 역동적 관계를 기술하려고 하는 차이가 있다.

3) 샤이의 이론

샤이(Schaie & Willis, 2000)는 개인이 성인기에 진입하여도 피아제의 형식적 조작사고 이상으로 발달하기는 어렵다고 가정한다. 그 이유는 성인기 동안에는 추론을 요구하는 상황이 더 복잡해지고 더 다양해지므로 지금까지 획득한 인지능력을 어떻게 사용해야 하는지가 더 중요하기 때문이다. 샤이는 성인기에 이르면 인지활동의 목표는 지식의 획득에서 그것의 사용으로 전환되어야 한다고 강조하고 다음과 같은 네 개의 인지발달단계를 제안하였다(그림 5-5 참조).

① 획득단계(acquisitive stage, 아동기와 청년기): 인생의 초기 20년 동안 대부분의 지식이 획득된다. 구체적 조작사고에서 형식적 조작사고로 이동할 때, 개인은 정보를 저장하고 결합하고 그리고 결론을 도출하는 더 강력한 방법을 획득한다.

② 성취단계(achieving stage, 성인초기): 성인초기에 이르면 지금까지 획득한 인지기술을 다양한 생활상황(결혼, 취업 등)에 적용하기 시작한다. 이제 개인은 지식을 획득하는 데 관심을 갖기보다는 그것을 매일의 생활에 적용하는 데 더 많은 관심을 갖는다. 직업이나 결혼생활 혹은 자녀양육에서 직면하는 문제들은 학교의 수업시간이나 지능검사 시에 경험했던 문제들과는 다르므로 하나의 정답만으로는 해결되지 않는 경우가 많다. 불행하게도 다양한 인생문제들은 개인의 인생 전체에 영향을 줄 수 있으므로 성인들은 문제만이 아니라 문제와 맥락

그림 5-5 샤이의 성인기 인지발달단계

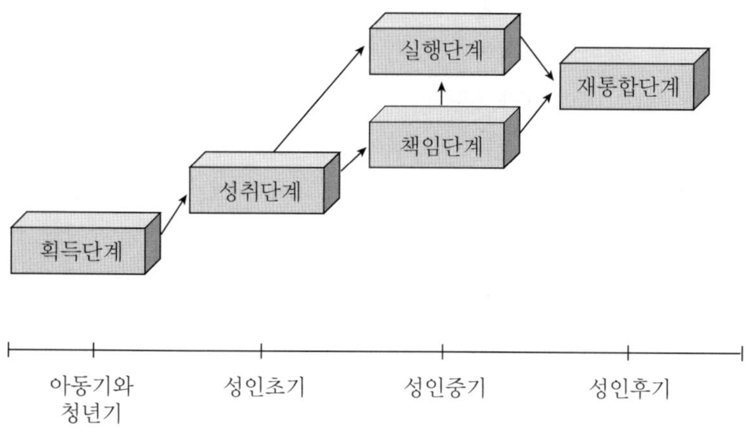

출처: Schaie & Willis, 2000.

양자를 동시에 고려하지 않으면 안 된다.

③ 책임단계(responsibility stage, 성인중기): 성인중기에 이르면 직업세계에서나 지역사회에서 그리고 가정에서 타인에 대한 책임이 커진다. 이제 개인의 인지는 사회적 책임을 포함하는 상황으로 확대된다. 친숙한 파트너와 만족스러운 관계를 유지하면서 자녀를 양육하고 직업세계에서 더 큰 지도력을 발휘하며 지역사회 역할을 동시적으로 그리고 효과적으로 수행해야 한다.

책임단계와 함께 실행단계(executive stage)를 경험하는 사람들이 있다. 각종 기업체나 대학, 혹은 교회와 같은 큰 기관을 대표하는 직책을 맡은 성인들이 여기에 해당한다. 그들은 조직체의 발전방향과 여러 사람들의 활동을 모니터하고, 정교한 사회적 구조에 영향을 주는 역동적 힘을 이해하는 동시에 다양한 정보를 종합하여 결정된 정책이 제대로 실행되는지를 지도 · 감독하는 역할을 담당한다. 그러므로 실행단계란 책임지는 것에서 더 나아가 다양한 과업의 실행여부를 체크하고 감독하는 역할을 수행하는 것을 의미한다. 이와 같이 책임단계와 실행단계는 함께 경험될 수도 있지만, 많은 성인들은 책임단계만 경험하고 성인후기로 진입한다.

④ 재통합단계(reintegrative stage, 성인후기): 남아 있는 날이 많지 않기 때문에, 지식을 습득하는 것은 물론 미래를 위한 검토나 조정의 필요성은 점차 감소한다. 은퇴와 함께 실행적 사고(executive thought)의 중요성 또한 약화된다. 이 단계에서 개인은 자신의 관심과 태도 및 가치를 재검토하고 재통합한다. 인지적 에너지를 사용할 상황을 선택할 때에도 노인들은 젊은이들보다 더 신중하다. 그들은 자신에게 의미 없거나 일상생활에 도움이 되지 않는 과제의 수행을 위해 시간을 낭비할 가능성도 젊은이들보다 훨씬 더 적다.

4) 라보비-비프의 이론

라보비-비프(Labouvie-Vief, 1990, 2006)에 의하면, 성인기 동안 형식적 조작사고는 실용적 사고(pragmatic thought)로 전환된다. 가능성의 세계를 탐색하고 조작했던 청년기와는 달리 성인기에는 실제적, 구체적 상황에 초점을 맞추는 실용적 사고가 요구된다. 그녀는 가설적 사고에서 실용적 사고로의 이동은 미성숙한 사고로의 퇴행이 아니라 인지적 논리가 실제세계의 문제를 해결하는 도구라는 점에서 구조적 진보라고 주장하였다.

라보비-비프에 의하면, 성인들은 여러 가지 대안들 중에서 하나의 대안을 선택함에 따라 외부적인 압력이나 구속을 점점 더 많이 경험한다. 그들은 다양한 역할들을 조절하고 균형을 이루는 과정에서, 모순을 해결하려고 노력하기보다는 인생의 일부분으로서 그것을 수용함으로써, 불완전함은 물론 타협을 수용하는 사고방식을 획득한다. 여러 개의 진실이 존재할 수 있다는 인식, 논리와 실제의 통합, 이상과 현실 사이의 괴리에 대한 인내 등은 성인기 사고에 질적 변화를 가져온다.

5) 크래머의 이론

크래머(Kramer 등, 1991)는 성인기 동안 다음과 같은 세 개의 단계를 거쳐 인지발달이 이루어진다고 주장하였다.

① 절대주의자 단계(absolutist stage): 이 단계의 사고를 하는 사람들은 하나의 문제에 대해 단지 하나의 정답이 존재한다고 믿고 개인적 경험이 모든 진리의 기초라고 확신한다. 18–22세의 젊은이들이 이 유형의 사고를 한다.

② 상대적 단계(relativistic stage): 상대적 사고는 하나의 사건이나 문제에는 여러 측면들이 포함되어 있으며, 올바른 행동이나 해결은 상황에 따라 달라져야 한다는 것을 강조한다. 상대적 사고를 하는 사람들에게서 나타날 수 있는 하나의 위험은 "나는 내 일을 할 테니, 당신은 당신 일이나 하라"는 식으로 인생에 대한 냉소적 접근방식을 가질 수 있다는 것이다. 그들은 사례별로 사물을 추론하는 경향이 있기 때문에 한 가지 일에 오랫동안 전념할 가능성도 적다.

③ 변증법적 단계(dialectical stage): 변증법적 사고를 하는 사람들은 서

로 다른 관점에서 각각의 장점을 발견할 수 있고 그것들을 실현가능한 해결책으로 통합시킬 수도 있다.

6) 아르린의 문제발견기

후형식적 사고를 설명하는 또 다른 모델로서 아르린(Arlin, 1989)의 이론이 있다. 피아제의 형식적 조작기를 문제해결(problem solving) 단계로 규정한 아르린은 성인기 동안에는 문제발견(problem finding)으로 특징되는 또 다른 인지단계가 출현한다고 주장하였다. 아르린의 이론은 명백한 해결책이 존재하지 않거나 많은 가능한 해결방식들이 존재할 때 도움이 된다.

문제발견기의 특징은 다른 연구자들이 창의성(creativity)으로 언급한 많은 내용들을 포함하고 있다. 아르린에 의하면, 문제발견적 조작이 가능한 사람들은 모호한 문제에 대한 많은 가능한 해결책을 찾아낼 수 있고 오래된 문제를 새로운 방식으로 바라볼 수도 있다. 아르린은 단지 소수의 성인들만이 문제발견기에 도달할 수 있기는 하지만, 그것은 분명한 인지발달의 제5단계라고 주장하였다.

unit Ⅳ 지혜와 창의성

지혜와 창의성은 엄연히 구별되는 개념으로 지혜는 전문지식과 통찰의 결과인 반면, 창의성은 문제에 대한 새로운 해결방안을 생성해 내는 능력이다. 그러나 지혜와 창의성 모두 정의하기 어렵고 연구하기 어려운 개념이라는 공통점을 지니고 있다.

1. 지 혜

사람들은 자주 지혜(wisdom)를 연령이 많은 사람들이 지니고 있는 특성으로 이해하고 어려운 인생 상황에서 탁월한 판단력과 행동 및 전문가적 지식으로 표출된다고 생각한다. 때로 지혜는 연령증가에 따른 인지능력의 상실을 보상하는 메커니즘으로 생각되기도 한다. 일찍이 에릭슨(Erikson, 1982)도 그의 심리사회적 발달의 최종단계인 자아통합 대 절망의 단계에서 자아통합을 이루면 지혜를 획득할 수 있다고 주장하고 지혜를 노년기 특유의 특성으로 기술하였다. 그러나 과연 그러한지는 분명하지 않다.

특히 종교인들은 하나님의 지혜를 강조한다. 그들은 기독교적 돌봄에 근거하여 개인이 깨달음과 통찰을 얻는 원천으로 지혜를 설명하기도 한다(안승경, 2003). 성서에 의하면, 우리에게 널리 알려진 "솔로몬의 지혜"도 여호와가 솔로몬에게 내린 선물이므로 지혜의 근원은 하나님임을 알 수 있다.

지금까지 지혜의 본질과 획득에 관한 많은 이론적 논문들이 출판되기는 하였지만, 지혜를 어떻게 측정하고 어떤 행동이 지혜로운 행동이며 어떤 사람이 지혜로운 사람인지에 대한 합의는 이루어지지 않았다. 먼저 지혜가 무엇인지를 설명하는 4가지의 서로 다른 견해와 지혜로운 사람의 특징을 차례로 설명한다.

1) 지혜란 무엇인가

(1) 후형식적 사고로서의 지혜

라보비-비프를 포함하는 여러 연구자들(Labouvie-Vief, 1990; Sebby & Papini, 1994; Sinnott, 2003)은 지혜를 인지발달의 최상으로 가정하고 앞에서 설명한 후형식적 사고를 지혜라고 주장한다. 그러므로 지혜란 일상생활에서 자주 접하는 모호함과 불확실성을 강조할 뿐 아니라 정서와 사회적 맥락, 역설, 직관 그리고 주관과 논리적, 추상적 처리와의 통합을 강조하는 일련의 사고과정으로 기술된다.

후형식적 사고로서의 지혜는 특히 불확실성의 역할을 강조한다. 어떤 지식이나 진실도 절대적인 것이 아니며 그것은 개인에 의해 선택된 가능한 진실들 중의 하나일 뿐이므로 각기 다른 방식으로 도출된 지식이나 이해는 모두 타당할 수 있다는 입장을 취한다. 이 견해에 의하면, 지혜로운 사람은 그들이 무엇을 모르는지를 알고, 그들이 안다고 생각하는 것조차 오류나 잘못일 수 있음을 인식할 수 있다. 그들은 자신이 가지고 있는 지식과 유용한 의심이나 회의론(懷疑論)을 다루는 기술간에 균형을 이룰 수 있는 사람들이다.

(2) 인지와 행동의 균형으로서의 지혜

스턴버그(Sternberg, 2000; Sternberg & Lubart, 2001)는 내적 지혜와 외적 행동간의 상호작용을 강조하는 지혜의 균형이론(balance theory of wisdom)을 제안하고 지혜는 묵시적(默示的) 지식(tacit knowledge)이라고 불리는 특별한 형태의 지식을 요구한다고 가정한다.

스턴버그에 의하면, 묵시적 지식이란 개인 자신이 중요시하는 목표로 인도하는, 생활속에서 비공적식으로 획득한 행위지향적 지식이다. 따라서 묵시적 지식은 개인적 목표와 관련되면서도 타인으로부터의 도움을 받은 일이 없는 지식이어야 하는 동시에 실용성을 바탕으로 특정 상황에서 실제로 활용되는 지식이어야 한다.

이 이론에서 지혜로운 행동은 맥락과 조화를 이루어야 하므로 묵시적 지식을 지니고 있는 사람들은 한 상황에서 유용한 지식은 다른 상황에서는 전혀 도움이 되지 않을 수 있음을 잘 알고 있다. 그들은 개인적, 대인관계적 그리고 맥락적으로 조화를 이루는 생산적인 반응을 도출하기 위해 노력한다. 그들에게 개인의 이익만을 추구하는 행동이나 타인이나 주변 환경에 해를 끼치는 행동은 지혜로운 행동이 아님은 물론이다.

(3) 전문지식으로서의 지혜

스미스와 발테스(Smith & Baltes, 1990)는 지혜를 실생활에 대한 전문적 지식체계로 정의하고 다음과 같은 다섯 가지의 인지기술을 포함한다고 제안하였다.

① 사실적 지식(factual knowledge): 현재의 상황과 활용가능한 선택에 관한 지식

② 절차적 지식(procedural knowledge): 어디서 정보를 얻고 어떻게 좋

은 충고를 구할 수 있는지에 관한 지식

③ 전생애 맥락주의(life-span contextualism): 전생애 맥락에서 개인의 연령과 지위가 갖는 의미와 맥락에 적절한 지식에 관한 인식

④ 상대주의(relativism): 종교적, 영적, 문화적 상황에 대한 상대주의적 사고

⑤ 불확실성(uncertainty): 결과의 불확실성과 보충적 해결이 필요하다는 인식

이상의 인지기술을 바탕으로 지혜는 다음과 같은 심리적 특성을 포함하는 구성개념으로 이해된다.

- 지혜는 생활의 중요한 문제나 까다로운 문제를 처리할 수 있도록 한다.
- 지혜는 진정으로 탁월한 지식, 판단 그리고 충고이다.
- 지혜는 특정 상황에 적용될 수 있는 예외적인 깊이와 균형을 지닌 지식이다.
- 지혜는 좋은 의도로 사용되며 마음과 덕성(德性)을 결합한다.

따라서 지혜로운 사람은 삶을 어떻게 살아야 하고 인생사건들을 어떻게 이해하며 삶이 의미하는 것이 무엇인지를 잘 알고 있다.

(4) 마음이론으로서의 지혜

지혜와 마음이론(theory of mind)을 동일한 개념으로 가정하는 연구자들이 있다. 하페와 그 동료들(Happé 등, 1998)은 개인은 독립적 정신상태를 지니고 있고, 행동은 그러한 정신상태에 대한 지식을 바탕으로 예측되고 설명될 수 있다는 소위 마음이론(theory of mind)을 지혜로 정의하였다. 마음이론은 성인인지 연구에 적용된 일이 거의 없지만, 지난 10년 동안 발달심리학의 중요한 연구주제였다. 분명한 것은 지혜를 연구하기 위하여 마음이론과 같은 기존의 개념을 활용하면 풍부한 선행연구와 이미 확립되어 있는 개념 정의 및 측정도구들을 사용할 수 있는 이점이 있다는 것이다.

하페와 그 동료들은 19명의 61-80세 노인들과 52명의 16-30세 젊은이

들에게 마음이론 이야기(실수하고, 거짓말하고, 속이는 것과 같은 마음상태를 포함하는 이야기)와 일반 이야기(얼음 위에서 미끄러져 엑스레이를 촬영하기 위해 병원에 가는 것과 같이 마음상태를 포함하지 않는 이야기)를 제시하고 질문하였다. 질문에 정확하게 대답하기 위해서는 이야기 속에 등장하는 사람에 대해 추론해야 하지만, 마음이론 이야기만이 인지상태나 과정에 대한 추론을 포함한다.

연구결과 노인들은 일반 이야기보다 마음이론 이야기에서 유의하게 더 높은 점수를 얻었고, 마음이론 이야기에서는 젊은이들보다 더 높은 점수를 나타내었다. 그러나 젊은이들은 마음이론 이야기와 일반 이야기에서 차이를 보이지 않았다.

결국 이 연구는 건강한 노인들은 마음이론 능력을 지니고 있으므로 탁월한 사회적 추론이 가능하다는 것을 시사한다. 문제는 타인의 사고와 감정에 대해 올바른 추론을 하는 마음이론 능력이 지혜인지, 지혜의 한 요인인지, 혹은 완전히 다른 개념인지 현재로서 분명하지 않다는 것이다.

2) 지혜로운 사람의 특징

지혜라고 하면 우리는 자주 노인을 떠올리지만, 여기에 동의하지 않는 연구자들도 많이 있다(Staudinger & Dorner, 2007). 그로스만과 그 동료들(Grossman 등, 2010)의 연구에서 노인들은 사회적 갈등문제가 주어졌을 때, 성인초기 젊은이들이나 중년 성인들보다 중다의 조망을 고려하고 타협을 허용하며 자신이 가지고 있는 지식의 한계를 인식하는, 더 큰 고차적 추론능력을 지니고 있었다. 그러나 노인이면서도 지혜롭지 못한 사람들이 많을 뿐 아니라 젊은 사람들 중에서도 지혜로운 사람들이 있기 때문에 노인만이 지혜를 갖는다고 말하기는 어렵다.

그렇다면 어떤 사람이 지혜로운 사람인가? 지혜를 정의하는 방식에 따라 차이가 있기는 하지만, 전체적으로 지혜로운 사람은 문제에 합리적으로 접근하기 위하여 사고, 감정, 행동을 통합할 수 있는 사람들이며 감정이입능력과 동정심을 지니고 있는 사람들이다(Wink & Helson, 1997). 따라서 지혜로운 사람들은 광범위한 인생경험을 한 사람들로서 상황의 피상적 측면에 매달리기보다는 상황을 꿰뚫어보고 문제의 핵심을 파악할 수 있는 좋은 판단능력을 지니고 있다.

그렇다면 어떤 요인들이 지혜로운 사람이 될 수 있도록 하는가? 발테스와 그 동료들(Baltes & Smith, 2008)은 다음과 같은 세 가지 요인을 제안하였다.

첫째, 정신능력과 같은 일반적인 개인적 조건

둘째, 스승으로부터 지도를 받거나 훈련을 통한 구체적인 전문기술의 획득

셋째, 교육자나 지도자 경험과 같은 인생맥락

여기에 덧붙여 크래머(Kramer, 2003) 같은 연구자는 성인기 동안 일어나는 정서와 인지의 통합이 개인을 현명하게 만든다고 주장하였다. 실제로 이러한 모든 요인들을 획득하기 위해서는 오랜 시간이 요구되므로 연령증가가 지혜를 보장하는 것은 아니지만 지혜의 획득에 도움이 되는 것은 분명하다.

2. 창의성

창의성(creativity)이란 신기하고 색다른 방식으로 생각하고 독특한 해결책을 찾아내는 능력으로 지능과는 다른 개념이다. 일반적으로 창의적인 사람들은 상상력과 인지적 융통성, 호기심 그리고 새로운 아이디어에 대한 개방성을 지니고 기꺼이 타인으로부터 조언을 구한다(Cropley, 2000).

일찍이 길포드(Guilford, 1967)는 하나의 정답을 만들어 내는 수렴적 사고(convergent thinking)와 동일한 질문에 대해 많은 다른 해답을 생성해 내는 발산적 사고(divergent thinking)를 구별하고 후자를 창의성의 전형적 특성이라고 주장하였다. 그러나 지능의 삼원이론(triarchic theory)을 제안한 스턴버그(Sternberg, 2003)는 지능을 분석적 지능, 창의적 지능, 실제적 지능으로 구분하고 창의적 사고를 지능의 한 요인으로 정의하였다.

1) 창의성의 연령에 따른 변화

창의성은 연령에 따라 변화한다. 창의성에 관한 초기 연구들(Lehman, 1960)은 30대에 가장 창의적인 생산물이 산출되고 50세까지 중요한 창의적 생산물의 80%가 완성된다고 보고하였다. 그 증거로서 30세에, 에디슨은 축음기를 발명하였고 한스 안데르센은 동화집 제 1 권을 저술하였으며 모차르트는 피가로의 결혼을 작곡하였다. 그러나 최근의 연구자들은 창의성은 40대에 절정에 도달하고 그 이후부터 감퇴하기 시작한다고 주장한다(그림 5-6 참조).

창의성이 감퇴한다고 해서 더 이상 창의적이지 않다는 의미는 아니다. 창의적인 사람은 여전히 창의적 아이디어를 생성해 내지만, 젊을 때보다는 더 적은 양의 창의적 아이디어를 산출한다는 것이다(Dixon & Hultsch, 1999). 실제로 창의성에서의 감퇴가 50대 혹은 그 이후의 연령에서 일어난다고 할지라도 감퇴의 정도는 그렇게 크지 않다.

그 이유는 성인후기에도 세기적 걸작을 남긴 인물들도 상당수 있기 때문

그림 5-6 창의성의 연령에 따른 변화

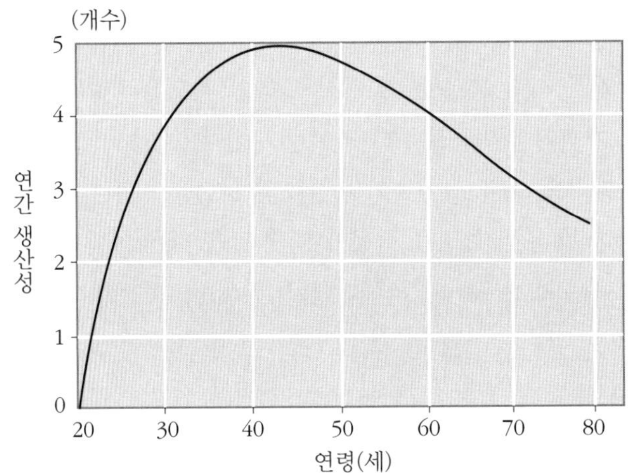

출처: Kail & Cavanaugh, 2000.

이다. 벤자민 프랭클린(Benjamin Franklin)은 78세에 이중 초점 렌즈를 발명하였고, 괴테(Goethe)는 80대에 파우스트를 완성하였다. 물리학자인 앙리 슈브뢸(Henry Chevreul) 같은 사람은 90대에 연구분야를 바꾸어 노년학 연구의 개척자가 되었으며 사망하기 1년 전인 102세에 마지막 연구논문을 출판하였다.

창의성의 연령에 따른 감퇴는 연구분야에 따라서도 달라진다. 그림 5-7은 수학과 다양한 과학분야에서 창의적 업적을 이룬 시기를 구체적으로 보여준다. 세 개의 시점 즉 최초의 창의적 업적을 이룬 시기, 가장 중요한(최상의) 창의적 업적을 이룬 시기 및 최종적인 창의적 업적을 이룬 시기를 비교해 보면 가장 어린 연령에서 혹은 가장 오랫동안 창의적 업적을 이룰 수 있는 분야가 무엇인지 확인할 수 있다.

그림 5-7 수학과 과학분야에서 창의적 업적의 연령에 따른 변화

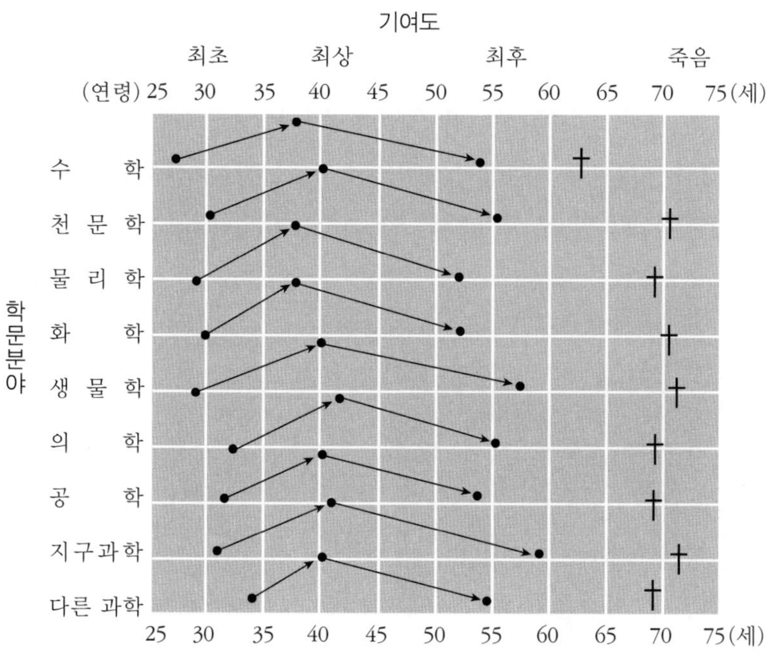

출처: Simonton, 1997.

그림에서 알 수 있는 것처럼, 가장 어린 연령에서 최초의 창의적 업적이 나타난 분야는 수학이고 가장 나이 많은 연령에서 최종적인 창의적 업적이 나타난 분야는 지구과학이다. 또한 물리학과 화학분야에서의 상승, 절정 및 감퇴의 패턴은 매우 유사하다. 이 그림에는 포함되지 않았지만 철학이나 역사학 분야에서는 더 나이 많은 성인들이 30-40대의 성인들보다 더 창의적인 반면, 서정시나 추상수학, 이론물리학 분야에서는 20-30대에 창의성의 절정에 도달한다.

2) 창의성을 촉진시키는 방법

유명한 창의성 연구가인 칙센트미하이(Csikszentmihalyi, 2000; Nakamura & Csikzsentmihalyi, 2002)는 창의적 생활이 개인의 호기심과 관심을 증진시키고 궁극적으로 창의성을 촉진시킨다고 주장한다. 그는 기업체, 정부기관, 교육계 그리고 과학분야에서 세계적으로 유명한 90명의 인물을 면접하고 창의적인 사람들은 그가 흐름(flow)이라고 부르는 경험을 한다는 것을 확인하였다.

그는 흐름이란 우리가 정신적, 신체적 도전에 몰입하여 해결하려고 노력할 때 경험하는 고양된 기쁨상태로서 모든 사람들이 이 경험을 할 필요가 있다고 제안하고 그것이 곧 창의성을 촉진시키는 핵심요인이라고 규정하였다.

Mihaly Csikszentmihalyi

헝가리에서 출생하였고 수년 동안 University of Chicago의 교수였으며 현재 Claremont Graduate School in California의 교수로 재직하고 있다.

그가 제안한 창의성을 촉진시킬 수 있는 방법을 제시하면 다음과 같다.

① 매일 보고, 듣고, 읽는 것에서 놀라는 경험을 하려고 노력하라.

② 매일 적어도 한 사람을 놀라게 하려고 노력하라.

③ 매일 당신을 놀라게 한 일이나 당신이 다른 사람을 놀라게 한 일을 기록하라.

④ 관심을 끄는 아이디어가 있으면 미루거나 주저하지 말고 무조건 그것을 따라가라. 갑작스럽게 떠오른 아이디어는 금방 사라지는 속성을 지니고 있다.

⑤ 수행해야 할 뚜렷한 목표를 가지고 아침에 일어나라. 해야 할 일이 있을 때 우리는 즐겁고 열정적일 수 있다.

⑥ 하루 중 언제가 가장 창의적일 수 있는지를 생각하여 시간을 활용하라. 어떤 사람은 밤늦은 시간에 혹은 어떤 사람은 이른 새벽에 더 창의적일 수 있기 때문이다.

⑦ 창의성을 자극하는 환경에서 시간을 보내라. 칙센트미하이는 걸을 때, 운전할 때, 수영할 때 가장 높은 창의성을 발휘할 수 있다고 제안하였다. 또한 조깅할 때나 반수면 상태, 혹은 반쯤 깨어 있는 상태에서 가장 창의적일 수 있다는 주장도 있다.

Chapter

6

관계형성의 변화 -결혼, 가족, 우정

I. 성인기 관계형성의 기저요인

1. 애 착
2. 사 랑

II. 결혼과 가족

1. 배우자 선택
2. 결혼생활

III. 가족구조의 변화

1. 독 신
2. 동 거
3. 무자녀 가족
4. 한부모 가족
5. 복합가족

IV. 가족구성원들의 관계

1. 부모-자녀 관계
2. 형제자매 관계

V. 친구관계-우정

1. 사회적 호위대로서의 친구
2. 우 정

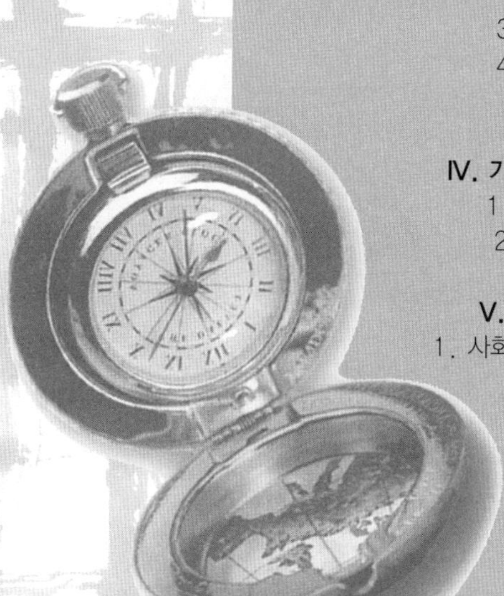

Adult Development
&
Aging Psychology

Chapter 06

관계형성의 변화 –결혼, 가족, 우정

성인기 동안의 행 · 불행은 부모, 배우자, 자녀 및 친구와 같은 몇 사람과의 핵심적인 관계와 연결되어 있다. 특히 가족을 포함하여 유의미한 타인과의 애착형성이나 탈애착의 과정은 삶의 방향을 바꾸는 전환점이 되기도 한다. 성인기 동안의 관계형성과 관련하여 우리가 관심 갖는 주된 주제는 성인기 동안 유의미한 관계의 질과 양에서 어떤 변화가 일어나는가이다. 그 중에서도 배우자나 자녀와의 관계에서는 어떤 변화가 일어나고 친구관계에서는 어떤 질적, 양적 변화가 일어나는지를 중요시한다. 이를 위해 먼저 성인기 관계형성의 기저요인으로 애착과 사랑을 설명하고 결혼과 가족, 가족구성원들과의 관계 및 친구관계를 차례로 설명한다.

unit I 성인기 관계형성의 기저요인

성인기 동안 형성되는 다양한 관계들은 질적, 양적 측면에서 큰 개인차를 보인다. 그 이유는 관계형성에 작용하는 기저의 메커니즘이 사람마다 다르기 때문이다. 여기서는 관계형성에 작용하는 메커니즘으로 최근에 많이 연구되는 애착과 사랑을 설명한다.

1. 애 착

애착(attachment)이란 특정한 개인에 대한 애정적 유대로서 애착연구의 초기에는 영아와 양육자 사이에 형성된 애정적 유대관계만을 의미하였다. 그러나 최근에 와서 애착은 개인의 전생애 동안 어머니 이외의 어떤 사람과도 형성할 수 있는 정적 유대로 인식된다(장휘숙, 1997).

일찍이 애착이론을 제안한 존 볼비(John Bowlby)와 그것을 경험적으로 연구한 매리 애인스워스(Mary Ainsworth)는 애착과 애착행동(attachment behavior)을 구별하고 애착행동으로부터 애착 여부를 추론할 수 있다고 주장하였다. 그 예로서 양육자에게 애착된 영아는 놀라거나 불안하면 양육자에게 매달림으로써 안정감을 얻는다. 또한 낯선 상황에서는 양육자를 안전기지(secure base)로 삼고 탐색할 수 있으며 애착인물과 분리되는 상황에서는 분리되지 않으려고 애를 쓰기 때문에 애착형성 여부가 확인될 수 있다. 그러나 성인이 되면 구체적인 애착행동은 이제 더 이상 나타나지 않는다. 성인들은 애착대상에게 편지를 쓰거나 전화를 걸거나 혹은 공상이나 상상을 통해 애착인물과의 접촉을 유지한다.

이와 같이 애착이 표현되는 방식은 달라진다고 할지라도, 애착은 성인기 동안에도 타인과의 관계를 설명하는 유용한 개념이다. 성인기 동안 우리는 부모와의 애착관계를 유지하면서도 배우자나 파트너와 새로운 애착관계를 형성한다. 우리는 애착인물에게 접근할 준비가 되어 있으므로 스트레스를 받거나 위기상황에 처하면 애착인물에게 다가간다. 성인기 동안에도 애착인물과 함께 있으면 우리는 위안과 안정을 얻을 수 있으며, 만약 애착인물과의 접촉이 불가능하다면 불안해하고 슬픔에 잠긴다.

1) 애착의 질적 특성과 내적 작동모델

영아기에 형성된 애착의 질적 특성이 성인기 동안에도 그대로 유지될 수 있는지의 문제는 볼비(Bowlby, 1969)가 제안한 내적 작동모델(internal working model)의 개념에 기초한다. 볼비에 의하면, 영아는 양육자에 대해 형성한 애착의 질적 특성을 바탕으로 내적으로 표상된 기대세트를 형성하며 이 조직화된 기대세트가 내적 작동모델이 되어 매일의 사고와 행동에 영향을 준다.

실험실 상황에서 영아의 애착행동을 연구한 애인스워스 등(Ainsworth 등, 1978)의 분류에 의하면, 애착의 질적 특성은 안정형, 회피형, 불안/양가형으로 구분된다. 이러한 세 가지 유형의 애착양식은 질적으로 다른 내적 작동모델을 형성하게 하고, 그것은 자기와 타인에 대해 기대하고 해석하는 방식에 차이를 가져온다. 특히 양육자가 영아에게 반응적이고 영아가 필요로 할 때마다 접근 가능한 영역 내에 있을 때, 영아는 긍정적인 내적 작동모델을 형성할 수 있다. 그러므로 영아와 양육자 사이의 이른 애착관계는 자아와 세계에 대한 신념을 형성하게 하고 이후의 관계형성을 위한 기초로 작용한다.

성인애착 면접(Adult Attachment Interview: AAI)을 개발한 조지와 그 동

표 6-1 어머니의 내적 작동모델과 특징 및 영아의 애착안정성의 관계

내적 작동 모델의 유형	특 징	영아의 애착분류
자율적-안정형	아동기 경험에 대한 응답에서 긍정적이든 부정적이든 객관성과 균형을 유지한다. 부모를 이상화하지도 않고 과거에 대해 화난 감정을 가지고 있지도 않다. 설명은 일관성이 있고 믿을 만하다.	안 정 형
거 부 형	애착관계의 중요성을 평가절하한다. 과거에 대해 구체적으로 회상하지 못하며 부모를 무조건 이상화한다. 회상한 내용에 대해서는 감정의 개입 없이 완전히 지적으로 설명하려고 한다.	회 피 형
몰 입 형	아동기 경험에 몰입되어 있고 때때로 부모에 대해 분노를 표현한다. 애착경험에 대해 당황하고 혼란스러워하며 일관성 있게 설명하지 못한다.	불안/양가형
미해결-혼란형	위의 세 가지 특성 중 한두 가지의 특성을 나타낸다. 사랑하는 사람의 상실이나 신체적 혹은 성적 학대에 대해 이야기할 때 혼란되고 일관성 없는 방식으로 추론한다.	불안/혼란형

료들(George 등, 1985)은 성인 연구대상자들의 아동기 경험과 현재의 부모와의 관계에 대해 질문하고 표 6–1과 같이 성인기 애착양식을 구분하였다. 이 연구에서 어머니의 내적 작동모델과 영아기 애착양식이 서로 일치하는 것으로 밝혀졌고 후속연구들(Waters 등, 1995; van IJzendoorn, 1995)도 성인기 애착분류는 아동기 애착분류와 일치한다고 보고하였다.

그러므로 인생초기에 형성된 애착의 질적 특성은 내적 작동모델의 형태로 성인기 동안에도 그대로 유지되고, 그것은 다시 어머니의 양육방식에 영향을 주어 자녀도 유사한 애착양식을 형성하게 한다. 결국 어머니가 지니고 있는 애착의 내적 작동모델은 어머니–아동관계를 통하여 자녀에게 대물림된다.

2) 애착과 낭만적 사랑의 관계

성인의 낭만적 사랑(romantic love)은 애착과정으로 설명된다. 하잔과 쉐버(Hazan & Shaver, 1987)는 영아기에 양육자에 대해 형성한 애착양식이 성인기에도 그대로 유지된다고 가정하고 낭만적 파트너에 대해서도 동일한 내적

표 6–2 하잔과 쉐버의 3범주 애착양식 척도

※아래의 세 가지 설명 중 당신을 가장 잘 나타내는 번호 하나를 선택하십시오.
1. 나는 타인과 가까워지는 것을 비교적 쉬운 일이라고 생각한다. 내가 타인에게 의지하고 그들이 나에게 의지할 때 나는 편안함을 느낀다. 나는 타인에게 버림받을까 걱정하지 않으며 또한 타인이 나에게 지나치게 많이 가까워지는 것도 걱정하지 않는다. (안정형)
2. 타인과 가까워질 때 나는 약간 불편함을 느낀다. 나는 타인을 완전히 믿지 못하고 타인에게 의지하려고도 하지 않는다. 나는 다른 사람이 나와 가까워지려고 하면 겁이 난다. 나를 사랑하는 사람이 내가 원하는 것보다 더 친해지려고 할 때 나는 오히려 신경이 날카로워지고 불안해진다. (회피형)
3. 내가 타인과 지나치게 많이 가까워지기를 원할 때가 있어 타인들이 오히려 나를 꺼린다고 생각한다. 나는 자주 내가 사귀는 사람이 나를 사랑하지 않는다고 걱정하고 그(그녀)가 나와 함께 있는 것을 원하지 않을지도 모른다고 불안해한다. 나는 사귀는 사람과 완전히 하나가 되기를 원하지만, 이러한 나의 소망은 때때로 다른 사람을 놀라게 하여 떠나버리게 한다. (불안/양가형)

작동모델이 활성화될 것으로 기대하였다. 그들은 단일문항으로 구성된 질문지 형식의 애착범주 척도를 개발하고(표 6-2 참조), 낭만적 관계에서 개인이 느끼는 감정을 가장 잘 나타내 주는 범주 하나를 선택하게 하여 애착양식을 분류하였다.

표 6-2에 제시된 단일문항의 3범주 애착양식 척도를 사용하여 성인들의 애착양식을 측정하면, 영아기 동안의 애착양식 비율(안정형, 55%; 회피형 25%; 불안/양가형 20%)과 거의 일치하는 성인기 애착양식들이 나타난다. 3범주의 애착양식 척도에서 안정형 애착으로 분류된 개인들은 회피형 혹은 불안/양가형 애착으로 분류된 개인들보다 낭만적 관계에서 더 큰 만족을 경험하였고, 그들의 사랑은 신뢰나 우정과 같은 긍정적 정서에 기초되어 있었다(Brennan & Shaver, 1995). 그러나 회피형 애착으로 분류된 개인들은 낭만적 관계에서 오히려 스트레스를 경험하고 파트너로부터 철회한 반면(Simpson 등, 1992), 불안/양가형 애착양식의 소유자들은 파트너와의 관계에 강박적으로 몰입하면서도 자주 파트너를 바꾸는 경향이 있었다(Kirkpatrick & Davis, 1994).

3범주의 애착모델을 확장하여 자기와 타인에 대한 내적 표상을 기초로 4범주의 애착양식을 제안한 연구자도 있다. 그림 6-1에 제시된 바와 같이, 자기와 타인 양자에 대해 긍정적 모델을 갖는 안정형(secure) 애착, 자기에 대한 긍정적 모델과 타인에 대한 부정적 모델을 갖는 거부형(dismissive) 애착, 자기에 대한 부정적 모델과 타인에 대한 긍정적 모델을 갖는 몰입형(preoccupied) 애착 그리고 자기와 타인 모두에 대해 부정적 모델을 갖는 두려움형(fearful) 애착이 그것이다.

4범주의 애착양식으로 구분했을 때, 성인초기 성인의 약 50%가 안정형 애착을 지니고 거의 유사한 비율로 나머지 세 개의 불안정한 애착양식이 분포되어 있음이 밝혀졌다(Bartholomew & Horowits, 1991). 흥미롭게도 안정형 애착의 소유자들은 타인과 성공적인 관계를 형성할 수 있는 반면, 나머지 세 개의 안정되지 못한 애착양식의 소유자들은 타인과의 관계에서 문제를 나타내었다. 특히 자신에 대해 부정적 견해를 갖는 몰입형이나 두려움형은 자기

그림 6-1 4범주의 성인애착 모델

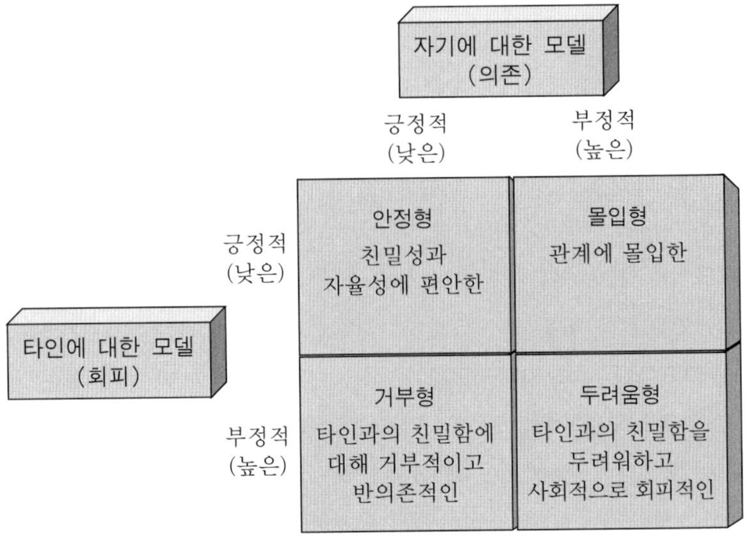

출처: Bartholomew & Horowitz, 1991.

에 대해 긍정적인 안정형이나 거부형과 비교하여 더 많은 우울증상을 나타내었으나(Van Buren & Cooley, 2002) 남녀간에는 어떤 차이도 발견되지 않았다(Gallo 등, 2003).

3) 성인후기의 애착

영아기에 형성된 애착양식이 전생애 동안 유지된다는 연구결과에도 불구하고 성인후기의 노인들을 대상으로 한 연구는 드물다. 노인들의 애착을 연구한 거의 유일한 연구로서 웹스트(Webster, 1997)의 연구가 있다. 그는 신문광고를 통하여 모집한 76명의 건강한 노인들(평균 68세)을 대상으로 선행연구(Bartholomew & Horowitz, 1991)에서 확인된 성인초기 성인들의 애착양식 비율과 성인후기 노인들의 애착양식 비율을 비교하였다.

그림 6-2에 제시된 바와 같이, 성인초기 젊은이들은 안정형 애착(47%)을 가장 많이 지니고 그 다음이 두려움형, 거부형 그리고 몰입형 순이었다.

그림 6-2 성인초기 성인과 성인후기 노인들의 애착양식 비교

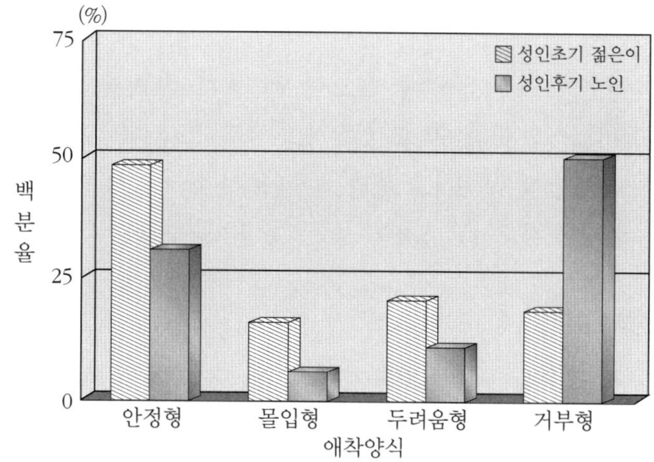

출처: Webster, 1997.

그러나 노인들은 거부형 애착(52%)을 가장 많이 지니고 그 다음이 안정형 애착(33%)이었으나 성인초기 젊은이들 중에 거부형 애착을 지니고 있는 사람들은 단지 18%에 지나지 않았다.

노인들은 왜 자기에 대한 긍정적 모델과 타인에 대한 부정적 모델을 포함하는 거부형 애착양식을 많이 갖는가? 아마도 그것은 배우자나 다른 가까운 사람들의 죽음에 대한 반응으로 노인들이 채택한 적응적 대처양식의 결과일 것이다. 실제로 노인 연구대상자들의 절반 이상이 사별이나 이혼 혹은 별거 상태에 있었으므로, 타인과 친밀한 관계를 거부하고 파트너에게 의존하기보다는 스스로 독립적인 생활을 영위하는 것이 노인들에게 더 적응적일 것이다. 행복감 검사에서도 거부형 애착양식을 지니고 있는 노인들이 더 높은 점수를 얻어 성인후기 동안 타인에 대해 부정적 표상을 형성하는 것이 오히려 더 적응적임이 밝혀졌다.

2. 사 랑

사랑은 성인기 삶을 결정하는 중요한 요인이다. 우리는 매일매일 누군가를 사랑하고 미워하면서 생활하고 있음에도 불구하고, 아직도 사랑이 무엇인지를 명확하게 규정하지 못하고 있다. 사랑에 관한 다양한 이론들을 통하여 사랑이 무엇인지를 검토하고 성인기 동안의 사랑을 고찰한다.

1) 사랑의 이론

사랑은 지난 수십년 동안 연구자들의 관심을 끄는 인기 있는 주제였지만, 아직도 사랑이 무엇인지에 대해서는 일치된 견해가 없다. 사랑을 설명하는 방식은 크게 단일차원 이론(single dimension theory)과 중다요인 이론(multiple-factor theory)으로 구분될 수 있다.

(1) 단일차원 이론

사랑에 대한 단일차원 이론은 사랑이 한 극단에서 또 다른 극단 사이의 일직선상에서 어떤 지점에 위치한다고 가정한다.

① 프로이트(Freud, 1952)의 이론: 가장 유명한 단일차원 이론으로 사랑은 성적 욕구(sexual desire)로 정의된다. 개인이 특정인에 대해 성적 욕구를 얼마나 많이 느끼느냐에 따라 사랑의 강도가 결정된다.

② 루빈(Rubin, 1973)의 이론: 이 이론은 일직선상의 양극단에 사랑하는 것과 좋아하는 것을 배치한다. 여기서 좋아하는 것(liking)은 타인에 대해 존경과 애정의 느낌을 갖는 것으로 그리고 사랑(loving)은 보살피기와 친밀감을 갖는 것으로 정의된다. 루빈에 의하면, 좋아하는 것과 사랑하는 것 사이의 일직선상에는 낭만적 파트너, 친구 혹은 가족 구성원에 대해 우리가 갖는 가능한 모든 감정들이 포함된다.

③ 테노브(Tennov, 1979)의 이론: 이 이론에 의하면, 사랑은 개인이 타인에 대해 느끼는 강렬한 갈망의 정도로써 측정될 수 있다. 극단적인

사랑은 우리가 아무리 다른 생각을 하려고 애를 써도 온통 그 사람에 대한 생각으로 가득할 때를 의미한다. 극단적인 사랑에 빠진 사람들은 사랑하는 사람에게 강하게 애착되고 그에게 의지하며 그 사람이 나를 사랑한다고 느끼면 격렬한 기쁨에 휩싸인다. 이 이론에서 사랑은 어떤 대상이 우리의 사고와 정서 속에 얼마나 깊이 들어와 있는지를 바탕으로 평가된다.

(2) 중다요인 이론

사랑이 몇 개의 중요한 요인으로 구성되어 있다고 주장하는 중다요인 이론에는 리(Lee, 1977)의 이론, 하트필드(Hatfield, 1988)의 이론, 그리고 스턴버그(Sternberg, 1997)의 이론이 있다.

① 리(Lee, 1977)의 이론: 리는 다음과 같은 6가지 사랑양식이 존재한다고 제안하고 각 사랑양식들은 모두 사랑의 타당한 방식이라고 주장하였다.

㉠ 열정적(eros) 사랑: 이성에 대한 강한 전념과 몰입을 보이고 이성을 매력적이라고 생각하며 신체적 매력에 대한 강한 선호를 보인다.

㉡ 놀이적(ludus) 사랑: 사랑을 남녀간의 게임으로 생각하고 깊은 감정의 교류는 이루어지지 않는다. 파트너 사이의 속임수는 어느 정도 수용될 수 있다는 입장을 취한다.

㉢ 우정같은(storge) 사랑: 친밀하고 진실하고 지속적이나 열정이 포함되어 있지 않다.

㉣ 계산적 · 실용적(pragma) 사랑: 실리적인 계산이 포함된 사랑형태로 파트너의 조건을 중요시하기 때문에 쇼핑리스트(shopping list) 사랑이라고도 한다.

㉤ 소유적 · 의존적(mania) 사랑: 파트너에 대한 불확실성에 기초한 사랑으로 파트너를 의심하고 자주 불안해한다.

㉥ 헌신적(agape) 사랑: 사랑하는 사람에게 모든 것을 주기만 하는 비요구적 사랑이다.

한국 대학생들을 대상으로 리가 분류한 6개의 사랑양식과 애착유형과의 관계를 연구한 장휘숙(2002)은 안정형 애착을 지니고 있는 남녀 대학생들은 열정적 사랑이나 헌신적 사랑을 한다고 보고하였다. 반면에 회피형 및 불안/양가형 애착을 지니고 있는 남학생들과 불안/양가형 애착을 지니고 있는 여학생들은 놀이적 사랑이나 소유적 · 의존적 사랑을 그리고 회피형 애착을 지니고 있는 여학생들은 계산적 · 실용적 사랑을 많이 하는 것으로 나타났다.

② 하트필드의 이론: 하트필드는 사랑이 격정적 사랑(passionate love)과 동반자적 사랑(companionate love)의 두 가지 형태로 존재한다고 제안하였다. 격정적 사랑은 타인에 대한 강한 갈망으로 그것이 충족될 때는 황홀감을, 그렇지 못할 때는 절망감을 불러일으킨다. 동반자적 사랑은 애정과 친밀감의 형태를 취한다. 이 이론에 따르면, 타인에 대한 사랑은 개인이 경험하는 격정적 사랑과 동반자적 사랑의 양으로 정의된다.

그림 6-3 스턴버그의 사랑의 삼각형

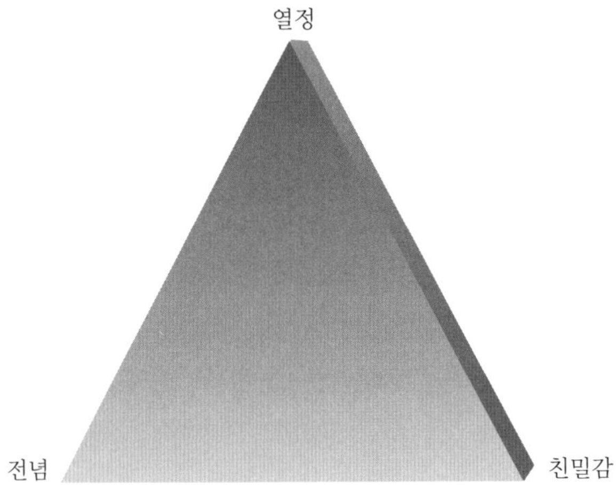

이 세 가지 요인들의 상이한 조합은 사랑관계의 본질을 결정한다.

③ 스턴버그의 사랑의 삼각형: 이 이론은 사랑이 세 가지 중요한 구성요인 즉 친밀감(intimacy), 열정(passion) 그리고 전념(commitment)을 포함한다고 가정한다(그림 6–3 참조). 친밀감은 가까움과 연결감을 증진시키는 감정이고 열정은 타인과의 결합(성적 결합을 포함하여)에 대한 강한 갈망이며, 전념은 장기간 특정인에게 헌신하는 것을 의미한다. 이 세 가지 요인들의 조합방식에 따라 표 6–3과 같은 8가지 사랑양식이 만들어진다. 이와같이 스턴버그의 이론은 사랑의 다양한 강도는 물론 사랑의 다양한 유형을 설명할 수 있도록 한다.

스턴버그의 사랑의 삼각형을 사용하여 18세부터 93세까지의 개인, 400명을 대상으로 수행된 연구(Falconi & Mullet, 2003)에서 삼각형은 한 요인에

표 6–3 스턴버그의 8가지 사랑양식

사랑양식	구성요인
무사랑	열정, 전념, 친밀감이 모두 부재하며, 대부분의 우연적 관계가 여기에 해당한다.
좋아함	친밀감은 존재하나 열정과 전념은 존재하지 않는다. 지속적인 우정이 이 범주에 속한다.
광적 사랑	친밀감과 전념은 없이 열정만 존재한다.
텅빈 사랑	열정이나 친밀감 없이 전념만 존재한다. 장기간의 메마른 결혼생활이나 수년 동안 유지되는 우정과 같다.
낭만적 사랑	열정과 친밀감은 존재하나 전념이 없다.
동반자적 사랑	친밀감과 전념은 존재하나 열정을 결여한다. 열정이 식어버린 배우자와의 관계나 부모 혹은 다른 친척과의 관계 및 오랫동안 지속되는 우정이 여기에 해당한다.
바보같은 사랑 (혹은 환상적 사랑)	열정과 전념은 존재하나 친밀감을 결여한다. 전념은 열정에 기초하며, 회오리 바람 같은 사랑에 해당한다.
완전한 사랑	열정, 친밀감, 전념이 모두 존재한다. 완전한 사랑이라고 해서 반드시 지속된다는 보장은 없다.

서의 감소가 다른 요인에서의 증가를 가져오는 보상적 도식(compensatory schema)으로 기능한다는 것이 확인될 수 있었다. 예를 들어 서로 너무 바쁘고 함께 할 시간이 감소하면, 커플은 전념을 더 많이 강조함으로써 그들의 사랑을 보상한다는 것이다. 이 연구의 대상자들은 강한 친밀감과 열정이 존재한다면 전념은 자연스럽게 뒤따라 오기 때문에, 사랑의 삼요소 중에서 전념의 중요성이 가장 낮다고 보고하였다.

2) 스턴버그의 사랑양식에서의 변화

스턴버그가 제안한 사랑의 양식은 시간과 함께 변화한다. 우선 사랑관계의 초기에는 보통 열정은 강하지만 친밀감과 전념은 낮아서, 스턴버그는 이것을 광적 사랑이라고 명명하였다. 그러나 광적 사랑을 하는 사람들은 최초의 감정을 유지하기 위하여 점점 더 많은 노력을 해야 하므로, 이러한 유형의 사랑은 오래 지속되지 못한다.

열정이 사라지면 관계는 정서적 친밀감을 획득하거나 아니면 종결된다. 이 때 신뢰와 정직, 솔직함, 수용 등이 동반된다면 낭만적 사랑(romantic love)이 시작된다. 시간경과와 함께 서로에 대한 전념이 싹트기 시작하면 함께 많은 시간을 보내고 모든 것을 함께 결정하며, 동시에 서로를 돌보고 공유하고 갈등을 효과적으로 해결하는 방안도 찾아낼 수 있다.

중요한 것은 시간경과와 함께 사랑의 양식이 변한다고 할지라도, 사랑관계의 중요한 측면들까지 함께 변하는 것은 아니라는 것이다. 비록 오래된 연구이기는 하지만, 리디 등(Reedy 등, 1981)은 사랑관계를 구성하는 요인으로 의사소통, 성적 친밀성, 존경, 도움과 놀이행동, 정서적 안정성 및 파트너에 대한 성실성을 가정하고 이 6가지 요인들의 상대적 중요성을 평정하게 하였다. 그림 6-4에 제시된 바와 같이, 사랑을 구성하는 6가지 요인들의 중요성은 연령과 함께 변화하였으나 각 요인들 사이의 상대적 중요성에서는 어떤 변화도 일어나지 않았다. 다시 말하면 성인기 동안 연령이 증가하여도 사랑관계의 본질에는 변화가 없다는 것이다.

이 연구에서 사랑관계에서 가장 중요한 요인은 정서적 안정성이었으며

그림 6-4 사랑관계에 영향을 주는 중요한 요인들의 변화

점수가 높을수록 더 중요하다는 의미를 지닌다.

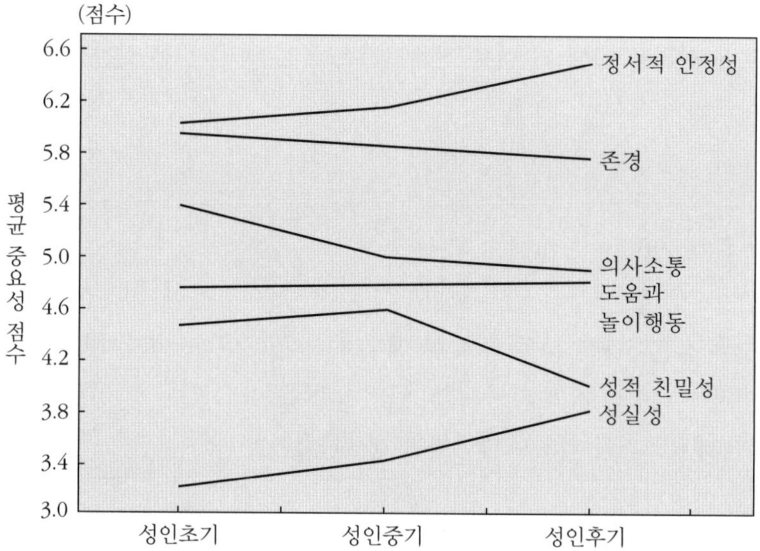

출처: Reedy 등, 1981.

그 다음이 존경, 의사소통, 도움과 놀이행동, 성적 친밀성, 그리고 성실성의 순이었다. 의사소통 요인은 아직도 서로를 파악하는 과정에 있는 성인초기 젊은 커플들에게 더 중요한 요인이고, 도움과 놀이행동의 중요성은 성인기 동안 큰 변화 없이 그대로 유지되었다. 또한 파트너에 대한 성실성은 연령과 함께 증가하고 성적 친밀성은 성인중기 이후로 감소하였다.

unit Ⅱ 결혼과 가족

전세계 인구의 대부분이 결혼하고 가족과 함께 생활한다. 그러나 최근에 와서 결혼에 대한 전통적 사고는 점차 약화되고 사회적 시계의 개념도 그 의미를 상실하고 있다. 그럼에도 불구하고, 아직도 많은 사람들은 결혼하고 가

정을 이룬다. 우리는 가족으로부터 위로받고, 휴식을 얻으며 그들에게 의지하기 때문에 가족의 중요성을 부정할 수는 없다. 실제 연구에서도 결혼한 사람들은 그렇지 않은 사람들보다 더 높은 직업만족을 경험하고 경제적으로 더 여유로운 생활을 하며 더 나은 신체건강은 물론 더 좋은 정신건강을 지니고 있었다(Rogers & May, 2003).

1. 배우자 선택

많은 젊은이들은 삶을 함께 할 배우자를 찾고 있다. 애착이론에 따르면, 성인기라는 미지의 세계를 탐색할 "안전기지"를 찾고 있는 셈이다. 젊은이들은 어떤 매력조건을 기초로 배우자를 선택하는가?

1) 배우자 선택이론

(1) 여과이론

이 이론에서는 배우자 선택을 단 한 사람이 남을 때까지 많은 잠재적 배우자를 제외시키는 일련의 과정으로 정의한다(Cate & Llyod, 1992). 여과이론(filter theory)에 의하면, 우리가 잠재적인 배우자를 만나게 될 때 먼저 외모나 사회적 계층과 같은 기본적인 외적 특성들을 체크한다. 만약 그가 이 첫번째 관문을 통과하지 못하면 잠재적 배우자로서의 자격을 상실한다.

잠재적 배우자가 이 관문을 통과한다면, 이제 우리는 정치나 종교 혹은 성(性)과 같은 문제에 대한 태도와 신념의 조화 여부를 체크한다. 이 관문도 통과하면, 마지막으로 욕구나 기대가 서로 조화를 이루는지, 성역할에 대한 일치된 견해를 가지고 있는지, 혹은 성적 조화를 이룰 수 있는지를 체크한다.

그러나 여과이론을 부정하는 사람도 있다. 그 이유는 잠재적 배우자를 평가하는 과정들이 여과이론에서 주장하는 것처럼 단계적으로 일어나기보다는 처음부터 동시적으로 일어날 수 있기 때문이다.

(2) 과정이론

과정이론(process theory)은 남녀 관계가 지각된 유사성이나 조화 여부에 의해 시작되지만, 그 관계가 결혼관계로 진행될 것인지 아닌지는 진행되는 관계의 본질에 의존한다고 주장한다(Surra, 1990). 일상적인 데이트에서 시작하여 결혼에 이르기까지 관계의 본질은 변화한다. 시간경과와 함께 소속감과 애착이 증가하고 문제해결 행동과 같은, 관계를 유지하기 위한 유지행동들(maintenance behaviors)이 증가한다.

물론 관계의 초기에는 양가감정과 갈등 또한 증가하여 결혼을 결정하기 직전에 최고도에 이르고 그 이후에는 점차 감소한다. 결혼 여부를 결정하는 과정에서 여성들은 남성들보다 더 조심스럽지만, 일단 결정을 하고 나면 관계유지를 위해 더 많이 노력한다.

(3) 교환이론

교환이론(exchange theory)은 모든 개인이 잠재적 배우자에게 제공할 자산을 지니고 있다고 가정하고 최상의 교환이 이루어질 수 있을 때 결혼이 성립된다고 주장한다. 이 이론에 의하면, 여성들은 그들이 가진 성적 자산이나 가사노동력을 남성이 지닌 경제적 자원과 교환하는 반면, 남성들은 경제적 자원과 여성들의 매력을 교환조건으로 한다.

교환은 공평성을 전제로 한다. 물론 교환의 대상은 돈이나 지위 혹은 외모와 같이 눈에 보이는 자원도 있지만, 사랑, 애정, 지능, 힘과 같이 눈에 보이지 않는 자원도 있다. 상호간의 교환이 공평하지 않다고 느낄 때 갈등이 일어난다.

2) 배우자 선택의 조건

우리는 어떤 조건의 배우자를 선택하는가? 배우자 선택의 조건을 제시하면 다음과 같다.

① 동일한 국적, 인종집단 혹은 사회적 계층을 공유하는 사람들과 결혼하기 원한다. 소위 족외혼(exogamy)보다 족내혼(endogamy)을 바람직

한 조건으로 규정한다. 족외혼은 개인이 소속한 집단 바깥의 사람과 결혼하는 것인 반면, 족내혼은 동일한 국적, 인종집단 혹은 사회적 계층을 공유하는 사람들과 결혼하는 것을 의미한다.

② 배우자 선택시에 자신과 정반대의 특성을 갖는 사람보다는 유사한 특성을 갖는 사람들을 선호한다. 다시 말하면 동형배우(homogamy)가 이형배우(heterogamy)보다 더 바람직하다는 것이다.

우리는 연령, 사회적 계층, 인종, 종교, 흥미, 태도, 기질 등은 물론 애착의 내적 작동모델에서도 서로 다른 사람보다는 유사한 사람을 더 많이 선택한다. 예를 들면, 안정형 애착의 소유자들은 역시 안정되게 애착된 배우자를 선택하려고 한다.

③ 남성은 연령이나 교육 정도에서 약간 낮은 여성을 선택함으로써 결혼경사도(marriage gradient)를 만들어 낸다. 결혼경사도란 남편이 아내보다 약간 우세한 지위를 할당받고 아내가 남편을 어느 정도 우러러 볼 수 있는 관계를 의미한다.

따라서 남성들은 멋진 외모를 지니고 있지만, 교육 정도나 수입수준은 자신보다 낮은 여성들과 결혼하기 원하는 반면, 여성들은 수입수준은 물론 연령이나 교육 정도도 자신보다 더 높은 남성과 결혼하고 싶어한다. 일반적으로 여성들은 결혼을 통하여 계층상승을 꾀하는 반면, 남성들은 매력을 제외한 모든 조건에서 자신보다 낮은 여성을 선호한다. 최근 우리 사회에는 연하의 남성을 선택하는 젊은 여성들이 있기는 하지만, 결혼경사도는 여전히 배우자 선택의 한 조건이 되고 있다.

2. 결혼생활

결혼은 남녀 두 사람의 결합으로만 생각되기 쉽지만, 실제로 두 집안의 결합이므로 복잡하고 적응하기 어려운 과정이다. 결혼식을 마치고 신혼여행에서 돌아오면, 이전에 혼자서 결정했거나 아니면 부모가 결정해 주었던 수많은 문제들이 그들을 기다리고 있다. 이제 그들은 먹고, 자고, 말하고, 일하고, 휴식하고, 돈을 버는 것과 같은 일상적인 일조차도 언제, 어떻게 해야 할지 생각하지 않으면 안 된다. 또한 가족의 전통과 의식을 그대로 따를 것인지, 부모, 형제자매, 확대가족의 구성원들, 직장동료 및 친구들과는 어떻게 지내야 하는지도 재규정해야만 한다.

현대의 부부들은 부부관계를 정의하기 위하여 더 많은 것을 고려하지 않으면 안 된다. 그 이유는 성역할에 대한 개념이 변화하고 있고 가족구성원들은 더 멀리 떨어져 살고 있으며, 결혼적령기를 지난 결혼들이 많기 때문이다. 특히 교육 정도가 높고 경제적으로 여유 있는 만혼 부부들은 각자의 개성은 물론 결혼생활과 직업역할에서 오는 갈등을 해결해야 하기 때문에, 부부관계를 정립하는 것이 생각만큼 쉽지 않다.

1) 행복한 결혼생활과 불행한 결혼생활

행복한 결혼생활은 높은 수준의 삶의 질을 경험하고 큰 생활만족을 경험하게 한다. 결혼생활의 행복에 가장 큰 영향을 미치는 요인은 부부간의 사랑이다. 20세부터 75세까지의 결혼한 사람들을 연구한 결과에 의하면(Rosen-Grandon 등, 2004), 사랑의 핵심적 측면은 상호적 존중과 용서, 애정, 민감성 그리고 지원이었다.

두 번째로 중요한 요인은 일생동안 계속될 전념에 대한 믿음인 충성심(loyalty)으로, 높은 수준의 전념을 나타내는 부부들은 더 안정되고 만족스러운 결혼생활을 영위할 수 있다. 세 번째 요인은 공유된 가치관(shared values)이다. 그것은 부모역할이나 경제적 계획, 종교활동과 같은 중요한 문제에 대해 부부가 유사한 신념을 공유하는 것을 의미한다.

의사소통 또한 중요하다(오경희, 1997; 이영주, 장휘숙, 2007; Stanley 등, 2002). 부부간의 의사소통이 빈번하고, 솔직하고, 분명하고, 친밀할수록 결혼생활의 만족도는 커진다. 효율적인 의사소통을 하는 부부들은 서로 성의 있는 태도로 예의바르고 솔직하게 대화한다. 그들은 개방적 의사소통을 통하여 서

표 6-4 행복한 결혼생활과 불행한 결혼생활에 영향을 주는 요인

관련요인	행복한 결혼생활	불행한 결혼생활
가족배경	사회경제적 수준, 교육, 종교, 연령에서 유사한 사람	사회경제적 수준, 교육, 종교, 연령에서 서로 다른 사람
구혼기간	6개월 이상	6개월 미만
첫 임신 시기	결혼 1년 후	결혼 1년 이내
확대가족과의 관계	따뜻하고 긍정적 관계	부정적이고 소원한 관계
확대가족 내의 결혼패턴	안정적	불안정한; 잦은 별거와 이혼
재정상태, 취업상태	안정적	불안정한
성격특성	정서적으로 긍정적; 바람직한 갈등해결 기술	정서적으로 부정적, 충동적; 보잘것 없는 갈등해결 기술

출처: Gottman 등, 1998; Karney & Bradbury, 1997.

로를 이해하고 상대방의 의견을 존중함으로써 합의점을 찾으려고 노력한다.

이 외에 행복한 결혼생활과 불행한 결혼생활에 영향을 주는 전통적 요인들을 정리하면 표 6-4와 같다.

2) 결혼생활 만족의 변화와 가족생활주기

결혼생활의 행복이나 만족은 시간에 따라 변화하는 속성을 지니고 있다. 이 분야의 연구자들은 결혼초기에 가장 큰 만족을 경험하고 그림 6-5에 제시한 가족생활주기*의 다섯 번째 단계인 중·고등학교 자녀를 갖는 가족단계에서 결혼생활 만족은 최하점에 도달하며 그 이후에 다시 증가하는 U자 형태의 변화를 나타낸다고 보고한다(Akiyama 등, 2003).

그러나 U자 형태의 변화는 어디까지나 횡단연구의 결과에 지나지 않는다고 주장하는 연구가 있다. 6,000명 이상의 성인들을 대상으로 17년간 계속된 한 종단연구는 그림 6-6과 같이 결혼생활의 만족은 전생애 동안 오로지 감소할 뿐이라고 보고하였다(Van Laningham 등, 2001).

*가족생활주기 가족생활주기란 Duvall(1977)에 의해 제안된 개념으로 첫 자녀의 성장을 기준으로 설정된 8개의 가족발달단계이다. 각 단계는 독특한 가족발달과업을 포함한다. 가족생활주기가 변화하면, 가족의 책임이나 역할도 변하므로 가족발달과업도 함께 변화한다.

그림 6-5 가족생활주기

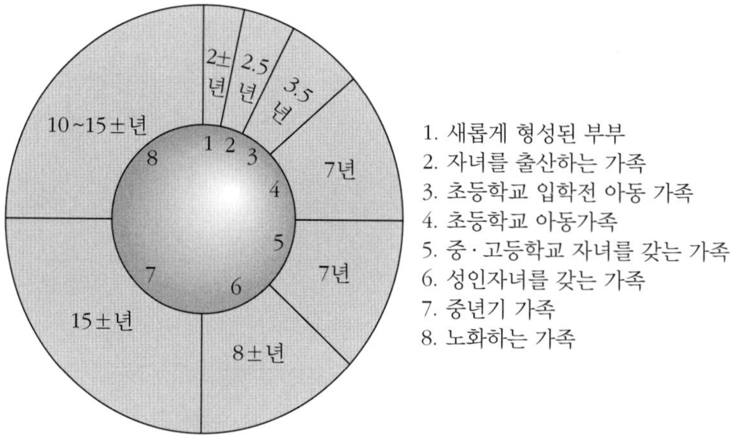

출처: Duvall & Miller, 1985.

그림 6-6 전생애 동안 결혼생활만족의 변화

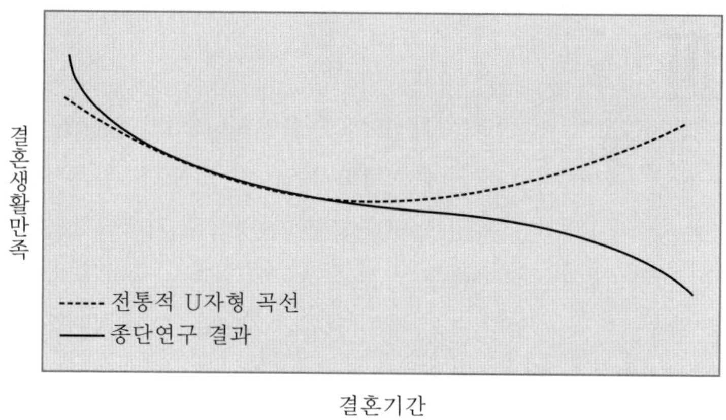

출처: Van Laningham 등, 2001.

이 그림에서 결혼생활의 만족은 결혼 초기에 가장 높고 이후 급격하게 감소한다. 만족의 감소폭은 점차 완만해지지만 계속해서 감소하며 중년기 이후에는 결혼생활의 만족이 증가하는 일은 결코 일어나지 않는다. 다행스러운 것은 만족의 감소폭이 결혼생활을 유지할 수 있는 정도라는 것이다.

결혼생활 만족이 감소하는 이유는 무엇일까? 아마도 충족되지 못한 기대에 기인한 불만족 때문이거나 결혼생활에 대해 보다 더 현실적인 평가가 이루어졌기 때문일 것이다.

많은 부부들은 결혼생활에 대해 잘못된 신념이나 생각을 지니고 있다. 결혼생활을 불만족스럽고 갈등적으로 만들 가능성이 있는 잘못된 신념들을 정리하면 다음과 같다(Berk, 2001).

① 부부만족은 결혼 첫 해부터 증가한다.

② 부부만족을 예언하는 가장 중요한 요인은 부부의 성생활이다.

③ 배우자가 나를 사랑한다면, 그는 내가 무엇을 원하는지 본능적으로 알아야 한다.

④ 내가 어떻게 행동하든, 우리는 부부이므로 배우자는 나를 사랑해야만 한다.

unit Ⅲ 가족구조의 변화

성인들의 생활양식이 다양해짐에 따라 가족구조에서 변화가 일어나고 있다. 결혼적령기에 이르면 누구나 결혼할 것으로 기대되었으나 독신생활을 하는 젊은이들이 증가하였고 결혼을 하고도 자녀를 출산하지 않는 무자녀 가족 또한 늘어나고 있다. 더욱이 이혼율의 증가는 재혼율의 증가를 가져옴으로써 복합가족을 양산하고 있다.

1. 독 신

일생 동안 결혼하지 않는 사람들이 여기에 해당된다. 물론 이혼이나 사별 후 재혼하지 않는 사람들도 독신(singlehood) 속에 포함된다. 독신생활을 즐기는 사람은 남성들보다 여성들이 더 많으며 '화려한 싱글' 로서 자유를 누린다. 그들은 교육정도가 높고 직업지향적인 여성들이다(Lee & Schaninger, 2003).

독신이 증가하는 이유는 가부장적 가족주의에 대한 반발과 여성의 지위 향상, 경제적 자립 및 자의식의 확대 때문이며, 이혼율의 증가도 중요한 원인이 되고 있다. 독신은 가정보다는 내 삶을 더 중요시하고, 결혼보다는 개인의 행복을 더 중시하는 현대인의 개인주의적, 자유주의적 성향에서 비롯된다(김경원, 김태현, 2005).

독신생활은 개인적 자유와 융통성 있는 생활을 즐길 수 있도록 하지만, 문제점이 없는 것은 아니다. 우선 독신생활은 외로움과 불안정감을 느끼게 하고 부부중심 사회에서 소수집단이나 주변인으로서 제한된 사회생활을 하도록 하며, 특히 독신 남성들은 건강이 나빠지고 수명도 짧아진다는 보고도 있다(Chasteen, 1994; Whitbourne, 1996).

2. 동 거

최근 동거(cohabitation)가 증가하고 있다. 동거란 혈연관계나 친족관계가 아닌 두 성인 남녀가 공식적으로 결혼식이나 혼인신고를 하지 않고 함께 생활하는 것을 말한다(권미경, 지영숙, 2005). 과거의 동거는 진보적인 사람이거나 집안의 반대 때문에 아니면 동성동본으로 어쩔 수 없는 경우가 많았지만, 지금은 동거에 대한 의식도 달라졌고 동거를 희망하는 젊은이들이 늘어나고 있다. 이미 2002년도에 동거를 찬성하는 사람들이 반대하는 사람들보다 더 많다는 국내 보고도 있다(한국가정사역연구소, 2002)

동거하는 이유는 첫째, 사랑하는 사람과 함께 할 수 있기 때문에, 둘째, 상대에 대해 더 많이 알 수 있기 때문에, 셋째, 결혼에 대해 더 신중하게 생각할 수 있기 때문에, 넷째, 결혼보다 자유로운 생활이 가능하기 때문에, 다섯째, 경제적 효용성 때문에, 여섯째, 외로움을 해소할 수 있기 때문에 등 다양하다. 또한 남녀관계가 결혼관계에서보다 더 평등할 수 있다는 것도 동거하는 또 다른 중요한 이유이기도 하다(손정아, 2007).

그러나 동거에 대한 부모나 다른 가족구성원들의 극심한 반대는 동거 커플에게 정서적 스트레스를 불러일으키고 경제문제나 소유재산 문제가 어려움을 가중시키기도 한다. 중요한 것은 동거 경험이 이후의 결혼생활의 행복이나 성공을 보장하지 못한다는 것이다. 오히려 동거경험이 없는 사람들이 동거경험이 있는 사람들보다 더 원만한 결혼생활을 한다(미국질병통제예방센터, 2002).

3. 무자녀 가족

무자녀 가족(childless family)이란 생리적 혹은 의학적 문제 때문이 아니라 자발적으로 자녀를 갖지 않기로 결정하고 자녀 없이 부부 두 사람만으로 구성되는 가족을 의미한다. 무자녀 가족은 출산율 저하와 함께 한국 사회의 인구감소를 초래하는 중요한 원인으로 최근 급속하게 증가하고 있다. 한국여성개발원(2004)이 전국 3,500가구 9,109명을 대상으로 조사한 결과에 의하면, 맞벌이를 하면서 자녀를 갖지 않는 소위 딩크족(DINK: Double Income No Kids)이 전체 가구의 15.0%였다.

그러나 무자녀 가족은 자주 이기적이고 일탈된 사람들로 인식되고, 온정이나 보살핌 혹은 친절함이 부족하다는 인상을 준다. 또한 무자녀 가족 여성들은 "여성적이지 않은" 사람으로 그리고 남성들은 "힘이 없거나 능력이 없는 사람"으로 생각되기도 한다(Letherby, 2002; LeMastro, 2001).

무자녀 가족의 비율이 매년 증가하고 있는 미국에서는 문제가 있는 것처럼 보이는 "무자녀"(childless)라는 단어 대신에 "자녀로부터 자유로운"(child-free)이라는 단어를 써야 한다는 주장이 제기되고 있다(Mason, 2011). 그러나 자녀로부터 자유롭다는 의미도 책임감이 없거나 미성숙하다는 인상을 주어

무자녀에 대한 부정적 고정관념은 여전히 계속되고 있다.

결혼한 부부들이 왜 무자녀를 선택하는가? 가장 중요한 이유는 직업세계에서 성공하고 경제적 안정을 이루기 위해서이다. 특히 자녀양육의 직접적 책임을 맡는 여성들은 직업을 갖고 경제적 안정을 이룰 수 있기 위해 무자녀를 선택한다. 그러므로 자녀를 갖지 않겠다는 결정을 하는 사람은 남편이 아니라 대부분 자녀양육의 직접적 책임을 맡는 아내들이다. 그 외에 결혼한 부부 스스로 부모가 될 자격이 없다고 판단하거나 자녀 없이 자유를 누리고 부부만족을 추구하기 위하여 무자녀를 선택하기도 한다. 중요한 것은 자녀가 있는 부모나 없는 부모 모두 삶의 질이나 자기존중감 혹은 우울에서 차이를 나타내지 않았다는 것이다(Nomaguchi & Milkie, 2003).

4. 한부모 가족

한부모 가족(single-parent families)은 부모 중 어느 한편의 사망이나 이혼, 별거 혹은 유기로 인하여, 한편의 부모와 자녀로 구성된 가족을 말한다. 우리나라의 한부모 가족은 전체 가구의 7-9%를 차지하며, 지난 25년간 연평균 2.4%의 증가를 보이고 있어 주요 선진국들보다 더 높은 편이다(장영미 등, 2010). 현재도 배우자 사망에 의해 한부모 가구가 되는 비율이 가장 높기는 하지만, 2005년도 이후부터 사별에 의한 비율은 크게 감소하고 이혼이나 별거에 의한 비율이 급증하고 있다(이혜경, 2011).

한부모 가구 중 여성 한부모 가구의 비율이 남성 한부모 가구의 비율보다 훨씬 더 높다. 그 이유는 여성이나 가족과 관련한 사회적 가치의 변화로 여성들이 혼자 자녀를 양육하기 용이해졌고 이혼 후 재혼하는 여성들의 비율도 남성들보다 더 낮기 때문이다. 또한 남성들이 여성들보다 평균 7-8년 더 일찍 사망하기 때문에 그리고 사회활동에 따른 불의의 사고도 남성들이 더 많이 경험하기 때문이기도 하다.

한부모 가구들은 가사문제, 자녀양육 문제, 정서문제, 사회적응 문제 등으로 어려움을 겪는다. 그러나 그들이 겪는 가장 큰 어려움은 경제문제이며, 특히 여성 한부모 가구의 경제적 어려움은 심각한 수준이다. 한 조사에서(고은주, 김진욱, 2009), 남성 한부모 가족의 빈곤율은 13.77%인 반면, 여성 한부모 가족의 빈곤율은 20.7%여서, 여성 한부모 가구의 경제적 어려움을 짐작할 수 있다.

5. 복합가족

복합가족(blended families 혹은 step families)은 재혼하는 성인 중 한편 혹은 양편이 그들의 이전의 배우자와의 사이에서 출생한 자녀를 데리고 결혼생활을 시작하기 때문에 생물학적으로 부모-자녀관계를 형성하지 않는 가족구성원을 포함하는 가족형태이다(장휘숙, 2008).

현재 우리나라 전체 혼인신고의 약 1/4이 재혼이지만 미국에서의 재혼은 전체 결혼의 절반을 차지한다. 그러나 한국의 재혼하는 부부들 중에는 '전실자녀의 면접권'이나 '재산' 문제로 혼인신고를 하지 않는 경우도 많아 실제 재혼형태의 가구비율은 더 많을 것으로 추정된다(이수정, 전영주, 2009 참조).

우리나라 평균 재혼연령은 2000년 남자 42.05세, 여자 37.46세, 2005년 남자 44.10세, 여자 39.56세 그리고 2010년 남자 46.11세, 여자 41.59세로서 매년 높아지는 추세를 보인다(통계청, 2011). 그 이유는 65세 이상의 노인 재혼이 전체 재혼에서 차지하는 비중이 점점 더 커지기 때문이다.

재혼자들의 상당수는 20세 미만의 자녀를 데리고 재혼하며, 재혼남-재혼여의 비율이 가장 높다. 흥미로운 것은 초혼남-재혼여의 비율이 재혼남-초혼여의 비율보다 더 높다는 것이다. 1995년부터 시작된 이러한 추세는 우리 사회의 달라진 남녀관계와 결혼풍속도를 반영하는 특징적 현상으로 평가된다.

재혼은 이혼한 사람들 사이에서 가장 많이 이루어진다. 미국의 경우 이혼 4년 이내에 재혼하는 비율이 가장 높고 남성들이 여성들보다 조금 더 빨리 재혼한다(Berk, 2001). 그러나 재혼으로 형성된 복합가족은 초혼가족들보다 더 많은 어려움에 직면한다. 그 이유는 무엇일까?

첫째, 사랑하기 때문에 재혼하기는 하지만, 많은 재혼부부들은 재혼을 통하여 경제적 안정을 얻고 자녀양육의 도움을 받고 싶어한다. 또한 재혼함으로써 외로움을 해소하고 사회적 수용을 얻으려는 욕구도 포함되어 있다. 그러나 이러한 실제적 문제들은 재혼하는 부부가 오랫동안 관계를 지속하는 데 방해요인으로 작용할 수 있다.

둘째, 초혼에서 학습한 부정적 상호작용 패턴과 문제해결 방식을 재혼생활에 그대로 가져오는 사람이 있다.

셋째, 결혼생활에 실패한 경험이 있는 사람들은 결혼생활의 어려움이 표면화되면 이혼을 바람직한 문제해결 방법으로 활용하기 쉽다.

넷째, 재혼한 커플들은 가족구성원들이나 친인척들간의 문제 때문에 더 많은 스트레스를 경험한다. 즉 남편의 전실 자식과 계모의 갈등, 아내의 전실 자식과 계부의 갈등, 계자녀들 사이의 갈등, 부부 양편의 친척 및 전배우자, 전인척 등과의 관계 설정 등 복잡한 문제가 한두 가지가 아니다.

이러한 문제점에도 불구하고 복합가족이 성공적으로 유지될 수 있기 위해서는 다음과 같은 조건들이 충족되어야 한다(정현숙 등, 2000).

첫째, 좋은 부부관계가 유지될 수 있어야 한다.

둘째, 계부모-계자녀 관계가 좋아야 한다.

셋째, 재혼 후 출산자녀가 없어야 한다. 그러나 서구에서는 재혼 후 출산자녀가 있을 때 가족의 통합이 더 용이하였다(Ganong & Coleman, 1994).

넷째, 재혼부부의 결혼만족도가 높고 의사소통과 갈등해결이 효과적으로 이루어질수록 재혼생활의 질도 높아진다.

결론적으로 재혼부부의 결혼만족도를 결정하는 요인은 좋은 부부관계와 갈등 없는 친족관계였다.

unit Ⅳ 가족구성원들의 관계

가족 상호작용에 관한 연구들은 일관성 있게 성인들은 연령과 상관 없이 부모 및 형제자매와 빈번하게 접촉하면서 생활한다고 보고한다. 그러나 접촉하는 방식은 물리적으로 얼마나 먼 거리에 살고 있는가에 따라 달라진다. 가까운 거리에 살고 있을 때는 자주 만나지만 거리가 멀어지면 전화나 편지 혹은 이메일로 서로 연락한다. 물론 서로 방문하고 연락을 취하는 역할을 담당하는 사람은 여성들이며, 그들은 친족관계를 유지하는 장본인들이다.

1. 부모-자녀 관계

1) 부모-자녀간의 애착

성인자녀들은 아직도 부모에게 애착되어 있는가? 성인초기에 이르면 젊은이들은 그들 자신의 가정을 꾸며야 하고 독립적인 생활을 해야 하기 때문에 부모에 대한 애착유대를 약화시키고 동년배나 배우자에게 애착하지 않으면 안 된다. 그렇다고 해서 부모와 성인자녀 사이에 애착유대가 완전히 종결되는 것은 아니다.

애착유대의 증거로서 성인자녀들은 부모와 규칙적으로 접촉하고 심각한 스트레스를 경험할 때에는 부모의 지원을 필요로 하며 부모의 사망시에는 깊은 슬픔과 상실을 경험한다. 성인초기 젊은이들의 부모-자녀관계 과업은 부모의 아들·딸로 남아 있으면서도 부모로부터 정서적으로 독립하는 것이다. 부모 역시 자녀를 사랑하기 때문에 그리고 다음 세대로 이어지는 연속성이나 불멸의 의미로 자녀와 계속 접촉하고 연결되기를 원한다.

따라서 한국의 노부모들에게 자녀와의 빈번한 접촉은 더 큰 생활만족을 경험하게 하는 반면(이정의, 2010), 자녀와의 적은 접촉은 부모를 우울하게 하고 부부갈등을 증가시키며 건강도 나빠지게 하여(유정현, 성혜영, 2009), 자녀는 생활만족의 핵심근원이었다. 서구문화에서도 노부모가 성인자녀와의 관계를 긍정적으로 평가할 때 노부모의 건강상태는 더 좋았다(Whitbeck 등, 2001).

그러나 부모와 성인자녀가 접촉한다고 해서 동거한다는 의미는 아니다. 한 세대 전만 하더라도 결혼한 자녀들 특히 장남은 부모로부터 받은 은혜에 보답하고 부모를 부양하기 위해 부모와 동거하였지만, 현재는 경제력이 있는 노인들만이 기혼자녀나 미혼자녀와 동거한다(김미영, 이성우, 2009).

전통적으로 부모와 기혼자녀의 동거는 자녀가 부모에게 경제적 · 신체적 도움을 주는 형태였지만, 최근의 거주형태는 자녀가 오히려 수혜자라는 것이다. 그것은 미혼의 자녀든 기혼의 자녀든 부모로부터 경제적 도움을 받을 수 있을 때 부모와 동거한다는 의미로서 경제력이 없는 노인들은 자녀로부터 외면당하고 결국 빈곤계층으로 전락한다.

부모와 성인자녀 사이에 강한 애착이 존재할 수 있다면, 그것은 어머니와 딸 사이에서 일어난다. 그러나 그들 사이에서도 상호적 도움(reciprocal assistance)이 불가능하고 어느 한편이 일방적으로 도움을 제공해야 한다면, 두 사람 사이의 애착이나 애정은 점차 약화된다. 부모와 성인자녀 사이의 상호호혜적 관계는 전생애 동안 변화하기 때문에, 애착의 강도 역시 변하지 않을 수 없다.

2) 부모-자녀 상호작용의 구체적 내용

부모와 성인자녀는 서로에게 애정과 도움을 제공하면서도 서로 충고하고, 상대편의 생각을 변화시키려고 노력하며, 각자의 행동에도 영향력을 행사하려고 한다. 특히 직업에 대해 그리고 돈을 사용하는 방법에 대해 충고하고 선거시에는 특정인을 지지하라고 설득하기도 한다. 이와 같이 가족구성원들 사이의 상호작용의 대부분은 충고와 함께 영향력을 행사하려는 의도를 지니고 있다.

3세대 150가족을 대상으로 가족 상호작용을 연구한 하게스타트(Hagestad, 1984)의 고전적 연구에 의하면, 중년기 자녀들은 노부모에게 건강관리에 대한 충고와 어디에서 살고, 집안관리와 돈관리는 어떻게 하며 시간을 어떻게 사용해야 하는지에 관해 충고하였다. 그들은 현재의 사회문제나 가족 내 역동에 대한 노부모의 태도에도 영향을 주려고 노력하였으나 그렇게 성공적이지는 못하였다. 노부모 역시 중년자녀에게 건강문제와 일문제 및 경제문제에 대해 충고하였고, 젊은 세대는 중년부모에게 건강, 사회적 태도, 시간사용 문제에 대해 영향력을 행사하려고 노력하였다.

그러나 부모의 자녀에 대한 영향력은 자녀의 부모에 대한 영향력만큼 효과적이지 못하다. 즉 부모의 자녀에 대한 충고나 영향력 행사 중 단지 1/3 정도가 효과적이라면, 자녀의 부모에 대한 충고는 약 70%가 성공적이었다. 자녀의 연령이 50-60대라고 할지라도 부모는 자녀에게 영향을 주려고 노력하지만, 자녀들은 단지 선택적으로 귀를 기울일 뿐이었다.

가족에 따라 가족 상호작용시에 논의되는 주제는 달라진다. 어떤 가족들은 관계문제를 주로 이야기하면서 관계 내에서의 서로의 행동을 변화시키려고 노력한다(누나에게 전화해라, 멀리 살고 있는 형에게 편지를 쓰라, 아빠와 돈문제로 논쟁하지 말라 등). 또 다른 가족들은 관계문제가 아니라 돈문제나 직업문제에 대해 논의한다. 흥미롭게도 할아버지, 아버지, 아들로 이어지는 남성 세대들은 돈문제나 직업문제와 같은 실질적 문제에 대해 충고하고 영향력을 행사하려고 하는 반면, 할머니, 어머니, 딸로 이어지는 여성 세대들은 관계문제에 더 많은 시간을 할애한다.

이와 같이 부모-자녀 관계는 강한 애착을 포함하고 있지 않다고 할지라도, 습관과 가족전통을 공유하고 서로 도움이나 영향력을 주고받는다. 가족관계상에서 가장 복잡한 세대는 노부모와 성인자녀의 가운데에 위치하는 중년성인들로서 일찍이 하게스타트(Hagestad, 1986)는 이 시기를 샌드위치 세대(sandwich generation) 혹은 감금당한 세대(caught generation)라고 명명하였다.

2. 형제자매 관계

형제자매관계는 전생애 동안 계속된다. 성인기 동안의 형제자매 관계는 예외적으로 가까운 관계에서부터, 상호적 무관심이나 경쟁관계까지 매우 다양하다. 성인기 동안 형제자매들이 얼마나 가까운지는 아동기에서의 형제자매 관계에 의해 결정되기 때문에, 성인기에 이르러 새롭게 가까운 관계를 형성한다는 것은 어려운 일이다.

성인기 동안 위기에 직면하거나 중요한 결정을 내려야 할 때, 제일 먼저 형제자매에게 조언을 구하는 사람은 거의 없다. 형제자매들은 각 개인이 작성한 도움제공자의 인물목록에서 최하위에 위치하는 사람들로서 어느 연령에서나 서로에게 도움(경제적 도움을 포함하여)이나 지원을 제공하는 일은 많

그림 6-7 성인기 동안 형제자매 관계의 변화에 영향을 주는 요인들

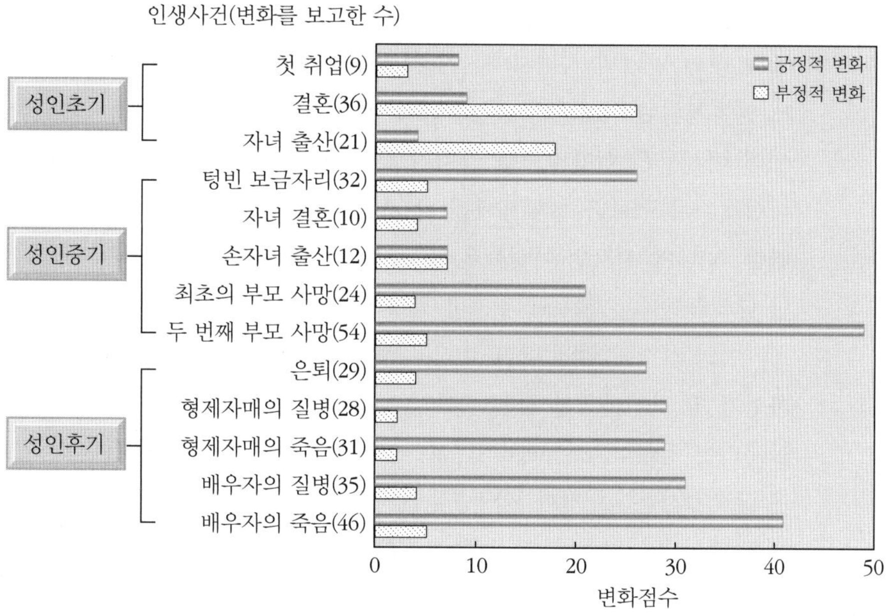

출처: Gold, 1996.

지 않다(Cicirelli 등, 1992).

그러나 형제자매 관계는 항상 동일한 정도의 가까움을 유지하는 것은 아니다. 특히 성인기 동안 경험하는 다양한 인생사건들은 형제자매 관계를 변화시킨다. 그림 6-7에 제시된 바와 같이 성인초기 동안에는 결혼과 자녀 출산이 형제자매 관계를 부정적으로 변하게 하지만, 성인중기에 이르면 형제자매 관계는 보다 더 가까워진다. 이 시기에 마지막 홀로 남은 부모의 죽음과 텅빈 보금자리는 형제자매 관계를 더 가깝게 하는 중요한 요인이다.

성인후기에 이르면 형제자매를 가깝게 만드는 사건들이 더 많이 일어난다. 배우자나 형제자매의 죽음, 질병 혹은 은퇴와 같은 사건들은 형제자매를 더 빈번하게 접촉하게 함으로써 긍정적 형제자매 관계를 촉진시키는 역할을 한다. 65세 이상의 노인 60명을 대상으로 면접한 골드(Gold, 1996)의 연구에서, 시간경과와 함께 형제자매 관계가 점점 더 가까워졌다고 응답한 비율은 46%였으나 점점 더 소원해졌다고 응답한 사람은 18%여서 성인후기 동안 형제자매가 가까워지는 사람들이 더 많다는 것을 알 수 있다.

형제자매 관계는 성별에 따라서도 차이를 보인다. 40대, 50대, 그리고 60대 성인 남녀의 형제자매관계를 연구한 결과에 의하면(장휘숙, 2011a), 어느 연령에서나 여성들은 남성들보다 형제자매를 더 가깝게 지각하였다. 특히 40대 여성들은 형제자매를 아버지보다 더 가까운 관계로 지각하였고, 50대 여성들은 친구보다 형제자매를 더 가깝다고 지각하였으나 남성들은 그 반대였다. 60대에 이르면 여성들은 형제자매를 중요한 애착인물로 지각하게 되지만 남성들에게는 친구와 유사한 정도의 가까운 사람일 뿐이었다.

이와 같이 연령에 따라 그리고 성별에 따라 형제자매 관계의 가까움에서 차이가 있으나 분명한 것은 문화가 달라져도 형제자매들은 매우 가까운 사람들이라는 것이다(Antonucci 등, 2004). 실제로 형제자매들은 배우자나 자녀 혹은 부모보다는 덜 가까운 사람들이지만, 그들은 우리가 일생 동안 형성하는 10명 내외의 가까운 관계 속에 포함되는 사람들이기 때문에 가까운 관계임이 분명하다.

형제자매 관계 중에서 가장 가까운 관계는 자매들 사이의 관계이다

(Spitze & Trent, 2006). 전통적으로 여성들은 가족모임을 조직하고 가족연결망이 유지될 수 있도록 하는 역할을 하므로 남성들보다 형제자매에 대해 더 가까움을 느끼고 더 사이좋게 지낸다. 자매와 가깝다고 지각하는 여성들은 낮은 수준의 우울을 보고한 반면, 소원하다고 지각하는 여성들은 높은 수준의 우울증후를 나타내었다. 그러나 남자 형제와의 관계는 우울증후와 아무런 관련이 없었다. 이와 유사하게 최근에 미망인이 된 여성들 중에서 자매의 지원을 받을 수 있는 여성들은 그렇지 않은 여성들보다 훨씬 더 잘 적응하였으나 남자 형제나 자녀와의 접촉은 아무런 도움이 되지 못하였다(Connidis, 2001). 분명 여성들은 긍정적 친족관계를 유지하는 핵심 인물이었다.

unit V 친구관계 - 우정

친구는 부모, 자녀, 형제자매와 함께 우리의 삶에서 핵심적인 역할을 하는 중요한 사회적 호위대(social convoy)이다. 사회적 호위대란 안토누치(Antonucci, 1990)에 의해 제안된 개념으로 성인기 동안 개인을 둘러싸고 있는 사회적 관계의 연결망으로서 개인을 보호하는 역할을 한다. 사회적 호위대의 구성원들은 서로에게 영향을 주는 것은 물론 개인이 세상을 경험하는 방식에도 영향을 준다.

1. 사회적 호위대로서의 친구

안토누치와 그 동료들(Antonucci & Akiyama, 1997)은 그림 6-8과 같은 동심원을 사용하여 호위대 지도(convoy map)를 만들고 반응자들에게 세 수준의 관계를 보고하게 하였다. 반응자들은 가장 내부의 원 안에는 매우 가깝고 중요한 사람을 그리고 중간 수준의 원 안에는 가깝기는 하지만 내부원 속에 기록된 사람들만큼은 가깝지 않은 사람들을 기록해야 한다. 또한 가장 외

그림 6-8 호위대 지도

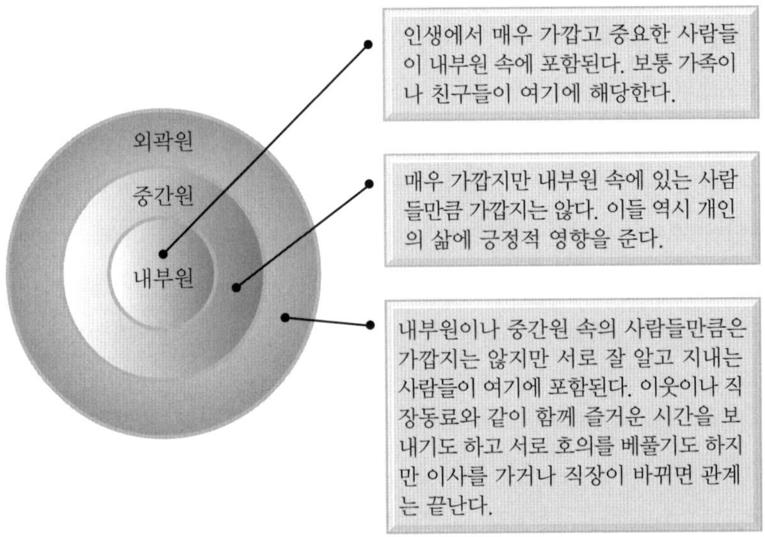

출처: Antonucci & Akiyama, 1997.

곽에 있는 원 속에는 반응자의 개인적 연결망에 포함되기는 하지만, 두 개의 원 속에 포함되는 사람들만큼은 가깝지 않은 사람들을 기록한다.

호위대 모델에서 친구는 중간원이나 외곽원에 포함되는 인물로서 중요한 사회적 호위대로 기능한다. 장휘숙(2011a,b)의 연구에서 친구는 청년기 동안에는 호위대의 내부원에도 포함되는 인물이지만, 40대, 50대, 60대에서는 주로 중간원이나 외곽원에 포함되어 친구의 중요성은 연령에 따라 변화하는 것으로 밝혀졌다. 더욱이 인생 후반기로 갈수록 친구관계망이 클 때 더 큰 생활만족을 경험하는 것으로 나타나 친구는 성인후기의 성공적 노화와도 연결되어 있었다.

결론적으로 친구는 어느 연령에서나 사회적 호위대를 구성하는 중요한 인물로서 개인의 자기존중감이나 자기인식 및 자존심을 증가시키고 성인기 동안 새로운 역할을 학습하는 것을 돕는다(Kail & Cavanaugh, 2000).

2. 우 정

1) 우정의 의미와 발달

우정(friendship)이 무엇인지를 정의한다는 것은 그렇게 쉬운 일이 아니다. 우정은 가족관계나 연인관계를 포함하는 다른 가까운 관계와 비교하여, 사회적 규준의 영향을 적게 받고 쉽게 해체될 수 있는 특징이 있다. 또한 우정은 감정이나 정서적 측면도 포함하지만, 그 깊이는 개인에 따라 큰 차이를 보인다. 우정이 더 강하고, 더 친밀하고 더 호혜적일수록 상호적인 애정과 충성심 및 정서적 노출이 포함된다. 강한 우정을 형성한 친구들은 서로 눈에 보이지 않거나 연락이 없으면 찾고, 만나고 싶고, 만나면 즐거운 사람들이다.

레빙거(Levinger, 1983)가 제안한 우정의 ABCDE 모델에 의하면, 우정은 다음과 같이 일련의 단계를 거쳐 변화한다.

① A(Acquaintanceship) 단계: 아는 사이 혹은 단지 안면이 있는 단계
② B(Buildup) 단계: 서로 간에 우정이 형성되는 단계
③ C(Continuation) 단계: 우정이 지속되는 단계
④ D(Deterioration) 단계: 우정이 점차 쇠퇴되는 단계
⑤ E(Ending) 단계: 어떤 이유로 서로간의 우정이 종결되는 단계

우정이 A단계에서 B단계로 발전할 것인지 아닌지는 몇 가지 요인에 달려 있다. 즉 개인이 상대편에 대해 매력을 느끼는 정도나 아는 정도, 두 사람 사이의 의사소통이 원만하게 이루어지는 정도 및 우정의 중요성에 대한 각자의 지각 등에 의해 이동 여부가 결정된다. 또한 우정이 쇠퇴단계에 도달한다고 할지라도 우정이 종결될지 아닐지는 새로운 친구의 유무에 달려 있다. 만약 새로운 친구가 나타나지 않는다면, 서로를 중요하게 생각하지 않는다고 할지라도 우정은 계속될 것이다.

2) 성인기 동안의 우정

성인들의 우정은 다음과 같은 세 가지 차원을 포함한다(de Vries, 1996).

① 정서적 차원: 가장 자주 언급되는 우정의 차원으로 이 차원은 신뢰와 전념 및 충성심에 기초한 자기노출과 친밀성의 표현, 이해 및 애정을 포함한다.

② 상호적 차원: 친구들은 함께 관심갖는 활동에 참여하고 그것을 지원한다.

③ 사교와 조화성 차원: 친구들은 우리를 즐겁게 해주고 오락과 즐거움의 근원으로 작용한다.

이러한 세 가지 차원을 충족시킬 수 있기 위해 친구는 유사한 가치와 흥미, 여가활동 및 배경을 가지고 있고 연령과 수입, 부모의 사회경제적 지위가 유사한 사람들이어야 한다. 보통 친할수록 교육정도도 유사하고 가까운 곳에 거주하며 비슷한 수준의 이웃을 가지고 있었다.

일반적으로 친구관계망이 크고 친구와 자주 접촉하며 친구와 교제기간이 길 때 그리고 친구관계가 좋을 때 성인들은 큰 생활만족을 경험한다. 노인들의 경우 교육정도가 낮을수록 친구와의 만남은 생활만족에 더 큰 영향을 주었다(이정의, 2010).

3) 우정에서의 성차와 남녀간의 우정

성인기 동안 남녀의 우정은 차이를 보인다. 여성들의 우정은 더 친밀하고 더 큰 정서적 공감대를 형성하며 비밀을 털어놓는 수단으로 사용된다. 그러므로 여성들에게 친구가 된다는 것은 개인적 문제를 상의할 수 있는 관계라는 것을 의미한다.

대조적으로 남성들의 우정은 활동이나 관심을 공유한다는 의미를 지닌다. 그들은 같이 축구를 하고 낚시하고 스포츠에 대해 이야기 나누기를 좋아한다. 남성들이 친구에게 비밀을 털어놓을 수 있는지는 경쟁 여부에 따라 달라진다. 남성들에게 경쟁은 이기고 지는 문제 이전에 사회적 상호작용의 가장 중요한 요소이므로, 경쟁은 남성 우정의 한 요소이다(Fehr, 1996). 만약 친구를 경쟁관계로 지각한다면 비밀을 털어놓는 일은 결코 일어나지 않는다. 따라서 남성들은 여성들만큼 친구와 친밀하지 않으며, 친밀성은 그들에게 중요하지도 않다.

왜 여성들은 남성들보다 더 친밀한 친구관계를 형성하는가? 여성들은 아동초기부터 친밀한 관계를 더 많이 경험하였고 대인관계에서 상처를 입더라도 더 편안하게 대처할 수 있기 때문에 쉽게 친해질 수 있다. 그러나 일찍부터 용감하고 강건해야 한다는 압력을 받으면서 성장한 남성들은 가까운 우정을 형성할 수 있는 능력을 발달시킬 기회를 갖지 못하였다.

우정형성에서 나타나는 이러한 남녀간의 차이는 남녀가 친구가 되려고 할 때도 부정적으로 작용한다. 남녀간의 우정은 이성이 지닌 특성이나 기술을 학습할 수 있도록 하기 때문에 남녀 모두의 성장에 도움을 준다. 그러나 여성들은 남성들이 왜 매사에 경쟁적인지 그리고 남성들은 여성들이 왜 자신의 문제를 이야기하려고 하는지 이해하지 못하기 때문에 서로간에 우정이 형성되기 어렵다.

일반적으로 여성들은 이성친구와 영원히 친구관계로 남기를 원한다. 그러나 남성들은 자주 친구관계를 넘어서 이성친구를 구혼 상대자로 생각하기 때문에 친구관계가 유지되기 어렵다. 그러나 여성들은 결혼 후에도 이성친구와의 우정을 돈독하게 유지하고 남성 직장동료와도 오랫동안 우정을 지속할 수 있다. 남녀간의 우정은 높은 교육을 받은 취업한 여성들 사이에서 가장 높은 비율로 나타난다(Swain, 1992).

Chapter
7

사회적 역할과 성역할

I. 사회적 역할의 변화

1. 사회적 역할 변화이론
2. 인생의 전환점

II. 발달단계에 따른 사회적 역할의 변화

1. 성인초기
2. 성인중기
3. 성인후기

III. 성역할의 변화

1. 성역할 고정관념
2. 성인초기의 성역할
3. 성인중기와 후기의 성역할

Adult Development

&

Aging Psychology

Chapter 07

사회적 역할과 성역할

결혼과 함께 개인의 사회적 역할은 크게 변화한다. 사회적 역할이 변하면 행동과 태도에서 변화가 일어나고, 성역할도 변화한다. 이 장에서는 먼저 적응방식에 기초한 역할변화 모델과 역할변화를 일으키는 인생의 전환점을 설명하고 연령에 기초한 변화로서 성인초기와 중기 및 후기의 역할변화와 성역할 변화도 함께 고찰한다.

비록 사회적 시계에 맞지 않은 삶을 사는 사람들이 증가하고 있기는 하지만, 연령은 아직도 사회적 역할의 획득이나 상실과 관련된 중요한 요인으로 성인초기에 우리 대부분은 배우자, 부모, 근로자의 역할을 새롭게 맡는다. 또한 성인중기의 개인은 사회의 지배계층(ruling class)으로 혹은 명령하는 세대(command generation)로서 그 사회의 중추적 역할을 담당한다. 그러나 성인후기에 이르면 개인은 직업으로부터 은퇴함으로써 근로자의 역할을 끝내고 배우자와도 사별함으로써 배우자의 역할에서도 벗어난다.

성인기 동안 역할수행의 시기와 순서에서 개인차가 있다고 할지라도, 아직도 많은 성인들은 사회적 역할패턴에서의 변화를 공유한다.

unit I 사회적 역할의 변화

시간경과와 함께 어린 아동은 성인이 되고, 성인들은 다시 그들 부모의 부양자가 됨으로써 그들의 사회적 역할은 변화한다. 한 때 역할변화나 이동은 문제나 어려움으로 인식되었고 성인기의 핵심적 문제로서 은퇴와 배우자사별 문제가 주로 다루어졌다. 그러나 최근의 접근방식은 역할변화에 대한 적응방식에 오히려 더 큰 관심을 갖는다.

1. 사회적 역할 변화이론

역할변화에 기인한 적응방식에 기초하여 전생애 동안의 역할변화나 이동을 설명하는 모델로서 보상모델(compensation model)과 인생과정 모델(life-course model) 및 누적적 불이익 모델(cumulative disadvantage model)이 있다(Ferraro, 2001).

우선 보상모델은 연령과 함께 가족역할을 포함한 사회적 역할이 변화할 때 상실을 보상하기 위해 노력하는 방식에 관심을 갖는다. 젊은 부부가 부모역할에 거의 모든 시간과 에너지를 투자해야 할 때, 그들은 사회적 참여를 감소시키고 조부모로부터 도움을 받음으로써 부모역할을 성공적으로 수행하려고 노력한다. 또한 노인들이 더 이상 운전을 할 수 없게 될 때, 전화를 더 자주 사용하고 타인들이 자신을 방문하도록 요청하는 것도 그 예가 될 수 있다.

인생과정 모델은 전생애에 걸쳐 이루어지는 개인의 결정과 결정의 시기 및 그 결정이 역사와 사회 및 문화에 의해 어떻게 영향받는지를 강조한다. 배우자와 사별한 여성이 새로운 삶의 양식에 대처하는 방안을 찾을 때, 그녀의 생각과 행동은 그녀의 선택과 맥락에 영향을 줄 것이다. 만약 남편의 사망 이전에 친구들과 가깝고 친밀한 관계를 형성하였다면 그녀는 배우자의 사망 후에 잘 적응할 수 있지만, 고독한 삶의 양식을 선택하였다면 외로운 삶을 살아야 할 것이다. 또한 은퇴 전에 은퇴계획을 잘 세웠다면 은퇴 후에도 경제적으로 큰 문제 없이 생활할 수 있으나, 그렇지 않으면 고정된 수입과 오르는 물가 때문에 경제적으로 어려워질 것이다.

한편 누적적 불이익 모델은 초기의 인생상황이 후기의 역할이동에 영향을 주는 방식에 관심을 갖는다. 그 예로서 고학력과 높은 임금을 받는 직업은 건강관리를 가능하게 하고 쾌적한 주거환경에서 생활할 수 있도록 하며, 이 모두는 성인후기에 더 많은 선택과 더 좋은 의사결정을 할 수 있도록 할 것이다. 반대로 가난과 같은 불리한 여건에서 성인기를 시작하는 사람들은 삶의 특정한 영역에서 문제를 일으키고 그것은 다시 다른 문제들을 야기시키며, 이 모든 문제들은 축적되어 성인후기에 어려움을 초래할 것이다(장휘숙, 2010; Ferraro, 2001).

이와 같이 각 모델은 독특한 조망을 강조하므로 세 가지 모델을 선별적으로 활용하면 전생애 동안의 역할변화나 이동은 더 쉽게 설명될 수 있을 것이다.

2. 인생의 전환점

전환점(turning points)이란 발달궤도상에서 지속적 변화를 일으키거나 적어도 활동의 우선 순위에서 변화를 일으키는 인생사건을 의미한다(Ronka 등, 2003). 그렇다고 해서 모든 생활사건이나 이동이 전환점이 될 수 있는 것은 아니다. 전환점적 사건이 될 수 있기 위해서는 특정한 사건에 의해 강한 긴장감이 형성되고 과거에 이루어진 결과들이 재평가되며 생활양식에서의 변화가 불가피해야 한다. 실제로 전환점은 시간이 지난 다음에야 인식되고 이후의 삶에서 일어난 변화에 의해 분명해진다.

일반적으로 전환점은 개인의 삶에서 중요한 발달적 위기를 초래한다. 그 이유는 전환점에서 각 개인은 자신에게 중요한 가치와 목표가 무엇인지를 심사숙고하고 새로운 역할과 행동패턴을 생성해 내기 때문이다. 긍정적인 전환점은 보통 자녀의 출산과 결혼, 목표실현, 수입의 증가 및 기대하지 않은 기회들로서 이때 다양한 선택이 이루어지고 개인의 인지적, 정서적 그리고 성격 발달이 일어난다.

반대로 부정적인 전환점은 상실과 관련되고, 대인관계 문제나 목표와 관련된 실패를 포함한다. 부정적 전환점에서는 개인이 선택할 수 있는 여지가 거의 없기 때문에, 개인은 무능력감을 느끼고 자신의 삶이 상황에 의해 흘러가고 있다는 생각으로 괴로워하므로 개인의 심리적 안녕감은 위협받고 정신병리와 같은 부정적 결과가 초래된다.

인생의 전환점은 남녀간에도 차이가 있다. 보통 여성들은 의미 있는 관계와 가족영역에서의 변화 및 정체감 관련 문제를 전환점으로 인식하는 반면, 남성들은 군복무나 직업적 사건과 연결된 결정들을 전환점으로 지각한다. 이러한 차이는 성역할 고정관념과 일치하는 결과로서 남성은 독립성과 자율성을 그리고 여성은 타인과의 관계나 애착을 중요시한다는 것을 반영할 뿐 아니라 출산과 양육은 여성들의 삶에 큰 영향을 준다는 것을 확인시켜 준다. 이와 같이 전환점은 개인에게 기회를 제공하거나 기회를 무산시키는 역할을 하면서 개인의 생활양식과 자기개념 및 사회적 역할에서 변화를 일으킨다.

unit Ⅱ 발달단계에 따른 사회적 역할의 변화

1. 성인초기

전통적으로 거의 모든 성인들은 성인초기에 부모를 떠나 결혼하고 그리고 첫 자녀를 출산한다. 결혼과 자녀출산을 기피하는 젊은이들이 증가하고 있기는 하지만, 아직도 절대다수의 성인초기 젊은이들은 결혼하고 자녀를 출산한다. 결혼은 이미 제 6 장에서 설명하였으므로 여기서는 부모로부터의 독립과 자녀출산을 포함한 부모역할을 설명한다.

1) 부모로부터의 독립

성인초기는 부모로부터 독립하기 위하여 집을 떠나는 것으로 시작된다. 대학에 진학하여 기숙사에 들어가거나 군복무을 위해 입대하는 것도 모두 집을 떠나는 것이지만, 진정한 의미의 떠남은 결혼에 의해 독립된 가구를 구성하는 것이다.

그러나 초혼연령의 증가로 젊은이들이 부모로부터 독립하는 시기가 점점 더 늦어지고 있다. 비록 젊은이들의 대부분(약 90% 이상)은 삶의 어느 시점에서 결혼하기는 하지만, 초혼연령의 증가는 부모와 함께 생활하는 독신 자녀들의 수를 증가시키고, 부모들은 과거보다 더 오랫동안 성장한 자녀들을 보살펴야 한다.

특히 결혼하지 않은 상태로 부모와 함께 생활하는 고학력의 독신 여성들은 자신의 전문분야에서 인정받고 사랑하는 사람이 생기면 그 때 결혼하겠다고 생각하므로 이 여성들에게 결혼 적령기란 개념은 무의미하다. 부모 역시 자녀의 자주성을 중요시하므로 결혼을 강요하지 않으며 성장한 딸이나 아들과 함께 생활하는 것에 큰 불편을 느끼지 않는다.

지난 20년 동안 서구는 물론 우리나라에서도 부모로부터 독립한 후에 다시 부모의 집으로 되돌아오는 젊은이들이 늘어나고 있다. 자녀들이 대학 졸업 후 취업을 하지 못했거나 취업은 하였으나 생활비를 절약하기 위해 혹은 실직이나 이혼과 같은 개인적 위기의 시기에 지원을 얻기 위해 부모의 집으로 되돌아옴으로써 소위 다시 보금자리를 형성한 가족(renested families)을 구성한다. 부모의 집으로 되돌아오는 이러한 젊은이들은 때로 B2B(Back-to-Bedroom) 혹은 부메랑 아동(boomerang kids)이라고 불리기도 한다(Furman, 2005).

2) 부모역할

(1) 지연된 자녀출산

결혼한 부부들의 대부분은 삶의 어느 시점에서 부모가 된다. 그러나 첫 자녀 출산연령은 우리나라를 포함한 전세계 여러 나라에서 점차 높아지는 추세에 있다. 20대에 결혼한 여성들조차도 30대까지 자녀 출산을 미루는 경우도 많다. 이러한 지연된 출산은 사회는 물론 개인의 생활방식에 큰 영향을 준다.

1930년대에 출생한 여성과 1960년대에 출생한 여성들을 비교해 보자. 1930년대에 출생한 여성들은 일찍 결혼하고 여러 명의 자녀를 출산하기 때문에 평균적으로 30대 중반경에 막내 자녀를 출산한다. 그러나 1960년대에 출생한 여성들은 결혼연령이 높기는 하지만, 한두 명의 자녀만을 출산하기 때문에 30세 이전에 자녀출산이 끝난다.

그 결과 1930년대 출생동시집단 여성들은 1970년대 출생동시집단 여성과 비교하여 텅빈 보금자리시기(empty nest period)를 경험하지 못하고 막내 자녀가 집을 떠나기 전에 이미 미망인이 되기 쉽다. 더욱이 출생연도가 빠른 여성들일수록 평균수명도 더 짧기 때문에 자녀 없이 부부만 생활하는 기간도 그에 비례하여 감소한다.

이러한 맥락에서 볼 때, 오늘날 젊은이들이 선호하는 지연된 결혼과 자녀출산은 다음과 같은 결과를 가져올 것으로 예측된다.

① 막내자녀가 집을 떠나는 시기가 늦어질 것이고, 부모역할에서 해방되는 기간이 감소할 것이다.
② 자녀와 노부모 양자의 경제적, 정서적 요구 때문에 성인중기 성인들은 샌드위치 세대로서의 어려움을 경험할 것이다. 어떤 사람은 이것을 중년기 압박(midlife squeeze)이라고 명명하기도 한다.
③ 조부모가 되는 시기가 늦어질 것이고 그것은 조부모-손자녀 관계의 질을 변화시킬 것이다.

그러므로 다음과 같은 두 가지 결론을 내릴 수 있다.

첫째, 가족생활주기의 초기 단계에서 중요한 사건들이 언제 발생하느냐에 따라 성인생활의 전체 패턴이 달라진다.

둘째, 출생동시집단에 따라 인생사건을 경험하는 시기가 달라지므로 특정한 인생사건을 경험하는 전형적 시기는 존재하지 않을 것이다.

(2) 부모역할의 특성과 변화

전세계의 어느 누구도 공식적 교육을 통하여 부모역할을 학습하는 일은 없다. 대부분의 젊은이들은 자신의 부모로부터 부모역할 기술을 습득하지만, 그것을 그대로 수용하지는 않으며 그 중 일부는 거부되거나 무시된다. 더욱이 남편과 아내는 부모역할 기술에 대해 각기 다른 견해를 가질 수 있으므로 갈등을 초래하기도 한다.

최근의 젊은 부부들은 과거보다 더 적은 수의 자녀를 출산하며, 특히 한 자녀 가정이 증가하고 있다. 적은 수의 자녀는 부부의 자녀양육 부담을 감소시키므로 부부의 삶에 다음과 같은 변화를 가져온다.

첫째, 일하는 여성이 증가하고, 아동양육을 위한 어머니의 투자나 노력이 감소한다.

둘째, 남성들은 아버지 역할에 더 많은 시간을 할애한다.

셋째, 영유아 보육시설(예, 탁아소, 놀이방 등)이 부모의 보살핌을 대신한다.

점점 더 많은 여성들이 직업을 갖기 원하기 때문에, 과거보다 더 늦게 결혼하고 자녀도 더 늦게 출산한다. 자녀를 일찍 출산하는 부모들과 늦게 출산하는 부모들간에는 어떤 차이가 있는가? 자녀를 일찍 출산하는 부모들은 더 젊고 건강하기 때문에 임신과 출산시에 큰 의학적 문제를 일으키지 않는다. 그들은 밤에도 일어나 아기를 돌볼 수 있고 학교에서 밤늦게 돌아오는 청소년 자녀를 기다릴 수도 있다. 또한 그들은 오랫동안 기다려서 자녀를 출산하는 부모들보다 자녀에 대한 기대도 적다.

그렇다고 해서 자녀를 늦게 출산하는 것이 무조건 나쁘다는 것은 아니다. 자녀를 늦게 출산하는 부모들은 자신이 원하는 것을 성취할 수 있는 충분한 시간을 가질 수 있고 아동양육 비용을 지불할 수 있는 경제적 여유도 가질 수 있다. 또한 결혼 전까지 더 많은 인생경험을 쌓을 수 있으므로 부모는 더 성숙해지고 부모역할도 더 유능하게 수행할 수 있는 이점이 있다.

(3) 부모역할과 행복

결혼이 부부의 행복감을 증진시키는 것과는 대조적으로 부모역할의 시작은 부부의 행복감과 만족감을 감소시킬 것으로 생각되지만, 부모역할은 손실과 이익 모두를 포함한다.

우선 부모역할에 기인된 손실로서 부모역할은 개인적 자유와 사회생활 및 가정바깥에서의 활동을 제한하고 프라이버시를 갖기 어렵게 한다. 따라서 자녀출산은 많은 부부들에게 역할갈등(role conflict)과 역할긴장(role strain)을 불러일으킨다. 역할갈등은 양립불가능한 두 가지 이상의 역할을 수행해야 할 때 일어나고, 역할긴장은 개인이 역할을 수행할 능력이나 기술이 부족할 때 경험된다.

실제로 아동양육은 부부에게 새로운 과업으로서 역할긴장을 경험하게 하고 부부의 직업역할까지도 방해한다. 또한 주양육자로서의 역할과 배우자 역할은 적어도 부분적으로는 양립불가능한 역할이므로 역할갈등을 일으킨다(Lorensen 등, 2004). 신생아는 절대적인 관심과 보살핌을 요구하므로 배우자에게 관심을 기울일 시간은 감소하고 이전처럼 부부가 성행위나 여가생활에 할애할 시간도 부족하기 때문에, 양육자로서의 역할과 배우자로서의 역할은 서로 충돌할 수 있다.

그렇다고 해서 자녀출생이 부부의 결혼생활에 반드시 부정적 영향만을 주는 것은 아니다. 그것은 부부에게 인생의 더 큰 목적의식이나 가치감, 삶의 의미 혹은 개인적 성장의 느낌을 제공하고 무한한 사랑과 애정 및 행복을 경험할 수 있도록 한다. 따라서 대부분의 부모들은 부모역할의 이점이 손실을 능가한다고 믿는다. 그들에게 부모역할은 개인적 정체감의 중심요소로서 배우자 역할이나 직업역할보다 더 중요시되고 우선된다(Rogers & White, 1998).

결혼생활의 행복은 부모역할에 대한 만족감과 밀접하게 연결되어 있다. 행복한 결혼생활은 성공적인 부모역할에 필요한 많은 자원들을 제공하고, 높은 수준의 부모역할 만족감은 부부가 결혼생활에 더욱더 전념할 수 있도록 한다. 부부는 부모역할을 성공적으로 수행하고 있다고 느낄 때 부모로서의 자부심을 가질 수 있고 그 자부심은 결혼생활로 넘쳐 들어가 행복한 결혼생활을 할 수 있도록 한다. 물론 좋은 부부관계를 형성하지 못한 부모는 훨씬 더 낮은 수준의 부모역할 만족을 경험할 것이다(Mason, 2011).

2. 성인중기

성인자녀가 독립하면 중년의 성인들에게는 부모역할과 함께 조부모 역할과 노부모 돌보기 역할이 첨가되며 시부모 역할이나 장인장모 역할도 새로운 역할로 등장한다. 그러나 역할변화를 경험하는 시기는 가족생활주기의 시작 시점에 따라 큰 차이를 나타낼 수 있다. 즉 30대에 자녀를 출산한 사람들은 20대에 자녀를 출산한 사람들보다 더 늦게 텅빈 보금자리시기에 도달할 것이고, 성인중기에 이혼하고 재혼하는 사람들은 이 시기에 자녀를 출산할 수도 있다. 또한 노부모를 돌보는 역할을 맡을 것인지 아닌지, 그리고 맡는다면 언제 맡을지는 전적으로 노부모의 연령과 건강상태에 달려 있다.

1) 성인자녀의 독립 – 텅빈 보금자리시기

한국 남성들이 평균 30세경에 결혼하기 때문에 막내 자녀가 가정을 떠나는 시기는 대략 55-56세경이다. 이 시기 동안 부모역할이 끝나기 때문에 이 시기는 부모역할 후기(postparental period)라고도 불리지만, 실제로 부모역할이 끝나는 것은 아니다. 부모는 집을 떠난 자녀에게 계속해서 충고하고, 경제적 도움을 제공하며 손자녀를 돌보는가 하면 확대가족의 센터로서, 안정감의 원천으로, 그리고 공명판으로서의 역할을 수행한다. 비록 매일 단위의 부모역할은 끝난다고 할지라도, 이와 같은 변화된 부모역할은 죽는 날까지 계속된다.

전통적으로 자녀가 떠나 버린 텅빈 보금자리시기는 여성들에게 특히 불유쾌하고 스트레스 많은 시기일 것으로 생각되었다. 그 이유는 부모역할이 성인초기와 중기 여성들의 중심역할이므로 자녀의 떠남은 어머니의 자기가치감을 심각하게 훼손시킬 수 있기 때문이다. 그러나 이러한 생각은 단지 옛 시대 여성들에 국한된 것으로, 오늘날의 중년 여성들은 이 시기를 자신을 위한 시간으로 활용함으로써 자녀의 떠남을 오히려 긍정적 사건으로 지각하고 더 큰 부부만족을 경험한다(Gorchoff 등, 2008).

그러나 자녀들이 부모를 떠나기에는 너무 어리다고 생각되거나 개인적 혹은 사회적 적응에서 성공적이지 못하다고 지각될 때, 부모들은 실패의 책임을 자신에게 돌리고 자신을 더 부정적으로 지각하였으며 정신건강 상태도 좋지 않았다(Ryff 등, 1996). 물론 자녀가 성공적으로 생활하고 있다고 지각하는 부모들은 자신에 대한 긍정적 지각과 좋은 정신건강 상태를 유지하고 있었다.

2) 조부모 역할

평균수명의 증가로 오늘날 대부분의 성인들은 손자녀들이 성인으로 성장할 때까지 생존할 수 있다. 가깝고 애정적인 관계를 유지하는 조부모와 손자녀들은 자주 만나 함께 이야기를 나누며 즐거운 시간을 보낸다. 어느 문화에서나 조모가 조부보다 손자녀와 더 가깝고 더 친밀한 관계를 형성한다. 조부와 조모는 손자녀에게 주는 충고의 내용에서도 차이를 보인다. 조부는 손자에게 주로 일이나 직업 및 세상에 대한 충고를 하는 반면, 조모는 손자녀 모두에게 주로 개인적 관계에 관해 충고함으로써 손자녀의 삶에 각기 다른 영향을 준다(Szinovacz, 2009).

(1) 조부모의 유형

조부모 역할은 조부모와 손자녀간의 물리적 거리와 경제적 자원, 연령, 성별, 개인적 성향 등에 따라 다양한 유형으로 구분된다. 연구자에 따라 다소 차이가 있지만, 조부모와 손자녀의 접촉 정도에 따라 조부모는 다음과 같은 다섯 가지 유형으로 구분될 수 있다(Mueller 등, 2002).

① 개입형 조부모(influential grandparents): 손자녀와 함께 혹은 가까이 거주하고 손자녀의 생활에 깊이 개입되어 있다. 조부모-손자녀간에 매일 단위의 접촉이 이루어진다.

② 지원형 조부모(supportive grandparents): 개입형 조부모보다는 덜 가깝고 더 적게 접촉하지만, 손자녀와 자주 시간을 보낸다.

③ 수동형 조부모(passive grandparents): 손자녀와 단지 몇 가지의 활

개입형 조부모 역할은 신체적 노동력을 요구하고 사회적 활동을 제한하기 때문에, 조부모의 신체적, 심리적 건강문제를 일으킬 수 있다.

동만을 함께 할 뿐이다.

④ 권위지향형 조부모(authority-oriented grandparents): 일차적으로 권위인물의 기능을 하므로 손자녀와의 접촉 양은 많지 않다.

⑤ 분리형 조부모(detached grandparents): 손자녀와 거의 접촉하지 않는다.

다섯 가지 유형의 조부모들 중 개입형 조부모들은 취업한 성인자녀를 위해 3세대가 한 집에서 생활하면서 손자녀를 양육하기도 하고, 낮시간 동안 자신의 집에서 손자녀를 보살피기도 한다. 수동형 조부모나 권위지향형 조부모들은 손자녀들과 정서적으로 지나치게 가까운 관계를 유지하는 것을 원하지 않기 때문일 수도 있지만, 연령증가에 기인한 체력 저하로 손자녀들의 부산한 행동을 견디기 어려워 빈번한 접촉을 회피한다.

그러나 분리형 조부모는 다양한 상황적 요인들과 연합되어 있다. 즉 지리적 거리 때문에, 자녀가 원치 않기 때문에, 손자녀와 공유할 관심거리가 없기 때문에 그리고 손자녀 수가 너무 많기 때문에 등 다양한 이유로 조부모-손자녀간에 소원한 관계가 형성된다.

본질적으로 조부모 역할은 부모역할과 다르게 양육의 의무나 책임 없이 손자녀들과 즐거운 시간을 보내는 것이다. 조부모들은 자주 가족역사와 전통을 유지하고 젊은 가족구성원들에게 충고하며 자원을 공유한다. 조부모역할에서 큰 의미를 발견하는 성인중기 성인들은 높은 수준의 조부모 역할 만족과 개인적 안녕감을 경험하고 좋은 신체건강을 유지한다(Hayslip 등, 2003).

(2) 조부모의 손자녀 돌보기

여성들의 경제참여율이 높아지면서 일하는 여성 중 기혼여성의 비율이 계속 증가하고 있다. 그들에게 가장 큰 어려움은 자녀양육 문제이지만, 사회적 대책은 여전히 미비하다. 일하는 여성들은 다양한 육아시설을 이용하는 데 따른 비용부담도 문제지만, 더 중요한 것은 신뢰할 수 있는 육아시설이 부족하다는 것이다. 결국 결혼한 성인자녀들은 아기를 믿고 맡길 수 있는 최상의 대안으로 조부모를 선택하고, 이 때 조부모는 어쩔 수 없이 손자녀 양육을 맡게 된다.

서구의 조부모들은 주로 성인자녀의 이혼이나 혼전 임신, 약물 중독 등으로 손자녀 양육을 담당하는 일이 많지만(Ross & Aday, 2006), 한국의 조부모들은 성인자녀의 취업으로 일정기간 동안 부모를 대신하는 대리양육자의 역할을 담당한다(김은정, 정순둘, 2011). 물론 조부모 중에서도 조모가 주로 대리양육을 담당하고, 시어머니보다 친정어머니가 손자녀 양육을 더 많이 담당한다(한국여성정책연구원, 2006).

조부모들 중에는 손자녀 양육을 기꺼이 담당하는 사람들도 있다. 그들은 자녀들과 화목한 가족관계를 유지하고, 할머니나 할아버지로서의 의미를 인식함으로써 은퇴 후의 무료함을 손자녀 양육으로 달래려고 한다. 그들에게 손자녀 양육은 사회적으로 그리고 가정적으로 공식적 역할을 대치하는 소일거리인 동시에 역할 참여의 기회이기도 하다. 흥미롭게도 조부모가 경험하는 이러한 긍정적 경험들은 손자녀 양육의 어려움을 극복하는 대처자원으로 활용된다(박경애, 2007; Bailey 등, 2009).

그러나 아동양육은 강한 신체적 노동력을 요구하고 사회적 활동을 제한하기 때문에, 성인중기나 성인후기의 조부모들에게는 신체적, 심리적 문제를 일으킬 수 있다. 손자녀 양육으로 조부모의 건강이 약화되었다는 보고는 많이 있다(오진아, 2006; Whitley 등, 2001). 조부모들은 예전보다 더 많은 피로감을 느끼고 어깨, 무릎, 허리통증을 호소한다. 또한 조부모 역할은 심리적, 정서적 어려움도 초래하여 외로움과 우울, 사회적 고립감을 증가시키고 심한 양육 스트레스를 경험하게 한다.

문제는 성인중기가 가사와 육아에서 벗어나서 친구나 친인척을 만나고 사교활동을 즐기는 시기라는 것이다. 그럼에도 불구하고 손자녀를 양육해야 하는 조부모들은 집안에 갇혀 사회로부터 고립되어 있다는 느낌으로 고통을 겪고 자신을 위한 시간이나 휴식시간의 감소로 우울하지 않을 수 없다. 여기에 그치지 않고 손자녀 양육은 부부가 함께 할 시간조차 감소시켜 결혼만족도를 저하시키고, 조부모와 성인자녀간에 육아방식에서 차이가 있을 때는 성인자녀와의 관계를 오히려 악화시킨다(김은주, 서영희, 2007; Waldrop & Weber, 2001).

최근 부모의 이혼이나 신체적, 정신적 질환, 알코올 남용 혹은 미혼모의 증가로 인하여 소위 조손가족이 급격하게 증가하고 있다. 조손가족이란 조부모가 성인자녀 없이 손자녀를 양육하는 가족형태를 말한다. 조손가족의 가장 큰 문제점은 조부모가 손자녀를 양육하는 일반적인 문제점 외에도 경제적 어려움이 첨가되어(옥경희, 2005) 우리 사회의 전형적인 빈곤가정을 형성한다는 것이다. 조부모의 건강은 물론 손자녀들의 양육과 교육이 제대로 이루어질 수 있도록 국가나 사회적 차원의 지원이 절실히 요구된다.

3) 노부모 부양

전세계의 거의 모든 성인자녀들은 노부모의 자식으로서 강한 책임감을 지니며 노부모가 도움을 필요로 하면 언제든 도움을 제공하려는 준비가 되어 있다. 시실레리(Cicirelli, 2000)가 제안한 보살핌 궤도 이론(caregiving trajectory theory)에 의하면, 노부모에 대한 보살핌은 다음과 같은 세 개의 단계로 이루어진다.

① 단계 1: 관심단계(concern stage)

노부모의 정신적 혹은 신체적 건강에서 감퇴가 관찰될 때, 단계 1이 시작된다. 노부모의 건강에 특별한 이상은 없는 상태지만, 관찰을 통해 노부모가 항상 좋은 건강상태를 유지하기는 어렵다는 인식이 이루어진다. 이제 노부모와 더 자주 접촉하고 어떤 심각한 문제의 신호나 증상이 있는지 면밀히 관찰하며 형제자매들과 미래에 어떻게 보살필 것인지를 논의한다.

② 단계 2: 설득단계(urging stage)

문제의 신호나 증상이 빈번하게 나타날 때, 단계 2가 시작된다. 이 단계에서 성인자녀들은 노부모 스스로 자신을 잘 돌볼 수 있도록 권유하고 설득한다. 필요한 처방약의 복용은 물론 건강한 식사와 충분한 운동을 격려한다.

③ 단계 3: 행동단계(action stage)

성인자녀들이 노부모에게 필요한 도움을 실제로 제공하는 단계이다. 노부모들은 일상적인 가사일을 처리해 내기 어려워지고 매일의 활동에서 어려움을 겪는 것은 물론 이동하는 데도 어려움을 보인다.

그러나 성인자녀들만이 노부모를 보살피는 것은 아니다. 노부모들 중에는 자녀가 없는 사람도 있고, 자녀가 있다고 할지라도 노부모를 보살필 수 없는 사람도 있기 때문이다. 성인자녀 외에도 배우자와 형제자매, 가까운 친구 및 같은 종교의 교인들이 노인들의 사회적 지원망이 될 수 있으며, 특히 배우자는 그 중에서도 가장 중요한 지원의 근원이다(Krause, 2001).

노부모의 또 다른 지원자로서 형제자매들은 자녀의 성장기 동안 서로 소원한 관계를 유지하였으나, 자녀의 성장으로 가족책임이 감소하면 점점 더 가까워진다(Myers & Bryant, 2008). 특히 노부모와 관련된 문제들은 형제자매들을 더 자주 접촉하게 하는 촉매제가 된다. 자매들은 형제들보다 더 가까운 관계를 형성하므로 노부모의 문제로 자매들간의 접촉은 훨씬 더 빈번해진다.

(1) 노부모 부양자와 부양자 부담

평균수명의 증가로 노부모와 성인자녀가 가족관계를 지속하는 기간이 길어지고 부양이 필요한 노인들이 증가함으로써 성인자녀들이 부모를 부양해야 하는 기간은 유래 없이 길어졌다. 그러나 노부모 부양의 주된 역할을 담당하는 여성들의 사회진출이 증가하고 우리 사회의 전통적 가족주의 가치관과 효의식이 약화되었음에도 불구하고, 그에 상응하게 노부모 부양의식이 약화된 것은 아니다. 동서양을 막론하고 부모부양에 대한 잘못된 신화 중의 하나는 가족에 의한 부양이 지속적으로 감소한다는 것이다. 그러나 서구에서는 물론 우리 사회에서도 성인자녀들의 노부모 부양의식은 여전히 강하다(통계청, 2007).

노부모가 도움을 필요로 할 때 도움을 제공하는 사람은 누구인가? 과거에는 노부모 부양이 장남 위주로 이루어졌지만, 최근에는 차남, 딸, 며느리, 사위 등으로 다양해지고 있다. 특히 차남이나 결혼한 딸과의 동거율도 증가하고 있어 노부모에 대한 부양은 아들과 딸의 공동의무로 인식되고 있다(고령자 통계, 2006).

아들과 딸 중에서 매일 단위로 노부모에게 도움을 제공하는 사람은 주로 여성들이다. 그러나 서구에서는 딸이, 한국에서는 며느리가 노부모를 보살피는 주 부양자 역할을 담당한다. 여성들은 가족관계에서 친족관계를 유지하는 원천으로서, 자녀는 물론 노부모를 보살피는 역할을 한다. 그렇다고 해서 아들은 노부모 부양 행동을 하지 않는다는 것은 아니다. 아들은 주로 경비지출과 관련된 도움을 제공하고 집수리나 가사용품의 보수 등 비정기적인 도움을 제공한다. 물론 성인기 딸이나 며느리도 직업을 가지고 있어 바쁘거나 부모와 멀리 떨어져 살고 있다면 노부모를 돕기 어려울 것이다.

부양자 부담(caregiver burden)이란 노부모의 부양자인 성인자녀가 피부양자인 노부모를 부양하는 과정에서 경험하는 어려움으로 노부모-성인자녀 관계의 질과 밀접한 관련이 있다. 일반적으로 노부모에 대한 애착이 강할수록 그리고 친밀할수록 성인자녀는 실질적 부양을 더 많이 하고 부양자 부담도 더 적게 느낀다. 그러므로 부모와의 애착이나 친밀감은 노부모 부양이나 부양자 부담을 촉진시키거나 약화시키는 핵심요인이다. 노부모 역시 의무감에 의한 부양보다는 친밀감이나 애착에 의한 부양을 더 선호하였다(김윤정, 최유호, 2007; Cicirelli, 2000).

부양자 부담을 크게 느끼는 사람들은 비슷한 계층의, 비슷한 연령의 다른 사람들과 비교하여 더 많이 우울해하고 더 낮은 결혼생활 만족을 경험한다(이주연, 정혜정, 2003; Hoyert & Seltzer, 1992). 특히 치매나 신체가 불편한 노부모를 보살피는 성인자녀들은 면역체계의 기능저하로 질병에 걸리는 일도 빈번하다. 그러나 지원적인 배우자를 가지고 있거나 형제자매들처럼 부양자 부담을 공유할 수 있는 사람이 있는 경우에는 노부모 부양의 어려움은 감소한다.

(2) 샌드위치 세대

부모가 성인중기에 이르면 보통 자녀들은 집을 떠나 독립된 생활을 하지만, 그들은 아직도 부모로부터 경제적 도움과 정서적 지원을 받기 원하고 바쁠 때는 어린 자녀까지도 부모가 돌보아주기를 원한다. 노부모 역시 중년 자

그림 7-1 성인중기의 역할

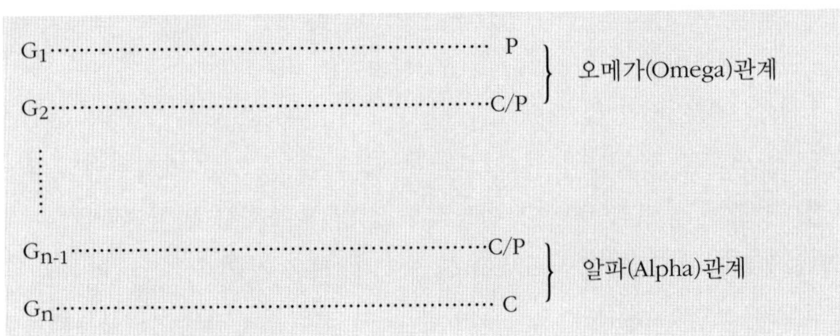

P=부모, C=자녀
Omega 관계: 최상위 세대의 부모-자녀 관계
Alpha 관계: 최하위 세대의 부모-자녀 관계

출처: Hagestad, 1982.

녀로부터 경제적 도움이나 도구적 도움을 받고 함께 시간을 보내기를 원한다.

일찍이 하게스타트(Hagestad, 1982)는 그림 7-1과 같이 노부모의 자녀로서 그리고 성인자녀의 부모로서의 역할을 수행하는 성인중기의 이중적 역할을 설명하는 모델을 제시하였다.

이 모델에서 가장 윗세대(G_1)는 오직 부모역할만 수행하고 가장 아랫 세대(Gn)는 오직 자녀역할만 수행한다. 그러나 중간세대는 부모역할과 자녀역할을 동시에 수행하는 샌드위치 세대(sandwich generation)로서 중년기 압박감(midlife squeeze)을 경험한다.

노부모의 부양자가 중다의 역할을 수행할 때 부양자 스트레스는 가중되는가 아니면 중다의 역할수행이 오히려 스트레스를 완충하는가? 한 연구에서(Stephens & Townsend, 1997) 중다의 역할 수행이 노부모 부양에 어떤 영향을 주는지를 연구하기 위하여 중년 여성 296명을 면접하였다. 연구대상 여성들은 장애를 가진 부모나 시부모의 일차적 부양자이면서도 취업하고 있고 아직도 함께 생활하는 자녀가 있는 결혼한 여성들이었다. 흥미롭게도 여성부양자들은 직업역할에서 스트레스를 받을 때는 부양자 부담을 크게 느꼈으나 직업에서 성공적이라고 지각할 때는 부양자 부담을 더 적게 느껴, 취업 또한 부양자 부담을 완충할 수 있는 요인으로 밝혀졌다.

(3) 노부모-성인자녀의 갈등

노부모와 성인자녀의 갈등에 관한 연구는 노모와 중년의 딸 사이의 갈등을 가장 많이 연구한다. 그 이유는 일반적으로 여성들은 아주 어린 연령에서부터 윗 세대나 아랫 세대의 구성원들과 더 가까운 관계를 형성하도록 사회화되고 인생후기에 이러한 성향은 더 강해지므로 늙은 어머니와 딸은 점점 더 많은 것을 공유하게 되기 때문이다.

흥미롭게도 어머니와 딸의 상호작용은 2원적 관계로 이루어지는 반면, 가족 내의 남성들은 더 큰 집단으로 상호작용하는 경향이 있으므로(Fingerman, 2001), 어머니와 딸은 가족 내의 어떤 관계보다 더 친밀한 관계를 형성한다(Luescher, 2002). 특히 노모와 중년의 딸은 매우 높은 수준의 긍정적

그림 7-2 보살핌 지각에 관한 뉴섬의 모델

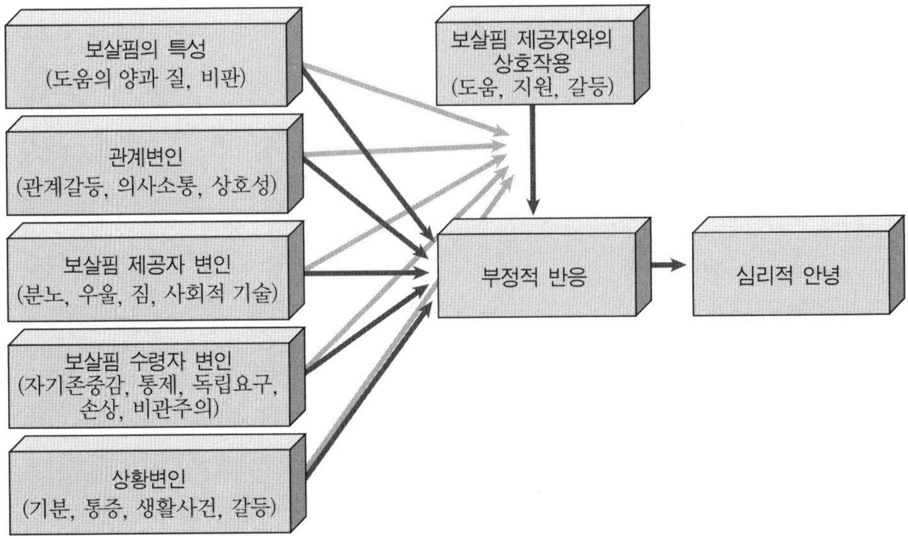

출처: Newsom, 1999.

감정과 매우 낮은 수준의 부정적 감정을 경험하며(Lefkowitz & Fingerman, 2003), 딸은 노모에게 더 많은 긍정적 행동을 한다. 중년의 딸들은 어머니가 건강할 때도 어머니를 보살피는 양육적 태도를 나타낸다.

노부모들이 성인자녀가 제공하는 도움에 만족하는지 아닌지는 그림 7-2에 제시된 뉴섬(Newsom, 1999)의 모델로써 설명될 수 있다. 이 모델은 보살핌을 제공하는 성인자녀와 보살핌을 받는 노부모 양자의 관계갈등은 직접적 혹은 갈등적 상호작용을 통하여 부정적 반응에 영향을 주고 그것은 결국 보살핌 수령자의 심리적 안녕에 부정적 영향을 준다는 것을 보여 준다.

4) 시어머니-며느리 관계: 고부간의 갈등

고부갈등이란 시어머니와 며느리간에 대립되는 욕구나 행동으로 인해 발생하는 심리적 충돌상태 혹은 불만상태로서 국내 가족관계에서 가장 심각하게 나타나는 갈등으로 평가된다. 심지어 결혼 경험이 없는 여대생들까지도 시어머니에 대해 부정적 고정관념을 지니고 있어 시어머니와 며느리 사이의 갈등은 앞으로도 계속될 전망이지만(이영숙, 박경란, 2006), 고부관계는 가족관계 중에서도 가장 소홀히 다루어지고 있다.

그러나 모든 고부관계가 갈등관계를 형성하는 것은 아니다. 대만에서 고부관계를 연구한 결과에 의하면(Chen, 1999), 갈등관계 유형 외에도 예의바르게 거리를 유지하는 유형과 엄마와 딸 같은 유형 그리고 좋은 친구 사이같은 유형이 존재하였고, 이 네 가지 유형 중 좋은 친구 사이같은 유형이 가장 이상적으로 인식되었다.

우리나라의 고부관계도 과거와는 달라져, 좋은 친구 사이같은 고부관계도 자주 관찰되지만 아직도 고부갈등으로 고통을 겪는 시어머니나 며느리도 많다. 고부갈등은 가족문제 중에서도 가장 오래 되고 심각한 문제이면서도 그 해결이 쉽지 않기 때문에 다른 가족관계에도 부정적 영향을 준다. 특히 아들의 조정역할이 바람직하지 못할 때 고부갈등은 자녀세대의 부부관계와 부모-자녀관계에 부정적 영향을 준다.

(1) 고부갈등의 원인

고부갈등은 동서양에서 공통적으로 나타나는 현상이지만(김밀양, 2004; Wilson 등, 2003), 한국을 포함한 동양사회의 고부갈등이 훨씬 더 심각하다. 그 이유는 전통적인 가부장제와 효사상 때문이다. 전통적으로 한국가족은 위계질서가 분명한 부계중심으로 가장이 가족 전원에 대해 지배권을 갖는 가족형태인 동시에 유교적 효사상에 의해 며느리는 시부모에게 효도를 다해야 한다(김지영, 최상진, 2003). 부계중심 사회이기 때문에 며느리의 지위는 매우 낮지만, 아들을 낳으면 지위가 격상되므로 남아선호사상이 뿌리깊고 어머니와 아들은 정서적으로 밀착된 관계를 형성한다(박소영, 2010).

그러나 우리 사회에 도시화와 핵가족화가 진행되고 여성의 교육수준도 높아져 이제 가족관계는 수직관계가 아닌 완전한 수평관계로 전환되고 있다. 결국 가부장제적 가족구조가 부부중심의 핵가족 구조로 변화되면서 며느리들은 시어머니에게 일방적으로 복종하거나 무조건 인내하지 않으려고 하기 때문에 시어머니와 며느리간에 자주 갈등이 일어난다. 더욱이 시어머니와 며느리는 모녀관계가 아님에도 불구하고 부모-자녀관계로 지내야 하고(Bryant 등, 2001) 시어머니와 며느리 모두, 관계에 민감한 여성들이어서(Turner 등, 2006) 서로 갈등을 빚기 쉽다는 것도 고부갈등의 원인일 수 있다.

한국의 시어머니와 며느리가 보고한 고부갈등의 구체적 원인을 정리하면 다음과 같다(박소영, 2010; 이기숙, 1995; 이혜자, 2003).

시어머니가 보고한 고부갈등의 원인	며느리가 보고한 고부갈등의 원인
① 며느리의 이기적 태도	① 시어머니의 상대적 비교
② 손자녀 양육문제	② 시어머니의 간섭과 이기적 태도
③ 며느리의 가족에 대한 소홀함	③ 아들에 대한 애정 독점의 욕구
④ 가정관리 방식의 차이와 서툴움	④ 며느리의 의견무시
⑤ 시어머니에 대한 불손한 태도	⑤ 가습(家習)의 차이
⑥ 며느리의 표리부동한 태도	⑥ 손자녀 양육문제
⑦ 며느리의 아들에 대한 태도	⑦ 친정문제
⑧ 시부모가 반대한 결혼	

이외에도 며느리들은 시어머니와 동거할 때, 며느리의 연령이 30세 이하일 때보다 이상일 때(노모의 연령도 증가하여 노모의 독립적인 생활이 감소하고 자녀에게 보다 더 의존하기 때문), 시어머니의 건강이 좋지 않을 때 더 큰 갈등을 경험하였다. 흥미롭게도 아들의 출생순위와 고부갈등은 관계가 없어 모든 며느리들이 시어머니의 부양을 스트레스로 지각하고 있었다. 딸의 경우에도 노모와 별거할 때보다는 동거할 때 더 많은 갈등을 경험하여 동거는 며느리나 딸 모두에게 심한 스트레스를 유발하는 요인이었다.

이러한 결과는 노부모와 성인자녀가 동거하지 않으면서 노부모에게 도움을 줄 수 있는 수정된 확대가족(modified extended family)의 주거형태가 바람직할 가능성을 보여 준다. 서구 사회에서 선호되는 수정된 확대가족은 노부모와 성인자녀가 가까운 거리에 살면서 부모-자녀간의 접촉과 상호작용의 빈도를 높일 수 있는 하나의 가족형태이다.

(2) 고부갈등이 다른 가족관계에 미치는 영향

시어머니나 며느리 모두 고부갈등 후 서로 사이가 더 멀어졌다고 보고하였다. 모자관계 역시 고부갈등 후에 더 멀어졌으며, 이 때 아들이 아내편을 들면 모자관계가 악화되고 어머니편을 들면 부부싸움이 발생하는 양상이 나타난다(성명옥, 이혜자, 2002).

한국 남성들의 고부관계에 대한 인식은 결혼 후에야 이루어진다. 결혼 전에는 어머니와 아내가 막연하게 잘 지낼 수 있을 것으로 예상한다. 그러나 시간이 지나면서 고부간의 갈등이 심각함을 인식하고 자신의 역할이 중요하다는 것을 깨닫는다. 고부갈등이 발생하면 한국 남성들은 다음과 같은 여섯 가지 유형의 행동 중 하나의 행동을 나타낸다(박소영, 2010).

① 방관하기: 모른척 하거나 집을 나간다.
② 중간에서 조율하기: 어머니와 아내의 이야기를 듣고 중간점을 찾는다.
③ 양편, 모두를 정서적으로 지지하기: 어머니와 아내 모두를 위로하고 두 사람 모두 옳다는 입장을 취한다.
④ 아내 편들기: 어머니 앞에서 아내를 두둔한다.
⑤ 어머니 편들기: 아내 앞에서 어머니를 두둔한다.
⑥ 어머니 앞에서는 가만히 있다가 나중에 아내 마음 풀어주기: 부부만 있을 때 무조건 아내 편을 든다.

이러한 6가지 유형 중 남성의 방관자 역할은 어머니와 아내 사이를 더욱 악화시키고 이로 인해 남편과 아내 사이도 더 나빠져 가장 바람직하지 못한 유형이었다.

고부갈등시 다른 가족구성원의 태도와 갈등해소 역할을 연구한 결과에 의하면(성명옥, 이혜자, 2002), 시어머니는 아들과 남편이 대부분 중간적 입장이나 방관자적 태도를 보인다고 보고하였다. 시어머니는 아들이 어머니보다는 아내를 더 많이 두둔하고 남편 역시 아내보다는 며느리를 더 많이 두둔한다고 지각하였다.

그러나 딸은 어머니를 두둔하는 사람으로 지각되어, 딸이 고부갈등에 개입하고 있음은 물론 시누이-올케 관계에 부정적 역할을 하는 사람이었다. 또한 시어머니의 과반수 이상이 아들과 남편 모두 고부갈등을 해소하는 역할을 잘 하지 못한다고 지각하였고 딸의 역할에 대해서는 만족하는 편이었다.

3. 성인후기

성인초기 동안 여러 가지 역할들이 첨가되었다면, 성인중기 동안에는 역할에 대한 재정의가 이루어졌다. 그러나 성인후기에 이르면 대부분의 역할들을 상실하거나 역할수행으로부터 벗어나게 됨으로써 새로운 도전을 맞게 된다. 즉 직업을 가진 사람들은 직업으로부터 은퇴하고 배우자의 사망으로 혼자만의 생활을 해야 하는가 하면 가까운 친구 역시 멀리 이사를 가거나 사망함으로써 친구관계망을 상실한다. 이 때 성인자녀들은 자녀양육과 직업역할 혹은 지역사회 활동 등으로 바쁜 생활을 하게 되므로 노부모에게 많은 관심을 기울이지 못한다.

그렇다고 해서 성인후기 노인들이 아무런 역할도 수행하지 않는다는 것은 아니다. 그들은 아직도 사회적 지위나 역할을 가지고 있지만, 성인초기나 중기만큼 많은 의무나 기대를 갖지는 않는다는 것이다. 즉 노인들은 아직도 부모역할을 수행하지만 부모로서의 의무는 매우 적으며, 대학 교수 또한 퇴직 후에는 명예교수의 신분을 유지하지만, 교수로서의 의무는 더 이상 갖지 않는다.

실제로 성인후기의 초반은 다양한 선택이 가능한 긍정적 시기일 수 있다. 이 시기 동안 노인들은 그 동안 시간이 없어 하지 못했던 취미생활도 마음대로 할 수 있고, 지역사회를 위해 봉사활동도 활발하게 할 수 있으며, 저녁 늦은 시간까지 TV의 드라마나 운동경기도 마음놓고 시청할 수 있다. 그러나 성인후기의 후반으로 갈수록 체력이 저하되고 가까운 사람들의 죽음으로 관계망을 상실하기 때문에 우울증후가 강하게 나타난다. 이 무렵 배우자와의 사별은 혼자 모든 것을 꾸려가지 않으면 안 되게 한다.

1) 노인에 대한 사회적 편견과 혼자의 생활

제1장에서 설명한 연령차별주의의 결과로, 노인들은 사회적 편견에 시달린다. 그들은 올바르게 생각하지도 못하고, 새로운 것을 학습할 수도 없으며 성을 즐기지도 못할 뿐 아니라 지역사회에 기여하거나 책임감 있는 직업을 갖지도 못하는 무능한 존재로 인식된다. 그들은 자주 아이와 같다고 표현되고 피해야만 하는 존재로 치부된다. 성인초기, 중기 및 후기의 성인들을 대상으로 수행된 연구(Hummert 등, 1994)에서 모든 연령집단의 성인들, 심지어 노인 자신들까지 노인들에 대해 동일한 부정적 고정관념을 지니고 있었다.

이러한 부정적인 사회적 편견과 함께 성인후기의 노인들이 직면하는 가장 큰 어려움은 사별이나 이혼에 의해 배우자와 이별하고 혼자 생활해야 한다는 것이다. 특히 여성들은 남성들보다 평균수명이 더 길기 때문에 75세 이

우리 사회에는 노인에 대한 부정적 고정관념이 존재한다.

후에 이르면 대부분 혼자 생활하지 않으면 안 된다. 그러나 우리 문화에서는 자녀와 함께 사는 여성노인도 있기 때문에 순수한 독거노인의 비율은 서구보다는 낮다.

독거노인(獨居老人, aged living alone)이란 일반적으로 만 65세 이상의 노인이 자녀나 친척과 동거하지 않고 단독세대로 생활하는 노인들을 말한다. 우리 사회의 독거노인 가구는 1994년 전체 노인가구의 13.6%에서 2009년에 20.1%로 증가하였고 이러한 증가추세는 더 가속화될 것으로 전망된다(장경희, 2011). 그러나 독거노인의 84%는 여성노인이어서 독거노인의 문제는 곧 여성의 문제로 인식된다(림근란 등, 2011).

독거노인들이 증가하는 가장 큰 이유는 노인 부양의식의 약화와 노인 스스로 자녀의 피부양자가 되고 싶어하지 않는 의식 변화 때문이다. 이제 많은 노인들은 자발적으로 독거노인의 삶을 선택함으로써 자녀와의 갈등을 피하고 심리적으로 보다 편안하게 생활하고 싶어한다(최용민, 이상주, 2003).

독거노인들과 가족동거 노인들 중 누가 더 건강한가? 전체 노인들의 38.4%가 자신의 건강상태를 부정적으로 평가하는 것과 비교하여, 독거노인들의 44.6%가 부정적으로 평가하였고, 독거노인들의 96%가 만성질환을 가지고 있어 독거노인들이 더 나쁜 건강상태를 나타내었다(장경희, 2011). 건강문제 외에도 독거노인들은 경제적 어려움과 외로움 때문에 고통스러워하고, 특히 여성 독거노인들 중에는 심한 우울 상태에 있는 노인들도 많다(김희경 등, 2010). 그러나 가족이나 친척, 이웃 혹은 친구와 접촉빈도가 높을 때는 독거노인도 높은 생활만족을 경험할 수 있다(강현정, 2009).

2) 자원봉사자 활동

자원봉사자란 사회복지사업에 대한 전문지식과는 상관없이 보수를 받지 않고 자발적으로 사회복지 활동에 참여하는 사람들을 말한다. 물론 자원봉사 활동은 지속적으로 이루어져야 하고 일방적 선행이기보다는 주는 자와 받는 자 모두에게 도움이 되며 인간존중과 더불어 사는 사회를 지향해야 한다.

일반적으로 성인후기는 상실의 시기로 인식되고, 이 시기의 노인들은 서비스를 주기보다는 받는 사람으로 지각된다. 그러나 많은 노인들은 건강하고 활동적이며 일생동안 축적된 많은 지식과 기술을 지니고 있어 훌륭한 자원봉사자가 될 수 있다. 자원봉사 활동은 개인의 자기실현을 가능하게 하는 동시에 사회적 책임도 수행할 수 있도록 한다.

자원봉사 활동의 이점을 개인에게 주는 이점과 사회에 주는 이점으로 구분하여 설명하면 다음과 같다(장인협, 최성재, 2003).

개인에게 주는 이점

① 퇴직으로 상실되었던 사회적 지위와 역할을 제공하므로 개인의 사회적 가치감을 유지할 수 있도록 한다.

② 소외감을 극복하고 긍정적 자아상을 유지할 수 있도록 한다.

③ 책임감을 가지고 창의성을 발휘할 수 있도록 하므로 노인의 생활만족을 증진시키고 정신건강을 개선시킨다.

사회에 주는 이점

① 노인이나 노화에 대한 인식을 긍정적으로 변화시킬 수 있다.

② 사회를 발전시키는 데 공헌하게 한다.

③ 공동체 의식을 높일 수 있다.

이와 같이 노인의 자원봉사 활동은 노후에 생활만족을 느낄 수 있도록 하므로 노인문제를 해결할 수 있는 하나의 방안이 될 수 있다. 우리나라에는 노인복지관련 민간단체로 대한노인회, 한국노년자원봉사회, 대한적십자사, 한국노인복지회, 한국노인의 전화, 노인종합복지관 및 종합사회복지관 등이 있으며, 보통 노인실버봉사대나 노인자원봉사단과 같은 이름으로 자원봉사 활동이 이루어지고 있다.

일반적으로 더 젊은 노인일수록, 경제상태가 좋을수록, 배우자가 있는 노인일수록, 건강상태가 좋을수록, 봉사활동에 대한 정보를 많이 가지고 있을수록 그리고 봉사활동에 대해 긍정적으로 생각할수록 봉사활동에 대한 참여의지가 높다(이금룡, 2003). 보통 노인들은 자원봉사활동으로 노동봉사, 지역사회봉사, 대화상대, 장애인에 대한 봉사, 교육활동(한자교실, 문맹노인 한글교육, 예절교실 등) 등을 수행한다.

최근 노인들의 자원봉사활동이 이타주의적 동기에서 이루어지는지 아니면 이기주의적 동기에서 이루어지는지에 대한 논란이 일고 있다. 전자는 타인을 돕거나 타인의 복지만을 위해 자원봉사를 한다는 의미인 반면, 후자는 자원봉사자 자신의 복지를 개선시킬 목적으로 보상을 바라고 자원봉사를 한다는 것이다.

분명한 것은 이타주의적 동기에서 자원봉사활동을 하는 사람보다는 이기주의적 동기에서 자원봉사활동을 하는 사람들이 더 많다는 것이다. 그러나 이기주의적 동기에서 자원봉사활동을 하는 사람도 자신의 활동대가로서 경제적 보상을 원하는 것은 아니며, 사회적 기여나 자기개발을 도모함으로써 심리사회적 보상을 선호한다(최은숙, 2005). 따라서 자원봉사활동을 활성화하기 위해서는 자원봉사자들에게 임금적 대가가 아닌 다양한 형태의 인센티브나 비 현물형태의 보상을 제공함으로써 자원봉사자의 사기를 높이고 동기를 부여할 수 있어야 할 것이다.

unit Ⅲ
성역할의 변화

성역할(gender role)이란 특정한 문화 내에서 남성과 여성이 수행하는 행위나 역할을 기술하는 개념으로 성역할 정체감(gender role identity)이라는 용어로 더 자주 사용된다. 성역할 정체감은 각 개인이 행동에 나타내는 남성적 특성과 여성적 특성의 정도와 형태를 말하며, 각 성과 관련된 특성은 성역할 고정관념에 기초한다.

전통적으로 남성은 우리 사회가 규정하는 남성 성역할 고정관념을 그리고 여성은 여성 성역할 고정관념에 해당하는 특성들만 지니고 있다고 생각되었다. 비록 사회변화의 결과로 여성들의 남성성은 높아지고 여성성은 낮아지는 추세에 있지만(Auster & Ohm, 2000), 우리 사회에는 여전히 성역할 고정관념이 존재한다. 이 절에서는 먼저 성역할 고정관념을 설명하고 성인기 동안의 성역할 변화를 설명한다.

1. 성역할 고정관념

성역할의 기초가 되는 성역할 고정관념(gender stereotype)은 성별에 따라 남성과 여성이 수행하고 행동해야만 한다고 생각되는 그 사회의 공유된 신념을 의미한다. 우리는 사회에서 수용되는 성역할 고정관념을 기초로 "남성다움"과 "여성다움"을 규정한다.

성역할 고정관념의 존재는 우리가 전혀 알지 못하는 사람을 평가할 때 쉽게 확인될 수 있다. 즉 어떤 사람이 남성이라면 공격적, 자기주장적, 지배적일 것으로 기대되는 반면, 그 사람이 여성이라면 정서적, 감정이입적, 비논리적일 것으로 추론한다는 것이다.

우리는 자신도 알지 못하는 사이에 고정관념을 수용하는 경향이 있으므로 개인이 지니고 있는 성역할 고정관념은 생활의 다양한 영역에 영향을 준다. 즉 성인기 동안의 자녀양육은 물론 배우자나 타인과의 관계, 직업수행 등 성역할 고정관념이 영향을 미치지 않는 영역은 거의 없다.

1) 성역할 고정관념의 내용

성역할은 최근에 와서 크게 변화하였고 문화에 따라서도 차이를 나타내지만, 성역할 고정관념은 지난 수세기 동안 안정되게 유지되고 있다. 그 동안 여성들의 교육 정도가 높아지고 그에 상응하게 사회적 역할도 변화하였으나, 여성들에 대한 고정관념에는 큰 변화가 없다.

윌리엄스와 베스트(Williams & Best, 1990)는 성역할 고정관념을 연구하기 위하여 25개국의 대학생들을 대상으로 다양한 형용사를 제시하고 각 형용사에 대해 남성적, 여성적, 중립적 중 하나를 선택하게 하였다. 연구결과 25개국 중 23개국의 반응자들이 성역할 고정관념과 일치되게 응답하여 서로 다른 문화적 특성에도 불구하고 성역할 고정관념에서는 차이를 나타내지 않았다.

다음은 이 연구에서 분류된 남성적 특성과 여성적 특성을 나타내는 형용사들이다. 남성적 특성들은 도구성(instrumentality)으로 그리고 여성적 특성들은 표현성(expressiveness)으로 명명된다.

남성적 특성: 활동적, 모험적, 공격적, 독재적, 용기 있는, 대담한, 지배적, 진취적, 힘센, 독립적, 진보적, 강건한, 거친, 엄격한, 단호한, 비정서적, 현명한, 강한

여성적 특성: 애정적, 매력적, 수동적, 의존적, 공상에 잠기는, 정서적, 소심한, 감수성이 강한, 감상적, 온화한, 복종적, 미신적, 약한

이러한 성역할 고정관념적 특성들은 자신보다 타인들에게 더 엄격하게 적용된다. 도구성과 표현성에 대한 자기지각에서의 변화를 연구한 스펜스(Spence & Buckner, 2000)에 의하면, 남성들은 22개의 도구적 특성 중에서 단지 9개의 특성에서 여성들보다 자신을 더 높게 평가하였다. 그러나 여성들은 16개의 표현적 특성 중에서 15개의 특성에서 남성들보다 자신을 더 높게 평가하여 여성들의 표현적 특성에서는 변화가 없음을 보여 주었다. 문제는 자신이 지니고 있는 도구적 특성에서는 과거보다 남녀가 훨씬 더 유사해졌음에도 불구하고, 타인들의 도구적 특성에 대해서는 전통적 성역할 고정관념을 그대로 적용한다는 것이다.

그 예로서 "나는 리드로서 행동한다"는 문항이 자신을 얼마나 잘 기술하는지 평정하게 하였을 때, 남녀의 반응은 거의 유사하였다. 그러나 동일한 문항이 남성을 더 잘 기술하는지 아니면 여성을 더 잘 기술하는지 질문하였을 때, 남녀 모두 여성보다 남성을 더 잘 기술한다고 응답하였다.

2) 성역할 고정관념 이론

시대변화에도 불구하고 성역할 고정관념은 지속되고 있다. 그 이유는 무엇일까? 성역할 고정관념이 지속되는 이유를 설명하는 세 가지 이론을 소개한다.

① 사회적 역할 해석이론

사회적 역할 해석이론(social roles interpretation theory)을 주장하는 이글리(Eagly, 1987)는 사회 내에서 이루어지는 노동분업의 결과로 성역할 고정관념이 지속된다고 주장한다. 이 이론에 따르면, 어린 아동은 음식물을 장만하고 아동을 돌보는 소위 표현적·공동체적 역할을 담당하는 여성과, 가족을 부양하고 보호하는 도구적 역할을 담당하는 남성을 관찰하면서 성장한다. 그에 따라 아동 스스로는 물론 타인도 성에 따라 두 가지 역할 중 하나를 채택할 것으로 기대하고 남성에게 요구되는 기술과 여성에게 요구되는 기술을 구별한다. 결국 소녀들은 표현적·공동체적 기술을 그리고 소년들은 도구적 기술을 습득한다.

② 학습도식 설명이론

벰(Bem, 1993)에 의해 제안된 학습도식 설명이론(learning schema explanation)은 개인의 인지과정에 의해 성역할 고정관념이 지속된다고 주장한다. 이 이론에 의하면, 우리는 일찍부터 부모나 교사 혹은 대중매체를 통하여 성으로 이분된 성도식(gender schema)을 학습하고 그것을 통해 세상을 바라본다. 다시 말하면 우리는 인위적으로 남성적인 것과 여성적인 것을 구별하는 왜곡된 방식으로 세상을 본다는 것이다. 그 결과 성역할 고정관념적 사고를 하는 사람들은 남녀를 엄격하게 구별하고 성과 일치하지 않는 과제나 과업을 회피한다. 그들은 성역할 고정관념을 진정한 성차로 인식한다.

이 이론에서 성도식은 성차를 양극화하는 외에도 우리를 남성중심적(androcentric) 혹은 남성우월적 사고를 하도록 인도한다. 그 이유는 성도식이 세상을 남성영역과 여성영역으로 구분하는 외에도 남성영역이 여성영역보다 더 중요하고 가치 있다는 인식을 심어주기 때문이다.

③ 진화심리학 이론

진화심리학 이론(evolutionary psychology theory)은 성역할 고정관념을 인간 종의 유전자 속에 프로그램되어 있는 행동특성이라고 주장한다. 이 이론을 주장하는 부스(Buss, 1991)는 성역할을 우리 조상들이 수백만 년 동안 직면한 문제들에 대한 해결책으로 진화된 심리적 행동이라고 주장하고, 여성과 남성은 유전적으로 서로 다른 방식으로 행동하도록 설계되어 있다고 가정한다.

그에 따라 여성들은 생계유지자인 남성들에게 매력적으로 보이고 양육성과 관련된 유전자를 부모로부터 물려받는 반면, 남성들은 경쟁적이고 다산할 여성에게 매력적으로 보이는 유전자를 물려받으며, 각기 그것을 다음 세대에 물려준다는 것이다.

성역할 고정관념에 대한 이상의 세 가지 이론 중 어느 이론이 더 타당하다고 말하기는 어렵다. 성차의 문제는 심리학에서 가장 복잡한 연구주제 중의 하나이므로 완전한 설명을 할 수 있기 위해서는 아직도 더 많은 연구를 필요로 한다.

2. 성인초기의 성역할

1) 결혼에 의한 성역할 변화

결혼과 함께 특정인의 배우자로서의 역할은 생활의 모든 측면에 변화를 가져오며, 특히 성역할에서 현저한 변화를 일으킨다. 결혼초 혹은 자녀출산 전까지 남녀의 성역할은 그 어느 때보다도 평등하지만, 그렇다고 해서 그것이 남녀의 전통적 노동분업을 무효화한다는 의미는 아니다. 평등주의적인 가정에서도 가사일은 전통적 성역할에 따라 구분되기 때문에, 여성들은 요리와 청소를 더 많이 하고, 남성들은 쓰레기 버리기와 가전제품이나 가재도구 수선하기 혹은 자동차 정비하기와 같은 일을 더 많이 한다. 신혼초의 평등주의적인 가정에서조차도 여성들은 남성들보다 가사일을 더 많이 한다(Bianchi 등, 2000).

가정 내에서의 남녀간의 노동분업은 오랜 역사를 가지고 있다. 인류학자인 거트만(David Gutmann)에 의하면, 부족이나 집단의 안녕이 중요하던 시절 여성들이 보호를 받는 것은 당연한 일이었다. 여성들은 부족의 미래를 책임질 자녀를 출산하고 양육하는 역할을 하므로 가사일을 하면서 집안에 머무르는 것이 가장 안전한 일이었다. 반면 강한 신체적 힘을 지니고 있는 남성들은 침입자를 무찌르고 영토를 지켜야 했으므로 집 밖에서 활동할 수밖에 없었다.

이제와서 약탈자로부터 여성들을 보호할 필요가 없음에도 불구하고, 우리는 여전히 여성들의 자리는 가정 내에 위치한다는 생각을 가지고 있으며, 여성은 "가정" 남성은 "힘"이라는 생각에서 벗어나지 못한다. 따라서 배우자와 평등한 관계를 유지하기 원하는 사람들조차도 부부관계에서 남성과 여성의 전통적 역할을 쉽게 포기하지 못한다.

2) 부모역할에 의한 성역할 변화

결혼 후에 부부의 성역할은 보다 전통주의적 방향으로 이동하지만 첫 자녀의 출산과 함께 이동은 더욱 현저해진다(Katz-Wise 등, 2010). 아기의 성장을 위해 부모는 아기의 정서적, 신체적 욕구를 충족시켜 주어야만 하므로 아기를 돌보는 사람은 자녀양육 외에 다른 일을 하기 어렵다. 거트만(Gutmann, 1987)은 여성들이 아기를 임신하고 출산하고 수유하기 때문에 전통적 성역할 구분에 따른 역할분담은 지극히 자연스러운 일이라고 주장하였다.

거트만의 주장대로, 부부의 역할분담이 유전적으로 결정되든 아니든, 남편과 아내의 역할은 자녀 출산 후에 더 분명하게 구분된다. 첫 자녀 출산 후에 여성들은 출산 이전에 예상했던 것보다 아동양육과 가사일에 대한 더 큰 책임을 맡고 주양육자로 기능하는 반면, 남성들은 생계유지자의 역할로서 가족에게 자원을 공급하는 일에 에너지를 집중한다. 남편이 아동양육과 가사일에 많은 기여를 할 때조차도 그들은 자신이 단지 조력자일 뿐이라고 강조한다. 이러한 노동분업은 아내가 전일제 직업을 가지고 있을 때도 그래도 유지되며, 재혼한 복합가족 내에서도 또한 그러하다.

3. 성인중기와 후기의 성역할

성인중기 동안의 성역할 변화는 성인초기만큼 분명하지는 않다. 그러나 거트만(Gutmann, 1997)은 성인중기에 성역할 교차(sex role crossover)가 일어난다고 주장한다. 거트만에 의하면, 남녀 모두 부모역할로부터 자유로워지면, 여성들은 점점 더 적극적, 지배적, 자기주장적으로 변화하고 전통적인 남성특성을 지니며 남성역할을 수행한다. 그들은 내부에서 외부로 관심을 돌리고 타인을 보살피는 양육적 특성에서 씩씩하고 힘찬 남성적 특성으로 이동한다. 반면 남성들은 수동적, 온정적, 정서적으로 민감하고 표현적이며 지역사회 일보다는 가족관계에 더 많은 관심을 갖는다.

이와 같이 거트만의 모델은 성인중기와 그 이후의 성역할 변화를 남성과 여성의 역할이 정반대로 변화하는 성역할 교차로 설명하지만, 다른 연구자들은 오히려 성역할 확장(sex role expansion)이라고 주장한다. 특히 펠드만과 그 동료들(Feldman 등, 1981)은 자기보고 방법을 사용하여 가족생활주기에 따른 성역할 변화를 연구하고 성역할 확장의 증거를 제시하였다.

그들에 의하면, 가족생활주기의 후반부로 갈수록 남성들은 자신을 더 온정적이고 동정심이 많은 사람으로 그리고 여성들은 자신을 더 독립적이고 자율적인 사람으로 기술하였으나 각자의 전통적 특성은 그대로 유지되고 있었다. 남녀 모두 전통적 특성을 그대로 지니고 있으면서도 성인초기에 이성에게 귀속되었던 특성들의 일부를 함께 지니므로 성역할 확장이 분명하다는 것이다. 하버드 대학생들을 종단적으로 추적한 베이런트(Vaillant, 2000)도 남성들은 중년기에 여성적으로 변하기 때문에 이전보다 더 내성적, 감정적, 정서적이지만 남성성이 감소하는 것은 아니라고 밝힌 바 있다.

분명한 것은 성인중기 동안 성역할 고정관념이 감소한다는 것이다. 그 이유는 자녀들이 집을 떠나고 성역할 구분의 필요성이 감소할 뿐 아니라 성격변화도 함께 일어나기 때문이다. 성인중기와 그 이후의 성인들은 지금까지 표현하지 못하고 있던 자신의 일부분을 표현한 결과로 남성들은 동정심과 정서적 민감성을 그리고 여성들은 자기주장성과 자율성을 표현함으로써 남녀 모두 양성적(androgynous)으로 변화하는, 소위 양성성 이동(androgyny shift)을 경험한다.

서구에서 이루어진 최근 연구(Strough 등, 2007)는 성인후기의 노인들 사이에서 양성성 소유자가 증가하고 양성적 특성을 채택하는 노인들이 젊은이들보다 더 많다고 보고한다. 그러나 한국의 성인후기 노인들은 전형적인 남성 성역할 특성인 주도성이 높을 때, 더 높은 수준의 자기존중감을 지니고 높은 결혼만족도를 나타내어(박수애와 조은경, 2002), 양성성 이동 현상은 관찰되지 않았다. 물론 이러한 결과들이 한국 성인후기 남성의 전형적 특성인지 아니면 출생동시집단 효과 때문인지 분명하지 않으므로 후속연구를 통해 확인될 수 있어야 할 것이다.

분명한 것은 남녀의 성역할은 전생애 동안 변화한다는 것이다. 결혼 전에는 남녀 모두 유사한 성역할 특성을 지니고 있었으나 결혼과 함께 남녀의 성역할은 보다 더 전통적으로 변화하고 자녀양육기 동안에는 전생애 중 그 어느 때보다 성역할 구분이 엄격해진다. 그러나 성인중기의 시작과 함께 남녀의 성역할은 점차 유사해지고 이러한 유사성은 성인후기까지 계속해서 증가한다. 결국 은퇴자로서 그리고 조부모로서 성인후기의 남녀는 매우 유사한 삶을 영위한다.

Chapter 8

성격, 도덕성, 자기 관련 개념의 발달

I. 성인기 성격발달에 관한 접근방법
1. 인생사건 접근법
2. 인생사건 접근법에서 고려해야 할 요인

II. 성격의 안정성과 변화
1. 성격의 안정성
2. 성격의 변화
3. 성격연구와 관련된 문제

III. 도덕성 발달
1. 콜버그의 도덕성 발달단계
2. 성인기의 도덕성 발달

IV. 자기관련 개념의 변화
1. 자기존중감
2. 자기효능감
3. 자아정체감

Adult Development

&

Aging Psychology

Chapter 08

성격, 도덕성, 자기관련 개념의 발달

성인기 동안 성격특성에서는 어떤 변화가 일어나는가? 이 문제는 곧 청년기까지의 성격특성이 성인기 동안 그대로 유지되는지 아니면 변화하는지의 문제와 연결된다. 우리는 오랫동안 알고 지내는 사람들이 연령과 함께 변해가는 모습을 자주 목격한다. 그 중 어떤 사람은 더 관대해지고 너그러워지는가 하면 어떤 사람은 더 우울하고 내성적으로 변화한다. 이와 같은 변화를 설명하기 위하여 먼저 성격발달에 관한 인생사건 접근법을 소개하고 성격의 안정성과 변화에 기여하는 요인들을 차례로 고찰한다. 또한 성인기 동안 개인의 도덕성은 어떻게 발달하는지를 검토하고 자기관련 개념으로 자기존중감과 자기효능감 그리고 자아정체감의 발달도 함께 설명한다.

unit I 성인기 성격발달에 관한 접근방법

성인기 성격발달을 설명하는 두 가지 접근방법이 있다. 그 중 하나는 제2장에서 설명한 성격발달의 단계이론이고 또 다른 하나는 인생사건 접근법(life-events approach)이다. 이미 설명한 에릭슨 이론, 레빙거의 이론, 레빈슨의 이론과 같은 성격발달의 단계이론들은 연령을 성격변화의 핵심요인으로 가정하고 성격발달의 보편적 단계를 규명하려고 하기 때문에 개인적 변이를 고려하지 않는다. 그러나 이 장에서 설명하는 인생사건 접근법은 개인이 경험하는 인생사건에 초점을 맞추고 성격발달의 개인적 변이를 역점두어 다룬다.

1. 인생사건 접근법

인생사건 접근법은 단계이론가들이 주장하는 연령보다는 성인기 동안 개인이 경험하는 인생사건들이 성격변화의 주된 원인이라고 주장한다 (Schwarzer & Schultz, 2003). 특히 이 접근법의 초기 제안자들(예; Holmes & Rahe, 1967)은 배우자의 사망과 이혼, 결혼과 같은 중대한 인생사건들이 비록 그 정도에서 차이가 있기는 하지만 개인에게 스트레스를 주고 결국 개인의

그림 8-1 성격의 발달적 변화를 설명하는 인생사건 접근법

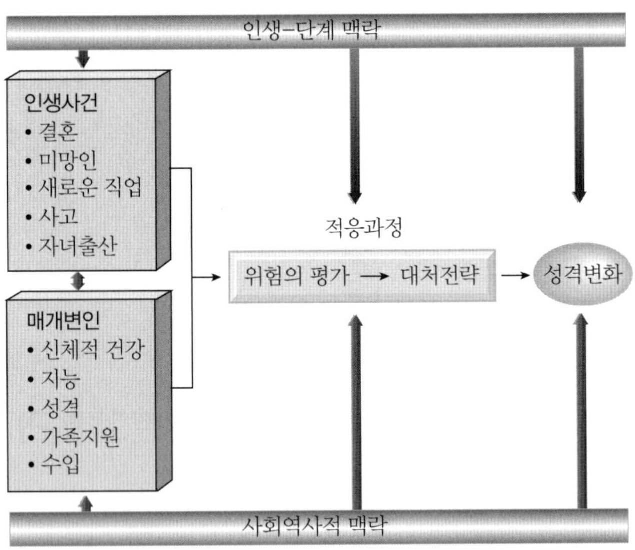

출처: Santrock, 2004.

성격발달에 영향을 준다는 것을 강조하였다.

그러나 오늘날의 인생사건 접근법은 그림 8-1과 같이 다양한 인생사건들이 개인의 발달에 어떤 영향을 주는지를 연구하는 동시에 각종 매개변인(신체건강, 가족지원 등)과 인생사건에 대한 개인의 적응(위험의 평가, 대처전략 등), 인생단계 맥락 및 사회역사적 맥락을 함께 연구한다.

만약 건강이 좋지 않고 가족으로부터 지원을 받지 못하는 사람이라면, 다양한 인생사건들은 더 큰 스트레스가 될 것이고 결국 개인의 성격을 변화시킬 것이다. 더욱이 동일한 인생사건도 개인의 특성에 따라 지극히 심각한 스트레스가 될 수도 있고 단순히 하나의 도전에 지나지 않을 수 있을 뿐 아니라 인생단계나 사회역사적 맥락에 따라서도 다르게 지각되므로, 인생사건들이 개인의 성격특성에 영향을 주는 정도는 달라진다.

결혼기간이 짧은 20대 부부와 오랜 기간 동안 결혼생활을 해온 50대 부부를 비교해 보자. 50대 부부들은 20대 부부들보다 더 오랜 기간 동안 결혼생활을 하였으므로 이혼에 따른 스트레스를 더 크게 지각할 것이다. 그러나 최근 이혼이 더 빈번해졌고 사회적으로도 이혼이 수용되는 분위기이기 때문에, 젊은 부부들은 나이많은 부부들보다 이혼에 더 잘 대처할 것이므로 이혼이 20대와 50대 부부의 성격특성에 미치는 영향은 달라질 것이다.

이와 같이 인생사건 접근법은 성인기 성격발달을 설명하는 유용한 접근법임에도 불구하고 다음과 같은 두 가지 문제점을 지닌다.

첫째, 성인기 동안 일어나는 다양한 인생사건이 개인의 성격특성을 변화시키기도 하지만, 인생사건 접근법은 변화되지 않는 성격의 측면들이 존재한다는 것을 인정하지 않는다.

둘째, 인생사건 접근법은 중요한 인생사건들이 스트레스의 일차적 근원이라고 주장하지만 우리는 매일의 사소한 경험들을 통하여 더 큰 스트레스를 경험한다. 다시 말하면 스트레스가 많은 직업이나 결혼생활을 계속하는 것, 혹은 경제적 어려움과 같은 매일의 작은 다툼이나 귀찮은 문제들이 인생에서의 중요한 사건들보다 더 큰 스트레스를 불러일으키고 결국 질병에 걸리게 한다는 것이다.

2. 인생사건 접근법에서 고려해야 할 요인

1) 출생동시집단 효과

개인의 가치나, 태도, 기대 혹은 행동은 우리가 살고 있는 시대의 영향을 받는다. 미국의 세계대공황기(1930년대)의 어려운 시기에 태어난 사람들과 1960년대의 풍요로운 시기에 출생한 사람들이 삶에 대해 다른 조망을 갖는 것은 당연한 일이다. 그들은 결혼이나 자녀양육 혹은 은퇴와 같은 의미 있는 인생사건들을 경험하는 연령에서도 차이를 나타낸다.

중요한 것은 최근에 와서 인생사건들을 경험하는 연령이나 경험순서에서 개인차가 더 커졌다는 것이다. 과거와 달리 결혼이나 자녀출산 연령, 부모가 되는 연령 혹은 은퇴 연령이 빠른 사람도 있고 늦은 사람이 있는가 하면 그것을 경험하지 않는 사람도 있다. 이제 사회 내의 합의된 연령규준에 맞추어 특정한 역할을 수행해야 한다고 생각하는 사람은 많지 않다.

비록 오래된 자료이기는 하지만, 표 8-1은 1950년대 후반과 1970년대 후반에 조사된, 중요한 인생사건을 경험하는 적정연령을 비교한 결과이다. 이 자료에서도 성인기 동안의 역할수행을 위한 적정연령의 개념이 약화되고 있음이 분명하게 드러난다. 21세기 초반의 한국인들이 경험하는 결혼 적령기, 취업연령, 직장에서 안정되는 연령은 이 자료보다 훨씬 더 높아졌고 은퇴준비 연령은 더 낮아졌다. 이와 같이 출생동시집단에 따라 중요한 인생사건을 경험하는 시기가 달라지므로 하나의 출생동시집단의 성격발달 패턴을 다른 출생동시집단에 적용하기는 어렵다.

2) 성별효과

성격발달에 관한 단계이론들은 남성중심적으로 기술되었다는 비판을 받는다. 그 이유는 단계이론들이 역사적으로 남성 생애의 중심요소인 직업선택이나 과업성취만을 중요시하고 여성 생애의 중심요소들을 무시하였기 때문이다. 즉 관계형성이나 상호의존 혹은 돌보기에 대한 여성의 관심은 물론 출

표 8-1 주요 인생사건의 적정연령에 대한 개인의 생각

활동/사건	적령기(세)	1950년대 후반 연구에서 동의한 비율(%)		1970년대 후반 연구에서 동의한 비율(%)	
		남	여	남	여
남성의 결혼 적령기	20–25	80	90	42	42
여성의 결혼 적령기	19–24	85	90	44	36
대부분의 사람들이 조부모가 되는 연령	45–50	84	79	64	57
대부분의 사람들이 학교를 졸업하고 취업하는 연령	20–22	86	82	36	38
대부분의 남성들이 직장에서 안정되는 연령	24–26	74	64	24	26
대부분의 남성들이 직장에서 최고의 지위에 도달하는 연령	45–50	71	58	38	31
대부분의 사람들이 은퇴할 준비를 해야 하는 연령	60–65	83	86	66	41
남성들이 가장 많은 책임을 맡는 연령	35–50	79	75	49	50
남성들이 가장 많은 성취를 이루는 연령	40–50	82	71	46	41
남성의 인생 전성기	35–50	86	80	59	66
여성이 가장 많은 책임을 맡는 연령	25–40	93	91	59	53
여성이 가장 많은 성취를 이루는 연령	30–45	94	92	57	48

출처: Passuth 등, 1984.

산과 양육을 중요시하지도 않았다는 것이다. 특히 가족역할은 남성보다 여성의 삶에 더 큰 영향을 미치기 때문에 여성들은 직업역할과 가정주부 역할간에 균형을 이루는 문제로 고통을 겪는 데도 어떤 이론도 이 문제를 다룬 일이

없다. 따라서 단계이론에서 가정하는 규범적 발달과정을 여성들에게 적용하기는 어렵다.

더욱이 여성운동(women's movement)의 시작은 전통적으로 양육된 상당수의 여성들의 삶을 변화시켰고, 변화는 지금도 계속되고 있다. 그에 따라 취업이나 가족 혹은 성역할에 대한 사회적 태도도 변화함으로써 성인기 동안 여성들이 활동할 수 있는 기회와 범위가 크게 확대되었다. 결혼이나 출산과 함께 직업으로부터 떠나야 했던 여성들의 취업형태도 점점 남성들과 유사해지고 있는가 하면, 결혼 후 수년이 경과한 이후에 여성들은 다시 학교로 돌아가기도 하고 직업에서 성공할 때까지 결혼과 출산을 연기하는 여성들도 있다. 또한 과거와는 달리 성인중기 이후의 이혼이 증가하고, 사회가 여성의 젊음과 아름다움을 중요시함으로써 여성들은 노화의 이중기준에 시달리기도 한다. 그럼에도 불구하고 상당수의 여성들은 앞 시대의 여성들과 동일하게 결혼하고 출산하며 가정주부로서 삶을 살고 있다.

이와 같이 여성들의 역할은 더 복잡해지고 더 다양해졌으므로 발달의 규범적 순서를 가정하기는 어렵다. 이제 중년기 이후의 여성들에 대한 지금까지의 부정적 시각도 변화되지 않으면 안 된다(Aldwin & Levenson, 2001). 50대의 중년 여성들은 더 이상 우울한 모습으로 텅빈 보금자리를 지키고 있는 수동적 존재들이 아니다. 그들은 자신감과 안정감을 가지고 다양한 활동에 참여하고 있다. 그러므로 중년기는 남성들은 물론 여성들에게도 다양하고 변화가 많은 시기이므로 인생사건 접근법에서는 남녀의 성격발달 문제를 새로운 시각으로 바라보지 않으면 안 된다.

3) 문화적 맥락효과

성인기의 성격발달은 문화에 따라서도 차이를 보인다. 에릭슨이나 레빈슨의 단계이론은 서구문화의 성인기 발달을 설명하므로 산업화되지 않은 문화에 적용되기는 어렵다. 지구상에는 성인중기가 존재하지 않거나 분명하지 않은 문화들도 있다. 그 예로서 전생애를 단지 젊은이와 늙은이로만 구별하는 문화도 있고, 청소년이나 성인, 혹은 중년 성인이라는 단어가 없는 문화도 있다. 또한 아래에 제시한 남아프리카의 거스리 문화(Gusli culture)에서와 같이 연령이 아니라 전적으로 인생사건을 바탕으로 발달단계를 구분하는 문화도 있다.

거스리 문화에서의 전생애 발달단계

여 자	남 자
1. 영아	1. 영아
2. 할례하지 않은 소녀	2. 할례하지 않은 소년
3. 할례한 소녀	3. 할례한 소년무사
4. 결혼한 여성	4. 남자노인
5. 여자노인	

이와 같이 문화에 따라 전생애 발달단계가 달라지므로 인생사건 접근법에서는 문화적 특성을 고려한 성인기 성격발달을 설명할 수 있어야 할 것이다.

unit Ⅱ 성격의 안정성과 변화

개인의 성격특성 중에는 전생애 동안 항상적으로 유지되는 특성들이 있는가 하면 일부의 특성들은 변화한다. 어떤 성격특성들이 변화하고 어떤 성격특성들이 변화하지 않는가? 변화는 레빙거나 에릭슨의 주장처럼 내적 발달이나 성장으로 설명될 수 있는가? 아니면 레빈슨의 제안처럼 변화하는 상황에 대한 하나의 적응방식인가?

1. 성격의 안정성

여기서 안정성이란 곧 상관적 일관성(correlational consistency)을 의미한다. 지능점수에서의 안정성과 같이, 심리학자들은 반복적으로 측정된 성격검사 점수를 바탕으로, 시간경과에도 불구하고 개인의 상대적 위치가 동일하게 유지되는지 아닌지를 조사함으로써 성격의 안정성을 연구한다. 그러므로 성격의 안정성 여부는 동일한 성격검사 절차가 수년에 걸쳐 두 번 이상 실시되고 점수들 사이의 상관을 계산한 결과를 바탕으로 결정된다.

1) 다섯 가지 성격차원과 안정성

코스타와 맥크레(Costa & McCrae, 1994)는 표 8-2에 제시된 바와 같이 다섯 가지 차원으로 구성된 성격의 5요인 모델(5-factor model 혹은 Big Five model)을 제시하였다.

표 8-2 성격의 5요인 모델

차 원	정 의	특 징
성실성 (conscientiousness)	훈련과 조직 대 진지함의 부족	능력, 질서, 충실, 성취, 노력, 자기훈련, 신중, 효율성, 신뢰, 책임, 철저함
호감성 (agreeableness)	순종과 협력 대 의심	신뢰, 이타주의, 겸손, 심약, 솔직, 감사할 줄 아는, 인정 많은, 관대한, 친절한, 동정적
정서적 불안정성 (neuroticism)	불안정성 대 안정성	불안, 적개심, 자의식, 자기연민, 긴장, 과민성, 근심, 우울, 충동성
경험에 대한 개방성 (openness to experience)	다양한 호기심과 흥미 대 동일함의 선호	환상, 미(美), 감정, 행동, 아이디어, 가치에 대한 개방성
외향성 (exteraversion)	사교성 대 내향성	자기주장성, 온정, 사교성, 활동성, 흥분추구, 정력적, 열정적, 낙천적

출처: Costa & McCrae, 1994.

이러한 다섯 가지 성격차원들은 연령, 성별, 교육, 사회경제적 수준이 서로 다르고 각기 다른 언어(한국어, 영어, 일어, 중국어, 독일어, 헤브류어, 포르투갈어)를 사용하는 7,000명의 개인들을 연구한 결과에서도(McCrae & Costa, 1997) 일관성 있게 확인될 수 있었다. 또한 36개국의 상이한 문화를 비교한 연구에서도(Allik & McCrae, 2004) 동일하게 확인됨으로써 성격의 5요인 모델은 인간의 보편적인 성격차원임이 분명하였다.

이 분야의 연구자들은 개인의 성격특성이 연령에 따라 변화하는가에 관심을 갖는다. 맥크레와 코스타(McCrae & Costa, 2003, 2008)는 20대부터 90대까지의 성인들을 대상으로 여러 해에 걸쳐 반복적으로 5요인 성격검사를 실시하였다. 검사결과 각기 다른 연령에서 성격차원 점수들간에 높은 상관적 일관성이 발견됨으로써 시간경과에도 불구하고 성격특성들이 안정적임을 확인할 수 있었다.

성격의 안정성은 연령과 함께 점점 더 커진다. 2회 이상 성격검사를 실

그림 8-2 서로 다른 연령에서 측정된 성격특성의 안정성

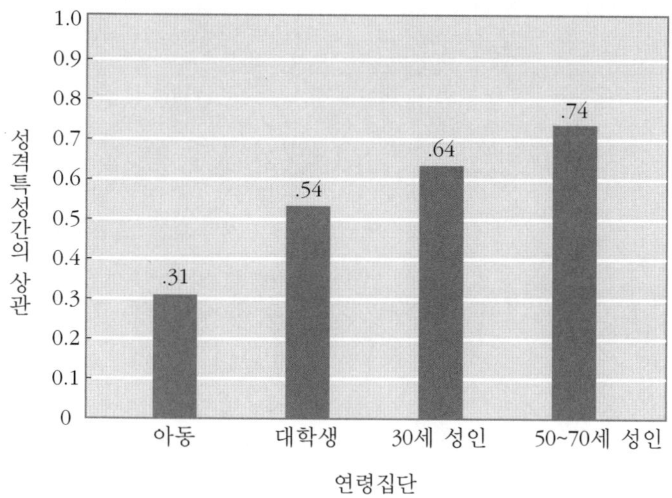

출처: Roberts & DelVecchio, 2000.

시한 152개의 연구들을 통합분석한 결과(Roberts & DelVecchio, 2000), 6-7년 간격으로 실시된 검사간 평균상관은 그림 8-2와 같이 아동기에서 성인후기

표 8-3 성인기 동안 5요인 성격차원에서의 변화

성격차원	연구대상	경 향 성
성실성	이전연구	성인기 동안 증가함
	여성	성인기 동안 증가함 변화는 느리나 30세 이후에도 계속됨
	남성	성인기 동안 증가함 변화는 느리나 30세 이후에도 계속됨
호감성	이전연구	성인기 동안 증가함
	여성	성인기 동안 증가함 가장 큰 증가는 30세 이후에 일어남
	남성	성인기 동안 증가함 가장 큰 증가는 30세 이후에 일어남
정서적 불안정성	이전연구	성인기 동안 감소함
	여성	성인기 동안 감소함 성인기 동안 일관성 있게 감소함
	남성	성인기 동안 유의한 변화가 일어나지 않음 30세 이전과 이후에 어떤 유의한 변화도 일어나지 않음
경험에 대한 개방성	이전연구	어떤 분명한 패턴도 나타나지 않음
	여성	30세 이전까지 증가하고, 30세 이후에는 감소함 전생애에 걸쳐 매우 유사한 변화비율을 나타냄
	남성	30세 이전까지 증가하고, 30세 이후에는 감소함 30세 이전보다 30세 이후에 더 빠른 비율의 변화가 일어남
외향성	이전연구	어떤 분명한 패턴도 나타나지 않음
	여성	30세 이전까지 증가하고, 30세 이후에는 감소함 전생애에 걸쳐 유사한 비율의 변화가 일어남
	남성	성인기 동안 증가함 변화는 느리나 30세 이후에도 계속됨

출처: Srivastava 등, 2003.

까지 계속해서 증가하였다. 아동이 어릴수록 성격은 형성되는 과정에 있으므로 검사간 상관은 낮았으나 이후 연령과 함께 증가하여 50세 이후부터 성격은 매우 안정적이었다.

표 8-3은 21세부터 60세까지의 미국과 캐나다 성인 약 13만명을 대상으로 30세 전과 후를 기준으로 성인기 동안 5요인 성격특성에서의 변화를 연구한 결과이다(Srivastava 등, 2003). 이 연구는 이전 연구와는 다르게 남녀를 구분하여 비교하였고 이전 연구의 결과도 함께 제시하였다.

이 연구에서 남녀 모두 성실성과 호감성에서는 30세 이후까지 증가하였으나 정서적 불안정성과 경험에 대한 개방성 및 외향성의 변화패턴에서는 남녀간에 차이를 나타내었다. 우선 여성들의 정서적 불안정성은 성인기 동안 일관성 있게 감소하였지만 남성들의 정서적 불안정성은 거의 변화하지 않았다. 실제로 젊은 여성들은 훨씬 더 높은 수준의 정서적 불안정성을 지니고 있기 때문에 성인기 동안의 감소는 결국 남녀가 유사한 수준의 정서적 불안정성을 지닐 수 있도록 한다.

또한 남성들은 여성들보다 더 큰 경험에 대한 개방성을 지니고 여성들은 남성들보다 더 큰 외향성을 지니고 있었으나 변화패턴에서는 남녀간에 차이가 있었다. 경험에 대한 개방성에서 여성들은 성인기 동안 유사한 비율로 변화한 반면, 남성들은 30세 이후에 더 빠른 비율로 변화하였다. 또한 외향성에서는 여성들은 30세 이전까지 약간 증가하고 30세 이후에는 약간 감소하였으나 남성들은 30세 이후에도 계속 증가하므로 결국 남녀 모두 유사한 수준의 외향성을 갖게 되는 것으로 나타났다.

이와 같이 사람은 변화하고 성장하지만, 그것은 어디까지나 지속적인 경향성을 바탕으로 하므로 성인기 동안에도 기본적인 다섯 가지 성격특성들은 어느 정도 유지된다는 것이 맥크레(McCrae, 2004)의 주장이다.

2) 성격의 안정성에 기여하는 요인들

개인의 성격이 안정적으로 유지될 수 있는 이유는 무엇인가? 다음과 같은 네 가지 요인들이 성격의 안정성에 기여한다.

① 유전의 영향 : 유전은 5요인 성격차원에서의 개인차에 기여한다(Krueger & Johnson, 2008). 행동유전학자들은 성격의 30-50%가 유전에 의해 결정된다고 주장한다.

② 아동기 경험 : 부모는 아동이 지닌 까다로운 기질적 특성을 극복하도록 돕거나 까다로운 기질이 아동의 지속적인 반응패턴이 되도록 할 수 있으므로 아동기 경험은 성격의 안정성에 기여한다.

③ 환경의 영향 : 환경적 특성이 안정적으로 유지된다면 개인의 성격도 큰 변화 없이 안정적으로 유지될 수 있다(Roberts 등, 2008).

④ 유전-환경 상관 : 유전적 소질은 개인이 선택하는 환경의 종류에 영향을 주고 그 환경은 다시 개인의 유전적 특성을 강화함으로 특정한 성격특성이 지속될 수 있도록 한다(Roberts & Caspi, 2003).

특히 환경은 성격특성의 누적적 연속성(cumulative continuity)과 상호작용적 연속성(interactional continuity)에 기여한다. 누적적 연속성이란 개인의 행동이 어떤 결과를 생성하면 그 결과는 시간경과와 함께 누적되어 독특한 궤도를 그린다는 것을 의미한다. 한번 궤도가 그려지면, 우리는 계속해서 그 궤도를 따라가는 경향이 있기 때문에 다른 궤도는 무시되거나 회피된다. 그 예로서 테니스를 능숙하게 칠 수 없다고 생각하는 사람은 테니스 배우는 것을 회피함으로써 결국 테니스를 칠 수 없게 될 것이고 수줍은 사람은 사교적인 만남이 요구되는 직업을 갖지 않음으로써 수줍음이 개선될 수 있는 기회를 상실할 것이다.

한편 상호작용적 연속성이란 개인과 상호작용하는 주변의 다른 사람들이 개인의 성격특성을 반복적으로 강화함으로써 특정한 성격특성이 유지될 수 있도록 한다는 것이다. 높은 수준의 정서적 불안정성을 지니고 있는 사람을 생각해 보자. 그는 정서적 불안정성 때문에 사장이나 동료 근로자와 잘 지내지 못하고 자주 직장을 그만두거나 해고당할 것이다. 이러한 사건은 개인의 정서적 불안정성을 강화할 것이므로 그 개인이 지니고 있는 기본적 성격특성들이 유지될 수 있도록 할 것이다.

개인의 기대 또한 상호작용적 연속성에 기여한다. 공격적인 사람은 공격성 수준이 낮은 사람들보다 타인이 적개심을 더 많이 보일 것으로 기대하고 공격적으로 행동하며, 그 행동은 결국 타인의 적개심을 유발하게 한다. 이와 같이 개인의 기대가 확인되는 과정을 통하여 공격성은 계속되므로 기존의 성격특성은 유지될 수 있다.

2. 성격의 변화

성인기 동안 성격은 다음과 같은 세 가지 요인에 의해 변화할 수 있다.

첫째, 질병과 같은 생물학적 요인들이 성격 변화를 일으킨다. 그 예로서 알츠하이머 병과 연합된 신경계 퇴화는 개인을 우울하고, 과민하고, 무책임하도록 변화시킨다(McCrae & Costa, 2003).

둘째, 중요한 생활사건을 포함하여 사회적, 직업적 역할에서의 변화와 같은 환경변화에 반응하여 성격변화가 일어난다(Roberts 등, 2008). 직장에서 고위직으로의 승진은 외향성의 한 요인인 사회적 지배성과 성실성 및 정서적 안정성을 증가시킨다.

셋째, 사람-환경간의 보잘것 없는 적합도가 성격변화를 일으킨다(Roberts & Robins, 2004). 예를 들어 전통적인 여성적 특성을 전혀 갖지 않은 독립적인 여성이 아내와 어머니 역할을 수행해야 할 때, 사람-환경간에 좋은 적합도를 이루기 위해서는 불가피하게 성격변화가 일어나야 한다. 각 개인은 성인초기에서 중기 및 성인중기에서 후기로 이동할 때 역할변화에 기인한 적응문제에 직면하게 되므로, 성격변화를 경험할 수 있다.

1) 성인초기부터 성인중기까지의 변화

성인초기와 중기 사이에 개인의 성격특성에서 세 가지 차원의 변화가 일어난다. 초기의 종단연구들(Costa & McCrae, 1994; Haan 등, 1986; Helson & Stewart, 1994)에 의하면, 독립성과 자신감 그리고 개인적 성취의 중요성이 증가하고 자기에 대한 개방성 또한 증가하며 보다 성숙한 성격특성을 갖게 된다.

(1) 독립성, 자신감, 개인적 성취의 중요성 증가

26세부터 45세까지 개별화(individuation)가 진행되는 시기이므로 부모나 타인에 대한 의존에서 독립으로 이동한다. 따라서 독립성과 자신감, 자기주장성이 증가하고 성취지향적으로 변화한다. 특히 20대보다 30대와 40대 초에 자신감과 자기주장성이 증가하고 이 시기에 여성들의 자신감과 능력(사고력, 조직력) 또한 증가하며 그들은 보다 더 유친적(사교적이고 이해심이 많은)으로 변화한다.

그러나 성인초기 이전부터 독립적이고 자신감이 있으며 성취지향적이었던 사람들은 세 가지 특성 모두에서 다른 사람들보다 더 높은 점수를 얻어 성격특성은 안정성과 변화, 양자의 특성을 나타내었다.

(2) 자기에 대한 개방성의 증가

30대 후반에서 40대 초반 무렵에 예전에 표현하지 못했던 자신의 특성들을 기꺼이 수용하고 자기개방적으로 변화한다. 그들은 통찰력을 지니고 내성적(內省的), 비관습적으로 사고하며 자신의 새로운 면을 발견하고 내적 삶에 강한 관심을 나타낸다.

앞에서 설명한 성역할 교차(gender-role crossover)도 예전에 거의 표현하지 못했던 자신의 숨겨진 특성으로, 자기에 대한 개방성의 증가로 평가된다. 성인초기 여성들은 양육성이나 유친과 같은 전통적인 여성적 특성을 그리고 남성들은 탐색과 같은 전통적인 남성적 특성을 지니지만, 점차 반대성의 특성을 보이기 시작한다. 결국 성인중기에 이르면 남성들은 보다 더 여성적으로 그리고 여성들은 보다 더 남성적으로 변화하며 남녀 모두 양성적 특성을 지니게 됨으로써 서로 매우 유사해진다.

문제는 성역할 교차를 보고한 연구자들 중에도 동일한 연구대상자들이 중년기에 성역할 교차의 기본 전제인 융통성이 감소하고 자기에 대한 개방성이 증가한다고 보고하여 융통성과 개방성의 관계에 대한 후속적 연구를 필요로 하였다.

(3) 성숙수준의 증가

성인초기와 중기 사이에 개인은 보다 더 높은 수준의 성숙상태로 이동한다. 대학생들은 30세 이상의 성인들과 비교하였을 때, 더 높은 수준의 충동성, 취약성, 불안, 우울을 지니고 더 낮은 수준의 자신감과 자기수양(自己修養: 스스로 몸과 마음을 닦아 품성이나 지식, 도덕성 등을 높은 경지로 끌어올림)을 나타내었다.

또한 남녀 모두 성인초기와 중기 사이에 미성숙한 방어기제를 더 적게 사용하고 보다 성숙한 방어기제들을 더 많이 사용한다. 즉 21세와 43세 사이에 그리고 다시 43세와 52세 사이에 여성들은 적극적, 문제집중적 대처기술(coping skills)을 더 많이 사용하고 부정(denial)이나 원시적 방어기제를 더 적게 사용한다. 또한 20-30대에는 퇴행이나 투사, 부정과 같은 미성숙한 방어

그림 8-3 그란트 연구(Grant study)에서 베이런트가 보고한 방어기제 사용의 연령에 따른 변화

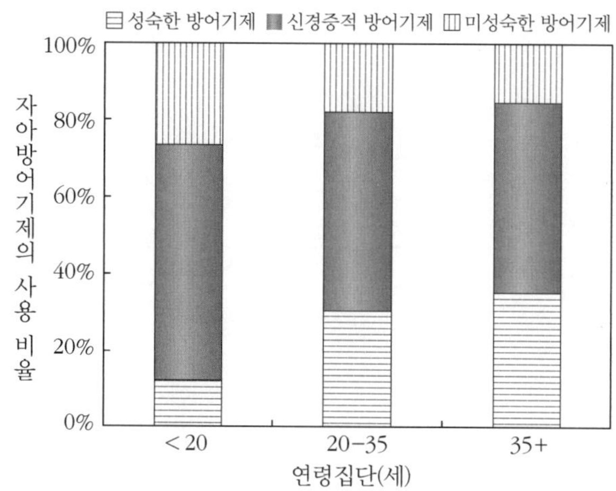

출처: Vaillant, 1977.

기제를 빈번하게 사용하지만, 점차 논리적 분석과 모호함에 대한 인내가 증가함으로써 보다 성숙해진다.

일찍이 베이런트(Vaillant, 1977)는 그림 8-3과 같이 성인초기와 중기 사이에 성숙한 방어기제의 사용이 증가하며 이 시기가 개인의 성숙상태에서 변화가 일어나는 시기임을 확인하였다.

요약하면 성인초기와 중기 사이에 높은 수준의 독립성과 자율성 및 개인적 성취를 획득하기 위해, 우리는 자신에 대해 더 개방적으로 변화해야 하며 억압이나 부정과 같은 미성숙한 방어기제보다 더 성숙한 방어기제를 사용하지 않으면 안 된다. 그 결과 성인중기의 성인들은 보다 개별적이고 성숙한 성격을 갖게 된다.

2) 성인중기부터 성인후기까지의 변화

성인중기부터 후기까지의 변화는 성인초기부터 중기까지의 변화만큼 분명하지는 않다. 그 이유는 이 시기에 대한 종단연구도 적고 일관성 있는 연구

그림 8-4 연령에 따른 끈기 있는 목표추구 행위의 감소와 융통성 있는 적응의 증가를 나타내는 횡단연구 결과

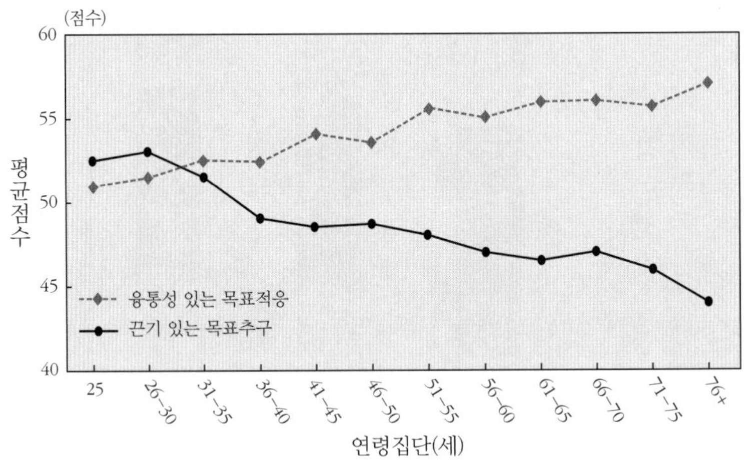

출처: Brandtstädter & Greve, 1994.

결과들도 없기 때문이다. 더욱이 연령증가와 함께 점점 더 많은 변이들이 나타나기 때문에 공통적 변화패턴은 존재하지 않을 수도 있다. 다음에 몇 가지 가능한 변화를 기술하였으나 앞으로 더 많은 연구가 이루어져야 한다.

(1) 성취와 자율성의 감소

성인중기부터 성인후기까지, 중년기의 전형적 특징이었던 자율성과 성취의 중요성이 감소한다. 버클리 종단연구(Haan 등, 1986)에서 성인중기 이후로 남녀 모두 성취와 자율성의 중요한 지표인 자기주장성과 독립성, 다양한 관심 및 야망이 감소하였고 보다 관습적이고 순종적으로 변화하였다.

횡단설계를 사용한 연구(Brandtstädter & Greve, 1994)에서도 그림 8-4와 같이 성인중기 동안 끈기 있는 목표추구 행위는 점차 감소하고 목표에 대한 융통성 있는 적응이 점차 증가하였다. 융통성 있는 목표적응 점수가 높은 사람들은 자신의 한계는 물론 이미 많은 기회들이 지나가버렸음을 인정하고 변화된 상황에 쉽게 적응할 수 있었다.

(2) 활동성과 경험에 대한 개방성의 감소 및 내면성의 증가

50대부터 열정적으로 활동하는 경향성인 활동성이 감소하기 시작하고(McCrae & Costa, 2003), 경험에 대한 개방성 또한 이 시기부터 감소한다(Roberts 등, 2006). 경험에 대한 개방성의 감소는 내면성의 증가를 초래한다. 내면성이란 외부지향적이 아니라 내부지향적 경향성으로, 타인에게 관심 갖기보다는 자신의 마음속의 감정이나 심리상태에 더 큰 관심을 갖는 것을 의미한다. 성인중기에서 후기로 이동함에 따라 사람들은 더 이상 세상을 변화시키려고 노력하지 않으며 자신의 내적 과정에 더 큰 관심을 나타냄으로써 내부지향적으로 변화한다. 그러나 내면성에서 연령에 따른 변화를 확인하지 못한 연구(Ryff 등, 2001)도 있으므로 후속연구를 필요로 한다.

(3) 타인에 대한 관심의 증가

성인중기부터 후기 사이에 개인의 관심이 자신에서 타인으로 이동한다.

횡단적 그리고 종단적 설계법을 사용하여 성격특성에서의 변화를 연구한 샤이(Schaie & Willis, 2000)는 타인에 대한 관심과 유사한 특성을 인본주의자 관심(humanitarian concern)이라고 명명하고 그것이 성인초기와 중기 사이에 약간 감소하고, 성인중기와 후기 사이에서는 점진적으로 증가한다는 것을 확인하였다.

(4) 고독의 증가

고독이란 사회적 접촉이 부족하거나 어려울 때, 정서적 경험을 공유할 사람이 부족할 때, 그리고 타인과의 실제적 상호작용과 소망된 상호작용간에 차이가 있을 때 일어나는 부정적 정서상태이다. 고독은 전생애 동안 나타나지만, 청년기 동안 가장 강하게 나타나고 이후 감소하며, 사회적 연결망에서 축소를 경험하는 노년기에 다시 증가하므로 얕은 U자 형태의 변화를 보인다(Pinquart & Sorensen, 2001).

일반적으로 노인들의 5-15%가 빈번한 고독을 경험한다고 알려져 있다. 그러나 노인들의 고독경험 비율은 국가에 따라, 동일한 국가 내에서도 지역에 따라, 그리고 지리적 조건에 따라 달라진다(Paúl & Ribeiro, 2009; Victor 등, 2005). 그 예로서 영국을 포함한 북유럽의 노인들은 사회적 접촉도 적고 혼자 사는 노인들이 더 많음에도 불구하고, 지중해 연안의 국가들보다 더 낮은 비율의 고독을 경험한다. 한국 노인들의 경우에는 성인후기인 75세 이후부터 고독감을 크게 경험하며 가족관계에서의 고독보다는 사회적 관계에서 오는 고독을 더 크게 경험한다(장휘숙, 김나연, 2011).

3. 성격연구와 관련된 문제

1) 측정도구의 문제

일반적으로 성격변화에 관심을 갖는 연구자들은 두 가지 측정방법을 사용한다. 그 중 하나는 표준화된 질문지 검사이고 또 다른 하나는 면접이나 Q

분류법이다. 흥미롭게도 전자의 방법을 사용한 연구자들은 대체로 성인기 동안 성격변화가 일어나지 않는다고 보고하는 반면, 후자의 방법을 사용한 연구자들은 일관성 있는 성격변화를 가정한다.

이와 같이 정반대의 결과가 도출되는 이유는 무엇인가? 그 이유는 성격이 두 가지 차원으로 구성되어 있기 때문이다. 그 중 하나의 차원은 코스타와 맥크레에 의해 확인된 성격의 5요인처럼, 기질적 특성(dispositional traits)으로 구성되어 있다. 기질적 특성은 유전되므로 성인기 동안 큰 변화가 일어날 것으로 기대하기 어렵다. 또 다른 차원은 변화할 수 있는 성격특성들로서 동기나 소망, 목표성취 전략, 방어기제 혹은 대처전략같은 특성들을 포함한다. 이러한 특성들은 개별적으로는 물론 특정한 출생동시집단이나 문화 내에서 공유된 방식으로 변화할 수 있다.

그러므로 표준화 성격검사들은 코스타와 맥크레가 확인한 다섯 가지 성격차원들과 같은 성격특성의 변화하지 않는 측면을 측정하는 반면, Q분류법이나 면접법은 변화가능한 성격특성들을 측정하기 때문에 개인의 성격특성은 때로는 변화하는 것처럼, 또 때로는 변화하지 않는 것처럼 보인다는 것이다.

2) 출생동시집단 효과

출생동시집단 효과가 성격특성의 변화 여부에 영향을 주기도 한다. 일반적으로 종단연구들은 단지 하나의 출생동시집단이나 제한된 수의 출생동시집단만을 포함하기 때문에, 연구자들이 보고하는 연령차이는 누구에게나 적용될 수 있는 공유된 발달적 패턴이기보다는 특정한 출생동시집단 효과를 반영할 수 있다.

예를 들어 보자. 헬슨과 스튜어트(Helson & Stewart, 1994)의 30년 종단연구에서 밀즈 대학(Mills College) 4학년 여학생들과 40대 후반 및 50대 초반의 부모들이 연구대상자로 표집되었고 그 여학생들이 50대 초반에 이르렀을 때 그들의 딸과 딸의 파트너로부터 유사한 자료가 수집되었다.

헬슨이 능력(competence)이라고 명명한 성격특성에서 두 개의 출생동시집단의 점수들이 그림 8-5에 제시되어 있다. 밀즈 대학 4학년 여학생들과 그

그림 8-5 출생동시집단 효과가 성격특성에 미치는 영향

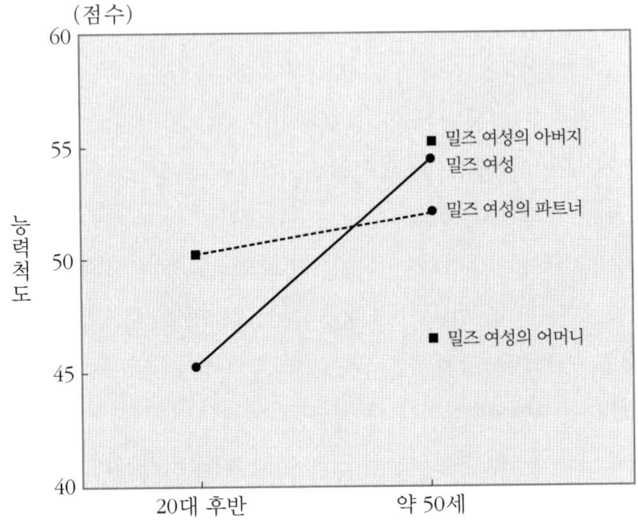

출처: Helson & Stewart, 1994.

들의 파트너들은 20대 후반부터 50대 초반까지 능력에서 증가를 보였으며 이 여성들의 아버지도 유사하게 높은 점수를 나타내었다. 그러나 이 여성들의 어머니들은 성인중기에 그들의 딸들이 지니고 있는 능력과 비교하여 유의하게 낮은 능력을 지니고 있었다.

어머니들이 22–27세였을 때의 자료가 없어 알 수는 없지만, 이 어머니들은 50대보다 20대에 더 낮은 능력을 지니고 있었을 것으로 추론할 수 있다. 그 이유는 여성운동의 영향으로 여성들의 능력이 전반적으로 높아졌으므로 여학생 본인은 물론 어머니들의 능력도 함께 증가했을 가능성이 있기 때문이다. 결국 이 연구에 나타난 여성들의 극적인 능력증가는 순수한 연령효과와 함께 여성운동이라는 시기적 특징이 혼합된 결과이므로 출생동시집단이 달라지면 서로 다른 결과가 도출될 수 있음을 보여 준다.

3) 역할변화

성격변화를 논의할 때 성역할, 가족역할, 직업역할에서의 변화와 같은 역할변화와 관련된 요인들을 고려하지 않으면 안 된다. 그 이유는 개인의 성격과 성인기 동안의 역할수행간에 높은 상관이 있기 때문이다.

성인초기에 우리는 직업역할, 배우자 역할, 부모역할 등 많은 다양한 역할들을 동시적으로 수행한다. 일반적으로 역할수행의 초기에는 거의 모든 사람들이 특정한 역할요구에 일치하려고 노력하기 때문에 개성이나 개인적 성취는 덜 중요시되며, 외부적 요구나 기대에 일치하고 적응하기 위해 노력한다. 그러나 다양한 역할을 수행하다 보면 점차 융통성을 발휘할 수 있고 특정한 역할을 자신의 상황에 맞추는 방법도 학습한다. 이 과정에서 개인의 성격

표 8-4 성인기 동안의 성격특성

성인초기(26-45세)	성인중기(46-65세)	성인후기(66세 이후)
더 낮은 수준의 자율성을 갖지만, 성취지향성과 독립성, 자신감, 인지적 전념, 자기주장성은 더 높은 수준으로 이동한다.	자율성과 성취지향성, 인지적 전념 및 자기주장성이 최고수준에 도달하고 이 시기 이후부터 감퇴하기 시작한다.	자율성과 성취지향성, 인지적 전념이 감소한다.
낮은 수준의 자신에 대한 개방성에서 더 높은 수준으로 이동한다.	높은 수준의 자기에 대한 개방성	성인중기의 개방성이 그대로 유지되는지 혹은 증가하는지에 대한 증거가 없다.
높은 수준의 미성숙과 낮은 수준의 성숙한 방어기제	성숙한 방어기제가 증가하고 미성숙한 방어기제가 감소한다.	이론적으로는 방어기제들이 계속해서 성숙해갈 것으로 생각되지만, 과연 그러한지는 분명하지 않다.
낮은 수준의 인도주의적 관심과 타인에 대한 관대함	자원봉사활동이 절정에 도달하나 인도주의적 관심과 관대함은 중간 수준 정도이다.	가장 높은 수준의 인도주의적 관심과 관대함
가장 낮은 수준의 개인적 엄격성(완고함)	중간 수준의 개인적 엄격성(완고함)	가장 높은 수준의 개인적 엄격성(완고함)

특성은 변화될 수 있으므로 성격변화는 연령과 관련된 문제이기보다는 개인의 역할상태나 역할이동과 관련되어 있다고 볼 수 있다.

그러나 역할변화에 따라 얼마나 많은 성격변화가 일어날 수 있는지는 사람에 따라 차이가 있다. 특정한 역할이 어떤 사람에게는 성격변화를 불러일으키지만 다른 사람에게는 아무런 변화도 일으키지 못하는가 하면 어떤 변화는 특정한 사람에게 더 큰 변화를 초래하기도 한다. 중요한 것은 대부분의 성인들이 20대 초기에 공통적인 몇 가지 역할 흐름(role streams) 속으로 들어가고 향후 30-40년 동안 이 흐름을 따라가므로 연령과 관련된 보편적인 성격변화가 일어나는 것처럼 보인다는 것이다.

이러한 결과들은 레빙거나 에릭슨의 주장대로 개인의 성격특성이 내적 발달이나 성장의 결과로 변화하는 것이 아니라, 레빈슨이 제안한 것처럼 개인이 경험하는 역할이나 생활사건에 대한 하나의 적응방식으로 변화한다는 것을 시사한다. 지금까지 설명한 내용들을 중심으로 성인초기, 중기, 후기의 성격특성을 정리하면 표 8-4와 같다.

unit Ⅲ 도덕성 발달

성인기 동안 개인의 도덕성은 어떻게 발달하는가? 인간발달을 연구하는 사람들은 오로지 아동이나 청소년들의 도덕성 발달에만 관심을 가질 뿐 성인기 동안의 발달에는 큰 관심을 보이지 않는다. 그 이유는 아마도 성인초기까지 획득한 도덕적 추론능력이 성인기 동안 그대로 유지될 것으로 생각하기 때문일 것이다.

횡단연구 결과들(Lonky 등, 1984; Pratt 등, 1983)은 성인초기와 중기 및 후기의 성인들 사이에 전체적인 도덕적 판단수준에서 차이가 없다고 보고한다. 현재까지 성인중기 이후의 도덕성 발달에 관한 종단적 연구결과들이 없는 상태이므로 여기서는 콜버그 이론을 중심으로 주로 성인초기의 도덕성 발달을 설명한다.

1. 콜버그의 도덕성 발달단계

성인들은 무엇이 정당하고 정당하지 않은지를 어떻게 판단하는가? 피아제의 인지발달이론을 확장한 콜버그는 일련의 단계를 거쳐 도덕적 추론능력(혹은 판단능력)이 발달한다고 주장하였다. 그는 가상적인 도덕적 갈등상황들을 제시하고 각 상황을 어떻게 판단하는가에 따라 3개의 도덕적 추론수준을 설정하고, 각 수준을 다시 2개의 단계로 구분함으로써 표 8-5와 같은 3수준 6단계의 도덕성 발달단계를 제시하였다.

콜버그는 그가 제안한 6단계의 도덕적 추론이 불변적 순서로 진행되고, 각 단계들은 위계적으로 조직되어 있으므로 새로운 단계가 출현하면 이전의 단계들은 더 복잡하고 통합된 추론체계로 대치된다고 주장하였다. 따라서 1단계부터 6단계로의 발달은 고정되어 있기 때문에 뒤죽박죽된 순서로 나아가는 일이 없으며 한 단계라도 건너 뛰거나 후퇴하는 일이 없다는 것이다. 콜버그의 주장이 사실이라면, 아동이나 성인들은 그가 제안한 순서대로 한 단계씩 이동해야 하고 이전단계로 퇴행하는 일이 없어야 하지만, 이러한 주장은 오로지 종단연구에 의해서만 확인될 수 있을 것이다.

2. 성인기의 도덕성 발달

콜버그와 그 동료들은 도덕성의 연령에 따른 변화를 규명하기 위하여 다음과 같은 세 개의 표본을 대상으로 종단연구를 수행하였다.

① 시카코 표본: 84명의 시카고 소년들을 대상으로 1956년 그들이 10-16세였을 때 최초의 면접을 실시하였고 그 후 그들 중의 일부에게 5회의 재면접을 실시하였다. 최종 면접은 1976-1977년 그들이 30대였을 때 이루어졌다(Colby 등, 1983).

② 터키 표본: 23명의 소년과 성인초기 성인들이 표집되었다. 그 중 일

부는 시골지역 출신이었고 또 다른 일부는 대도시 출신이었으며, 이후 10년간 추적되었다(Nisan & Kohlberg, 1982).

③ 이스라엘 표본: 이스라엘의 키부츠에서 성장한 64명의 남녀 10대 청소년들이 표집되었고 이후 10년간에 걸쳐 1-2회의 재검사가 실시되었다(Snarey 등, 1985).

이러한 세 개의 종단연구를 통하여 그림 8-6과 같은 결과가 도출되었다. 두 개의 그림 중 위의 그림은 도덕적 성숙점수를 계산한 결과로서 각 연구대상자들의 도덕적 추론단계를 나타낸다. 흥미롭게도 단계 이동의 속도에서는 문화적 차이를 나타내지만 모든 연구대상자들의 평균점수가 연령증가와 함께 상승하는 것을 알 수 있다.

그림 8-6의 아래 그림은 가장 오랫동안 추적된 시카고 표본의 결과로서 도덕적 갈등상황에 응답한 단계별 추론능력의 백분율을 제시한다. 예상한 대로, 1단계에 대한 응답은 매우 일찍 감소하고, 10대에서 인습적 도덕성(단계 3과 4)이 빠르게 증가하여 30대 중반까지 높은 비율을 유지하였다. 그러나 20대에 단계 3에서 단계 4로 이동한 사람은 매우 적고, 적은 비율이기는 하지만 30대에 단계 5로 이동한 사람도 있다. 물론 단계 6의 추론은 30대 중반까지

표 8-5 콜버그의 도덕성 발달 수준과 단계

수준 1: 1단계 2단계	전인습적 수준 보상을 받느냐 처벌을 받느냐를 기준으로 행동을 판단한다. 자신이나 사랑하는 사람을 만족시키고 이익이 되는 정도에 의해 행동을 판단한다.
수준 2: 3단계 4단계	인습적 수준 권위적 인물의 승인이나 불승인을 바탕으로 행동을 판단한다. 사회가 정한 법률이나 규칙을 준수하느냐 위반하느냐에 따라 행동을 판단한다.
수준 3: 5단계 6단계	후인습적 수준 개인의 권리를 존중하고 사회계약을 유지하는 정도에 따라 행동을 판단한다. 시간과 문화를 초월하여 적용될 수 있는 보편적 원리를 바탕으로 행동을 판단한다.

그림 8-6 도덕성 발달에 관한 세 개의 종단연구 결과

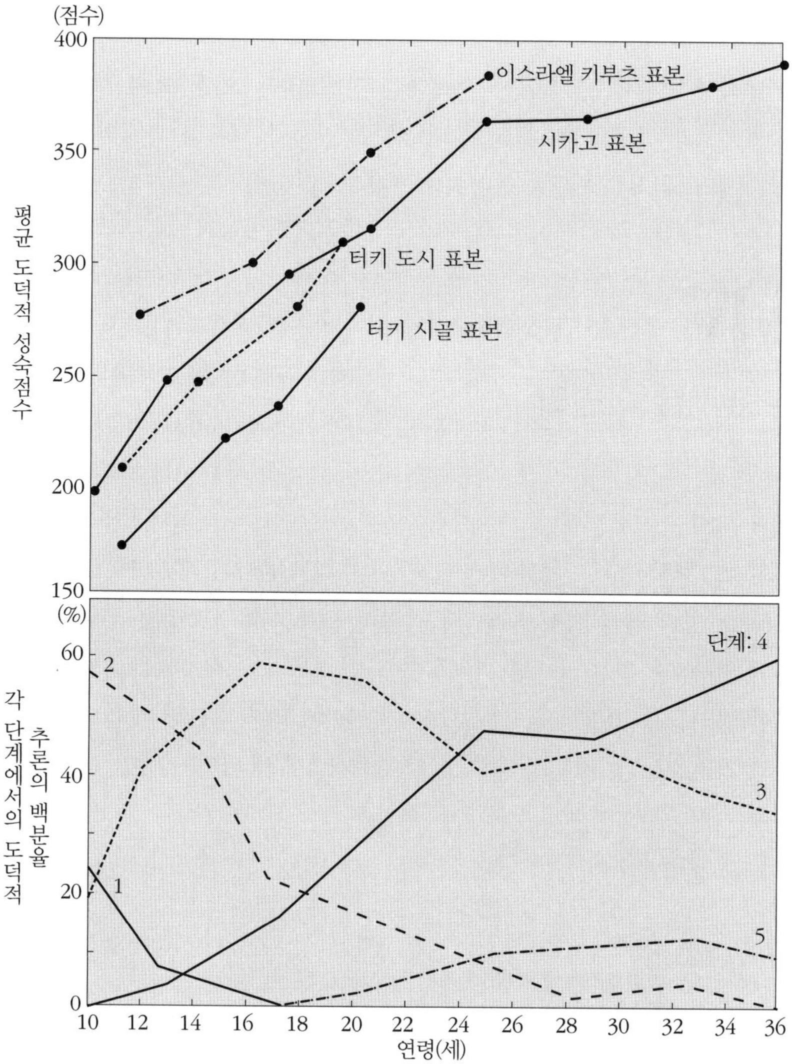

위의 그림은 평균 도덕적 성숙점수를 그리고
아래 그림은 각 단계에서의 도덕적 추론의 백분율을 제시한다.

출처: Colby 등, 1983; Nisan & Kohlberg, 1982; Snarey 등, 1985.

전혀 나타나지 않았으나, 적어도 일부의 성인들은 성인기 동안에도 계속 도덕성 발달을 이룰 것이라는 추론을 할 수 있다.

콜버그의 주장대로 세 개의 연구 모두에서 한 단계라도 건너 뛴 사람이 없어 도덕성 발달이 한 단계씩 순서대로 진행된다는 것을 보여 주었다. 또한 단지 약 5%의 연구대상자들만이 퇴행을 보였으나 점수화 과정의 오차로 볼 수 있는 정도의 적은 비율이었다.

unit Ⅳ 자기관련 개념의 변화

자기관련 개념이라고 하면 우리는 먼저 자기개념(self-concept)을 떠올린다. 자기개념이란, 그것이 정확하든 아니든, 개인이 자신에 대해 생각하는 모든 것에 해당하지만 보편적으로 수용되는 정의는 없다. 최근의 경향은 자기개념이 통합된 혹은 전체적 구성개념이기보다는 개인이 지니고 있는 많은 상이한 특성들의 집합으로 가정되므로(Mason, 2011), 이 분야의 연구자들은 자기개념 자체를 연구하기보다는 자기(self)로써 시작하는 상이한 영역들을 연구한다. 그러므로 이 절에서는 자기관련 개념으로 자기존중감과 자기효능감, 자기통제력 및 자아정체감에서 성인기 동안 어떤 변화가 일어나는지를 설명한다.

1. 자기존중감

자기존중감(self-esteem)이란 자기에 대한 전체적 평가로서 자기가치감(self-worth)이나 자기상(self-image)으로 정의된다. 자기존중감은 적어도 상당기간 동안 안정되는 경향이 있지만(Tesser, 2000), 삶에서 일어나는 다양한 변화에 반응하여 변화할 수 있다.

로빈스 등(Robins 등, 2002)은 전생애 동안의 자기존중감의 변화에 관한 연구를 수행하였다. 그들은 9세부터 90세까지의 개인 325,641명을 횡단적으로 표집하고 "나는 높은 자기존중감을 지니고 있다"는 진술문에 대해 5점 척도(강하게 부정, 부정, 보통, 긍정, 강하게 긍정)상에 응답하도록 하였다.

로빈스 등에 의하면, 소년소녀 모두 아동기 동안 높은 자기존중감을 유지하지만, 초등학교에서 중학교로 진학할 때 자기존중감이 저하되며, 이 때 소녀들의 자기존중감이 소년들보다 더 많이 하락한다. 그 이유는 사춘기의 시작과 함께 소녀들은 소년들보다 자신의 신체상에 대해 더 큰 불만을 갖기 때문에 낮은 자기존중감을 갖는다는 것이다.

청년기 동안 낮아진 자기존중감은 성인기 동안 어떻게 변화하는가? 그림

그림 8-7 전생애 동안의 자기존중감 변화

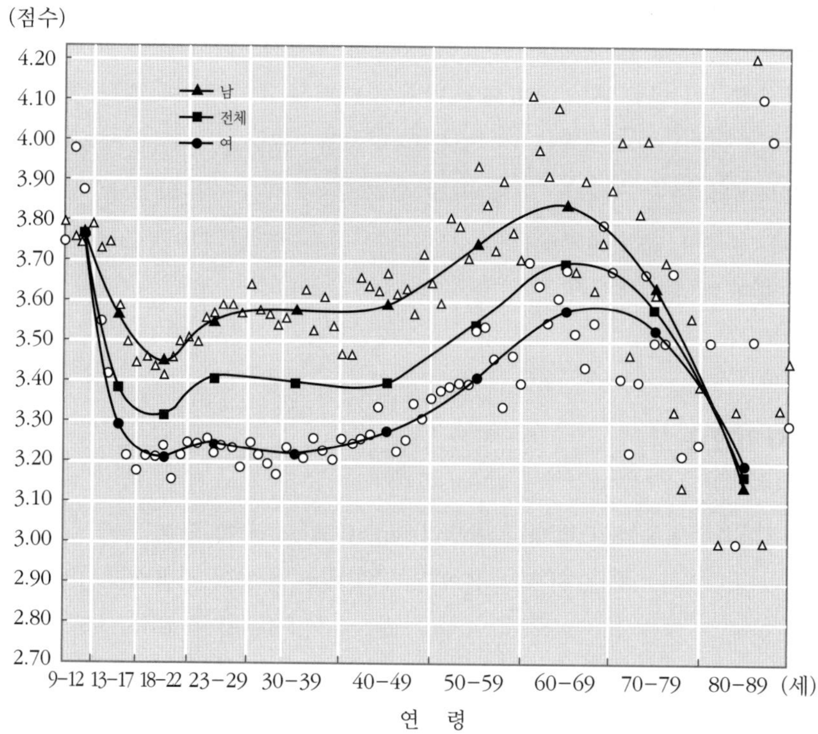

출처: Robins 등, 2002.

8-7에 제시된 바와 같이 자기존중감은 20대에 증가하여 30-40대까지 안정된 수준을 유지한다. 그러나 40대에 이르면 다시 증가하기 시작하여 60대까지 계속되고 그 이후부터 감소하며 70대에 이르면 감소는 급격해진다. 아동기와 70-80대 이후를 제외하고 남성들의 자기존중감이 여성들보다 일관성 있게 더 높다.

70,000명 이상의 성인들을 포함하는 50개 이상의 연구를 통합분석한 결과에 의하면(Trzesniewski 등, 2003), 높은 자기존중감은 직업적 성공과 건강한 사회적 관계 및 안녕감 같은 수많은 긍정적 결과와 연합되어 있었다. 그에 따라 자기존중감은 자주 행복이나 생활만족, 혹은 성공적 노화의 지표로 활용된다(장휘숙, 2007, 2009, 2010; Seiffge-Krenke & Gelhaar, 2007).

높은 자기존중감을 지니는 사람들은 인생에서 경험하는 개인적 도전을, 비록 실패하는 일이 있더라도, 즐겁고 보상적인 일로 인식한다. 반면에 자기 자신에 만족하지 못하는 낮은 자기존중감의 소유자들은 도전을 해결하거나 꿈을 실현하기 위해 동기 유발되지 않으며 도전을 자기개념에 대한 위협으로 지각하고 과민반응을 나타낸다. 그들은 도전하기보다는 오로지 실패나 비판을 회피하는 데 급급한다. 그 결과 낮은 자기존중감을 지니고 있는 사람들은 매사에 자신이 없고 자주 사회적 불안과 우울을 경험하며, 냉소적이고 비관적 조망을 지니고 있었다.

2. 자기효능감

사회학습이론가인 알버트 반두라(Albert Bandura)에 의해 소개된 자기효능감(sense of self-efficacy)은 자신의 능력에 대한 개인의 신념으로 삶의 다양한 영역에서 개인이 직면하는 과제나 과업들의 성공적 수행에 대한 기대를 반영한다. 따라서 높은 자기효능감을 지니고 있는 사람들은 성공할 수 있다는 확신을 가지고 주어진 과제를 열심히 수행한다.

그러나 자기효능감은 항상적인 개인의 특성이기보다는 상황이나 맥락에 따라 달라지므로(Artistico 등, 2003) 노인들도 자신의 삶의 양식과 일치하는 영역에서는 젊은이들만큼 높은 자기효능감을 나타낸다. 그 예로서 젊은이들은 시험이나 컴퓨터 사용과 관련된 문제에 더 큰 자기효능감을 갖는다면, 노인들은 친척 방문이나 집 보기 혹은 아기 돌보기의 요구에 대처하는 문제에서 더 큰 자기효능감을 나타낸다.

개인의 자기효능감은 다음과 같은 네 가지 요인들의 영향을 받는다(Bandura, 1993).

① 과거의 성공수준

② 다른 사람들의 경험 관찰

③ 타인으로부터의 조언이나 충고

④ 수행할 행동과 관련된 정서

위에 제시된 네 가지 요인들 중 과거의 성공수준은 사람들이 어떤 일을 수행해야 할 때 먼저 과거에 자신이 이와 유사한 혹은 동일한 일을 어떻게 처리했는지를 떠올리는 것이다. 또한 다른 사람들의 경험을 관찰하는 것은 주변에 있는 사람들 중에 그런 일을 하고 있는 사람이 있는지 그리고 그 일을 어떻게 처리하는지를 확인하는 것이다. 그리고 타인으로부터의 조언이나 충고는 주변의 지인들에게 조언이나 충고를 구하는 것이고 수행할 행동과 관련된 정서는 기대하는 행동을 떠올린 후에 혹은 기대된 행동과 유사한 어떤 것을 경험한 후에 특정한 정서반응을 경험하는 것에 해당한다.

사람들은 이러한 네 가지 요인을 검토한 후에 특정한 일에 대한 자기효능감을 생성한다. 결국 자기효능감은 개인이 수행하려는 일에 관한 개인의 인지와 정서는 물론 그 일을 수행하려는 개인의 동기와 실제로 그 일을 처리한 후의 만족 수준에까지 영향을 준다.

관절염을 앓고 있는 노인들을 대상으로 자기효능감이 건강과 노화 문제에 미치는 영향을 연구한 결과에 의하면(Gyurcsik 등, 2003), 높은 수준의 운동관련 자기효능감을 지니고 있는 사람들은 규칙적으로 운동시간에 참석하였다. 이 연구에서 높은 운동관련 자기효능감은 운동시간 참여를 증가시키고, 규칙적 운동에의 참여는 다시 운동관련 자기효능감을 높이는 순환적 사이클을 형성하였다.

65세에서 87세까지의 남녀 노인들을 연구한 또 다른 연구에서(Fry, 2003), 여성들은 대인관계적, 사회적 그리고 정서적 문제에서 성공할 수 있다고 믿을 때 이 영역에 대한 자기효능감이 높았고, 죽음과 죽어가는 과정에 대한 공포도 더 적었다. 그러나 남성들은 도구적 영역이나 활동적 영역 혹은 신체영역에 대해 더 큰 자기효능감을 가질 때, 죽음과 죽어가는 과정에 대해 더 적은 공포를 나타내었다. 이와 같이 삶의 핵심 영역들에서의 높은 자기효능감은 노인들의 자산일 뿐 아니라 전체적 생활만족의 중요한 예언자이기도 하다.

3. 자아정체감

자아정체감(ego identity) 형성은 청년기의 핵심적 발달과업이지만 그것의 발달은 전생애 동안 계속된다는 에릭슨(Erikson, 1982)의 주장과 일치되게, 많은 연구자들은 성인기 동안에도 계속해서 개인의 자아정체감이 발달한다는 데 동의한다(Whitbourne & Connolly, 1999; Labouvie-Vief 등, 1995).

성인기 자아정체감 발달을 설명하는 이론적 모델로서 위트본의 모델과 맥아담스의 모델이 있다.

1) 위트본의 모델

성인기 동안의 자아정체감 형성은 위트본(Whitbourne, 1996)의 정체감 모델로 설명할 수 있다. 일찍이 위트본(Whitbourne, 1986)은 24세부터 61세까지의 성인 94명을 횡단적으로 표집하고 면접을 실시한 후, 성인기 정체감 발달은 개인의 자아정체감과 경험간의 평형(equilibrium)에 기초한다고 주장하였다.

평형은 피아제(J. Piaget)의 동화와 조절의 상보적 과정에 의해 이루어진다. 제 2 장에서 설명한 것처럼 현재의 상황을 처리하기 위하여 기존의 도식을 사용하는 정체감 동화가 일어나면, 개인의 자아정체감 상태에서 특별한 변화는 일어나지 않는다. 그러나 상황의 변화에 대처하기 위하여 도식이 변화하는 정체감 조절이 일어나면, 개인의 정체감은 변화한다.

성인기 동안 개인의 정체감과 경험 사이에는 계속적인 피드백이 이루어진다. 위트본에 의하면, 성인기 정체감 변화에 가장 큰 영향을 미치는 요인은 가족이다. 가족은 대부분의 성인들에게 삶의 가장 중요한 측면으로 인식되며, 가족관계 내에서 "나는 누구인가?"라는 질문에 대한 성인들의 답변이 개인의 정체감을 구성하는 핵심요인이다. 그러므로 성인기 동안의 정체감 변화는 부부 사이의 친근감 형성을 통하여 "사랑하는 사람으로서의 나"라는 생각을 다듬는 과정에 기인한다.

성인기 정체감 형성에서 가족 다음으로 중요한 요인은 일이나 직업이다. 하는 일이 흥미로울수록 개인은 일에 더 많은 투자를 할 것이므로 일 정체감은 전체적인 개인적 정체감의 핵심요인이다.

최근에 위트본(Sneed & Whitbourne, 2003)은 정체감 동화와 정체감 조절 과정이 연령과 함께 변한다는 것을 확인하였다. 그가 개발한 정체감 경험 척도-일반(Identity and Experiences Scales-General: Whitbourne, 1996)을 사용하여 연구한 결과, 성인초기에는 정체감 조절이 더 많이 일어나고, 성인후기에는 정체감 동화가 더 많이 일어난다는 것을 확인하였다.

성인후기의 정체감 동화는 자기애(self-regard)의 긍정적 측면을 유지하고 증가시키는 역할을 하는 반면, 정체감 조절은 자기애의 부정적 측면을 강화함으로써 보잘것 없는 심리적 건강을 초래한다. 정체감 동화에 의해, 성인후기 동안의 연령관련적 변화들이 정체감 속에 통합되고 자기에 대한 긍정적 견해가 유지될 수 있으므로 이 시기의 정체감 동화는 노화과정에 대한 건강한 적응으로 평가된다(Sneed & Whitbourne, 2003; Holahan, 2003).

2) 맥아담스의 모델: 인생-이야기 모델

맥아담스(McAdams, 1999; 2001)는 개인의 자아정체감은 특성도 아니고 계획이나 전략 혹은 목표의 집합도 아니며, 개인의 기질적 특성이나 개인적 관심만으로 이해될 수 있는 것도 아니라고 주장한다. 그 대신에 자아정체감은 개인이 어떻게 태어나고 어디에서 살았으며 어디로 갈 것인지와 함께 무엇이 될 것인지의 이야기에 기초한다는 것이다.

맥아담스에 의하면, 사람은 누구나 시작과 중간 그리고 예상되는 끝부분을 갖는 내면화된 소위 인생 이야기(life story)를 생성하며, 개인의 자아정체감은 이러한 인생 이야기들로 구성된다. 물론 성인기 동안 개인적 변화와 환경적 요구에 의해 인생 이야기는 새롭게 창조되기도 하고 수정되기도 한다. 그러므로 맥아담스의 자아정체감 이론은 인생-이야기 모델(life-story model)이라고 불린다.

서구 사회의 개인들은 청년후기와 성인초기에 인생 이야기를 형성하기 시작하지만, 그 뿌리는 영아기의 애착형성에 있다(McAdams, 2001). 에릭슨의 이론에서처럼, 청년기는 정체감을 형성하기 시작하는 시기이므로 이 때부터 일관성 있는 인생 이야기가 시작되며 성인초기까지 계속해서 다듬어진다. 또한 성인중기부터 그 이후까지 그것은 다양한 인생변화에 맞추어 다시 수정된다.

인생 이야기 속에는 계속성과 변화에 대한 통찰을 제공하는 구체적 사건들이 포함되며, 인생 이야기 속의 중요한 인물들은 "성실한 어머니" 혹은 "신뢰할 수 있는 근로자"와 같이 자기(self)의 많은 이상적 모습들을 표상한다. 자기의 다양한 측면에 해당하는 이러한 이상적 모습들을 통합하는 것이 성인중기와 후기의 중요한 과업이다. 결국 모든 인생 이야기들은 미래 세대를 위해 의미 있는 유산이 포함되는 종결을 요구하며, 그것은 곧 생산성을 의미한다.

결론적으로 맥아담스는 시간경과에 따른 자아정체감 변화는 인생 이야기의 형성과 재형성의 과정이라고 주장하고, 이 과정은 문화의 영향을 강하게 받는다고 강조하였다. 인생 이야기의 재형성이나 수정과정은 의식적일 수도 있고 무의식적일 수도 있다. 수정의 목표는 일관성 있고, 확실하고, 새로운 가능성에 개방적이고, 잘 분화되어 있고 그리고 자기의 정반대 특성을 조화시키며 사회 문화적 맥락 내에서 통합될 수 있는 인생 이야기를 생성하는 것이다.

Chapter

9

일과 은퇴

I. 일의 특성
1. 일의 의미와 중요성
2. 일의 본질적 변화
3. 일, 수입, 사회경제적 수준

II. 직업발달
1. 남성의 직업발달
2. 여성의 직업발달

III. 직업선택과 만족
1. 직업선택에 영향을 주는 요인
2. 직업만족

IV. 직업역할과 가족역할의 관계
1. 일과 가족의 상호관계 모델
2. 가족역할과 직업역할의 상호작용

V. 은 퇴
1. 발달과정으로서의 은퇴
2. 은퇴자의 특징
3. 은퇴와 관련된 요인
4. 은퇴에 대한 적응

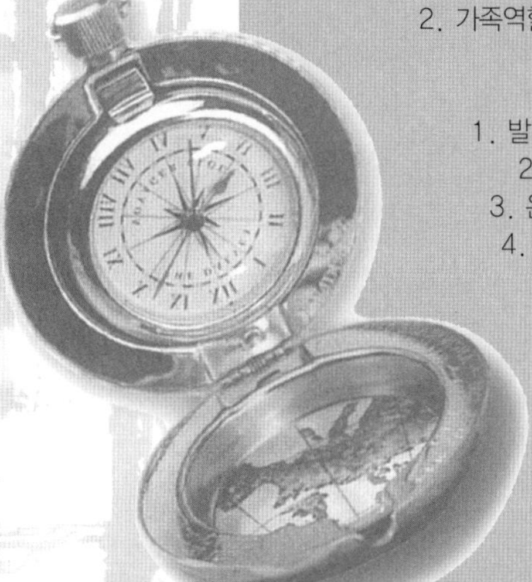

Adult Development

&

Aging Psychology

Chapter 09

일과 은퇴

성인기는 가족을 위해, 자신을 위해 그리고 사회를 위해 일하는 시기로서 일하는 사람으로서의 정체감이 이 시기 자아정체감의 핵심을 이룬다. 그러나 영원히 일할 수는 없으므로 결국 은퇴를 맞게 된다. 은퇴는 성인후기의 주요한 발달과업으로 직업생애의 최종적 단계에 해당한다. 평균수명의 증가와 은퇴 후에도 오래 생존하는 사람들이 많기 때문에 최근에는 은퇴가 인생의 새로운 단계로 인식될 정도로 중요시되고 있다. 이 장에서는 일과 은퇴 및 그와 관련된 여러 변인들을 설명하는 동시에 직업역할과 가족역할의 관계도 함께 논의한다. 최근에는 여성들의 취업인구가 증가하고 있으므로 여성과 직업역할의 관계도 아울러 검토한다.

unit I 일의 특성

1. 일의 의미와 중요성

사람에 따라 일에 대한 의미는 달라진다. 어떤 사람에게 일은 권위와 사회적 인정 및 가치감의 근원인 반면, 어떤 사람에게는 창의성을 발현하고 의미 있는 일을 하는 기회이기도 하다. 일찍이 『일』(Working)이라는 책을 저술한 터컬(Terkel, 1974)은 일이란 매일의 빵은 물론 매일의 의미를 탐색하는 것이라고 주장하였으나 대부분의 사람들에게 일은 생활비를 버는 수단이다.

그렇다고 해서 금전만이 유일한 보상이라는 의미는 아니다. 우리는 직업을 통하여 우정을 경험하고 힘이나 권력을 행사할 기회를 가질 수 있으며 자신이 유용하고 가치 있는 존재라는 인식을 경험할 수 있다. 다시 말하면 우리가 일에서 얻는 의미는 생필품을 살 수 있는 돈과 함께 개인적으로 성장할 수 있는 기회를 획득하는 것, 양자라는 것이다.

일이 얼마나 중요한지는 우리가 살고 있는 문화나 시대에 따라 달라지므로 문화적 특성이나 시대적 가치가 변화하면 일의 중요성도 변한다. 일의 중요성과 관련된 변인을 연구하기 위하여 AT&T(American Telephone and Telegraph) 직원들을 대상으로 1950년대 중반에 시작된 종단연구 결과가 그림 9-1에 제시되어 있다. 이 그림에서 수직선은 피고용인들의 삶에서 일의 중요성을 평정한 결과이고 수평선은 연구에 참여한 기간을 나타낸다. 연구에 참여한 기간이 짧을수록 피고용인의 연령은 더 어리므로 연구기간은 곧 피고

그림 9-1 근무기간에 따른 직업에 대한 상대적 중요성의 변화

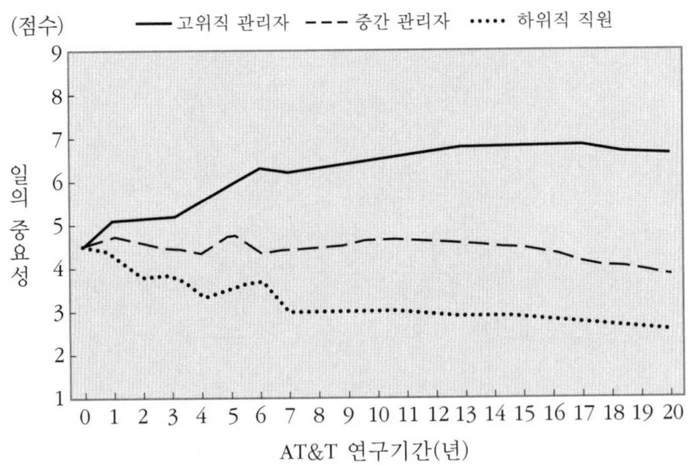

출처: Howard & Bray, 1990.

용인의 연령을 의미한다.

흥미롭게도 지위가 높을수록 일을 더 중요하게 지각하였고 시간이 경과할수록 일의 중요성은 더 커졌다. 그러나 중간 관리자와 하위직 직원들이 지각하는 일의 중요성은 시간경과와 함께 감소하였고 감소비율은 하위직 직원들 사이에서 가장 크게 나타났다. 세 집단이 지각하는 일의 중요성에서의 차이는 각 집단이 지니고 있는 상향이동성 동기(motivation for upward mobility)와 지도성의 차이 때문이었다. 즉 중간 관리자와 하위직 직원들은 시간이 지날수록 승진이나 힘과 권력을 행사할 기회가 거의 없다고 생각하기 때문에 계층상승을 꾀하는 상향이동성 동기나 지도성이 약화되고, 그러한 경향성은 하위직 직원들에서 더 크게 나타난다는 것이다.

이 연구에서 단기간 동안 고위직 관리자로 근무한 사람들은 10년 혹은 그 이상 근무한 사람들과 비교하여 일에서 오는 보상을 중요하게 생각하지 않았다. 다른 연구에서도 상위 직급의 젊은 관리자들은 나이 많은 관리자들보다 물질주의나 권력추구, 상향이동성, 경쟁 등에 더 적은 관심을 보이고 오히려 개인적 자유와 성장 및 협동을 더 중요시하였다. 실제로 강한 경제적 목표를 갖는 사람들은 수입수준이나 근무기간과 관계없이 전체적 생활만족은 물론 가족생활만족도 낮은 경향이 있었다(Nickerson 등, 2003).

레비슨 이론에서 직업은 생애구조의 중심요소로서 개인적 정체감을 구성하는 핵심요소이다. 우리는 자신을 소개할 때도 이름을 이야기하고 그 다음에는 직업을 이야기한다. 직업은 우리가 어디에 살고 어떤 친구를 사귀며 어떤 옷을 입는지와 같은 우리 생활 전반에 영향을 미치기 때문에 사랑이나 가족과 함께 성인생활의 주축(主軸)이 되는 요인이다.

2. 일의 본질적 변화

전통적으로 일이란 개인이 수행해야 하는 일련의 과업들로 정의되었으나 이제는 세계의 다른 나라 근로자들과 경쟁하는 것이라고 생각된다. 일의 세계화는 근로자들이 활용할 수 있는 직업의 수와 형태는 물론 직업이 요구하는 기술에서의 변화를 가져왔다(Gephart, 2002). 최근의 직업시장의 변화를 감안할 때 평균 이상의 소득을 얻을 수 있기 위해서는 다음과 같은 분야가 유망하다(U.S. Department of Labor, 2004).

① 소프트 웨어 개발, 컴퓨터 시스템 설계, 인터넷 서비스 그리고 자료처리 등과 같은 컴퓨터 관련분야
② 기업의 경영 자문을 포함하는 기업관리와 자문 서비스 분야
③ 취업 서비스 분야
④ 건강관련 서비스, 재활 서비스 및 노인을 위한 지역사회 건강시설이나 설비 분야
⑤ 탁아 서비스 분야

이러한 상황에서 정년을 보장하는 직업은 거의 없으며, 각 기업체마다 잦은 정리해고와 조기퇴직, 혹은 명예퇴직을 실시하고 있다. 그 이유는 회사의 손실 때문일 수도 있지만, 대부분은 경쟁, 생산성, 재배치, 합병과 인수, 새로운 기술의 도입 혹은 기계설비 노후화 때문이다. 문제는 정리해고되거나 조기퇴직한 근로자들이 새로운 직업을 찾기 어렵다는 것이다.

이러한 변화는 무엇을 의미하는가? 그 답은 일의 본질에 대한 기본적인 재정의가 일어나고 있다는 것이다. 전통적인 직업생애에서는 입사해서 정년퇴직할 때까지 조직의 요구를 충족시키는 것이 무엇보다 중요하였으나 이제는 직업적 융통성을 가지고 새로운 학습이나 기술을 습득하는 것을 더 중요시한다(Eby 등, 2003). 조직은 빠르게 변화하는 시장조건에 효과적으로 대처해야 하므로 관리자들은 피고용인들이 창의성을 발휘하고 최선의 노력을 할 수 있도록 해야 하는 동시에 상황에 따라 융통성 있는 지도력을 발휘할 수 있어야 한다.

반면에 근로자들은 일생동안 단 한 개의 직업만 가질 것으로 기대하지 않기 때문에, 조직에의 충성이 승진과 임금인상을 가져다 줄 것으로 생각하지 않는다. 그들은 이제 직장에서 더 많은 자율성과 의사결정권을 가져야만 하고, 진취적이고 경험에 개방적이며 다양한 기술을 지니고 있어야 한다. 특

히 직업시장이 변화할 때 빠르게 이동할 수 있도록 그리고 높은 수준의 복잡한 직업요구에 대처할 수 있도록 다양한 인지기술을 지니고 있어야 한다. 이를 위해 훈련과 개발을 게을리하지 말아야 하므로 평생학습(lifelong learning), 평생교육(lifelong education)은 이제 필수적이다.

최근에는 매일 사무실에 출근하지 않고 자신의 집에서 일하는 재택근무가 늘어나고 있다. 그것은 특히 가사일과 직업역할을 병행해야 하는 여성 근로자들에게 인기가 있다. 그러나 재택근무가 회사에 대한 충성심을 높이고 생산성을 개선시키며 직업만족을 증진시킬 수 있다는 장점이 있지만(Bailey & Kurland, 2002), 고립감을 초래하고 일과 가정이 분리되지 못한다는 약점도 지니고 있다.

3. 일, 수입, 사회경제적 수준

일을 통해 얻는 수입은 장기적인 신체적, 정신적 건강에 영향을 준다. 그 예로서 수입은 성인초기와 중기의 주관적 안녕의 가장 강력한 예언자이며, 성인후기에서는 건강문제 다음으로 주관적 안녕의 중요한 지표이다. 또한 더 많은 수입은 성인후기의 더 건강한 인지기능과 연결된다(George, 2006).

연구자들은 수입의 영향을 연구할 때 연구영역을 확장하여 사회경제적 수준(SES: sopcioecononic status)을 연구한다. 그 이유는 사회경제적 수준이 교육수준과 직업에서의 지위 및 수입에 기초하기 때문이다. 400개 이상의 연구를 통합분석한 결과에 의하면(Twenge & Campbell, 2002), 높은 사회경제적 수준은 성인초기와 중기에서의 높은 자기존중감과 연합되어 있었다.

그러나 노인을 연구할 때 사회경제적 수준의 측정은 몇 가지 문제점을 지닌다. 우선 지금의 노인들은 공식적 학교교육을 거의 받지 못했거나 받을 수 없었고 직업적 지위도 상실한 지 이미 오래되었으며 수입도 젊은 날과 비교하여 훨씬 더 적기 때문이다(Antonucci, 2001). 그럼에도 불구하고 사회경제적 수준은 모든 연령에 적용될 수 있는 변인으로 인식된다.

일반적으로 높은 사회경제적 수준은 더 좋은 신체적 건강과 연결된다. 특히 높은 교육수준을 갖는 사람들은 시간을 자유롭게 사용할 수 있고 더 높은 임금을 받는 직업을 가질 수 있으며 좋은 건강상태를 유지하기 위한 자원도 더 많이 확보할 수 있다. 그 예로서 당뇨병에 걸렸다고 할지라도 사회경제적 수준이 높은 사람은 더 좋은 음식물을 구매할 수 있고, 고가의 운동관련 비용을 지불할 수 있으며 의학적 처치를 위해 자유롭게 시간을 활용할 수도 있다(Johnson & Drueger, 2005). 이와 같이 사회경제적 수준은 성인기의 건강관리는 물론 주관적 안녕과 자기존중감 및 인지기능과 연결되어 있으므로 중요하지 않을 수 없다.

unit Ⅱ 직업발달

남성과 여성은 상이한 직업발달 패턴을 지니고 있다. 남성들은 어떤 종류의 직업에 종사하든 성인초기부터 은퇴까지 계속적으로 일한다. 취업한 남성들도 인생의 어느 시점에서 학교로 돌아가거나 직업을 전환하거나 일시적으로 미취업 상태에 있는 일이 있기는 하지만, 대부분의 남성들은 성인기 동안 일을 중단하거나 쉬는 일이 거의 없다.

그러나 여성들은 성인초기에 취업했다고 할지라도 어린 자녀가 있을 때는 잠시 일에서 떠났다가 자녀성장 후에 다시 직업으로 돌아가는 경우가 많아, 남성과는 다른 직업발달 패턴을 보인다. 문제는 성인기 동안의 직업발달에 관한 대부분의 이론들이 남성의 직업생애만을 다루고 여성의 직업발달에 관해서는 관심을 갖지 않았다는 것이다. 최근에 와서야 여성에 관한 연구결과들이 첨가되기 시작하였다.

1. 남성의 직업발달

성인기 동안의 직업발달을 연구한 수퍼(Super, 1986)는 직업에 대한 개념이 성인초기부터 은퇴까지 단계적으로 변화한다고 제안하였다. 수퍼가 제안한 단계를 따라 남성들의 직업에 대한 개념발달을 설명한다.

① 시험기(15-25세)

수퍼에 의하면, 젊은이들은 이 시기 동안 자신의 관심과 성격 및 활용가능한 직업을 조화시키면서 자신에게 맞는 최적의 직업을 결정해야만 한다. 이 연령의 젊은이들은 봉급이나 직업의 안정성보다는 흥미롭고 도전적인 직업을 선호한다. 젊은이들은 취업하기 위해 노력하지만 자주 거부당하고 다시 새로운 직업을 찾는 과정을 반복한다.

2장에서 설명한 레빈슨같은 연구자는 이 시기가 개인이 꿈을 설정하고 그 꿈을 향해 첫발을 내딛는 시기라고 제안하였다. 젊은 과학자들은 미래에 노벨상을 수상하는 꿈을 가질 것이고 여성 성악가는 세계적인 프리마돈나를 꿈꿀 것이다. 직업생애의 이 단계에서 스승이나 조언자의 존재는 특히 중요하다. 그들은 직업적 성장과 승진에 필수적인 정보와 지원을 제공하는 역할을 하므로 도움을 받을 수 있는 개인에게는 큰 행운이 아닐 수 없다.

② 확립기 혹은 안정화 단계(26-45세)

수퍼가 확립기 혹은 안정화 단계라고 부른 이 시기 동안 남성들은 꿈을 성취하기 위하여 노력한다. 이 시기의 초기 동안 직업적 노력은 승진할 수 있도록 하고 개인적 발전을 이룰 수 있게 한다. 이 시기의 끝 무렵에 이르면 직업적 승진이나 발전은 느려지지만, 일이 더 복잡하고 흥미롭기 때문에 직업 만족은 더 커진다.

레빈슨에 의하면, 이 시기는 신체적, 정신적 그리고 정서적 기능이 절정에 도달하는 시기이지만, 스트레스와 모순 역시 절정에 도달하는 때이다. 남성들은 이 시기 초반에 직업과 배우자를 선택하고, 중반 무렵에는 자신의 선택을 재평가하는 작업을 한다. 이 시기 후반에 이르면 남성들의 직업생활과 가족생활은 더 편안해지고 안락해지며 사회의 중견이나 연장자가 되기 위한 준비를 갖춘다.

③ 유지기(46–60세)

수퍼가 유지기(maintenance stage)라고 부른 이 시기 초반에 변화가 일어난다. 직업만족과 개인적 힘이 커지며 대부분의 남성들은 그들이 이룰 수 있는 최대한도에 도달한다. 물론 성인중기 이후에 승진이나 진급이 이루어지기는 어렵다. 어떤 남성들은 시험기에 설정한 꿈에 거의 도달했다고 평가하고 만족해하지만, 또 어떤 남성들은 꿈을 실현할 수 없음을 알고 실망한다. 그들은 자신의 기대를 변화시키거나 꿈을 달성하는 방법을 변경시킴으로써 실망에 대처하려고 한다.

④ 은퇴에의 적응(60세 이후)

수퍼는 마지막 단계를 은퇴에 대한 적응으로 명명하였다. 은퇴한 개인들은 이제 편안한 상태에서 은퇴 후의 생활을 즐길 수 있다.

그러나 젊은이들의 취업시기가 과거보다 늦어지고 사람에 따라 취업시기와 은퇴시기가 다를 수 있기 때문에 수퍼가 제시한 연령은 어디까지나 대략적 연령으로 해석되어야 한다. 최근에는 정리해고나 조기퇴직이 증가하여 수퍼가 제안한 전형적인 직업발달단계를 거쳐 가지 않는 사람들도 많아지고 있다. 어떤 사람은 유지기에 이미 퇴직하여 또 다른 직업을 찾아야 하므로 수퍼의 주기가 재순환될 수도 있는가 하면 새로운 기술의 출현과 빠른 변화는 오로지 신참자–전문기술자(novice–to–mastery)의 주기만을 생성할 뿐이다(Sullivan, 1999). 이제 20세기 후반의 이론으로는 이러한 변화하는 직업발달 과정을 설명하기 어려우므로 새로운 직업발달 이론이 요구되는 시점이기도 하다.

2. 여성의 직업발달

여성의 직업생애에 관한 유일한 연구는 레빈슨(Levinson, 1996)에 의해 수행되었다. 그는 1936년과 1947년 사이에 출생한 45세 가량의 취업한 여성 30명을 면접하였다. 면접은 초기의 직업 열망, 직업에 대한 가족의 태도, 직장에서의 경험 그리고 가족과 일에 대한 그들의 결정에 관해 이루어졌다. 면접 당시 연구대상 여성들의 절반은 대학교수였고 또 다른 절반은 일반 기업체 근무자들이었다.

레빈슨의 연구는 단지 하나의 출생동시집단만을 연구하였다는 제한점이 있지만, 이 시대 여성들에게 적용될 수 있는 몇 가지 측면을 포함하고 있으므로 여기에 수록하였다. 레빈슨은 그의 연구에 포함된 직업여성들이 남성들과 동일한 발달단계를 경험하고 있음은 물론 그것이 수퍼가 제안한 직업발달 단계와도 일치한다고 강조하였다.

① 17세부터 23세까지: 성인초기 과도기

레빈슨 연구에 포함된 모든 여성들은 대학에 진학하여 성별 중립적인 학문을 전공하였다. 그들은 간호학이나 교육학과 같이 전통적 여성학문도 아니면서 과학이나 공학과 같은 전통적 남성학문도 아닌 중립적이거나 약간 남성 전공으로 분류될 수 있는 사회과학, 경제학, 경영학, 예술분야 등을 전공한 사람들이었다.

이 여성들은 집을 떠나 대학에 진학할 준비가 충분히 이루어지지 않은 상태에서 대학에 진학하였고, 그들 중의 단지 1/4만이 대학 1학년 시기를 긍정적으로 회상하였다. 그러나 대학생활 후반에 대해서는 거의 모든 연구대상자들이 긍정적으로 기억하였다. 대학 4년 동안 여성들은 가족으로부터 독립하고 미래의 직업을 결정하기 위해 노력하였다. 그러나 남성들과 비교하면 직업선택을 위한 노력이 부족하였으므로 이상적인 직업적 자기개념(work self concept)을 확립하지는 못하였다.

② 23세부터 45세까지: 성인초기

이 시기의 여성들은 대학졸업 후에도 무엇을 해야 할지 뚜렷한 계획을 가지고 있지 않았다. 이 단계의 전반기 동안 모든 여성들은 취업하였으나, 그들은 직업개념 발달상에서 세 개의 집단으로 구분될 수 있었다.

제 1 집단: 잘 정의된 직업계획을 가지고 있었다. 그들은 자신이 원하는 것이 무엇인지 알고 있었고 그것을 달성하기 위하여 대학원에 진학하거나 취업하였다.

제 2 집단: 잘 정의된 직업계획을 가지고 있었으나 후에 계획을 변경하여 대학원에 진학하거나 전문직 여성이 되려고 결정하였다. 예를 들면 고등학교 교사였으나 대학원에 진학하여 대학교수가 된 사람들이 여기에 해당한다.

제 3 집단: 어떤 직업계획도 가지고 있지 않았다. 그들은 큰 회사의 비서직과 같이 장래성 없는 직장에서 일하고 있었다. 이러한 유형의 직업은 비슷한 교육 정도의 남성들이 전혀 선택하지 않는 전형적인 여성직업들이었다.

이 단계에서 여성들의 1/3(대부분 교사와 같은 학교관련 직업에 종사하는 여성들)은 스승이나 조언자를 만날 수 있었다. 그러나 거의 모든 스승들이 남성이어서, 그들에게 도움이 되기도 하였지만 문제점도 있었다. 대부분의 스승들은 사회적 제약 때문에 젊은 여성과 전통적인 스승(조언자)-제자(부하) 관계를 형성하기 어려웠으므로, 어떤 스승도 제자(부하)가 자신의 꿈을 실현하는 것을 충분히 돕지 못하였다.

또한 절반 정도의 여성들(학교에 있는 여성들)은 이 단계에 진입하여 결혼하였다. 흥미롭게도 많은 여성들은 결혼을 통해 스승(조언자)-제자(부하)관계와 유사한 조언자를 얻을 수 있었다고 보고하였다. 부부가 유사한 분야에 종사할 때 남편은 아내의 스승이나 조언자였으며 아내의 직업생애를 인정하고 직장에서 안정된 지위를 확보할 수 있을 때까지 부모역할을 연기하도록 돕는 등 비전통적인 선택을 지원하였다.

이 단계의 끝 무렵에 학교에 근무하는 여성이든 일반 기업체에 근무하는 여성이든, 자신의 직업에서 뚜렷한 발전을 이루었다. 연구에 참여한 모든 여성들은 자녀가 어릴 때 직업에서 잠시 떠날 계획을 세우기도 하였으나, 이 단계의 끝 무렵에 이르면 이러한 생각은 의문시되고 자신의 전문분야에서 발전하고 개인적 성장을 이룰 수 있기를 원하였다. 그러므로 여성들의 가장 큰 관심사는 일과 가정을 어떻게 병행하는가의 문제였다.

불행하게도 연구에 포함된 모든 여성들은 성공적인 직업역할과 성공적인 가족역할을 동시에 수행하기 위하여 노력하면서 큰 갈등을 경험하였다. 그 이유는 직업세계에서 안정될 때까지 부모역할을 연기한다고 할지라도, 결국 그들은 직업인으로서의 책임과 주부로서의 책임간에 균형을 이루지 않으면 안 되기 때문이다.

unit III 직업선택과 만족

직업은 개인의 자아정체감을 구성하는 핵심요인이므로 어떤 직업을 선택하는가는 개인에게 무엇보다 중요한 일이다. 그러나 직업선택은 하루아침에 이루어지는 것이 아니며, 여러 해에 걸쳐 작은 결정들이 모여서 하나의 직업으로 구체화된다.

그러므로 개인의 직업선택은 대학에서 특정 분야를 전공하고 대학 졸업 후에 취업한 결과이기도 하지만, 때로는 첫 직장 선택 후 다른 회사의 유사한 업무로 이동하거나 혹은 완전히 다른 업무로 변경한 결과이기도 하다. 우리는 직업선택을 청년후기나 성인초기의 문제로 생각하기 쉬우나 자발적으로 혹은 실직에 의해 직업을 변경하기도 하므로 그것은 성인중기나 후기의 문제일 수도 있다.

성인기 동안 직업은 삶의 모든 측면에 영향을 준다. 하루에 8시간씩 주 5일 동안 직장에 근무한다면, 직장에서 일하면서 보내는 시간은 일주일에 40

시간 정도이다. 하루에 8시간 수면을 취한다고 하면, 출퇴근 시간까지 포함하여 깨어 있는 시간의 약 40%를 일하면서 보내는 셈이다. 그러나 깨어 있는 시간의 나머지 60%도 우리는 일과 관련된 문제를 생각하면서 보내는 일이 많으므로 직업을 제외하고 성인기 삶을 이야기하기는 어렵다.

1. 직업선택에 영향을 주는 요인

1) 성 별

직업의 종류들이 엄청나게 다양해지고 있다. 따라서 여성들이 취업할 수 있는 직종도 많아졌고 여성들의 취업기회도 확대되었다. 그러나 취업에서의 남녀 차별은 여전히 계속되고 있다. 우리 사회에는 남성들이 우위를 점하는 직업들이 훨씬 더 많을 뿐 아니라 소위 남성 직업들은 전통적인 여성 직업들보다 더 높은 지위와 수입을 보장한다.

그림 9-2 남성 대비 여성 임금비율의 변화

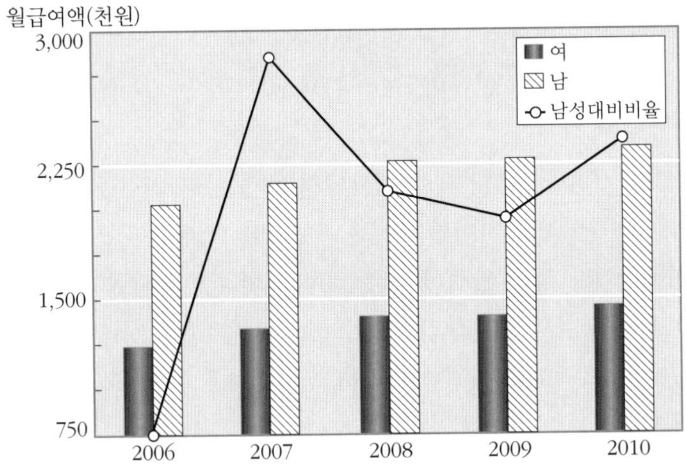

출처: 고용노동부 고용형태별 부가조사, 2010.

여성들이 우위를 점하는 직업에는 비서직, 서기직, 소매 판매직, 각종 서비스직과 함께 준전문직에 속하는 간호사, 사회복지사, 교사 그리고 사서 등이 있다. 전통적인 여성 직업들은 대체로 지위는 물론 임금수준이 낮고 승진기회가 거의 없다는 특징을 지니고 있다. 더욱이 법관과 같은 전문직에서 조차 임금에서 성차별이 일어나기도 한다.

고용노동부 고용형태별 부가조사(2010)에 따르면, 남성 근로자 임금을 100으로 볼 때 여성 근로자의 임금이 차지하는 비율인, 남성 대비 여성 임금비율은 그림 9-2와 같다. 이 그림에서 남성 대비 여성 임금비율은 2006년 61.5%에서 2010년에는 62.6%로서 최근 5년 동안 큰 변화를 보이지 않는다. OECD 평균도 여성 임금이 남성 임금의 84%에 이르고 일본 여성들의 임금도 남성 임금의 72%인 것을 감안하면(OECD Employment Outlook, 2011) 한국 여성들의 임금이 지나치게 낮다는 것을 알 수 있다.

여성들이 남성들보다 더 적은 임금을 받는 이유는 무엇인가? 다음과 같은 두 가지 메커니즘에 기인한다. 즉 배치차별(allocative discrimination)과 가치차별(valuative discrimination)이 그것이다. 전자는 여성들이 저임금의 낮은 지위의 직업에 고용된다는 것을 의미하는 반면, 후자는 비록 높은 기술을 요구하는 직업이라고 할지라도 여성들의 직업은 더 적은 임금을 받고 덜 중요시된다는 의미이다(Petersen & Sporta, 2004). 여성들의 경제활동 참가율이 매년 증가하고 있으므로 미래의 언젠가는 남녀의 임금수준이 비슷해질 것으로 전망된다.

2) 가 족

가족은 적어도 다음과 같은 두 가지 방식으로 직업선택에 영향을 준다.

첫째, 가족은 개인의 교육 정도에 영향을 주고 교육 정도는 다시 직업선택에 영향을 준다. 중류계층의 부모들은 하류계층 부모들보다 자녀들이 대학교육은 물론 그 이상의 교육을 받을 수 있도록 격려하고 재정적 지원을 아끼지 않는다. 그 결과 중류계층 자녀들은 더 많은 봉급을 받고 사회적으로 인정받는 직업을 가질 수 있다. 물론 하류계층 가족의 자녀들도 교육과 직업적 성공을 중요시한다면, 중류계층 직업을 가질 수 있을 것이다.

둘째, 어머니의 취업은 자녀의 직업선택에 영향을 준다. 취업한 어머니의 딸들은 더 높은 자기존중감을 지니고 교육적 목표를 높게 설정하며, 사회적으로 인정받는 직업에 종사하려는 소망을 지니고 있다(Beal, 1994). 그 이유는 일하는 여성들은 평등주의적 성역할을 지향하기 때문에 전업주부들과는 다른 태도와 성격을 지니므로 아동양육 방식은 물론 집안일 분담방식도 다르기 때문이다. 그 결과 자녀들, 특히 딸들은 더 많은 책임감과 독립심을 가지고 성장할 수 있다.

3) 성격특성

직업선택에 영향을 주는 또 다른 요인으로 개인의 성격특성이 있다. 1950년대 후반에 직업과 성격특성간의 적합도 이론(theory of job-personality

그림 9-3 6가지 성격유형과 직업에 대한 홀랜드의 모델

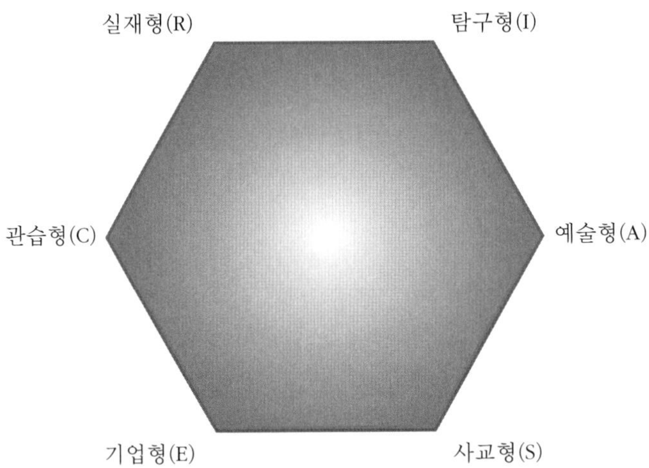

성격프로파일이 6각형의 인접영역에 걸쳐 있는 사람들이 더 안정된 직업역사를 갖는다.

출처: Holland, 1992.

fit)을 제안한 홀랜드(John Holland)는 사람은 자신의 성격특성과 조화를 이루는 직업을 선택하는 경향이 있으며, 직업이 성격특성과 조화를 이룰 때 직업에 만족하고 성공할 수 있다고 주장하였다. 그는 표 9-1과 같이 여섯 개의 기

표 9-1 성격유형과 상응하는 직업환경

유형	성격	직업환경
실재형 (Realistic)	공격적, 남성적, 신체적으로 강건하나, 언어기술과 대인관계 기술은 저조하다. 기계 조작과 도구 사용을 선호한다. 명백하고, 질서정연하고 체계적으로 사물을 조작하는 기술자 혹은 전기기술자, 감정인 직업을 선택한다.	도구, 기계, 사물 혹은 동물을 질서정연하고 체계적으로 조작한다.
탐구형 (Investigative)	사고하고 계획하고 조직하며 특히 추상적으로 사고한다. 모호하고 도전적 과제를 좋아하나 사교적 기술은 저조하다. 그들은 자주 과학자나 기술자가 된다.	창의적 탐구나 물리적, 생물학적 혹은 문화적 현상의 관찰
예술형 (Artistic)	비사교적이고 구조화되지 않은 것을 선호하며 지극히 개인적 활동을 좋아한다. 시인, 음악가, 배우가 된다.	예술품을 생산하기 위하여 모호하고 자유롭고 비체계적인 활동을 선호한다.
사교형 (Social)	외향적인 사람과 유사하며 인도주의적이고 사교적이다. 지적 활동을 회피하고 질서정연한 활동을 싫어하며 다른 사람과 함께 일하는 것을 좋아한다. 교사, 상담자, 사회복지사가 된다.	타인을 훈련시키고, 돌보고, 계도하고, 가르치며 타인에게 봉사하기를 좋아한다.
기업형 (Enterprising)	지극히 언어적이고 지배적이다. 타인에게 지시하고 조작하는 것을 좋아한다. 설득적이고 지도성을 지니고 있다. 사업가, TV 연출자, 부동산소개업 등의 직업에 종사한다.	판매원과 같이 타인을 조작한다.
관습형 (Conventional)	구조화된 활동과 종속적 역할을 선호한다. 분명한 지침을 좋아하고 스스로를 정확하고 분명한 사람으로 지각한다. 은행원, 서기 등이 된다.	기록하고, 정리하며, 자료를 체계적이고, 질서정연하고, 정확하게 조직하고 계획을 세워 수행한다.

출처: Holland, 1973.

본적 성격유형을 제안하고 그에 상응하는 직업환경을 기술하였다.

여섯 개의 성격유형들은 그림 9-3에 제시된 바와 같이 독특한 방식으로 서로 연결되어 있다. 홀랜드에 의하면, 이 6각형에서 서로 인접한 유형일수록 더 유사한 성격특성을 지니고, 개인의 성격프로파일이 6각형 전체에 흩어져 있는 사람들보다 인접영역에 걸쳐 있는 사람들이 더 안정된 직업역사를 갖는다.

직업선택이 이루어지면, 직업특성과 개인의 성격특성이 좋은 적합도를 이룰 때 더 큰 직업만족을 경험할 수 있다. 그러나 성인들은 그 자신의 특성이나 기술과 조화를 이루지 못하는 직업에서도 성공할 수 있고 또한 실제로 성공하기 때문에, 성격특성과의 적합도만이 직업만족에 영향을 주는 것은 아니다.

2. 직업만족

성인기 동안의 직업생활과 관련하여 자주 연구되는 주제는 전체적 직업만족이다. 전체적 직업만족은 보통 매우 만족하지 않는다(1점)에서 매우 만족한다(4점)까지의 4점 척도상에 만족 정도를 표시하게 함으로써 측정된다.

1) 연령과 직업만족

전체적 직업만족은 연령과 함께 점진적으로 증가한다(Bernal 등, 1998). 그러나 연령과 직업만족의 관계에 영향을 미치는 요인들이 많기 때문에, 두 변인 사이의 관계는 그렇게 단순하지 않다.

우선 자신이 하는 일을 좋아하는 사람들이 그 일을 오래 계속할 것이고 그렇지 않은 사람들은 일찍 그 일을 그만둘 것이다. 결국 특정한 일을 좋아하는 사람들만이 그 일을 계속하기 때문에 시간이 경과할수록 직업만족은 점점 더 커질 것이므로, 마치 연령이 증가하면 직업만족도 증가하는 것처럼 보일 것이다. 더욱이 연령증가와 함께 사람은 보다 더 긍정적으로 변화하므로 직업만족 역시 증가할 가능성이 많다(Bond & Bounce, 2003).

그러나 직업만족은 직업의 모든 유형이나 모든 영역에서 연령증가와 함께 증가하는 것은 아니다. 그 예로서 사무직 근로자들은 시간이 경과할수록 점점 더 큰 직업만족을 경험하지만, 육체노동자들의 직업만족은 점차적으로 감소한다(Sterns 등, 1994). 특히 나이 많은 근로자들은 봉급과 같은 외적 측면보다는 직업의 내적, 개인적 측면을 더 중요시하기 때문에, 직업의 내적 측면에 문제가 있을 때는 연령이 증가한다고 할지라도 높은 직업만족을 보이지 않는다.

근로자의 연륜(年輪)과 직업 사이의 적합도 역시 직업만족에 영향을 준다. 나이 많은 근로자들은 자신이 좋아하는 직업을 찾을 수 있는 기회가 더 많고 현실에 기초하여 직업에 대한 기대를 수정할 수도 있으므로 직업과 더 좋은 적합도를 이룰 수 있다. 그들은 자신의 생활경험에 비추어, 작은 실패나 어느 정도의 괴로움도 잘 견딜 수 있으므로 자신의 욕구와 직업특성간에 더 좋은 적합도를 이루는 것이 가능하다.

이외에 직업의 유형과 상이한 직업 발달단계에서의 가족책임이 연령과 직업만족의 관계에 영향을 준다는 연구도 있지만, 중요한 것은 연령만이 직업만족에 영향을 주는 것은 아니며, 연령과 직업만족의 관계에 영향을 주는 많은 매개변인들이 존재한다는 것이다.

2) 애착양식과 직업만족

개인의 애착양식은 직업만족을 예언하는 중요한 요인이다. 애착의 이론적 모델에 의하면, 안정형 애착양식을 지니고 있는 사람들은 심리적으로 만족스러운 직업활동을 할 수 있다. 그들은, 안정형 애착을 형성한 영아들이 낯선 상황에서 유기(遺棄)의 공포를 느낌이 없이 주위환경을 능동적으로 탐색하고 그것을 통해 유능감을 경험하는 것과 같이, 직업역할을 만족스럽게 수행하고 자기가치감도 증진시킬 수 있다.

하잔과 쉐버(Hazan & Shaver, 1990)의 경험적 연구에 의하면, 안정되게 애착된 성인들은 직장생활에 잘 적응하고 높은 수준의 직업만족을 경험한다.

그들은 실패를 지나치게 걱정하지도 않았고 직업이 우정이나 건강상태를 훼손시키도록 하지도 않았으며 죄책감을 느끼지 않고 휴가를 즐길 수 있었다.

대조적으로 불안/양가형 애착양식을 지니고 있는 성인들은 직장일에 대해 지나치게 걱정하고 동료들이 자신을 좋아하지 않을까 불안해하며 무능한 사원으로 평가받을 것을 두려워하였다. 그들은 쉽게 분산되고 업무를 끝마치지도 못했으며, 안정형 혹은 회피형 애착양식의 소유자들보다 더 적은 수입을 획득하였다.

한편 회피형 애착양식을 지니고 있는 성인들은 타인과 가까워지는 것을 두려워하고 대인관계 형성을 거부하면서도 일 자체에 대해서는 강한 선호와 집착을 나타내었다. 그들에게 사회생활은 오직 직장생활뿐이므로, 그들은 휴가를 가려고도 하지 않았고 일중독 성향을 보이기도 하였다.

이 외에도 직업만족은 다음과 같은 변인들의 영향을 받는다(Culpepper 등, 2004).

① 중요한 의사결정에의 참여
② 성취나 성과물의 인정
③ 직업적 성장의 기회
④ 작업환경과 개인적 가치관의 조화

특히 의사결정에 참여할 수 있을 때 근로자들은 주인의식을 가질 수 있고, 고용주에 의해 중요하게 받아들여질 때 정서적으로 직업에 전념할 수 있다. 이 때 근로자들은 높은 직업만족을 경험하고 직업을 개인적 자아정체감 속에 통합시킬 수 있다.

3) 소외와 소진

어떤 직업도 완전할 수는 없다. 근무시간이 적절하지 않을 수도 있고 봉급수준이 너무 낮을 수도 있으며 상사가 유쾌한 성격을 지니고 있지 않을 수도 있다. 이 때 대부분의 근로자들은 단순히 불쾌하고 성가시다는 정도로만 생각하지만, 일부의 근로자들은 심각한 스트레스를 경험하고 불행감을 호소한다.

근로자들이 경험하는 가장 심각한 문제로 소외(alienation: 疏外)와 소진(burnout: 消盡)이 있다. 일반적으로 소외는 자신이 하고 있는 일을 의미 없다고 느낄 때, 자신의 노력이 평가절하될 때, 그리고 자신이 한 일이 최종적 산물을 도출하지 못할 때 경험된다.

소외된 근로자들은 자신이 마치 큰 기계의 보잘것 없는 작은 부품과 같다고 생각하고 이름 없고, 얼굴 없는 존재일 뿐이라고 지각한다. 특히 근로자들이 생산공장의 조립라인에서 일할 때처럼 일상적이고 반복적인 행동을 계속해야 할 때 소외되었다고 느끼기 쉽다. 그러나 다행스럽게도 최근에는 이러한 일들이 주로 기계나 로봇에 의해 이루어지기 때문에, 계속되는 단순작업에 기인한 소외현상은 많이 감소되었다.

직업의 속도나 압력이 개인이 견딜 수 있는 용량을 초과할 때는 소진이 일어난다. 그것은 개인의 에너지와 동기의 고갈상태로서 직업적 이상(理想)의 상실이며 착취당한다는 느낌이다. 소진은 스트레스 증후군의 독특한 유형으로서 정서적 고갈과 몰개성화(depersonalization) 및 개인적 성취감의 감소를 포함한다(Schaufeli & Bakker, 2004).

소진은 교사나 사회복지사 혹은 건강관리사처럼 타인을 돕는 사람들 사이에서 자주 발생한다. 예를 들면 집중치료 병동에 근무하는 간호사들은 극심한 스트레스에 의해 자주 높은 수준의 소진을 경험할 수 있다(Iskra 등, 1996). 그들은 까다로운 시간제한하에서 지속적으로 타인들의 복잡한 문제를 해결해야 하므로 소진 증후군(burnout syndrome)에 시달린다. 특히 스트레스가 많은 직장을 옮겨다니면서 오랫동안 일해야 할 때, 특정한 직업에 오랫동안 종사할 때 그리고 개인의 연령이 증가할수록 소진 또한 증가하며 소진이 클수록 직업만족도는 낮아지고 일에 전념하기 어려워진다(박형인 등, 2011; Park 등, 2009).

소진에 대처할 수 있기 위해서는 자신에 대한 기대를 낮추거나 조직 내에서의 의사소통을 늘리는 것과 같은 스트레스 감소기법이 활용될 수 있다. 또한 동료 근로자의 지지를 얻는 것도 효과적인 스트레스 감소기법일 수 있다(Kalimo 등, 2003). 만약 스트레스가 많은 직장에서 그와 유사한 또 다른 직장으로 이동해야 한다면, 상당기간 동안 휴식시간을 갖는 것이 좋으며 적절한 휴가계획을 세우는 것도 도움이 될 수 있다(Etzion, 2003).

unit Ⅳ 직업역할과 가족역할의 관계

성인들이 시간과 에너지를 가장 많이 투자하는 삶의 영역은 가족역할과 직업역할이다. 두 가지 역할 모두 개인의 자아정체감을 구성하는 핵심요인들로서 중요한 의무와 책임을 포함한다. 그러나 가족과 직업역할은 서로 복잡하게 얽혀 있으므로 먼저 일과 가족관계를 설명하는 모델을 제시하고 두 요인이 서로에게 주는 영향을 설명함으로써 양자간의 관련성을 검토하기로 한다.

1. 일과 가족의 상호관계 모델

일과 가족간의 상호관계를 설명하는 세 개의 기본모델이 존재한다.

① 여파모델

여파(餘波)의 사전적 의미는 바람이 잔 뒤에도 계속해서 일어나는 파도로서, 어떤 일이 종료된 후에까지 영향을 미치는 것을 의미한다. 따라서 여파모델(spillover model)은 일이나 가족 중 하나의 영역과 연합된 태도와 행동이 다른 영역에 그대로 전이된다는 것을 강조한다(Grzywacz & Marks, 2000). 다시 말하면 직장에서의 불행은 가정에서도 불행을 경험하도록 하는 반면, 가정에서의 행복은 직장에서도 행복할 수 있도록 한다는 것이다.

예를 들면, 상사와의 관계에서 심한 스트레스를 경험하는 남성은 퇴근해서 집에 돌아오면 가족들에게 화를 내고 짜증을 부려 자신과 가족을 불행하게 만든다. 또한 자녀가 아파서 직장에 출근하지 못할 때나 부부싸움을 했을 때와 같이 가족역할 때문에 직장에서의 업무수행이 방해를 받을 수도 있다.

물론 지원적인 배우자는 불만족스러운 직장일 때문에 발생하는 매일의 긴장을 감소시켜 주고, 부부문제나 자녀문제 때문에 직장일이 지장을 받지 않도록 함으로써 남편이나 아내는 큰 문제 없이 직장일을 해낼 수 있을 것이다. 이와 같이 직장-가정 갈등은 직장생활로 인해 가정생활이 방해받는 경우와 가정생활로 인해 직장생활이 방해받는 경우가 있지만, 전자가 후자보다 훨씬 더 빈번하게 일어난다.

② 역할긴장 모델

역할긴장 모델(role strain model)은 일과 가족이 역의 관계에 있다고 가정하고, 개인이 직업에 전념하면 할수록 가족활동에의 참여는 감소한다고 설명한다. 이 모델에 의하면, 일밖에 모르는, 일에 중독된 사람들은 가족관계에 할애할 시간이나 에너지를 가지고 있지 않은 반면, 가족생활에 전념하는 사람은 직장에 전념하지 못하므로 직업역할을 성공적으로 수행하지 못한다.

③ 분할모델

분할모델(segmentation model)은 사람은 누구나 생활을 절도 있게 구분할 수 있으므로 직장과 가정도 엄격하게 구분될 수 있다고 가정한다. 성인들은 가정생활에서의 태도와 행동과는 분리된 방식으로 직장생활을 할 수 있으므로 직업역할과 가족역할이 서로 충돌하는 일은 없다.

최근의 연구자들은 이상의 세 가지 모델 중 여파모델을 가장 선호한다. 직업역할과 가족역할은 본질적으로 갈등관계에 있기 때문에, 직장에서 요구가 많으면 많을수록 가족생활의 질도 저하된다는 것이다. 경험적 연구에서도 직업역할과 가족역할간의 갈등은 결근과 직업불만족, 생활불만족, 낮은 자기존중감 및 이직(移職)과 높은 상관이 있었다(강정원, 2006; Ernst Kossek & Ozeki, 1998). 결국 양자간의 갈등은 개인의 신체적, 정신적 건강을 손상시키고, 정서적 긴장과 피로, 과부하를 초래한다.

직업역할과 가족역할간의 갈등의 정도와 영향력은 사람에 따라서도 차이가 있다. 일반적으로 양자간의 갈등은 어린 자녀를 가진 여성, 맞벌이 부부, 직업에 지나치게 전념하는 사람들 사이에서 크게 일어난다. 그러나 양자간의 갈등이 심각한 상황에서도 개인의 성격특성이나 가족구조에 따라 어떤 사람은 갈등을 크게 지각하고 어떤 사람은 큰 갈등 없이 생활할 수 있으므로, 모든 사람들이 동일한 정도의 스트레스를 경험하는 것은 아니다.

특히 조급하고 성취욕이 강하며 완벽주의자인 A형 성격의 소유자들이 더 큰 직장-가정 갈등을 경험하는 반면, 높은 성실성을 지니고 있는 사람들은 직장-가정 갈등을 가장 적게 경험하는 경향이 있었다(김용혼, 이규만, 2011; Wayne 등, 2004). 이와 함께 회사가 고정된 근로시간(오전 9시부터 오후 5시까지)보다는 융통성 있는 근무시간을 지향할 때, 그리고 상사가 가족구성원으로서의 의무수행과 직업역할의 관계를 이해하고 편의를 봐줄 수 있을 때 양자간의 갈등은 완화될 수 있었다(Schirmer & Lopez, 2001).

2. 가족역할과 직업역할의 상호작용

어린 자녀를 가진 여성들이 직업역할을 수행한다는 것은 예전에는 거의 없던 일이었으나, 지난 20년 동안 상당히 보편화되었다. 전세계적으로 여성취업에 관한 의식이 변화되었고 우리 사회도 여성취업을 당연시한다. 문제는 어린 자녀를 가진 여성들의 취업이 가정 내에서의 남녀의 역할은 물론 자녀의 삶에도 큰 영향을 미친다는 것이다.

남성과 여성은 가족역할과 직업역할을 경험하는 방식에서 차이가 있다. 특히 취업한 여성들은 남성들보다 가사일을 더 많이 할 뿐 아니라 가족역할과 직업역할 사이의 경계가 모호한 상태에서 큰 갈등을 경험한다. 남성들에게 직업역할과 가족역할은 엄격하게 구분되어 있으므로, 그들이 가족역할 때문에 직장일에 지장을 받는 경우는 많지 않다. 그러나 여성들은 남성들보다 자녀가 어릴 때 퇴직할 가능성이 훨씬 더 많고 자녀가 아플 때는 출근하지 못하기도 하며 자녀를 위해 부모모임에 가거나 교사면담을 위해 그날의 스케줄을 조정해야 하므로 일과 가족간의 경계가 엄격하게 구분되기 어렵다.

그러므로 취업한 아내들은 두 가지 역할 사이에서 큰 역할갈등과 긴장을 경험한다. 히긴스(Higgins 등, 1994)는 유치원 아동과 초등학교 아동 및 청소년 자녀를 가진 3,616명의 어머니와 아버지에게 가족역할과 직업역할 사이에서 얼마나 많은 역할 과부하와 역할갈등을 경험하는지를 질문하였다. 그림 9-4에 제시된 바와 같이 어머니들이 아버지들보다 역할 과부하와 역할갈등을 더 많이 경험하였고, 자녀가 성장할수록 두 요인의 경험 비율은 점차 감소하였다.

아버지들이 어머니들보다 더 낮은 수준의 역할 과부하와 역할갈등을 경험한다고 해서, 아버지들이 전혀 어려움을 경험하지 않는다는 것은 아니다. 아버지의 경우에도 직업역할과 가족역할은 밀접하게 연결되어 있지만, 연결의 의미가 다르다는 것이다. 보통 아버지들은 생계유지자로서의 의무를 수행하지 못할까 불안해하고 아내나 가족으로부터 관심과 사랑을 받지 못할까 걱

그림 9-4 자녀의 연령에 따른 취업한 남편과 아내의 역할 과부하(왼편 그림) 및 역할갈등(오른편 그림)

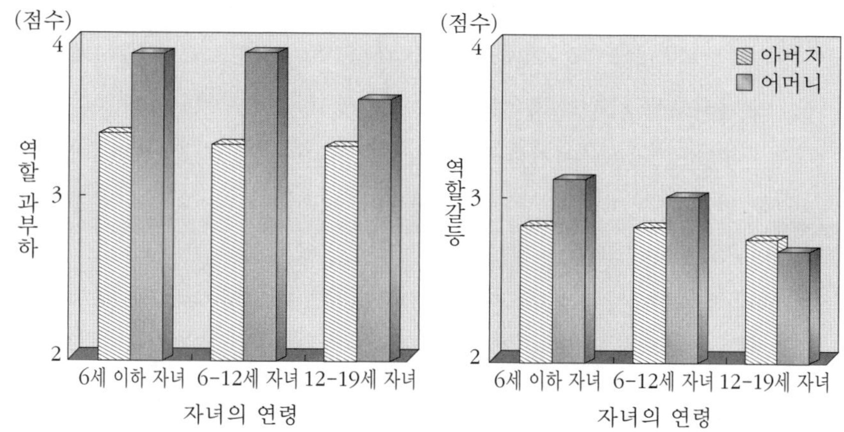

출처: Higgins 등, 1994.

정한다.

그럼에도 불구하고 결혼한 남성들은 독신보다 더 건강하고 더 큰 생활만족을 경험하며 직업에서도 더 성공적이었다. 왜 그럴까? 아마도 생계유지자로서의 책임이 남성들을 열심히 노력하게 하고, 아내의 정서적 지원은 남성들이 직업에 전념할 수 있도록 하는 원동력이 되기 때문일 것이다.

일반적으로 직업역할이 가족역할을 방해한다고 생각하는 사람들은 또한 가족역할도 직업역할을 방해하는 스트레스 요인으로 지각한다(Noor, 2004). 결국 직업역할과 가족역할에 대한 근로자의 태도가 스트레스 수준을 높이거나 낮출 수 있으므로 최근 직업-가족 갈등을 감소시키기 위한 모델로써 SOC 모델이 활용된다.

독일의 발테스(Baltes & Heydens-Gahir, 2003)는 회계사, 교육자, 건강관리 전문가, 상담사, 건물관리사 등의 다양한 직업을 갖는 21세부터 64세까지의 성인들을 대상으로 그들의 소망과 목표를 확인하고(선택), 자원을 활용하며(최적화), 장애나 예상하지 못한 일에 직면할 때 융통성을 발휘하도록(보상) 훈련시켰다. 훈련결과 직업역할과 가족역할 양자에서 SOC 전략을 활용하는 참여자들이 더 적은 직업-가족 스트레스를 보고하는 것으로 나타났다.

최근에 맞벌이 부부들이 증가하면서 직업역할과 가족역할에 대한 남녀의 인식이 변화함으로써 다음과 같은 변화가 일어나고 있다(Barnett, 2002).

첫째, 남성들이 가사일에 참여하는 시간이 점점 더 길어져 맞벌이 부부의 가사노동 시간의 차이는 점차 감소하고 있다.

둘째, 생계유지자로서의 여성의 책임이 증가하고 있다. 맞벌이 부부들 중 남편과 아내의 수입이 비슷하거나 남편보다 더 많은 수입을 얻는 아내들이 증가하고 있다.

셋째, 남성들은 가사일과 부모역할에 더 많은 관심을 보인다. 21세기는 젊은 남성들이 가족도 직업만큼 중요하다고 보고한 첫 세기로서, 특히 성역할에 대한 평등주의적 태도를 지닌 남성들은 직업생활보다 가족생활에 더 많은 시간을 할애하려고 한다.

unit V 은 퇴

은퇴(retirement)란 일터로부터의 완전한 철회로 생각되기도 하지만 은퇴 후에 시간제 일을 포함하여 여러 가지 일을 계속하는 사람도 많이 있다. 은퇴에 의해 주된 직업생애가 끝나므로 은퇴는 곧 직업적 정체감의 상실을 의미한다. 은퇴를 바라보는 가장 바람직한 방식은 그것을 하나의 사건으로 보기보다는 전생애를 포함하는 하나의 과정으로 이해해야 한다는 것이다(Kim & Moen, 2001). 각 개인은 일련의 단계를 거쳐 은퇴자의 지위로 이동하므로 은퇴과정은 하나의 발달과정으로 인식된다.

1. 발달과정으로서의 은퇴

은퇴는 삶의 광범위한 맥락 내에서 일어나고 시간에 따른 변화와 적응을 포함하는 복잡한 과정이다. 일찍이 아처리(Atchley, 1988)는 다음과 같은 일련의 단계로써 은퇴를 설명하였다.

① 은퇴이전기(pre-retirement phase): 은퇴에 대한 준비와 결정이 이루어진다. 은퇴 후에 어떻게 할 것인지를 결정하기 위해 정보를 수집하고 계획을 세운다. 은퇴준비는 예상되는 은퇴시기보다 약 15-20년 앞서 시작되며 배우자, 친척, 친구와 상의하기도 하고 은퇴와 관련된 서적을 읽기도 하며 은퇴 후의 생계문제에 대한 계획도 세운다.

② 밀월기(honeymoon phase): 은퇴 직후의 시기(약 65세)로서 지금까지 일 때문에 하지 못했던 여러 가지 일들을 시도한다. 다음날 출근해야 하는 부담 없이 늦은 시간까지 TV 시청을 즐기기도 하고 장기간의 여행을 떠나는가 하면 하고 싶은 운동도 실컷 하면서 한껏 여유

를 즐긴다.

③ 각성기(disenchantment phase): 은퇴 후의 색다른 기분은 사라지고 은퇴의 문제점이 나타나기 시작한다. 목적이나 목표의식이 사라졌음을 절감하고 사회로부터 버림받았다는 생각으로 불행감을 경험한다. 계획했던 것보다 더 일찍 은퇴하였다면 외로움이나 불행감은 더 커질 수 있다.

④ 적응기(reorientation phase): 은퇴 후의 생활에 적응하고 직업을 대신할 새로운 관심거리와 활동을 찾아내며 결국 만족스러운 일상을 회복한다.

은퇴과정에서 가장 중요한 단계는 은퇴이전기이다. 약 45세 경에 시작되는 은퇴이전기는 은퇴하기 전에 미리 계획을 세우는 과정으로 이 시기에 다양한 은퇴 준비 프로그램(pre-retirement program)에 참여하는 것이 도움이 된다. 각종 프로그램에의 참여는 은퇴 후에 더 편안하고 더 적은 외로움과 지루함을 경험하게 하며 더 활동적일 수 있도록 한다.

은퇴직후의 성인들은 이제 막 생애주된일자리(career job)를 떠나기는 하였지만 충분히 능동적인 생활양식을 영위할 수 있는 사람들이다. 때로 파트타임의 일도 하면서 사랑하는 사람이나 친구들과 함께 취미활동을 하고 상호간의 관심을 공유한다. 그들은 여가 활동의 중요성을 통해 직업정체감을 대치하는 개인적 정체감을 재확립한다(Settersten, 2006).

2. 은퇴자의 특징

은퇴자들은 연령과 성격특성, 결혼상태, 건강상태, 인지능력, 경제상태 그리고 생활방식에서 매우 다양하다. 그들은 특정한 분야에서 특정한 동료들과 작업한 경험을 포함하여 매우 다양한 인생경험을 가지고 있고 세대에 따라 각기 다른 사회적 기대를 경험하였다. 전통적으로 남성들은 교육–직업–

은퇴의 전통적 직업궤도를 거쳐 왔으며, 남편이 은퇴시기를 선택하면 아내는 남편의 은퇴시기에 맞추어 함께 은퇴하였다(Moen & Spencer, 2006).

그러나 이제는 은퇴와 함께 생산적 활동을 완전히 중단하기보다는 오히려 계속하는 사람들이 늘어나고 있어 은퇴방식도 매우 다양해졌다(장지연, 2003; Scott 등, 2007). 은퇴자들은 자주 그들의 전문지식이나 재능을 단기간의 혹은 파트타임 직업으로 활용하거나 자영업을 통해 일하고 이후에 은퇴함으로써 다양한 은퇴방식을 선택한다.

소위 가교취업(bridge employment로)은 생애주된일자리에서 완전한 은퇴로의 과도기 동안 가교일자리(bridge job)를 갖는 것으로 그것은 완전한 은퇴 후의 만족은 물론 심리적 안녕을 촉진시킨다(Pointon, 2004). 그렇다면 생애주된일자리와 가교일자리를 어떻게 정의해야 하는가? 생애주된일자리는 자신의 직업생애에서 가장 오랫동안 일한 직업으로서 카힐(Cahill 등, 2006)같은 연구자는 적어도 10년 가량 계속된 정규직으로서 1년에 1600시간 이상 일한 일자리로 정의한다. 중요한 것은 가교일자리는 생애주된일자리를 그만둔 이후에 노동시장에서 완전히 은퇴하기 전까지 일하는 일자리라는 것이다.

국내에서는 은퇴과정이 시작되는 시기를 55세로 산정하기 때문에(박경숙, 2003), 55세 이후에 일하게 되는 일자리를 가교일자리로 볼 수 있다. 최근 한국의 중년성인이나 노인들의 은퇴과정은 가교취업의 과정을 거침으로써 완전은퇴가 아닌 점진적 은퇴(gradual retirement)의 형태를 취한다(최옥금, 2011).

비록 경제적 필요에 의해 가교취업을 하든, 순수한 자원봉사활동을 하든 혹은 여가활동을 하든, 능동적이고 적극적으로 생활하는 사람들은 높은 생활만족을 경험할 수 있다. 이제 은퇴 후의 적응은 성인후기의 만족스러운 일상으로 정착하기 전에, 몇 가지의 가능한 생활양식을 선택할 수 있는 과정으로 인식되어야 한다.

3. 은퇴와 관련된 요인

1) 은퇴 시기

은퇴 시기는 연금지급 시기와 연결되기 때문에 중요하다. 선진국들은 연금지급 문제로 잇달아 정년을 연장하고 있다. 그 이유는 퇴직연령이 높아지면 연금수혜 시기를 늦출 수 있기 때문이다. 고령화 사회로의 변화는 연금지급 기간을 연장시켜 연금재원의 부족사태를 초래하므로, 퇴직연령을 높이면

표 9-2 국가별 남녀의 공식적 은퇴연령과 실제 은퇴연령

국가명	남		여	
	공식적 은퇴연령	실제 은퇴연령	공식적 은퇴연령	실제 은퇴연령
멕시코	65	73	65	65
한국	60	71.2	60	67.9
일본	63	69.5	61	66
뉴질랜드	65	66.5	63.9	65
스웨덴	65	65.7	62.9	65
스위스	65	65.2	64.1	64
미국	64.6	65-67	63.9	65
노르웨이	64.2	67	63.2	67
덴마크	63.5	65	61.3	65
캐나다	63.3	65	61.9	65
영국	63.2	65	60	61.9
독일	62.1	65	61	65
네덜란드	61.6	65	61.3	65
스페인	61.4	65	63.1	65
프랑스	58.7	60	59.5	60

출처: OECD 2002–2007 자료.

연금을 지급하는 시기가 늦어짐으로써 그만큼 연금재원이 절약될 수 있다는 것이다.

만약 은퇴시기보다 연금지급 시기가 늦어지면 정년퇴직자들은 연금을 받을 수 있을 때까지 재취업하지 않으면 안 된다. 일본 정부는 현재 60세인 연금지급 개시 연령을 2014년부터 단계적으로 68–70세로 늦추기 위해, 기업이 65세까지 정년을 연장하거나 정년제를 아예 폐지하거나 아니면 퇴직한 사람을 재고용하는 방법 중 하나를 선택하도록 의무화하였다(조선일보 2012년 1월 4일자).

표 9–2는 국가별 남녀의 공식적 평균 은퇴연령과 실제 근로연령을 보여준다. 이 표에서 한국 남성들의 공식적 은퇴연령은 평균 60세이지만 실제로는 평균 71.2세까지 일을 해야 하고, 여성들의 공식적 은퇴연령 역시 평균 60세이지만 실제로는 평균 67.9세까지 일을 해야 한다는 것을 알 수 있다. 그러나 스위스나 스웨덴과 같이 복지정책이 잘 갖추어질수록 공식적 은퇴연령과 실제로 일하는 연령은 유사해진다.

2) 은퇴 결정에 영향을 주는 요인

개인이 은퇴를 결정할 때는 여러 요인들의 영향을 받는다.

① 건 강

건강은 은퇴 시기를 결정하는 중요한 요인 중의 하나이다. 건강이 나쁜 사람들은 좋은 건강상태에 있는 사람들보다 더 일찍 은퇴한다. 보통 좋지 않은 건강은 은퇴 시기를 1–3년 정도 앞당긴다. 물론 65세나 그 이후에 은퇴하는 사람들은 건강 때문에 은퇴하기보다는 은퇴규정 때문에 혹은 이전만큼 유능하게 일을 수행하기 어렵거나 더 이상 일하기 어려워 은퇴한다.

② 연 령

어느 문화에서나 은퇴연령을 규정하고 있지만, 사람들은 노령연금을 수급할 수 있는 시기와 은퇴연령이 일치하기를 원한다(Coile & Gruber, 2004).

각 개인은 은퇴를 위한 연령규준을 알고 있으므로 은퇴가 가까워오면 은퇴 후의 생활을 걱정하면서 은퇴준비를 한다. 강제적 은퇴연령에도 불구하고, 대부분의 사람들은 스스로 은퇴를 선택했다고 보고한다.

③ 교육수준

서구에서는 낮은 교육수준이 은퇴 확률을 높이는 것으로 알려져 있지만, 우리나라에서는 학력이 높을수록 은퇴할 확률이 더 높다. 최종 학력이 초등학교인 사람과 비교하여 중학교 졸업은 1.54배, 고등학교 졸업은 2.22배, 전문대 졸업은 2.89배 더 높았다(김원섭, 우해봉, 2008; 이승렬, 최강식, 2007).

④ 배우자 유무와 자녀 유무

배우자가 없는 남성들이 배우자가 있는 남성들보다 은퇴할 확률이 58% 더 높았다(김원섭, 우해봉, 2008; Coile & Gruber, 2004). 또한 자녀가 몇 살이든 함께 생활하는 자녀가 있을 때 은퇴할 가능성은 훨씬 더 적다. 남성들은 규범적인 은퇴연령이 지났다고 할지라도 자녀가 집을 떠나 독립할 때까지 은퇴하지 않으려고 한다.

⑤ 연금 프로그램

은퇴 후 개인이 활용할 수 있는 재정적 지원의 유무에 따라 규범적 은퇴연령에 은퇴할 것인지 아니면 그보다 더 일찍 혹은 더 늦게 은퇴할 것인지 결정된다. 좋은 연금 프로그램은 사람들을 더 빨리 은퇴하도록 하는 반면, 연금지급연령이 높아지면 사람들은 가교취업과 같은 과도기적 일자리를 선택함으로써 더 늦게 은퇴하려고 한다.

⑥ 직업특성

자영업자를 포함하여 자신을 위해 일하는 사람이나 일에 전념하는 사람들은 타인을 위해 일하거나 일에 전념하지 않는 사람들보다 더 늦게 은퇴한다. 다시 말하면 일 자체를 즐기고, 일하면서 기쁨을 경험하는 사람들은 규범적 은퇴연령을 지나서도 계속해서 일을 한다는 것이다.

또한 직업을 단순직종과 복잡한 직종으로 구분할 때 복잡한 직종에 종사하는 사람들이 더 늦게 은퇴하며 죽는 날까지 은퇴하지 않는 사람도 있다. 그 예로서 과학자, 교수, 작가를 포함한 예술가 등은 젊은 날부터 해오던 일을 죽는 날까지 계속하기 원한다. 대조적으로 반복적인 단순직종에 종사하는 사람들이 좋은 연금 프로그램을 활용할 수 있을 때, 은퇴할 가능성은 매우 높아진다.

죽는 날까지 일하는 은퇴하지 않는 사람들 중의 일부는 낮은 교육수준을 지니고 있고 매우 낮은 임금을 받는 사람들로서 경제적 필요성 때문에 일을 계속한다. 그러나 지극히 높은 교육을 받았고 건강하며 일밖에 모르는 사람들은 안락하게 살기에 충분한 돈을 가지고 있음에도 불구하고 계속해서 일하려고 한다. 그들에게 일은 곧 삶의 의미이기 때문이다.

3) 여성의 은퇴

우리가 알고 있는 은퇴에 관한 거의 모든 정보는 남성들에 관한 연구에 기초한다. 그 이유는 다음과 같이 몇 가지 요인으로 정리될 수 있다.

첫째, 대부분의 남성들이 봉급을 받는 직장에서 일을 하는 반면, 여성들은 단지 최근에 와서야 직업을 갖기 시작하였다.

둘째, 가정 바깥에서 일하는 여성들은 자주 공식적 은퇴가 없는 직장에서 일을 한다.

셋째, 연구자들은 남성들의 은퇴경험에 더 많은 관심을 갖는다. 그 이유는 연구자들이 여성들의 직업은 그들의 정체감과 강하게 연결되어 있지 않다고 생각하고, 은퇴는 남성들에게만 외상적 경험으로 지각될 것이라는 인식을 가지고 있기 때문이다.

그러나 지난 10년 동안 은퇴연구에 여성들이 포함되기 시작하였고 최근에 와서 흥미 있는 결과들이 나오기 시작하였다. 우선 취업한 여성들은 남성들만큼 은퇴를 위한 계획을 세우지 않는다(Jacobs-Lawson 등, 2005). 많은 여성들은 남편이 자신의 은퇴와 관련된 모든 일을 처리해 줄 것으로 믿기 때문에, 직장에서의 은퇴 세미나에 참석하지도 않고 은퇴에 관한 정보도 구하지 않으며 은퇴 후의 계획도 세우지 않는다. 다만 이혼한 여성들이나 미망인들만이 남성들이 하는 것과 동일한 은퇴 준비를 한다.

더욱이 여성들은 여러 가지 이유로 남성들보다 더 일찍 은퇴한다. 남성들이 일과 관련된 이유로 은퇴한다면, 여성들은 주로 가족과 관련된 이유로 은퇴한다. 특히 남편의 은퇴는 여성들이 은퇴하는 가장 중요한 이유 중의 하나이다. 많은 여성들은 은퇴할 준비가 되기도 전에 은퇴한 남편의 압력에 의해 어쩔 수 없이 은퇴한다(Moen & Spencer, 2006). 남편의 은퇴 외에도 여성들은 자녀의 대학입시를 위해 그리고 다른 가족구성원들 특히 시부모의 병간호를 위해 은퇴하기도 한다. 흥미롭게도 자녀 양육기간 동안 일했던 여성들은 더 일찍 은퇴하고 자녀들이 성장한 이후에 취업한 여성들은 더 늦게 은퇴한다(Henretta 등, 1993).

이와 같이 여성들은 남성들보다 더 짧은 기간 동안 직장에 근무하고, 더 낮은 수준의 봉급을 받기 때문에 좋은 연금혜택을 누릴 수 있는 기회도 훨씬 더 적다. 그러나 은퇴에 대한 여성들의 적응은 은퇴 전에 어떤 일을 했느냐에 따라 달라진다. 행복한 직장생활을 했던 전문직 여성들은 낮은 지위의 직업을 가진 여성들이나 행복하지 못한 직장생활을 했던 여성들보다 은퇴 후에 더 행복하고 더 잘 적응한다(Richardson & Kilty, 1991).

4. 은퇴에 대한 적응

은퇴는 미리 예고되었든 갑작스러운 것이든 사회적 지위의 변화를 가져오는 전환기적 사건이므로 개인의 생활 전체에 영향을 준다. 만약 직업이 개인의 정체감 형성의 일차적 근원이었다면 은퇴는 훨씬 더 심각하게 개인의 생활에 영향을 줄 것이다.

은퇴 후의 적응이 어떻게 이루어지는가에 대한 두 가지 이론이 존재한다. 즉 위기이론(crisis theory)과 계속성이론(continuity theory)이 그것이다. 전자는 은퇴에 대한 전통적 견해로서 은퇴를 개인의 신체적, 정신적 건강을 위태롭게 하는 위기로 가정한다. 따라서 은퇴는 개인의 자기존중감을 저하시키고 위축과 고립, 질병 및 감소된 생활만족을 초래한다는 것이다.

반면에 후자는 위기이론에 대한 대안으로서 은퇴로 인해 개인의 정체감이 흔들리는 사람은 거의 없으며 은퇴 후에도 자기개념의 만족과 유지를 위한 충분한 기회가 있다고 가정한다. 따라서 은퇴한 후에도 개인의 태도나 행동에서 큰 변화가 일어나지 않으며, 단지 최소한도의 변화가 일어날 뿐이라는 것이다. 이 분야의 연구자들은 은퇴자의 약 70%가 심각한 적응문제를 나타내지 않았다고 보고한다(Lemme, 2006).

그러나 이러한 두 가지 이론만으로 은퇴에 대한 모든 다양한 반응을 설명하지 못한다. 실제로 은퇴에 잘 적응하는 사람이 있는가 하면 어떤 사람들은 은퇴의 긍정적 효과를 인정하지 않는다. 그러므로 은퇴 후의 적응은 지금까지 해오던 일의 중요성이나 의미, 은퇴 전의 적응상태, 그리고 현재의 상황(예, 건강, 수입) 등을 고려해야만 효과적으로 이해될 수 있다.

은퇴 후의 적응과 관련된 연구결과들을 정리하면 다음과 같다(권은비, 이정화, 2011; Jokela 등, 2010; Price & Joo, 2005; Reichstadt 등, 2007; Silver, 2010).

① 은퇴에 관한 개별적 반응은 매우 다양하다.

② 은퇴는 스트레스의 근원일 수도 있지만, 만족의 근원일 수도 있다.

③ 은퇴에 대한 대처능력은 은퇴 경험에 관한 주관적 평가(도전적 혹은 위협적)와 이전에 획득한 대처기술에 달려 있다. 은퇴 후에 성공적으로 적응할 수 있는 사람은 중요한 인생사건에 잘 대처했던 사람들이거나 자발적으로 은퇴한 사람들이다. 반면 다양한 인생사건에 잘 대처하지 못했거나 강제로 은퇴당한 사람들은 은퇴 후에 잘 적응하지 못한다.

④ 은퇴에 대한 적응은 은퇴 후에 일어나는 변화가 적을 때 그리고 개인이 성취나 만족을 위한 충분한 자원을 가지고 있을 때 더 쉽게 이루어진다. 일과 여가, 가족 그리고 다른 역할들간에 균형을 이룰 수 있는 사람들은 은퇴 후에 더 적은 어려움을 경험한다.

⑤ 은퇴 과정이 점진적일 때 은퇴에 대한 적응은 더 용이하다. 은퇴하기 수년 전부터 점진적으로 일의 양을 줄여나갈 수 있거나 은퇴 후에도 가교취업을 할 수 있는 사람들은 최종적인 완전한 은퇴 시에 더 잘 적응한다. 또한 은퇴 이전에 계획을 세우는 것도 성공적인 적응을 가능하게 한다. 특히 남성들보다 더 오래 사는 여성들은 배우자와의 사별 후 오랫동안 혼자 생활해야 하므로 은퇴 계획에 특별한 관심을 기울여야 한다.

⑥ 은퇴 후의 적응에 결정적 역할을 하는 요인은 개인적 자원들이다. 적절한 수입과 더 높은 교육수준, 좋은 건강 상태, 친구나 가족을 포함하는 넓은 사회적 연결망 등이 전형적인 개인적 자원들이다. 그 중에서도 부족한 생활비와 나쁜 건강 그리고 은퇴와 동시에 일어나는 배우자와의 사별은 은퇴 후의 적응을 매우 어렵게 한다.

⑦ 융통성과 분별력 같은 개인적 특성과 은퇴에 대한 긍정적 태도는 성공적 적응을 가능하게 한다. 특히 융통성은 은퇴에 대한 성공적 적응 여부를 결정짓는 핵심요인이다. 은퇴에 의해 더 이상 구조화된 환경에 포함될 수 없게 될 때 융통성을 발휘하여 자신의 관심영역을 발견하고 추구할 수 있어야 한다.

⑧ 부부관계나 성인자녀와의 관계 혹은 노부모를 포함하는 다양한 관계들이 은퇴 후의 적응에 영향을 준다. 특히 배우자가 있는 은퇴한 여성들은 미망인이거나, 별거상태이거나 이혼하였거나 혹은 결코 결혼한 일이 없는 독신 여성들보다 은퇴 후에 그들의 삶에 더 많이 만족하고 더 좋은 건강상태를 유지하였다.

Chapter 10

스트레스에 대한 대처와 생활만족

I. 스트레스란 무엇인가
1. 스트레스 이론
2. 스트레스의 영향

II. 성인기 동안 심각한 스트레스를 유발하는 사건
1. 배우자의 사망
2. 이 혼
3. 노년기 주거이전–시설기관 수용

III. 스트레스에 대한 대처
1. 대처방식의 유형
2. 대처전략으로서의 종교와 삶의 의미
3. 대처방식에 영향을 주는 요인

IV. 생활만족
1. 생활만족의 측정
2. 연령과 생활만족
3. 생활만족에 영향을 주는 요인
4. 생활만족과 개인의 지각

Adult Development

&

Aging Psychology

Chapter 10

스트레스에 대한 대처와 생활만족

우리는 일생 동안 크고 작은 변화나 상실 혹은 위기를 경험한다. 즉 사랑하는 사람과의 이별, 이혼, 이사, 실물(失物), 도난(盜難), 실직, 직업전환, 자동차 사고, 질병, 수술, 부모나 조부모 및 가까운 친구의 죽음과 같은 위기적 사건에서부터 매일의 사소한 말다툼이나 갈등까지 수많은 사건들이 일어난다. 이 모든 사건들은 스트레스로 작용하므로 우리는 여기에 대처하지 않으면 안 된다.

이 장에서는 먼저 스트레스가 무엇인지를 정의하고 성인기 동안 일어나는 중요한 스트레스 사건들을 설명하는 동시에 스트레스에 대한 다양한 대처방식들을 소개한다. 또한 대처전략으로서 종교와 삶의 의미를 설명하고 성인기 생활만족에 영향을 주는 요인들을 차례로 고찰함으로써 행복한 성인기를 보낼 수 있는 방안을 모색한다.

unit I 스트레스란 무엇인가

스트레스가 무엇인지를 정의하는 방식은 그것이 어떤 이론에 기초하는가에 따라 달라진다. 대표적인 네 가지 이론을 바탕으로 스트레스에 대한 정의를 설명한다.

1. 스트레스 이론

1) 반응지향 이론

반응지향 이론(response-oriented theory)은 현대적 스트레스 연구의 창시자인 셀리(Selye, 1982)에 의해 제안된 이론으로 신체에 대한 어떤 요구의 결과로 나타나는 신체적 혹은 정신적 반응을 스트레스로 정의한다. 다시 말하면 일상생활에서의 다양한 요구들 즉 역할에서 오는 요구, 소음이나 더위와 같은 환경적 위험요인에 기인한 요구, 시간압력에 기인한 요구 등에 대한 반응이 곧 스트레스이며, 그 반응은 신체적일 수도 있고 심리적일 수도 있다. 물론 요구가 많으면 많을수록 반응은 더 강해질 것이고 스트레스는 더 커질 것이다.

셀리는 신체의 스트레스 반응이 세 개의 단계를 거쳐 일어난다고 가정하고 세 개의 단계를 통틀어 일반적응증후군(general adaptation syndrome: GAS)이라고 명명하였다. 개인이 처음 스트레스에 직면하면 경고반응 단계(alarm reaction phase)가 나타난다. 즉 신체조직에 가해진 자극에 대한 반응으로 두통, 미열, 피로, 식욕부진, 근육통이 나타나고 체온과 혈압이 하강한다.

불행하게도 스트레스가 계속되면 경고반응 단계는 사라지고 저항단계(resistance phase)가 시작된다. 정상상태를 회복하기 위한 노력으로 부신에서 부신피질 호르몬이 더 많이 분비되어 스트레스를 완화시키려고 한다. 이제 처음의 경고반응들은 통제할 수 있지만 계속되는 스트레스나 자극에 대한 저항력은 낮아진다. 이 때 신체의 면역기능에 관여하는 흉선(thymus gland)이 위축되기 시작한다.

그럼에도 불구하고 스트레스가 계속되면 저항단계에서의 미약한 적응조차 무너지고 소진단계(exhaustion phase)에 이른다. 부신은 더 이상 충분한 호르몬을 분비하지 못하므로 스트레스에 대한 신체적 저항력은 상실되고 경고반응 단계에서 나타났던 여러 가지 증상들이 다시 나타난다. 이 때에도 스트레스가 여전히 심각하면 신체적 질병이 발생하거나 심하면 사망에 이를 수도 있다.

여기서 더 나아가 셀리는 스트레스가 끝나고 일반적응증후군이 종결된 이후에도 이전 상태로의 완전한 회복은 불가능하다고 가정하였다. 실제로 우리가 노화라고 부르는 과정은 많은 GAS 효과들의 축적이며, 각 GAS는 호르몬체계나 심혈관체계 혹은 면역체계에 잔여효과를 남긴다. 그러므로 노화는 불가피하게 부정적인 신체변화를 동반하지 않을 수 없다.

문제는 스트레스에 대한 셀리의 정의가 일상용어로 사용되는 스트레스와 일치하지 않는다는 것이다. 만약 우리가 "최근 영주는 많은 스트레스를 받고 있다" 혹은 "나는 요즘 과제 때문에 스트레스가 많아"라고 말한다면, 그것은 외적 사건에 대한 우리의 신체적 반응을 의미하는 것이 아니라 외적 사건 자체를 의미하기 때문이다.

2) 자극지향 이론

자극지향 이론(stimulus-oriented theory)은 사람이 경험하는 환경적 요구의 정도를 바탕으로 스트레스를 정의한다. 이 이론에서 중요한 것은 어떤 종류의 사건이 스트레스를 일으키고 그 효과는 어느 정도인지를 규명하는 것이다.

현재까지 여러 가지 스트레스 목록들이 제시되었으나 가장 최초로 만들어지고 최근까지 광범위하게 사용되는 스트레스 목록에는 홈즈와 레어(Holmes & Rahe, 1967)가 개발한 사회 재적응 평정척도(social readjustment rating scale)가 있다. 43개의 생활변화 사건(life-chage events)을 포함하는 이 평정척도의 목록들이 표 10-1에 수록되어 있다.

사회 재적응 평정척도의 기본 가정은 긍정적 변화이든 부정적 변화이든 변화는 스트레스를 일으키고 적응을 요구하며, 변화가 크면 클수록 스트레스는 더 커진다는 것이다. 변화 중에는 개인에게 더 심각한 영향을 주는 변화도 있으므로 홈즈와 레어는 적응 정도를 나타내기 위하여 그들의 목록 속에 포함된 각 사건에 개별적 점수를 할당하였다.

스트레스 점수는, 지난 6개월에서 12개월 사이에 일어났던 사건에 체크

표 10-1 홈즈와 레어의 사회 재적응 평정척도에 포함된 생활변화 사건들

인생사건	할당된 점수
1. 배우자의 죽음	100
2. 이혼	73
3. 배우자와의 별거	65
4. 경찰에 체포되거가 구금됨	63
5. 가까운 가족구성원의 죽음	63
6. 개인적으로 다치거나 질병에 걸림	53
7. 결혼	50
8. 직장에서의 해고	47
9. 배우자와의 화해	45
10. 직업으로부터의 은퇴	45
11. 가족구성원의 건강이나 행동에서의 중요한 변화	44
12. 임신	40
13. 성적(sexual) 문제	39
14. 새로운 가족구성원과의 동거(출산, 입양, 노부모와의 동거)	39
15. 사업상 재적응(기업합병, 재조직, 파산 등)	39
16. 재정상태에서의 큰 변화(현재보다 더 나빠지거나 더 좋아지는 것)	38
17. 가까운 친구의 죽음	37
18. 다른 유형의 직업으로 전환	36
19. 배우자와의 말다툼 횟수의 변화(증가나 감소)	35
20. 중요한 구매를 위해 대출받거나 담보를 설정하기	31
21. 대출금을 상환하지 못함	30
22. 직장에서의 역할변화(승진, 좌천, 수평이동)	29
23. 아들이나 딸이 집을 떠남	29
24. 시가나 처가와의 갈등	29
25. 탁월한 개인적 성취	28
26. 아내의 취업이나 사직	26
27. 학교 입학이나 졸업	26
28. 생활조건의 변화(새집 짓기, 리모델링, 집이나 이웃의 노후화)	25
29. 개인적 습관의 교정(의복, 예절 등)	24
30. 상사와의 갈등	23
31. 근로시간과 조건에서의 중요한 변화	20
32. 이사	20
33. 학교전학	20
34. 오락의 유형이나 양에서의 중요한 변화	19
35. 교회활동에서의 중요한 변화(이전보다 더 많은, 이전보다 더 적은)	19
36. 사회활동에서의 중요한 변화(클럽가입, 춤추기, 방문 등)	18
37. 소액의 구매를 위해 대출받거나 담보를 설정하는 것(자동차, 냉장고 TV 등을 위하여)	17
38. 수면습관에서의 변화(더 많이 자거나 더 적게 자는 것, 취침시간의 변화)	16
39. 가족모임에 참여하는 사람의 변화(더 많아지는 것과 더 적어지는 것)	15
40. 식습관에서의 중요한 변화(더 많이 먹거나 더 적게 먹는 것, 식사시간이나 장소의 변경)	15
41. 휴가	13
42. 크리스마스	12
43. 사소한 법률위반(교통위반딱지, 무단횡단, 소란 등)	11

출처: Holmes & Rahe, 1967.

하게 하고 그것을 합산한 결과이다. 합산점수가 200점을 초과하면 보통 정도의 위기로 그리고 300점을 넘으면 심각한 위기로 진단된다. 심각한 위기 상태에 이른 개인들은 신체적 질병에 걸리거나 정서적 혼란을 경험할 위험이 있다는 경고를 받는다.

그러나 스트레스에 대한 홈즈와 레어의 정의는 다음과 같은 의문점을 지니고 있다(Cohen, 1998).

첫째, 다양한 종류의 생활변화들은 모든 사람들에게 동일한 정도의 스트레스를 일으키는가?

둘째, 긍정적 생활변화와 부정적 생활변화는 실제로 동일한 정도의 스트레스를 유발하는가?

셋째, 부정적으로 분류된 생활변화들 중에도 보다 더 많은 스트레스를 생성하는 유형들이 존재하는가?

넷째, 한 상황에서 긍정적인 변화가 다른 상황에서는 부정적인 변화가 될 수 있는가? 그 예로서 정상적으로 결혼한 부부에게 임신은 긍정적 사건이지만, 10대 소녀에게 임신은 부정적 사건으로 작용한다.

다섯째, 문화에 따라 스트레스를 경험하는 방식에서 차이가 있는가?

이러한 문제점 때문에 생활변화를 예정된 생활변화(scheduled life changes)와 예정에 없는 생활변화(unscheduled life changes)로 구분하거나 라자러스와 그 동료들(Lazarus & Folkman, 1984)과 같이 생활변화 대신 매일매일의 성가신 일(daily hassles)과 매일매일의 기분좋은 일(daily uplifts)로 분류하기도 한다.

Richard Lazarus
University of California, Berkeley 교수

여기서 성가신 일은 열쇠나 핸드폰 등을 어디에 두었는지 기억하지 못하는 것, 중요한 미팅에 가는 도중에 교통체증으로 길이 막히는 것, 체중을 달았을 때 체중이 늘어난 것을 확인하는 것과 같이 일상적으로 경험하는 친숙한 사건들이 여기에 해당한다. 반면 기분좋은 일은 웃기, 가족과 즐거운 시간을 보내기, 그 외의 다른 즐거운 순간 등을 포함한다.

라자러스 같은 사람은 중요한 생활사건들보다 사소하게

보이는 매일의 성가신 일들이 더 큰 스트레스를 유발하고 다양한 심리적 증상을 초래한다고 주장한다. 따라서 큰 사건들이 정신적, 신체적 건강에 영향을 주는 이유는 그것들이 많은 작은 성가신 일을 생성하기 때문이라는 것이다.

또한 한국인들에게 스트레스를 불러일으키는 사건이 미국인들에게는 스트레스로 작용하지 않는 경우도 있다. 그 예로서, 시가와의 갈등이나 고부간의 갈등은 주로 한국 여성들이나 중국 여성들이 경험하는 문제로서 서구의 여성들에게는 스트레스로 지각되지 않을 수 있다. 이와 같이 스트레스를 경험하는 방식에서 문화적 차이도 있기 때문에 자극지향 이론으로 스트레스를 정의하는 데는 한계가 있다.

3) 상호작용주의자 접근

스트레스에 대한 상호작용주의자 접근(interactionist approach)은 사건에 대한 개인의 지각을 중요시하고 어떤 자극이나 경험이 개인의 적응능력을 초과하는지 아닌지에 관심을 갖는다. 이 접근은 어떤 객관적인 사건이 개인에게 스트레스를 유발할 것인지 아닌지는 사건 자체의 속성에 의존하는 것이 아니라 개인이 그것을 어떻게 지각하느냐에 달려 있다고 주장한다. 그러므로 스트레스란, 환경적 요구가 충족되지 못하여 바람직하지 못한 결과가 초래되는 상황에서, 자극과 반응능력 사이의 지각된 불균형으로 정의된다.

상호작용주의자 관점에서 보면, 스트레스는 전적으로 개인의 신체적 혹은 정신적 반응 때문도 아니고 자극이나 환경적 요구의 속성 때문도 아니다. 따라서 반응지향 이론에서 주장하는 스트레스에 대한 신체적 혹은 심리적 반응은 단지 유기체가 그것을 스트레스로 지각할 때만 일어난다. 이 접근에서 GAS는 상황에 대한 개인의 평가나 지각에 의해 매개되기 때문에, 어떤 사람이 "나는 스트레스 하에 있다"라고 말할 때 그것은 외적 압력의 양에 대한 객관적 진술이 아니라 개인이 경험하는 긴장감이나 압력에 대처하는 어려움을 의미한다.

그러므로 개인이 환경적 요구나 자극에 대처할 수 없다고 느낄 때만 잠재적 스트레스가 일반적응증후군을 초래하여 질병이나 정서적 혼란을 일으킬 것으로 예상된다. 동일한 환경적 사건이 어떤 사람에게는 스트레스가 되지만 다른 사람에게는 그렇지 않을 수 있는 것도 이 때문이다.

4) 통합적 견해

통합적 견해(combined view)는 상호작용주의자 접근에 덧붙여 취약성(vulnerability)과 대처기술이 첨가된 모델로서 스트레스를 일으키는 생활사건과 개인적 반응 사이의 관계를 포괄적으로 설명한다. 원래 이 모델은 도렌웬드 부부((Dohrenwend & Dohrenwend, 1978)가 개발한 모형이나 헬렌 비(Helen Bee, 2000)가 그림 10-1과 같이 수정하였다.

이 모델은 스트레스와 긍정적 혹은 부정적 변화가 서로 연결되어 있음을 보여 주는 최초의 모델이다. 이 모델에 의하면, 스트레스를 유발하는 다양한 사건들은 개인이 그 사건을 어떻게 지각하는지, 스트레스에 대처하는 적절한 지원체계가 존재하는지 그리고 개인이 어떤 대처전략을 사용하는지에 따라 질병이나 건강문제가 일어날 것인지 아닌지 결정된다.

이 그림에 연령은 포함되어 있지 않지만, 연령이나 발달단계는 특정 시점

그림 10-1 스트레스에 대한 통합적 견해

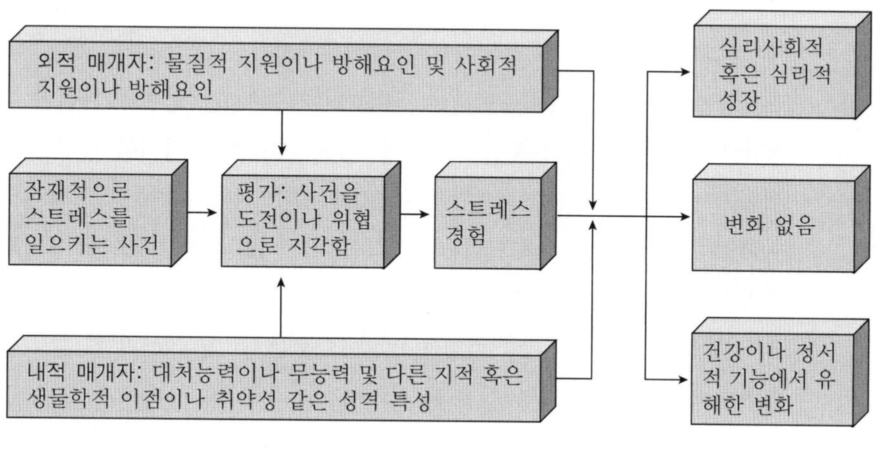

출처: Bee, 2000.

에서의 스트레스 반응체계에 영향을 준다. 각 개인은 연령에 따라 서로 다른 종류의 스트레스를 경험할 뿐 아니라 경험하는 스트레스의 양도 다르다. 더욱이 연령증가와 함께 개인의 의미체계도 달라지므로 생활사건을 해석하거나 평가하는 방식이 달라질 것이고 스트레스 경험에 대한 대처방식도 보다 노련해질 것이므로, 연령은 스트레스에 대한 개인의 반응과 높은 상관이 있다.

2. 스트레스의 영향

스트레스라고 하면 우리는 부정적인 영향만을 생각하기 쉬우나 스트레스는 개인에게 긍정적 영향을 주기도 한다. 스트레스의 영향을 크게 긍정적 영향과 부정적 영향으로 구분하고 부정적 영향은 다시 신체적 질병과 심리적 장애로 나누어 고찰한다.

1) 긍정적 영향

스트레스라고 하면 부정적 영향만을 생각하기 쉬우나 스트레스는 개인의 발달을 촉진시키는 긍정적 측면도 지니고 있다. 에릭슨의 이론을 포함한 많은 성인발달이론들은 스트레스나 위기를 성인발달의 기초로 설정하고 파괴적이기보다는 변형적 혹은 변화가능하다는 의미로 이해한다.

그 예로서 부모의 죽음이라는 극단적 스트레스는 오히려 자녀가 홀로 설 수 있도록 하는 긍정적 측면을 지니고, 부부가 갈등의 시기를 지나 좋은 의사소통 방법을 터득한다면 부부는 더 가깝고 친밀해질 수 있다. 또한 배우자와의 때 이른 사별은 여성이 남편에게 의존하지 않고 독립적으로 자신의 능력을 발달시킬 수 있는 기회가 될 것이다.

버클리 세대간 연구(Berkeley Intergenerational Studies)에서 성인기 동안 질병으로 자주 입원했던 사람들을 이후에 평정했을 때, 그들은 신체적으로 건강한 사람들보다 더 감정이입적이고 모호함을 더 잘 견딜 수 있었다. 이와 같이 스트레스나 중요한 생활변화들은 삶에서의 변화나 재평가를 촉진시키므로 개인을 성장하게 한다.

2) 부정적 영향

(1) 신체적 질병

스트레스와 신체적 질병과의 관련성은 질문지법이나 면접법 등 다양한 방법을 사용한 연구를 통하여 일관성 있게 확인되고 있다. 여러 연구에서 나온 공통적 결과는 지난 6-12개월 동안 스트레스를 많이 경험하면 할수록 신체적 질병에 걸릴 위험성이 높아진다는 것이다. 이 말은 스트레스에 의해 질병에 걸릴 위험이 증가한다는 것이지 반드시 질병에 걸린다는 의미는 아니다. 물론 이미 질병에 걸려 있는 사람들에게 높은 수준의 생활변화나 스트레스는 질병을 악화시켜 예후를 나쁘게 할 수 있다.

그림 10-2는 50세의 스웨덴 남성들을 대상으로 지난 해에 10가지의 중요한 부정적 생활사건들이 일어났는지 아닌지를 질문하고 이후 7년간에 걸쳐 사망률을 조사한 결과이다. 부정적 생활변화를 많이 경험할수록 사망률이

그림 10-2 스트레스 사건의 수와 사망률의 관계

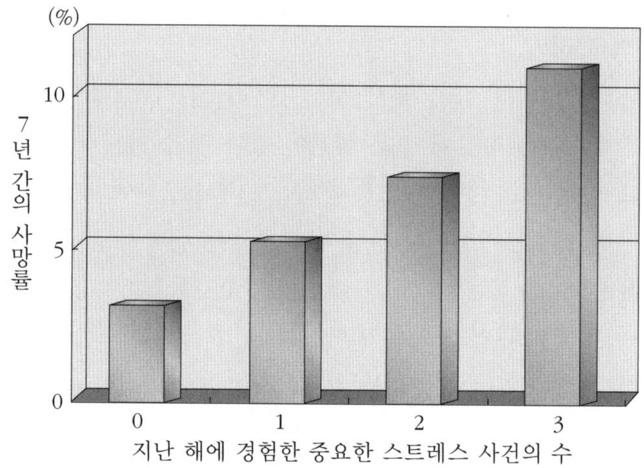

출처: Rosengren 등, 1993.

높아진다는 것을 확인할 수 있다.

이외에도 유방암 진단을 받은 여성들은 단순한 양성 종양으로 진단받은 여성들보다 지난 8년 동안 심각한 생활사건을 4배 더 많이 경험하였고(Geyer, 1993), 개인이 보고한 스트레스 수준이 높을수록 감기에 걸릴 가능성도 더 많았다(Cohen 등, 1993). 또한 유방암 진단을 받은 여성들에게 사회적, 정서적 스트레스에 대처하는 기법을 가르쳤을 때 면역기능이 상승하였다는 보고도 있어(Andersen 등, 1998), 스트레스와 질병간에 높은 상관이 있음은 분명하다.

그러나 스트레스만으로 사람들이 질병에 걸리는 이유를 설명할 수 있는 것은 아니다. 실제로 스트레스가 질병에 기여하는 양은 적을 뿐 아니라 질병에 걸린 사람 중에 분명한 스트레스 역사를 갖지 않은 사람도 많이 있다. 홈즈와 레어 척도의 점수와 질병간의 상관도 0.3 정도에 지나지 않아 스트레스와 질병간의 관련성은 그렇게 크지 않다. 물론 홈즈와 레어 척도에서 부정적인 생활변화만을 측정하거나 스트레스에 대한 개인의 지각만을 측정한다면, 상관은 약간 더 높아질 수 있을 것이다. 중요한 것은 스트레스뿐 아니라 많은 다른 이유로 사람들이 질병에 걸리지만, 스트레스는 그 과정에서 질병에 취약하게 하거나 질병을 악화시키는 역할을 한다는 것이다.

(2) 심리적 장애

스트레스와 심리적 장애 역시 서로 관련이 있지만, 스트레스와 신체적 질병간의 관계처럼 양자간에 높은 상관이 있는 것은 아니다. 대부분의 사람들은 괴롭고 힘든 일을 경험한다고 할지라도 정신질환에 걸리지 않는다. 그럼에도 불구하고 스트레스는 우울증이나 불안을 유발하는 중요한 원인요인으로 알려져 있다.

쌍생아를 연구한 결과에 의하면(Kendler 등, 1992a,b), 스트레스와 정서적 혼란간의 관계와 관련된 중요한 성격특성인 상해회피(harm avoidance) 특성이 유전된다. 이 연구에서 일란성 쌍생아의 상해회피 일치율은 99%로서, 쌍생아 한 편이 상해회피 특성을 지니고 있으면 다른 한편도 이 특성을 지닐 확률이 99%여서, 상해회피 특성은 전적으로 유전되는 성격특성임이 확인될 수 있었다.

상해회피 특성은 개인에 따라 때로는 불안으로, 때로는 우울로 표현되지만, 때에 따라서는 불안과 우울 양자로 표현되기도 한다. 흥미로운 것은 인구의 약 2/3가 상해회피와 관련된 우성 유전자를 지니고 있다는 것이다(Lesch 등, 1996). 그렇다면 왜 소수의 사람들만이 우울이나 불안장애를 나타내는가? 아마도 우울이나 불안에는 하나 이상의 유전자가 관여하거나 아니면 환경이 유전자만큼 중요한 역할을 할 것이라는 것이다.

흥미롭게도 문제의 유전자를 가지고 있는 사람이 어떤 유형의 스트레스에 노출되느냐에 따라 증상은 달라진다는 연구가 있다(Hamer & Copeland, 1998). 이 연구는 우성의 상해회피 유전자를 가지고 있으면서 앞으로 일어날 사건에 대해 스트레스를 받는 사람이라면 불안증상을 보이고, 이미 지나간 사건에 대해 스트레스를 받는 사람이라면 우울증상을 나타낸다고 주장한다. 그러나 정서적 혼란과 유전의 관계에 관한 연구는 아직도 시작단계에 있으므로, 더 많은 연구가 이루어져야만 정서장애의 원인요인들이 규명될 수 있을 것이다.

unit Ⅱ
성인기 동안 심각한 스트레스를 유발하는 사건

성인기 동안 개인을 심각한 스트레스에 처하게 하는 결정적 사건들이 있다. 그것은 배우자의 사망과 이혼 및 노년기 주거이전으로 개인의 신체적 건강은 물론 심리적 건강까지도 위태롭게 할 수 있다.

1. 배우자의 사망

여성의 평균수명이 남성보다 7-8년 더 길기 때문에 성인기 배우자의 죽음은 주로 여성의 문제로 인식되고, 배우자의 죽음에 대한 적응 역시 여성의 적응문제로 분류된다. 배우자와 사별한 여성들은 전세계 어느 나라에서나 빈곤계층을 형성한다. 미국이나 독일과 같은 선진국의 미망인들도 남편의 사망 1년 후에 생활수준의 하락을 경험하였고 많은 여성들이 빈곤수준으로 전락하였다(Hungerford, 2001). 그러나 배우자의 사망에 대한 남녀의 반응패턴은 매우 유사하므로 여기에 기술하는 내용은 배우자와 사별한 남녀 모두에게 적용된다.

배우자의 사망은 거대한 생활변화로서 후속적인 일련의 변화를 불러 일으킨다. 직업을 갖지 않고 오로지 누구의 아내로만 살아왔던 여성에게 배우자의 사망은 심각한 정체감의 상실을 초래하고, 가정 바깥에서 일하는 남성이나 여성들은 지원제공자의 상실로 고통을 겪는다. 이와 같이 배우자 사망은 배우자 자체의 상실은 물론 관계의 상실과 정체감의 상실 및 지원과 도움의 상실을 가져온다.

중요한 것은 배우자의 사망에 기인한 생활변화나 스트레스 때문에, 남은 배우자들은 질병에 걸리기 쉽고 사망할 위험도 높아지며(Holtslander & Duggleby, 2010), 외로움으로 우울증 발병도 급격히 증가한다는 것이다(Lund, 2007). 일반적으로 우울증은 가난하고 교육정도가 낮은 사람들 사이에서 더 자주 발생하고, 배우자와 사별한 남성들이 여성들보다 우울증 발병의 더 큰 위험에 처한다(Mechakra-Tahiri 등, 2010).

배우자 사망이 주는 영향은 남은 배우자의 연령과 성별, 성격특성에 따라서도 차이를 보인다. 우선 남은 배우자가 젊을수록 사별의 부정적 효과는 더 커진다(Santrock, 2011). 젊을수록 배우자의 사망은 예상되지 못했기 때문에, 사별은 더 큰 스트레스를 유발하고 부정적인 신체적, 정서적 효과를 야기시킨다. 그러나 그들은 젊기 때문에 사별의 부정적 효과로부터 더 빨리 회복될 수도 있다.

남성과 여성 중 배우자의 죽음에 누가 더 잘 견딜 수 있는가? 배우자의 사망 직후 남성들이 여성들보다 자살하거나 사망할 위험성이 더 높고, 신체적 건강상태도 급속하게 나빠진다. 여성들이 남성들보다 배우자의 사망에 잘 견딜 수 있는 이유는 무엇일까?

그 이유는 여성들은 남성들보다 좋은 친구들을 더 많이 가지고 있고 친척들과도 가깝게 지내며 자신을 심리적으로 보살피는 경험도 많기 때문이다. 반면에 남성들은 가정의 경제문제를 주로 담당했으므로 혼자서 자신을 제대로 관리하지 못한다. 그들은 바람직한 대인관계망도 가지고 있지 않으므로 타인으로부터 위로받기도 어렵다(Antonucci 등, 2007).

심리적 요인도 사별 후의 적응에 영향을 준다. 특히 성격특성 중 정서적 불안정성이 낮고 낙천주의적 성격을 지니고 있는 사람들이 성인후기 동안 배우자와의 사별에 더 잘 적응한다(Fry, 2001). 또한 깊은 신앙심과 효과적인 대처기술을 지니고 있는 사람들은 배우자 사망 후에도 높은 심리적 안녕감을 유지할 수 있다(Leighton, 2008).

자원봉사활동은 배우자와 사별한 중년성인이나 건강한 노인들의 적응을 촉진시킨다. 자원봉사활동에의 참여는 우울증을 감소시키고 자기효능감을 증진시키므로 배우자와 사별한 많은 사람들이 자원봉사활동에 참여한다(Li, 2007).

또한 남녀 모두 사회적 지원이 있을 때 배우자의 사망에 더 쉽게 적응한다(Bennett, 2009). 미국에서 1960년대에 시작된 미망인 대 미망인 프로그램(Widow-to-Widow program)은 배우자 사망 후의 적응을 돕는 효과적인 프로그램으로 알려져 있다. 이 프로그램은 이미 미망인이 된 자원봉사 여성들이 새롭게 미망인이 된 여성들을 다른 미망인들에게 소개하고 집단 상호작용과 사회적 활동을 통하여 정서적 지원을 제공함으로써 상실의 부정적 효과를 완화시킨다.

2. 이 혼

이혼은 개인의 신체적, 정신적 질병을 증가시키는 또 다른 스트레스 사건이다. 이혼하거나 별거한 성인들은 자동차 사고를 더 많이 내고 자살을 기도하며 우울증에 시달릴 가능성이 더 많은가 하면, 신체적 질병 때문에 직장에 출근하지 못하는 일도 자주 일어난다. 그들은 큰 외로움을 느끼고 강한 실패감과 자기존중감의 상실로 고통을 겪는다(Amato, 2000; Hetherington, 2000). 특히 최근 증가하고 있는 20년 이상 결혼생활을 한 부부들 사이에서 일어나는 황혼이혼은 더 심각한 적응문제를 야기시킨다.

1) 이혼의 부정적 영향

이혼하는 사람의 약 1/2이 결혼 후 7년 이내에 이혼하므로 이혼하는 사람들의 상당수가 40세 이하의 젊은 성인들이다. 그들은 약 2년간 이혼에 기인한 극심한 혼란을 경험하지만, 가장 힘든 시기는 이혼 후 처음 6-12개월 동안이다(Kitson, 1992). 이혼한 사람들의 일상생활은 무질서하고 식사시간조차 불규칙하며 자녀양육도 원칙을 결여한다. 이혼한 성인들의 대부분은 외로움과 고립감을 느끼고 경제적 어려움으로 고통을 겪는다. 일반적으로 이혼한 여성들은 자신을 매력 없고 무기력하다고 느끼는 반면, 집을 나온 남성들은 분명한 정체감을 상실한 채 뿌리가 없다는 느낌으로 고통스러워 한다.

이혼 직후와는 달리 상당한 시간이 경과한 후에 나타나는 이혼의 효과는 사람에 따라 매우 다양하다(Hoelter, 2009). 보통 이혼자의 약 20%는 이혼 직후보다 더 나아진 심리상태를 보이고 잘 적응하지만, 그 외의 사람들은 이전보다 더 부정적인 심리상태를 나타내고, 이혼 전에 가졌던 문제와 함께 실패한 결혼생활의 스트레스까지 첨가되어 더 큰 고통을 겪는다.

그러나 대부분의 이혼한 사람들은 이혼 후의 문제들을 해결하려고 열심히 노력하며, 그들은 때로 성공하고 때로 실패하기도 하면서 이혼에 기인한 문제점과 이점을 모두 경험한다. 그들은 새로운 친구를 사귀고 취업하여 경제적인 문제를 해결하려고 노력하며 재혼을 시도한다. 그러나 재혼한 사람들의 대부분은 교육적으로 그리고 경제적으로 이혼한 전 배우자와 매우 유사한 사람과 재혼함으로써 결과적으로 초혼보다 훨씬 더 나은 결혼생활을 하는 것은 아니었다. 그럼에도 불구하고 재혼한 사람들은 이혼 후 독신으로 생활하는 사람들보다 더 좋은 심리상태를 나타내었다.

2) 이혼의 부정적 영향과 관련된 요인

이혼의 영향은 연령과 높은 상관이 있다. 성인초기는 이혼 가능성이 가장 높은 시기로 인식되기 때문에 상대적으로 이혼 후에 더 쉽게 적응할 수 있다. 그러나 성인중기나 후기는 이혼 가능성이 더 낮다고 생각되기 때문에, 이 시기에 이혼한 사람들은 성인초기에 이혼한 사람들보다 생활변화에 적응하기 위하여 더 힘든 시간을 보내지 않으면 안 된다.

이혼 후 남성과 여성 중 누가 더 큰 고통을 겪는가? 일반적으로 이혼한 젊은 여성들은 경제문제와 자녀양육 문제로 고통을 겪는 반면, 이혼한 노인 여성들은 사회적 편견과 경제문제로 큰 고통을 경험한다. 우리 사회에는 젊은 여성보다는 노년기 여성의 이혼에 대한 편견이 더 심각하여, 이혼한 노인 여성들은 근거 없는 소문에 시달리고 지역사회 내에서 집단따돌림을 당하기도 한다(김소진, 2009; Robb, 2004).

반면에 이혼한 노인남성들은 정서문제와 건강문제로 더 많은 어려움을 경험한다. 이혼한 남성들이 이혼한 여성들보다 정신과에 더 많이 입원한다는 연구도 있지만, 그 반대의 패턴을 보고하는 연구도 있기 때문에 남성과 여성 중 누가 이혼에 더 취약한지 분명하지 않다.

이혼한 남녀 모두 친구나 친척 혹은 새로운 친밀한 관계로부터 적절한 사회적, 정서적 지원을 받을 수 있을 때 이혼으로부터 더 빨리 회복할 수 있다(Hetherington, & Kelly, 2002). 그렇지만 남성들의 우정이나 친족관계는 여성들만큼 친밀하지 못하므로 이혼한 남성들은 여성들만큼 큰 도움을 받지는 못한다. 그러나 높은 자기존중감과 강한 내적 통제감을 지니고 변화에 개방적인 사람들은 이혼 직후의 위기를 잘 극복할 수 있으며, 이혼과정을 통하여 개인적 성장도 이룰 수 있다.

3. 노년기 주거이전 – 시설기관 수용

은퇴 후에 일어나는 노년기의 주거이전은 중요한 생활변화로서 노인들에게 심리적, 신체적 영향을 준다. 물론 시설기관에 수용되는 비율은 여성들이 남성들에 비해 압도적으로 더 높다(김영태 등, 2010). 여성들의 평균수명이 남성들보다 더 길기 때문에 남편의 사후에 상당수의 노인 여성들은 시설기관 거주를 선택한다.

주거이전 시에 가장 중요한 것은 노인 자신이 이사할 것인지 아닌지를 결정할 수 있어야 한다는 것이다. 이사 여부나 목적지를 결정할 수 있는 노인들은 사기(士氣)나 생활만족이 증가하고 신체적 질병이나 다른 병리적 증상을 거의 나타내지 않는다. 대조적으로 건강상태가 나쁘거나 돌보아 줄 사람이 없기 때문에 혹은 가족구성원들의 강요로 시설기관으로 이사해야 할 때 노인

노인의 성격특성과 주거 환경이 좋은 적합도를 이룰 때 노인의 신체적, 심리적 건강이 유지될 수 있다.

들은 엄청난 스트레스를 경험하고 질병에 걸리거나 사망할 수도 있다(Fields, 1992).

중요한 것은 노인의 성격특성과 주거 환경이 좋은 적합도를 이루어야 한다는 것이다. 특히 주거환경을 구성하는 요양보호사나 사회복지사들의 자질은 서비스의 질과 밀접하게 연결되어 있으므로(Harrington 등, 2000), 자격을 갖춘 유능한 요양보호사가 있는 요양시설을 선택할 수 있어야 한다.

노인들은 주거환경과 좋은 적합도를 이루지 못할 때 신체적, 심리적 감퇴를 경험하고 사망할 위험성이 높아진다. 자발적으로 시설기관에 입소한 노인들조차도 시설기관의 조직과 생활방식이 노인의 개인적 특성과 좋은 적합도를 이루지 못하면 계속적으로 생존하기 어렵다. 중요한 것은 시설기관이 제공하는 선택과 통제의 정도가 스스로 결정하고 싶어하는 거주자의 동기와 서로 조화를 이룰 때 거주자가 심리적으로 잘 적응할 수 있다는 것이다(O'Connor & Vallerand, 1994).

주의할 점은 노인들이 시설기관으로 이사하기 전에 적어도 역치수준(threshold level) 이상의 지적능력과 건강상태 및 에너지 수준을 지니고 있어야 한다는 것이다. 만약 역치수준 이하의 지적 능력이나 건강상태를 지니고 있는 사람이 시설기관에 입소한다면, 입소 후 짧은 기간 내에 감퇴가 일어나고 입소 1-2년 후에 사망한다.

unit Ⅲ 스트레스에 대한 대처

사람은 각종 스트레스에 직면하면 다양한 대처방식을 활용한다. 대처(coping)란 스트레스를 유발하는 요인들을 약화시키고 스트레스 경험에 수반된 정서적 각성상태를 수정하기 위하여 개인이 사용하는 인지와 행동으로 정의된다(Vaillant, 2000). 따라서 대처는 문제해결을 이루고 외적 위협을 감소시키기 위해 자원을 배치하는 기능과 함께 외적 위협에 의해 야기된 긴장과 각성을 완화시키는 기능도 한다(장휘숙, 2000a).

1. 대처방식의 유형

연구자들은 대처방식을 몇 개의 범주로 구분함으로써 스트레스에 대한 개인의 행동을 효과적으로 설명하려고 한다. 우선 개인의 대처행동은 문제집중적(problem-focused) 대처와 정서집중적(emotion-focused) 대처로 구분된다. 문제집중적 대처란 스트레스에 직면하여 문제와 관련된 정보를 수집하고 대안을 모색하며 평가를 거친 다음, 직접적으로 문제를 해결하려는 행동에 해당한다.

반면에 정서집중적 대처는 즉각적인 정서적 괴로움을 감소시키기 위하여 문제를 부정하거나 회피함으로써 자신을 수정할 필요성을 최소화하는 전략에 해당한다. 동시에 정서집중적 대처는 개인이 스트레스 사건을 직접적으로 해결하기 어려울 때 자신의 정서상태나 정서반응을 조절함으로써 스트레스를 완화시키는 간접적 전략이기도 하다.

실제로 개인이 사용하는 대처 방식은 스트레스나 문제 자체에 대한 개인의 지각에 달려 있다. 만약 개인이 스트레스 사건을 변경 가능하다고 지각한다면 문제집중적 대처방식이 사용될 것이고, 변경 불가능하다고 지각하면 정서집중적 대처방식이 사용될 것이다. 대부분의 사람들은 다양한 유형의 대처전략을 지니고 있으므로 특정한 상황에서 특정 대처전략이 효과적이라고 판단되면 그 상황에서는 그 전략을 사용하여 스트레스를 해결하려고 한다. 그러나 노화와 함께 개인이 변경가능하다고 생각되는 사건들이 점차 감소하므로 성인중기 이후에 이르면 문제집중적 대처전략의 사용은 감소하고 오히려 정서집중적 대처전략을 사용하는 일이 점점 더 빈번해진다(Lachapelle & Hadjistavropoulos, 2005).

스트레스에 대한 대처방식은 때로 접근적 대처(approach coping)와 회피적 대처(avoidance coping)로 구분되기도 하고 적극적 대처와 소극적 대처로 구분되기도 한다. 접근적 대처란 스트레스를 일으키는 문제를 직접적으로 해결하는 전략인 반면, 회피적 대처는 문제 해결을 외면하거나 회피하는 전략으로 문제에 대한 생각을 억누르기, 분풀이를 위해 다른 사람에게 호통치기, 스스로 감정을 삭히기 등이 여기에 해당한다. 또한 적극적 대처란 직접적으로 혹은 타인의 도움을 통하여 상황을 변화시키고 문제를 해결함으로써 스트레스를 완화시키는 전략인 반면, 소극적 대처는 상황 자체를 변화시키기보다는 문제상황에 대해 생각하고 평가하는 방식을 변화시키려고 시도하는 대처방식이다.

따라서 문제집중적 대처, 접근적 대처, 적극적 대처는 유사한 대처방식으로 하나의 범주를 형성할 것이고 정서집중적 대처, 회피적 대처, 소극적 대처 역시 유사한 대처방식으로 또 다른 하나의 범주를 형성할 것이다.

2. 대처전략으로서의 종교와 삶의 의미

1) 종 교

종교는 성인생활의 중요한 측면으로 스트레스에 대한 효과적 대처방식으로 기능한다. 그 증거로서 종교는 더 좋은 신체적, 심리적 건강과 연합되고 심각한 질병에도 잘 대처하게 하며 더 오래 살게 한다(Idle, 2006). 특히 기도는 통증지각과 근긴강을 감소시켜 좋은 건강상태를 유지할 수 있도록 한다(McCullough, 1995).

종교적 대처전략(religious coping strategy)으로 명명되는 기도나 종교적 전념은 하나의 방어적 대처전략으로 평가된다. 종교적 대처방식을 사용하면 높은 수준의 개인적 주도성과 능력이 발휘되고 강한 스트레스를 받을 때에도 우울증이 감소한다(Seifert, 2002).

성인기 동안의 영성(spirituality) 발달을 연구한 윙크와 딜런(Wink & Dillon, 2002)은 30대 초반의 연구대상자들을 대상으로 그들이 70대 초반에 이를 때까지 종단연구를 수행하고 그림 10-3과 같은 결과를 제시하였다. 즉 성인중기 후반(50대 중반이나 60대 초반)부터 영성(spirituality)이 유의하게 증가하며, 여성들의 영성 증가율이 남성들보다 훨씬 더 높다.

여성들이 남성들보다 종교에 더 많은 관심을 갖는다는 것은 널리 알려진 일이다. 남성과 비교하여 여성들은 신의 존재를 더 많이 믿고 종교를 삶의 중요한 차원으로 인식하며 종교집회에도 더 자주 참석한다.

그러나 종교의 영향력은 개인에 따라 차이가 있다. 어떤 사람에게는 종교가 성인기 삶에 강력한 영향을 주지만, 어떤 사람에게는 영향력이 적거나 전혀 아무런 영향력도 행사하지 못한다. 종교는 대처전략의 기능 외에도 다음과 같은 이유로 개인의 건강을 증진시키고 수명을 연장시키는 역할을 한다.

첫째, 종교는 좋은 생활양식을 갖도록 한다. 종교적인 사람들은 비종교적인 사람들보다 약물을 더 적게 사용하므로 더 좋은 건강상태를 유지할 수 있다.

둘째, 종교는 좋은 사회적 연결망을 형성하게 한다. 종교활동이나 종교집단 혹은 종교모임은 개인을 사회적으로 연결시키므로 좋은 사회적 연결망이 형성될 수 있도록 한다. 타인과 연결되어 있다고 느끼는 사람들은 신체적 질병은 물론 불안이나 우울장애를 가질 가능성이 적으므로 종교적 연결망 역

그림 10-3 성인기 동안의 영성수준

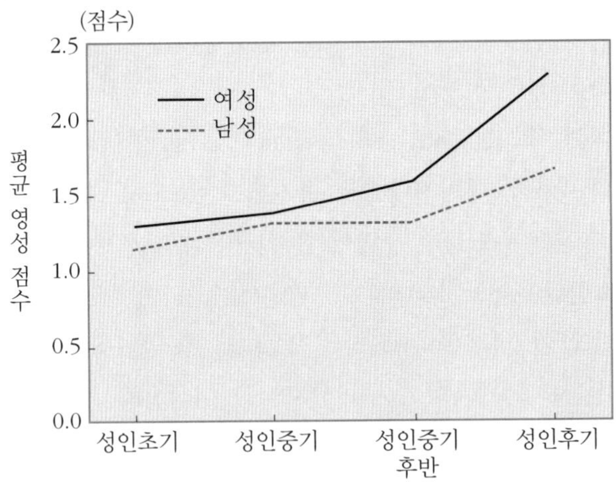

출처: Wink & Dillon, 2002.

시 개인들의 건강을 증진시킨다.

결론적으로 종교는 사회적 상호작용을 촉진시켜 불안이나 우울장애의 발병을 사전에 차단하고 문제 있는 개인들 특히 노인들을 위한 지원의 근원으로 작용한다. 또한 종교적 대처는 신체적 괴로움을 효과적으로 감소시키며 신체적 질병을 부정(denial)하는 일 없이 적절한 건강추구 행동을 할 수 있도록 한다. 그러므로 확고한 종교적 신념을 지니고 있는 사람들은 그렇지 않은 사람들보다 자신을 더 행복하다고 지각한다(Diener 등, 2002).

2) 삶의 의미

삶의 의미 또한 효과적인 대처방식이 될 수 있다. 삶의 의미란 개인이 살아가는 목적이나 목적 지향성으로 그것은 개인의 적응과 성장 및 행복과 연결되어 있다(정미영, 2009; Park & Ai, 2006).

삶의 의미는 전생애 중 어느 시기에나 중요하지만, 스스로에게 삶의 의미가 무엇인지를 질문하는 시기는 성인중기이다. 개인이 성인중기에 이르면 부모나 다른 친척 혹은 친구의 죽음에 직면하는 일이 많아져 죽음을 생각하는 일이 잦아진다. 이 때 우리는 인간의 독특성과 삶의 유한성에 대해 생각하기 시작하며 왜 우리가 존재하고 삶에서 무엇을 소망하여 삶의 의미가 무엇인지에 대해 스스로에게 질문한다.

강제수용소에서 살아남아 『인간의 의미추구』(Man's Search for Meaning)라는 저서를 출판한 오스트리아 정신의학자, 프랭클(Frankl, 1984)은 존재의 유한성과 죽음의 확실성을 고찰하는 것이 삶에 대한 의미를 덧붙이는 것이라고 주장하였다. 우리는 삶의 의미가 무엇인지를 질문함으로써 자신의 독특성을 깨닫고 작게는 이웃, 크게는 인류에 공헌하는 방법을 찾아낼 수 있다.

구체적으로 삶의 의미는 다음과 같은 세 가지 역할을 한다(김경미 등, 2011; 정미영, 2009; Krause & Shaw, 2003).

첫째, 사람은 누구나 자신이 어떤 존재이며 무엇을 추구해야 하는지를 질문하기 때문에, 삶의 의미를 찾게 되면 자신의 독특한 정체감을 확립하고 자신만의 삶의 방식이나 행동양식을 확립할 수 있다.

둘째, 삶의 의미는 자신이 나아갈 방향을 분명히 하고 삶의 주도권을 획득할 수 있도록 하므로 무기력감이나 공허감, 무가치감을 느끼지 않도록 한다.

셋째, 삶의 의미는 자기통제력과 자신감을 가질 수 있도록 한다. 확고한 삶의 의미를 지니고 있는 사람들은 위기 상황이 발생할 때에도 통제력을 발휘하고 상황에 적극적으로 대처할 수 있다.

이와 같이 삶의 의미는 스트레스에 대한 적응적 대처를 촉진시키고 적극적 대처를 가능하게 하며, 성인후기로 갈수록 그 영향력은 더 커진다(김경미 등, 2011; Reker & Fry, 2003). 성인후기는 은퇴와 수입의 감소, 지위의 상실, 배우자를 포함한 가까운 사람들과의 이별 등, 다양한 부정적인 생활변화를 경험하는 시기이다. 그럼에도 불구하고 확고한 삶의 의미를 지니고 있는 노인들은 객관적인 환경적 상황과는 상관없이 자신의 삶에 의미를 부여함으로써 건강하고 행복할 수 있다.

3. 대처방식에 영향을 주는 요인

1) 연령과 대처방식

개인적 통제력은 연령과 함께 감소한다. 한 연구에서 성인초기 성인들의 약 80%와 중년 성인들의 71% 그리고 성인후기 노인들의 약 62%가 그들의 삶을 통제할 수 있다고 보고하였다(Lachman & Firth, 2004). 비록 통제가능하다고 지각하는 비율이 연령과 함께 감소하기는 하지만, 개인적 통제력의 어떤 측면들은 연령과 함께 증가하기도 한다. 그 예로서 중년 성인들은 성인초기 젊은이들보다 가정의 경제문제와 직업문제 그리고 결혼생활에 대해 더 큰 통제력을 발휘할 수 있으나 성생활이나 자녀문제에 대해서는 더 적은 통제력을 지니고 있다고 지각하였다.

연령에 따른 통제력의 변화는 불가피하게 대처방식에도 차이를 가져온다. 버클리 종단연구나 그란트 연구 같은 초기 종단연구는 물론 최근의 횡단자료들도 일관성 있게 연령에 따른 변화를 보고하고 젊을수록 문제집중적 대처전략을 그리고 나이가 들수록 정서집중적 대처전략에 더 많이 의존한다고 보고한다(Lachapelle & Hadjistavropoulos, 2005).

65세 이상의 노인들과 비교하여 성인초기와 중기의 성인들은 대항적 대처와 계획적 문제해결 및 사회적 지원추구와 같은 능동적, 문제집중적 대처전략을 더 많이 사용한다. 반면에 65세 이상의 성인후기 노인들은 긍정적 재평가와 책임을 수용하기같은 수동적, 내적, 정서집중적 대처전략에 더 많이 의존한다.

2) 성별과 대처방식

스트레스는 물론 대처에 관한 대부분의 연구들이 남성을 대상으로 연구하였기 때문에, 스트레스에 대한 반응에서 성차가 있는지 분명하지 않다. 그러나 테일러(Taylor, 2002)는 여성의 대처행동을 기술하기 위한 새로운 패러다임으로 돌보기-친구되기(tend-and-befriend) 모델을 제안하였다.

이 모델은 스트레스에 대한 남성들의 전형적인 대처행동인 싸움-도망(fight-or-flight) 모델과는 대비되는 개념으로 여성들은 양육적 행동과 타인으로부터 지원을 구함으로써 스트레스 효과를 완화시키고 자신과 자녀를 보호하려고 한다. 다시 말하면 여성들은 다양한 사회적 관계로부터 지원을 얻고 그것을 통해 스트레스를 완충함으로써 건강을 유지하고 더 오래 생존할 수 있다는 것이다.

3) 성격특성, 긍정적 정서, 희망이론과 대처방식

스트레스에 대한 대처행동은 개인의 성격특성과도 높은 상관이 있다. 예를 들어, 높은 성실성을 지니고 있는 사람들은 의사의 명령을 잘 따르므로 조기에 건강문제를 해결할 수 있는가 하면, 낮은 수준의 정서적 불안정성을 지니고 있는 사람들은 타인으로부터 더 많은 지원과 도움을 구하는 경향이 있으므로 그들은 대처방식에서도 차이를 보인다. 기질적 특성을 바탕으로 하는 이러한 성격특성들은 거의 변화하지 않으므로 대처방식 역시 시간경과에도 불구하고 변하지 않을 가능성이 있다.

흥미롭게도 긍정적 정서(positive emotions)는 스트레스에 대한 효과적 대처를 가능하게 한다. 그것은 스트레스에 대처하기 위한 지속적 노력을 가능하게 하고, 개인의 관심과 사고 그리고 행동의 범위를 확장함으로써 지적, 사회적, 신체적 자원을 활성화한다(Fredrickson, 2000, 2001). 또한 긍정적 정서는 부정적 정서의 유해한 효과를 완화시키는 동시에 타인의 관심을 끌고 사회적 지원을 이끌어내는 역할도 하므로 개인을 스트레스로부터 쉽게 벗어날 수 있도록 한다. 이와 같은 단기적인 긍정적 효과 외에도, 긍정적 정서는 장기적으로 심리적 성장을 이룰 수 있게 하고 주관적 안녕감을 증진시켜 삶의 질을 높일 수 있도록 한다.

문제는 어떻게 하면 긍정적 정서를 생성할 수 있는가이다. 포크만과 모스코위츠(Folkman & Moskowitz, 2000)는 만성적인 스트레스하에서 긍정적 정

웃음은 스트레스를 극복할 수 있도록 하는 효과적인 대처방법이다.

서와 연합된 두 가지 유형의 대처방식을 제안하였다. 그 중 하나는 긍정적 재평가(positive reappraisal)로서 현재 일어나고 있는 일이나 이미 일어난 일 중에서 즐거운 일에 관심을 집중하는 것을 의미한다. 예를 들면 우리가 예전에 스트레스에 성공적으로 대처했을 때 사용한 문제집중적 대처방식을 생각하거나 일상적인 사건들에서 긍정적 의미를 발견함으로써 심리적으로 휴식을 취하기, 큰 소리로 웃기, 혹은 긍정적 사건들을 계획하는 것 등이 여기에 해당한다. 특히 웃음은 근육의 이완과 같은 생리적 이점은 물론 긍정적 기분을 생성시키는 심리적 이점을 지닌다.

또 다른 접근방법으로 스나이더(Snyder 등, 1991)의 희망이론(hope theory)이 있다. 이 이론은 희망을 갖고 그 희망에 따라 행동하는 사람은 더 건강하고, 더 성공적이고 더 오래 산다고 주장한다. 일반적으로 희망은 어떤 것을 원하거나 소망하는 것으로 생각되지만, 스나이더는 희망을 긍정적 기대와 동일시하고 성취할 수 있다는 기대를 가지고 어떤 것을 수행하는 것으로 정의하였다. 그는 희망을 가지고 있는 사람은 분명한 목표를 설정하고 그 목표를 달성하기 위한 중다의 경로를 개발함으로써 자신의 삶을 통제할 수 있다고 믿는 사람이라고 주장하고, 이러한 노력은 학습될 수 있다고 강조하였다.

요약하면, 사회적 지원을 구하고, 긍정적 정서를 생성하며 희망을 가지고 행동하면 스트레스에 효과적으로 대처할 수 있다. 그러므로 중요한 것은 개인이 실제로 가지고 있는 대처기술이 아니라 가지고 있다고 믿는 대처기술이라는 것이다(Ray, 2004).

unit IV 생활만족

생활만족(life satisfaction)이란 "개인 자신이 선택한 생활의 질에 대한 전체적 평가"로 정의된다(Mroczek & Spiro, 2005). 그것은 주관적 안녕의 인지적-판단적 측면으로서 긍정적 및 부정적 정서와 함께 주관적 안녕(subjective well-being 혹은 psychological well-being)을 구성하는 핵심 요인이다.

1. 생활만족의 측정

생활만족을 측정할 때 보통 전체적 생활만족을 측정한다. 그러나 우리는 생활에 대한 전체적 만족을 경험하는 동시에 생활의 다양한 영역에 대한 만족이나 불만족도 함께 경험한다. 따라서 생활만족은 전체적 생활만족과 영역별 생활만족으로 구분될 수 있다. 보통 노인들은 생활만족에 대한 전체적 평가를 선호하는 반면, 젊은 성인들은 영역별 평가를 더 중요시한다(Westerhof 등, 2001).

전체적 생활만족을 측정하기 위해 5점 척도로 구성된 단일문항 척도들이 자주 사용된다. 즉 "여러분은 삶에 어느 정도로 만족하십니까?"라고 질문하면, 응답자는 '매우 만족한다', '만족한다', '보통이다', '불만족스럽다', '매우 불만족스럽다' 중 하나를 선택해야 한다. 그러나 단일문항 척도들은 척도의 신뢰도나 타당도를 보장받기 어려우므로 디너 등(Diener 등, 1985)이 제작한 5문항의 SWLS(Satisfaction with Life Scale)를 포함하는 중다문항 척도들이 더 많이 사용된다.

영역별 생활만족을 측정할 때는 연구대상자들과 직접적으로 관련된 생활영역에 관해 질문해야 하므로 연구대상이 달라지면 질문 내용도 달라진다. 그 예로서 대학생들을 연구할 때는 학점, 건강, 사랑, 친구 등에 관해 그리고 성인들을 연구할 때는 가정생활, 건강, 이웃, 사회생활, 개인적 안전, 직업, 수입 등에 관해 질문한다(Delhey, 2004).

2. 연령과 생활만족

생활만족은 연령에 따라 변화하는가? 연구자들은 신체적 건강이 쇠퇴하고 직업으로부터 은퇴하며 배우자와 사별하는 성인후기 동안 생활만족에서 감퇴가 일어나는지에 큰 관심을 갖는다. 이 분야의 초기 연구자들은 생활만족이 연령과 함께 감소한다고 주장하였지만, 이 분야에서 수행된 많은 횡단 연구들(장휘숙, 2007; Diener & Suh, 1998; Westerhof 등, 2001)은 연령집단간에 차이가 없다고 보고하였다.

그들에 의하면, 인간은 역경에서도 탄력성을 발휘할 수 있기 때문에 모든 연령의 사람들은 평균적으로 높은 생활만족을 경험할 수 있다는 것이다. 따라서 젊은 성인이라고 해서 노인들보다 더 큰 만족을 경험하는 것은 아니며, 노인이라고 해서 젊은 성인들보다 더 적은 만족을 경험하는 것도 아니라는 것이다.

그러나 생활만족의 연령에 따른 변화가 선형적인지 아니면 2차함수적으로 변화하는지에 관심을 갖는 연구자들은 다소 다른 결과를 제시한다. 그 예로서 40세부터 85세까지의 남성 21,927명을 대상으로 22년 동안 종단적으로 추적한 결과에 의하면(Mroczek & Spiro, 2005), 생활만족은 그림 10-4와 같이 65세경에 절정에 도달하고 그 이후에 다시 감소하는 역전된 U자 형태의 변화를 보인다. 이 연구는 성장곡선 모델(growth-curve model)*을 사용한 최초의 장기적 연구로서 생활만족의 연령에 따른 2차함수적 변화를 확인하였다. 물론 변화의 비율이나 궤도의 곡률(구부러진 정도)에서는 개인차를 나타내었다.

*성장곡선 모델(growth-curve model) 종단적 연구에서 종속변인이 여러 시점에 걸쳐 직선적 혹은 곡선적으로 변화한다고 가정될 때 사용되는 모형으로 변화패턴에서의 개인차를 규명한다.

또한 2002년과 2003년에 오스트리아, 이태리, 룩셈부르그, 네덜란드, 영국, 스웨덴 등 유럽 6개국 남녀의 생활만족 정도를 횡단적으로 비교한 결과(Ferring 등, 2004)도 대략 65세 이후부터 생활만족이 감소한다고 밝힌 바 있다. 이 연구에서 여성들은 그림 10-5와 같이 남성들보다 더 적은 생활만족을 경험하였고 연령 증가와 함께 더 큰 감소를 나타내었다. 이 그림에는 포함되지 않았지만, 영역별 만족도에서 여성들은 남성들보다 건강상태와 물질적 안정성에서 유의하게 낮은 만족을 경험하였다.

그러나 개인이 경험하는 생활만족은 출생동시집단이 달라지거나 역사적 시기가 달라지면 다른 양상을 보일 수 있다. 그 이유는 현재의 젊은 세대들이 성인후기에 이를 때는 더 건강하고 더 좋은 여건에서 생활할 수 있을 것이므로 65세 이후에도 높은 생활만족 상태가 유지될 가능성이 있기 때문이다.

그림 10-4 생활만족의 연령에 따른 변화

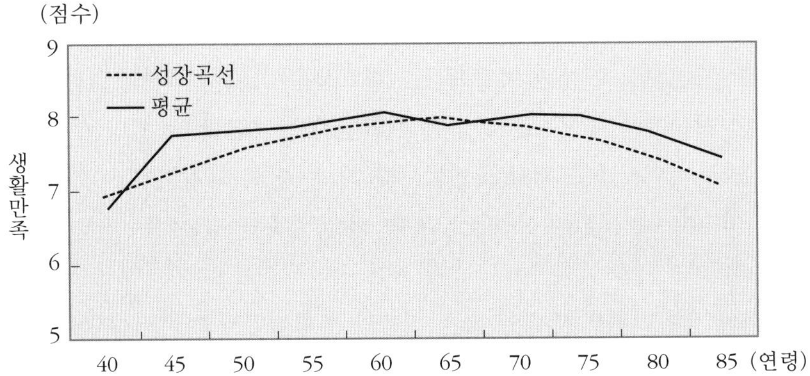

출처: Mroczek & Spiro Ⅲ, 2005.

그림 10-5 50세부터 90세까지 남녀의 생활만족 변화

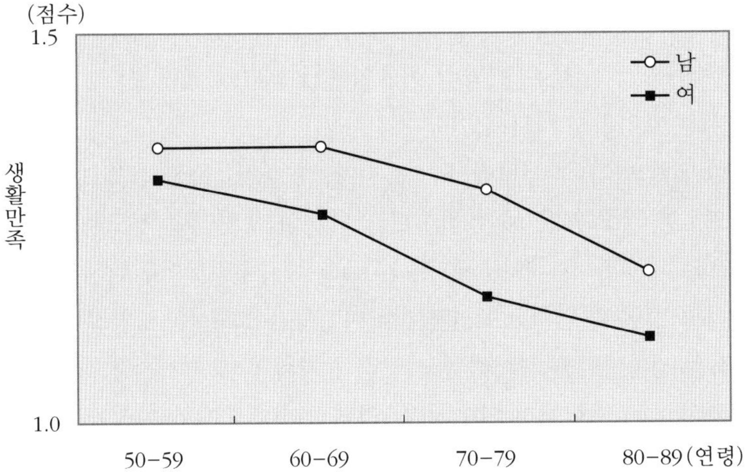

출처: Ferring 등, 2004.

3. 생활만족에 영향을 주는 요인

개인의 생활만족에 영향을 주는 다양한 인구통계학적 요인과 개인적 특성들을 정리하면 표 10-2와 같다. 사회적 계층이 높고 수입이 많을수록, 직업을 가지고 있을수록 그리고 결혼생활을 하고 있을수록 더 큰 생활만족을 경험한다. 또한 정서적 불안정성이 낮고 높은 외향성과 큰 통제감을 지니고 있을수록, 타인과 더 많은 접촉을 할수록, 건강할수록, 종교를 가지고 있을수록 그리고 부정적 인생사건들을 적게 경험할수록 더 큰 생활만족을 경험할 수 있다.

흥미롭게도 성격특성 중 외향성은 성인기 동안의 생활만족에서 궤도 변화를 일으키는 중요한 요인이다. 그림 10-6에 제시된 바와 같이 높은 외향성을 지니고 있는 사람들은 낮은 외향성 소유자들보다 모든 연령단계에서 더 높은 수준의 생활만족을 경험한다. 그러나 궤도의 곡률에서는 차이를 보여

그림 10-6 외향성 수준에 따른 생활만족 궤도의 변화

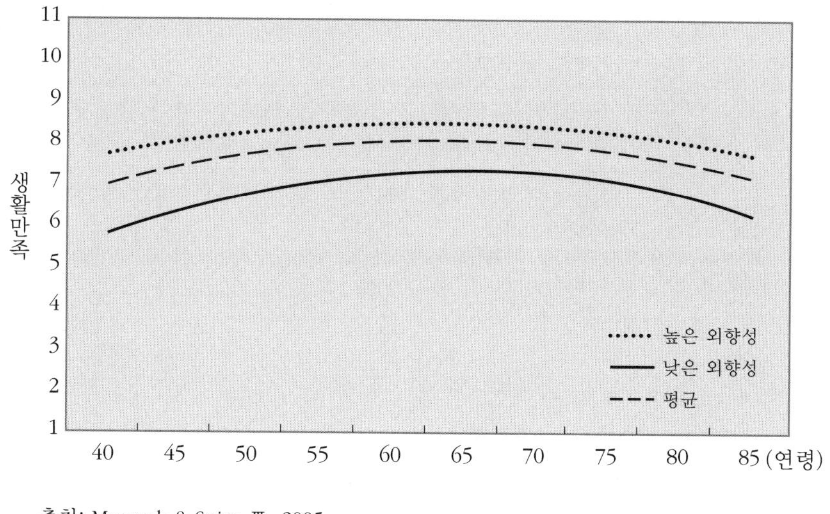

출처: Mroczek & Spiro Ⅲ, 2005.

표 10-2 성인기 동안의 생활만족에 영향을 주는 요인들

인구통계학적 요인	특 성
수입/사회적 계층	건강과 같은 다른 요인들을 통제했을 때조차도, 사회경제적 수준이 높고 수입이 많은 사람들이 더 큰 생활만족을 경험한다.
교 육	관련성이 매우 적다: 교육수준이 높은 성인들이 단지 조금 더 큰 생활만족을 경험한다.
성 별	여성노인들이 남성노인들보다 더 많은 아픔과 고통을 경험하는 경향이 있지만, 본질적으로 남녀간에 차이가 없다.
직 업	수입을 동일하게 하였을 때조차도 직업이 있는 성인들이 미취업의 성인들보다 더 큰 만족을 경험한다.
결혼상태	결혼한 사람들이 더 큰 만족을 경험한다.
개인적 특성요인	**특 성**
성 격	낮은 정서적 불안정성과 높은 외향성을 지닌 사람들이 더 많이 만족한다.
통 제 감	통제감이 크면 클수록 생활만족도 크다.
사회적 상호작용	타인과 접촉이 많고 더 친밀한 관계를 형성하는 사람들이 접촉수준에서는 물론 일반적인 생활만족에서 더 큰 만족을 경험한다.
건 강	스스로 좋은 건강상태에 있다고 지각하는 사람들이 병이 있다거나 아프다고 지각하는 사람들보다 더 큰 만족을 경험하며, 성인후기에도 동일하다.
종 교	스스로를 종교적이라고 기술하거나 종교가 자신의 삶에 중요하다고 이야기하는 사람들이 더 큰 만족을 경험한다.
부정적 생활사건	최근에 부정적 생활변화를 많이 경험하면 할수록 생활만족 수준은 낮아진다.

출처: Antonucci, 1991; Murrell & Norris, 1991; George, 1990.

낮은 외향성 소유자들은 더 낮은 생활만족 수준에서 출발하여 더 빠르게 절정상태에 도달하고 이후 급격하게 감소하는 패턴을 나타낸 반면, 높은 외향성 소유자들의 궤도는 훨씬 더 평평하여 성인기 동안 비슷한 수준을 나타내었다.

높은 외향성 소유자들이 더 높은 수준의 생활만족을 경험하는 이유는 무엇인가? 외향성은 신경학적으로 보상과 기쁨에 대한 높은 민감성과 연결되어 있으므로 좋아하는 활동을 할 때 활동의 내용과는 상관없이 외향성 소유자들은 더 큰 기쁨을 느낀다(Lucus & Baird, 2004). 반면 높은 정서적 불안정성을 지니고 있는 사람들은 동일한 생활사건을 더 부정적으로 지각하고 부적응적 귀인양식을 사용하며 생활스트레스에 더 부정적으로 반응한다(Mroczek & Almeida, 2004). 그들은 장기간에 걸쳐 낮은 생활만족을 경험하기 때문에 연령에 따라서도 변화를 보이지 않는다. 즉 정서적 불안정성은 생활만족에 영향을 주지만 궤도의 변화 형태에는 영향을 주지 않는다는 것이다.

그렇다면 표 10-2에 제시된 여러 요인들 중 어느 요인이 개인의 생활만족에 가장 큰 영향을 주는가? 각 요인은 개별적으로 개인의 생활만족에 영향을 주는가 아니면 서로 상호작용하여 영향을 주는가? 분명한 것은 높은 생활만족을 보장하는 요인이 없을 뿐 아니라 어떤 요인도 자동적으로 개인을 불행하게 만들지도 않는다는 것이다.

행복은 각 개인이 중요시하는 많은 작은 요인들로 구성되기 때문에, 네 개의 핵심적인 인구통계학적 변인(수입, 성별, 교육, 결혼상태)을 합산한다고 할지라도 개인의 생활만족이나 행복의 10% 이상을 설명하지 못한다. 또한 건강이나 성격 같은 개인적 특성 요인도 각각 5-10% 이상을 설명하지 못한다.

그럼에도 불구하고 여러 가지 요인들 중 가장 강력한 예언요인은 개인이 보고한 결혼생활이나 가족관계에서의 행복이다. 가족관계 중에서도 자녀 유무는 특히 한국노인들의 생활만족에 영향을 주는 중요한 요인으로 자녀가 있는 노인들이 없는 노인들보다 더 큰 생활만족을 경험한다(성경현, 김영숙, 2003; 정태연, 조은영, 2005). 그러나 서구 문화에서는 젊은 사람과 노인 모두 자녀 유무와 생활만족간에 유의한 상관을 나타내지 않았다.

일찍이 대규모 조사연구를 실시한 캠벨과 여러 연구자들(Campbell, 1981; Glenn & Weaver, 1981)은 교육 정도나 직업에서의 성공 여부와 상관없이 결혼이나 가족생활의 만족과 전체적인 생활만족간에 .40-.45의 상관을 보고하고, 가정생활이 생활만족 변이의 15-20%를 설명할 수 있음을 보여 주었다. 결혼이나 가족생활 만족이 행복의 묘약이 되지는 못하지만, 인구통계학적 요인들과 직업이나 일과 같은 다른 핵심적 요인들보다 전체적 생활만족을 더 잘 예언하는 것은 분명하다.

4. 생활만족과 개인의 지각

생활만족에 영향을 주는 요인들의 중요성은 그것이 갖는 절대적 중요성이 아니라 개인이 그 요인을 어느 정도로 중요하다고 지각하느냐에 의해 결정된다. 건강에 대한 의사의 객관적 평가보다 자신의 건강에 대한 개인의 지각이 생활만족 정도를 더 잘 예언하고, 사회적 상호작용의 절대적 양보다 개인이 적절하다고 지각하는 사회적 상호작용의 양이 행복과 더 깊은 관련이 있으므로(George, 2006) 성인기 생활만족은 지극히 주관적 현상이다. 한국 노인들의 경우에도 좋은 주관적 건강을 지니는 노인들이 더 큰 생활만족을 경험하였다(장휘숙, 2009).

경제적 수입과 생활만족 사이에도 유사한 관계가 존재한다. 평균적으로 더 많은 수입을 갖는 사람들이 더 만족한 생활을 하지만(Hansen 등, 2008), 경제적 수입과 생활만족의 관계도 절대적인 것은 아니다. 만약 비교하고 싶은 어떤 사람보다 우리가 더 많은 돈을 가지고 있다면, 우리는 그들보다 약간 더 행복할 것이다. 그러나 비교집단의 수입수준이 우리와 비슷하게 높아지고 있다면, 설령 우리가 이전에 가질 수 없었던 물건을 소유할 수 있다고 할지라도 우리의 생활만족이나 행복수준은 더 이상 올라가지 않는다. 그러므로 성인후기의 생활만족은 객관적이 아닌, 주관적 건강과 주관적 경제상태 및 주관적인 사회적 관계망의 크기 등 개인이 주관적으로 중요하다고 지각하는 요인과 그 요인들에 대한 주관적 평가에 의해 영향받는다는 결론을 내릴 수 있다.

Chapter
11

신체적 질병, 심리적 장애, 성공적 노화

I. 신체적 질병
1. 암
2. 뇌혈관질환
3. 심장혈관질환
4. 알츠하이머 병

II. 심리적 장애
1. 우 울
2. 불 안

III. 건강과 질병에서의 개인차
1. 성 차
2. 계층차
3. 건강습관과 위험행동
4. 성격특성과 건강

IV. 성공적 노화
1. 성공적 노화란 무엇인가
2. 성공적 노화이론
3. 성공적 노화에 영향을 주는 요인

Adult Development

&

Aging Psychology

Chapter 11

신체적 질병, 심리적 장애, 성공적 노화

노화와 함께 건강이 쇠퇴하고 질병을 앓는 일이 많아지며 결국 사망에 이르게 된다. 이 과정에서도 어떤 사람들은 비교적 건강하고 행복하게 오래 생존할 수 있는가 하면 어떤 사람들은 치명적인 질병으로 고통을 겪고 일찍 사망한다. 건강과 질병에 대한 관심의 증대로 현재의 많은 노인들은 과거보다 더 건강해졌고 행복한 노년기를 보내고 있다. 놀랍게도 서구 노인들의 거의 90%는 65세와 74세 사이에 어떤 질병이나 장애도 갖지 않는다는 보고도 있다(Bee, 2000).

이 장에서는 성인기 동안 나타나는 신체적 문제와 심리적 장애들을 종합적으로 정리한다. 또한 성별, 계층, 생활습관, 성격 등을 중심으로 건강과 질병에서의 개인차를 설명하는 동시에 성인후기 동안 어떤 요인들이 성공적으로 생존할 수 있도록 하는지를 고찰함으로써 성공적 노화의 가능성을 탐색한다.

unit I 신체적 질병

연령증가와 함께 여러 가지 질병들이 나타난다. 일차적 노화의 결과로 면역체계나 신경체계 혹은 심장혈관체계에서 변화가 일어나고 질병에 대한 저항력이 약화되지만, 어떤 질병도 노화의 불가피한 결과는 아니다. 통계청 자료(2010)에 의하면, 한국인의 3대 사망원인은 남녀 모두 암, 뇌혈관질환, 심장혈관질환 순이지만 미국인들은 심장혈관질환에 기인한 사망률이 가장 높고 그 다음이 암과 뇌혈관질환의 순이었다(Mason, 2011). 왜 어떤 사람은 암에 걸리고 심장병을 앓으며, 또 어떤 사람들은 노년기에도 여전히 건강할 수 있는가?

표 11-1 암 및 심장질환과 관련된 위험요인

위험요인	암	심장질환
혈압	관련 없음	최고혈압이 140 이상이면 심장질환의 위험이 발생한다. 혈압이 높으면 높을수록 위험성도 커진다.
흡연	폐암과 췌장암의 주요 위험요인	주요 위험요인이다. 흡연을 많이 하면 할수록 위험성은 커지며 흡연을 중지하면 위험성도 감소한다.
콜레스테롤	관련 없음	전체 콜레스테롤 수치가 200 혹은 그 이상이면 위험하다. 높은 수준의 저밀도 지방단백질에 의해 콜레스테롤 수치가 상승한다.
운동	운동하지 않으면 대장암 발생이 증가한다.	운동하지 않으면 심장질환의 위험성이 약 2배로 증가한다.
식사	고지방 식사는, 아직도 논쟁이 계속되기는 하지만, 위험을 증가시키고 고섬유질 식사는 위험을 감소시킨다.	고지방 식사는 심장병의 위험성을 증가시키나 그 효과에 대해서는 일치된 의견이 없다.
체중(비만)	비만할수록 유방암을 포함한 여러 가지 암 발생의 위험이 증가한다. 그러나 비만은 암발생 확률보다는 심장병 발생확률을 더 많이 증가시킨다.	권장 체중의 30%를 초과할 때 심장병 위험성이 증가한다. 극단적인 저체중은 심장병 위험성을 감소시킨다.
유전	유전의 기제가 완전히 규명되지는 않았지만 몇 가지 유형의 암은 유전된다.	가까운 친척이 심장병 환자인 경우 심장병에 걸릴 위험성은 7-10배 높아진다.

1. 암

암은 우리나라 성인 사망의 가장 중요한 원인 질환으로, 세포수준에서의 유전적 오류나 돌연변이 때문에 세포분열 속도가 빨라지면서 나타난다. 보통 세포분열이 시작되기 전에 효소들이 이러한 오류를 수정하지만, 수정 메커니즘에 이상이 생기면 돌연변이에 의해 암이 발생한다. 그렇다고 해서 단지 한 번의 돌연변이에 의해 암이 발생하는 것은 아니며, 대장암의 경우만 하더라도 적어도 4회의 돌연변이가 일어나야 한다(Austad, 1997). 한국 남성들의 경우 폐암, 간암, 위암 순으로 암 발생률이 높지만, 한국 여성들의 암 발생은 폐암, 위암, 대장암 순으로 많이 발생한다.

젊은이들과 비교하면 노인들의 암발생 가능성이 훨씬 더 높다. 그 이유는 연령증가와 함께 이미 더 많은 세포분열이 이루어졌고 오류가 발생할 시간이 더 많기 때문이다. 더욱이 사람에 따라 암에 취약한 신체부위가 있을 뿐 아니라 노인들은 흡연이나 공해와 같은 유해한 환경에도 더 오랜 시간 동안 노출되었으므로 폐암에 걸릴 확률도 더 높다.

표 11-1에 암발생의 위험요인과 다음에 설명할 심장혈관질환의 위험요인들이 정리되어 있다. 중요한 것은 20-30대에 형성된 개인적 행동이나 습관이 수십 년 후에 나타날 심장질환이나 암을 예언할 수 있다는 것이다.

2. 뇌혈관질환

뇌혈관질환(cerebrovascular disease)은 뇌혈류 이상으로 유발된 국소적인 신경학적 결손 증상을 통칭하는 말로서 노년기에 가장 흔하게 나타난다. 의학적 질병명은 뇌혈관질환이지만 결손증상 중심으로 칭할 때는 뇌졸중(stroke)이라 명명된다. 뇌졸중으로 뇌에 산소와 영양 공급이 중단되면 즉시적으로 뇌세포와 조직이 파괴된다.

뇌졸중은 크게 뇌경색과 뇌출혈로 구분된다. 뇌경색(infarction)은 혈액을 공급하는 뇌혈관이 막혀 뇌의 일부가 손상되는 증상으로 허혈성 뇌졸중 혹은 경색성 뇌졸중이라고 불린다. 대조적으로 뇌출혈(hemorrhagic strokes)은 뇌혈관이 터져 뇌 안에 피가 고이고 그 부분의 뇌가 손상되는 증상으로 뇌동맥의 벽면이 약하고 얇아져 피가 새거나 터져 나오는 소위 동맥류(aneurysm)에 그 원인이 있다. 보통 허혈성 뇌졸중이 출혈성 뇌졸중보다 훨씬 더 많이 발생하며 심장혈관질환과 같이 고혈압에 의해 악화된다.

뇌졸중은 다음과 같은 증상을 나타낸다.

① 편측마비: 신체 어느 한편의 사지나 얼굴 부위가 마비된다.

② 의사소통의 어려움: 실어증이나 발음장애가 나타난다.

③ 운동실조: 마비가 아님에도 손과 발이 자유롭게 조절되지 않으며 걸을 때 한쪽으로 쏠려 넘어지게 된다.

④ 시각장애: 갑자기 한쪽 눈이 안보이거나 물체가 흐릿하게 보이고 겹쳐보인다.

⑤ 어지럼증: 신경학적 증세와 함께 세상이 빙빙돌고 메스껍고 토한다.

⑥ 극심한 두통: 뇌경색보다 뇌출혈 때 더 많이 나타난다.

위에 제시한 증상 외에도 심한 뇌졸중은 혼수상태를 초래하고 식물인간 상태에 이르게 한다. 두번 이상 반복적으로 뇌졸중이 발생하면 치매 증상을 나타내기도 한다.

뇌졸중을 예방하기 위해서는 건강한 생활양식을 확립하는 것이 무엇보다 중요하다. 뇌졸중의 위험요인은 과도한 음주와 흡연, 심한 스트레스, 지나치게 심한 운동이나 과로, 심장질환, 고혈압, 고지혈증, 당뇨병 등이며 가족력이 있는지도 중요하다. 연령 또한 중요한 요인으로 뇌졸중의 50%는 65세 이상의 노인들에서 발생한다.

뇌졸중이 발생하면 의사의 검진과 검사할 시간까지 포함하여 3시간 이내에 병원을 찾아야 막힌 혈관을 뚫거나 뇌경색으로 진행되는 것을 막을 수 있다. 물론 혈전용해제도 뇌졸중 증상이 처음 발생한 후 3시간 이내에 투여되어야만 뇌세포의 괴사를 최소화할 수 있다. 뇌혈관질환은 한국인의 중요한 사망원인일 뿐 아니라 다른 질병보다 훨씬 더 장기적인 무능력을 초래하는 원인요인이므로 예방과 치료가 무엇보다 중요하다.

3. 심장혈관질환

심장혈관질환(cardiovascular disease) 혹은 심장질환(heart disease)이란 심장과 심장에 혈액을 공급하는 관상동맥 및 심장과 연결된 혈관에서 발생하는 질환으로 고혈압에서부터 관상동맥협착증, 고지혈증, 심부전 등을 모두 포함한다. 특히 관상동맥협착증은 심장근육에 혈액을 공급하는 동맥이 플라크의 형성으로 굳어지고 좁아져 동맥경화증으로 진행되었을 때 발생하는 가장 흔한 형태의 심장질환이다. 물론 동맥경화증도 정상적 노화의 결과가 아니므로 심장질환 역시 모든 사람에게 나타나는 것은 아니다.

어떤 사람들이 동맥경화증에 더 취약한가? 동맥경화증의 위험요인을 규명한 연구로서 프래밍햄 연구(Framingham Study)가 유명하다. 이 연구는 매사추세츠주 프래밍햄(Framingham, Massachusetts)에 거주하는 30세부터 59세까지의 모든 주민들(5,209명)을 1948년부터 거의 매 2년마다 종단적으로 추적함으로써, 심장질환과 관련된 신체적 특성과 개인적 습관을 확인할 수 있었다(표 11-1 참조).

표 11-1에 제시된 위험요인 이외에도 스트레스는 심장혈관질환을 일으키는 직접적인 원인요인이다. 심한 스트레스는 혈압과 맥박을 상승시키고, 상승된 상태가 계속되면 심장손상을 일으켜 부정맥과 심부전을 일으킬 수 있기 때문이다. 이와 함께 강한 적개심을 지니고 불안과 우울에 취약한 사람들은 심장혈관질환에 걸리기 쉽다. 특히 중년의 남성이 적개심과 분노를 자주 표출한다면 그것은 흡연만큼 심각한 심장혈관질환의 위험요인으로 작용한다(Aldwin 등, 2006).

중요한 것은 위험요인들의 수가 많아지면 심장병에 걸릴 위험성도 증가한다는 것이다. 더욱이 위험요인들의 효과는 부가적(附加的)이기보다 배가적(倍加的)이기 때문에, 위험요인의 수가 많아지면 심장병 발병위험은 기하급수적으로 증가한다.

높은 수준의 콜레스테롤을 지니고 있는 사람이 흡연한다고 가정해 보자. 높은 콜레스테롤 수준과 흡연의 효과가 산술적으로 합산된다면 심장병의 위험성은 2배로 증가하지만, 배가되면 그 효과는 4배로 늘어난다. 다행스럽게도 심장병과 관련된 위험요인 중 유전요인을 제외하면, 흡연, 체중, 식사, 운동 모두 통제가능한 요인들이므로 심장병은 개인의 노력으로 예방될 수 있다.

4. 알츠하이머 병

*한국인의 10대 사망원인 암, 뇌혈관질환, 심장질환, 자살, 당뇨병, 운수사고, 만성하기도 질환, 간질환, 폐렴, 고혈압성 질환 순이다(통계청, 2010).

알츠하이머 병은 치매의 한 유형으로 한국인의 10대 사망원인*에는 포함되지 않지만, 노년기의 대표적인 심각한 대뇌관련 질환이다. 앞에서 설명한 뇌혈관질환과 알츠하이머 병(Alzheimer's disease)의 차이는 전자가 뇌에 국소적 손상을 일으킨다면 후자는 훨씬 더 광범위한 뇌 병변을 초래한다는 것이다(Vinters, 2001).

1) 실태와 증상

알츠하이머(Alzheimer) 병은 대표적인 노인성 치매로서 대뇌의 핵심영역이 퇴화하는 치료될 수 없는 진행성 질환이다. 1907년 이 병이 처음으로 확인될 당시만 하더라도 드문 질환으로 생각되기도 하였으나 평균수명의 증가와 노인인구의 증가로 이제 알츠하이머 병은 매우 흔한 노년기 문제로 인식된다.

성인기 동안 발생하는 심장질환이나 암과는 다르게, 그림 11-1에 제시된 바와 같이 알츠하이머 사례의 90%가 65세 이후에 발생하고 그 이후에 급격히 증가하기 때문에 그것은 진정한 노년기 질환으로 분류된다. 더욱이 여

그림 11-1 알츠하이머 병의 발병 위험 추정치

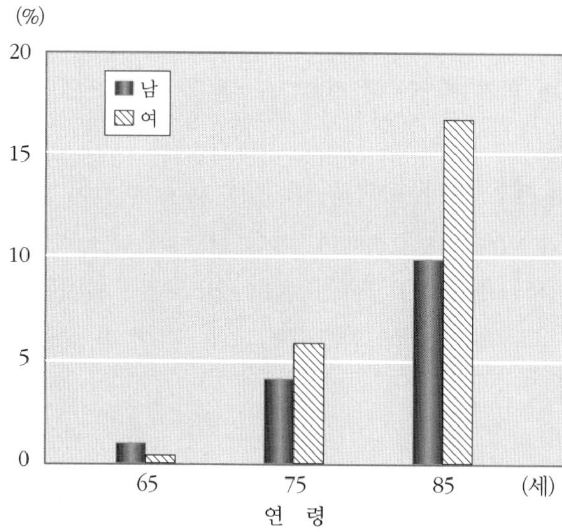

출처: Alzheimer's Association, 2010.

성들의 평균수명이 남성들보다 더 길기 때문에 85세경에 이르면 여성들의 위험비율은 크게 증가한다.

이 병의 가장 큰 특징은 지적 능력의 전반적 감퇴이다. 특히 기억능력과 판단능력의 감퇴와 함께 사회적 기능과 정서통제의 심각한 손상을 동반한다. 정상적인 노화과정에 의해서도 지적 기능이 상실되지만, 정상적 노인과 알츠하이머 환자에서 나타나는 상실의 유형이 서로 다르다. 예를 들면, 정상적 노인들은 친구에게 편지를 쓸 때 주소나 우편번호를 기억하지 못하지만, 알츠하이머 환자들은 주소를 어디에 쓰고 우표를 어디에 붙여야 하는지 알지 못한다. 다른 유형의 치매환자들도 알츠하이머 환자와 동일하게 인지기능을 상실한다.

2) 원 인

알츠하이머 병은 현재 치료가 불가능하며, 검시(檢屍)에 의해서만 확실히 진단될 수 있다. 뇌영상 기술의 발달로 알츠하이머 환자들은 대뇌의 해마 영역에 심각한 손상을 가지고 있음이 확인되고 있다(Allbert & Killiany, 2001). 최근 임상의들은 알츠하이머와 다른 유형의 치매를 구분하는 지침을 개발하였고 알츠하이머 환자를 85%의 정확도로 진단할 수 있게 되었다(Cullum & Rosenberg, 1998).

알츠하이머 병은 베타-아미로이드(beta-amyloid)라고 불리는 비정상적 단백물질인 플라크(plaques)와 대뇌의 신경섬유의 엉킴에 의해 발생한다(그림 11-2 참조). 최근의 유전 연구자들은 알츠하이머 병과 관련된 대뇌의 단백질 구성에 관여하는 유전자를 확인함으로써 알츠하이머 병의 원인 규명을 가능하게 하고 있다.

알츠하이머 외의 치매(혈관성 치매 등)는 여러 가지 원인에 의해 발병한다. 즉 여러 번 발생한 소규모의 뇌졸중과 파킨슨씨 병(Parkinson's disease),

그림 11-2 정상인과 알츠하이머 환자의 신경세포

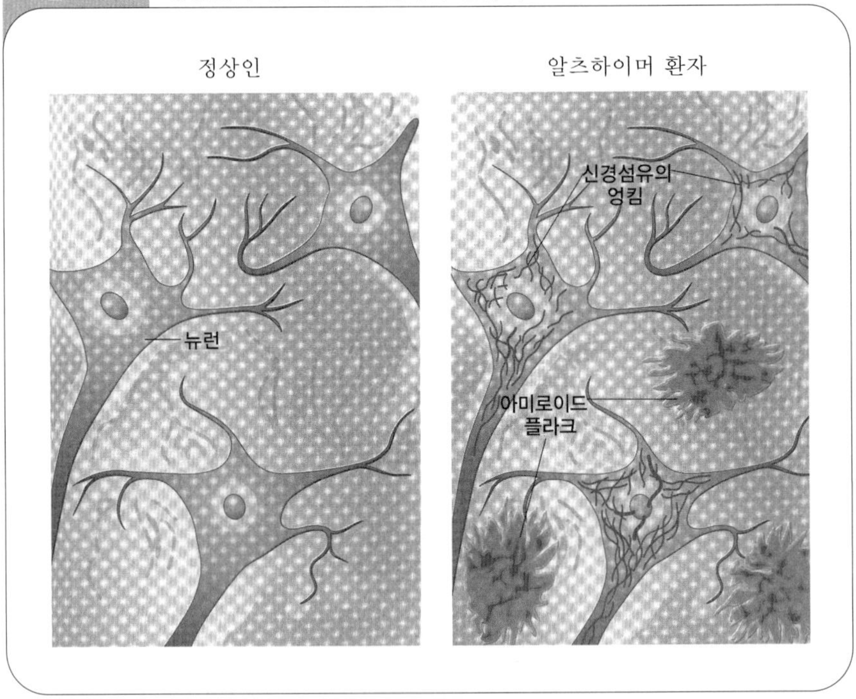

권투선수처럼 머리를 여러 번 구타당하기, 단순한 머리 외상, 말기 AIDS, 우울증, 약물중독, 갑상선 기능저하, 몇 가지 종류의 종양, 비타민 B_{12} 결핍, 빈혈증, 알코올중독 등에 의해 치매가 발생한다. 이 중 우울증과 비타민 B_{12} 결핍, 신경계 감염, 및 갑상선 기능저하에 기인된 치매는 치료될 수 있으며, 그들은 전체 치매환자의 약 10%를 차지한다.

전체 알츠하이머 환자의 10% 정도는 중년기에 시작되는 소위 일찍 시작되는 알츠하이머(early-onset Alzheimer) 환자들이다. 이 환자들이 특별히 많이 나타나는 가계를 연구한 결과, 세 개의 유전자(APP, PS1, PS2)가 확인되었고, 그 중의 한 유전자가 알츠하이머 환자의 대뇌에서 발견된 베타-아미로이드 단백질의 과도한 생성과 관련되어 있음이 밝혀졌다.

대조적으로 알츠하이머 환자의 약 90%를 차지하는 소위 늦게 시작되는 알츠하이머(late-onset Alzheimer) 병의 경우, 하나의 유전자(apoE)와 관련이 있음이 확인된 상태에 있다. 이 유전자는 네 개의 유형으로 다시 세분되며(apoE1, apoE2, apoE3, apoE4), 이 중 apoE4 유전자를 갖는 사람이 알츠하이머 병을 앓는 것으로 밝혀졌다. 그러나 알츠하이머 병을 앓는 모든 사람들이 연구자들이 확인한 유전자를 가지고 있는 것도 아니고 이러한 유전자를 가지고도 건강한 노년기를 보내는 사람도 많기 때문에 알츠하이머 병의 원인요인에 관한 더 많은 연구가 이루어져야 할 것이다.

3) 진행과 처치

알츠하이머 병으로 진단받은 후 평균 5-20년간 생존할 수 있으며, 예측가능한 다음과 같은 4개의 단계를 거쳐 점점 심각한 상태로 진행된다.

① 전임상적 단계: 알츠하이머 병으로 진단받기 10-20년 전의 기간으로 대뇌의 일부가 위축되기 시작한다. 매우 가벼운 인지적 손상으로 볼 수 있는 변화들이 나타나지만 자주 노화의 정상적 증후로 인식된다.

② 경미한 알츠하이머 단계: 기억상실, 친숙한 사물이나 장소에 대한 혼동, 일상적인 과제 수행의 어려움, 보잘것 없는 판단력, 자발성과 주도성의 상실, 증가된 불안성향 및 성격변화 등이 나타난다. 이 시점에

서 알츠하이머 병의 진단이 가능해진다.

③ 전형적 알츠하이머 단계: 대뇌손상이 감각처리와 의식적 사고를 통제하는 영역으로 확대되므로 새로운 일을 학습하는 것이 어려워지고 가족과 친구를 인지하는 데 어려움을 겪는다. 망상과 의심, 충동통제의 상실, 서성거림, 반복적 움직임 등이 나타난다. 혼란스러우면 화를 내고 무엇을 했는지 기억할 수도 없다. 이제 전적으로 환자를 보살피거나 관리하는 사람이 필요하며, 환자는 안정성과 위안의 근원으로 보살피는 사람에게 강하게 매달린다.

④ 심각한 알츠하이머 단계: 자신은 물론 사랑하는 사람들과 주변의 지인들을 인식하지 못한다. 분명한 의사소통이 불가능할 정도로 언어기능이 저하되어 단지 어르렁거릴 뿐이다. 소변과 대변 통제도 어려워지고 음식물을 삼키지도 못하며 하루 시간의 대부분을 수면으로 보낸다. 알츠하이머 환자는 보통 폐렴을 포함한 합병증으로 사망한다.

문제는 누가 알츠하이머 환자를 보살펴야 하는가이다. 치매 전문병원에서 치료받는 환자들도 있기는 하지만, 대부분의 알츠하이머 환자들은 가정에서 배우자나 며느리 혹은 딸의 보살핌을 받으면서 생활하고 있다. 불행하게도 치매환자를 돌보는 사람들의 거의 50%가 우울증으로 치료를 요하는 상태에 있다. 그들은 치매의 2차적 희생자들이라고 해도 과언이 아닐 정도로 큰 갈등과 고통을 겪는다. 치매환자의 증가에 의해 고통받는 가족들이 늘어나고 있으므로 국가는 이들을 도울 수 있는 종합적인 대책을 시급히 마련해야 할 것이다.

unit II 심리적 장애

10–20년 전까지만 하더라도, 연령이 증가하면 신체건강처럼 정신건강도 저하한다고 생각되었다. 특히 우울증은 연령증가와 함께 증가하여 65세 이후의 노인들

에게 심각한 영향을 준다고 알려졌으나 최근에 와서 이 모든 것이 사실이 아님이 밝혀졌다.

실제로 65세 이상의 노인들이 경험하는 심리적 장애는 우리 사회의 모든 성인들이 갖는 장애비율과 동일하고 18세 이하의 장애비율과도 거의 유사하기 때문에, 서로 다른 연령에서 서로 다른 장애들이 나타난다고 할지라도 장애비율은 전생애에 걸쳐 일정하게 유지된다(Gatz 등, 1996). 그럼에도 불구하고 우울과 불안은 성인후기에 자주 나타나는 심리적 장애로 알려져 있다(Mason, 2011).

1. 우 울

우울은 식욕상실과 에너지 상실 및 정상적 삶에 대한 관심과 즐거움의 상실로 특징되는 심리적 장애이다. 불행하게도 가족구성원이나 건강관리 전문가들, 심지어 노인 자신도 우울증상이 정상적 노화의 일부라고 잘못 생각하고 그대로 방치한다. 때로는 노인이 앓고 있는 신체적 질병이나 복용하는 약물의 부작용 때문으로 생각하여 결국 노인을 심각한 상태에 이르게 한다. 분명한 것은 노년기 우울도 진단될 수 있으며, 항우울제를 투여하고 단기간의 심리치료를 실시하면 치료될 수 있다는 것이다.

노년기 우울은 성인초기보다 더 적게 발생하고 발생 사례의 50% 이상은 중년기까지 우울증을 경험한 일이 없는 사람들 사이에서 나타난다(Fiske 등, 2009). 노인들은 중년 성인들이나 성인초기 젊은이들보다 자녀양육의 어려움이나 부정적인 사회적 상호작용도 더 적게 경험하고 종교에 심취하는 비율은 더 높기 때문에 우울증에 걸리는 일이 적다. 그러나 85세경에 이르면 우울증은 증가하기 시작하고 특히 여성노인들의 우울증 발생 비율이 크게 높아진다. 그들은 사회경제적 수준도 낮고 신체적으로 불건강하고 무능력하며 더 많은 인지적 손상을 지니고 있었다(Mavandadi 등, 2007).

전생애 동안 남성과 여성 중 누가 더 많이 우울한가? 아동기, 청년기 그리고 성인초기까지 여성들은 남성들보다 우울증을 더 많이 경험한다(Nolen-Hoeksema, 2011). 한 종단연구(Barefoot 등, 2001)는 적어도 50-60세까지는 여성들이 남성들보다 우울증을 더 많이 경험한다고 보고하였다. 그러나 60세 이후부터 80세까지 여성들의 우울증은 증가하지 않지만, 남성들의 우울증이 크게 증가하기 때문에 성인후기에 이르면 남녀의 우울증 발생비율은 비슷해진다는 것이다.

물론 이러한 결과가 출생동시집단 효과 때문인지 아니면 순수한 연령효과 때문인지는 분명하지 않다. 그 이유는 이 연령에서 남성들은 은퇴에 기인한 역할 이동으로 우울해질 수 있으나 가정주부의 역할만 수행해온 여성 노인들은 역할이동에 기인한 우울증과는 상관이 없기 때문이다. 그러나 취업 여성들의 비율이 계속해서 증가하기 때문에, 현재의 취업한 젊은 여성들이 성인후기에 이르러 은퇴를 경험한다면, 우울증에 취약해질 수도 있을 것이다.

성인후기의 노인들이 우울증에 걸리는 이유는 무엇인가? 이전부터 가지고 있던 우울증후와 보잘것 없는 건강, 무능력, 배우자와의 사별과 같은 상실이나 이별 그리고 낮은 사회적 지원이 노년기 우울증의 예측요인들이다(Lee

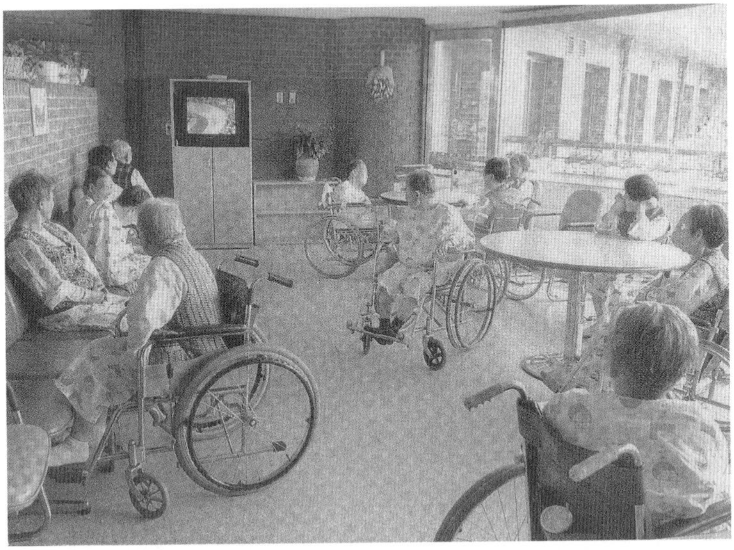

서울 한 병원의 우울증 노인 환자 입원병동. 몸이 아픈 노인은 더 쉽게 우울증에 걸린다.

& Park, 2008). 매일의 활동을 줄이는 것 또한 우울증을 유발하는 중요한 요인으로 활동의 감소는 자기비판적 사고를 증가시키고 우울증 발생을 촉진시킨다. 특히 쇼핑을 하거나 식사준비와 같은 매일의 일상적인 활동이 제한받을 때 그리고 운전이 불가능하여 스스로 이동하기 어려울 때 노인들은 우울한 기분에 빠지기 쉽다(National Institute on Aging, 2007).

노년기 우울증을 감소시키기 위해서는 본인이 중요하다고 생각하는 활동에 적극적으로 참여하고 종교적/영적 활동에 몰입하는 것이 무엇보다 중요하다. 또한 인생회고 치료(Life review therapy)도 노년기 우울증 치료에 큰 도움이 될 수 있다(Fiske 등, 2009).

인생회고 치료란 제 2 장에서 설명한 대로 지나간 세월을 되돌아보고 경험과 갈등을 의식화함으로써 인생에 대한 창조적 정리작업을 할 수 있도록 돕는 기법이다. 이 기법은 보통 오래된 사진첩을 찾아보거나 자서전을 저술하기, 어린 시절의 추억이 서려 있는 장소를 여행하기 혹은 옛날의 친구나 친척 혹은 형제들과 재회하게 함으로써 자신을 되돌아보고 해결하지 못한 갈등을 풀어낼 수 있도록 하여 인생을 정리할 수 있도록 돕는다.

* 자 살

자살은 연령과 함께 증가한다. 자살은 한국인들의 네 번째 중요한 사망원인이기는 하지만(통계청, 2010), 모든 연령에서 남성들이 여성들보다 더 많이 자살하고, 연령에 따른 자살 증가율도 여성들보다 남성들이 더 높다.

특히 성인후기 동안 자살이 현저히 증가하는 이유는 무엇일까? 이 분야의 연구들(Ruckenhauser 등, 2007)은 우울을 가장 중요한 자살원인이라고 주장한다. 그 외에 홀로 사는 외로움, 불안장애, 정서장애, 의학적 문제, 가족갈등, 경제문제, 관계상실 등이 중요한 자살원인으로 평가된다.

그렇다면 남성들은 여성들보다 왜 더 많이 자살하는가? 아마도 성인후기로 진입함에 따라 남성들은 경제능력을 상실하고, 은퇴함으로써 힘과 권위 및 지위를 상실하기 때문일 것이다. 물론 여성들도 남성들과 동일한 상실경험을 하기도 한다. 그러나 여성들은 취업한다고 할지라도 가정주부의 역할을 병행하기 때문에, 은퇴한 후에도 할 일이 있을 뿐 아니라 유능한 대인관계 기술에 의해 다양한 연결망을 가지고 있으므로 남성들보다 자살에 취약하지 않을 수 있다.

2. 불 안

인생후기에 이르면 우울보다 불안이 더 많이 나타난다고 주장하는 연구자도 있다. 그러나 불안장애의 비율은 불안을 임상적 지침에 따라 정의하느냐 아니면 단순히 불안증상들을 갖는 것을 의미하느냐에 따라 달라진다. 일상생활에서 우울이 불안보다 더 많은 것으로 느껴지는 것은 우리가 불안에 관심을 갖지 않기 때문이다. 분명한 것은 우울과 불안 모두 노년기의 심각한 정신건강 문제라는 것이다.

불안장애(anxiety disorders)의 주요 증상은 명백한 위험이 존재하지 않음에도 불구하고, 두려움, 위협, 공포감을 느끼는 것을 포함한다. 때로 두려움은 비행기를 타거나 고속도로를 운전하는 것을 두려워하는 것과 같이 실제적 위험에 대한 과도한 반응으로 나타나기도 한다.

DSM-IV에 의하면, 다음과 같은 네 가지 유형의 불안장애가 존재한다.

① 공황장애(panic disorder): 심한 걱정과 가슴 두근거림, 숨을 헐떡이기, 가슴 통증 등이 되풀이되는 증상

② 공포증(phobias): 실제 사태와 어울리지 않는 공포와 회피의 증상

③ 일반화된 불안장애(generalized anxiety disorder): 만성적이고 지속적인 과도한 불안과 걱정을 나타내는 증상

④ 강박사고-강박행동장애(obsessive-compulsive disorder): 특정한 사고나 충동에 대해 죄책감과 불안을 나타내는 증상

불안장애 중 공포증은 일생 동안 거의 동일한 비율로 나타난다. 그러므로 공포증을 갖는 대부분의 노인들은 전생애 동안 어떤 유형의 공포증이든 하나의 공포증상을 나타낸다. 특히 성인후기에 가장 흔한 공포증은 집을 떠

나거나 집 밖으로 나가는 것을 두려워하는 광장공포증(agoraphobia)이다. 일반적으로 노인들의 광장공포증은 강도를 만나거나 낙상하거나 혹은 집을 떠나 있는 동안 병에 걸리는 것과 같은 구체적 사건으로부터 시작된다.

노년기 불안장애를 치료하는 방법은 성인초기나 중기의 성인들을 치료하는 방법과 동일하다. 일반적으로 단기간의 심리치료나 대뇌의 신경전달물질 체계에 영향을 주는 항불안제를 복용하게 하는 방법이 사용되며, 때로 심리치료와 항불안제를 병행하여 사용하기도 한다.

문제는 우울장애로 고통받는 사람들의 1/2 이상이 불안장애를 함께 가지고 있으며, 이러한 경향은 연령이 증가하여도 변하지 않는다는 것이다(Matt 등, 1992). 그렇다면 우울장애와 불안장애는 서로 유사한 질환인가? 흥미롭게도 우울검사와 불안검사의 문항들은 매우 유사하고, 두 가지 장애를 치료하기 위해 사용되는 약물 역시 동일하다.

제10장에서 설명한 대로 대뇌의 신경전달물질인 세로토닌(serotonin)의 효율성을 결정하는 역할을 하는 상해회피 유전자(harm avoidance gene)가 활동적일 때 불안이나 우울이 초래된다. 즉 우성의 상해 회피 유전자가 환경과 상호작용할 때, 상실이 일어나는 상황에서는 우울장애가, 그리고 상실이 예상되는 상황에서는 불안장애가 유발된다는 것이다. 그러나 이 유전자가 성인기 불안과 우울의 원인요인인지 아니면 단지 몇 사례에만 한정된 것인지 아직도 분명하지 않다.

unit Ⅲ 건강과 질병에서의 개인차

성인기 동안 각 개인의 건강상태나 질병상태에서 광범위한 개인차가 나타난다. 여성들은 남성들보다 7–8년 정도 더 오래 살기 때문에 성차는 개인차의 핵심주제이다. 또한 건강과 질병은 계층에 따라서도 차이가 있으며, 개인적인 건강습관과 성격특성에 의해서도 영향을 받는다.

1. 성 차

건강과 질병에서 나타나는 성차의 특성을 정리하면 다음과 같다.

첫째, 남녀 모두 동일한 질병으로 사망하기는 하지만, 여성들은 남성들보다 연령적으로 더 이후에 사망한다.

둘째, 전세계의 거의 모든 여성들은 성인중기부터 만성질환을 앓기 시작한다. 예를 들면 관절염, 피부질환, 백내장, 담석, 빈혈, 편두통, 방광염, 정맥류 등 그 종류도 다양하다. 그러나 여성들이 많이 걸리는 만성질환들은 치명적이지 않을 뿐 아니라 여성들은 자주 의학적 처치를 받기 때문에 수명과는 상관이 없다. 물론 여성들도 심장질환이나 암과 같은 치명적 질환에 걸리지만, 남성들보다 훨씬 더 늦게 발병한다. 반면 남성들은 심장질환과 같은 치명적 질환에 걸려 사망할 위험성이 매우 높으며, 만성질환으로는 청력손상이나 시각장애 혹은 척추질환 등 소수의 질환을 가질 뿐이다.

셋째, 성인기 동안 정신장애나 정서장애는 남성들보다 여성들 사이에서 더 많이 나타난다. 그 이유는 여성들은 사춘기, 월경주기, 임신, 폐경과 같은 사건들을 통하여 호르몬 변화에 적응해야 하고 심리사회적 혹은 관계적 요인에 더 민감하기 때문이다(Mason, 2011). 그러나 알코올중독과 다른 물질남용, 범죄행동 및 자살은 어느 연령에서나 그리고 어느 문화에서나 여성들보다 남성들 사이에서 더 높은 비율로 나타난다(National Institute of Mental Health, 2009).

이와 같은 남녀 차이는 어디에 기인하는가? 우선 생물학적으로 여성들은 남성들보다 수명과 질병에 대한 더 강한 저항력을 지니고 있으므로 심장병과 같은 치명적 질환에 더 적게 걸린다. 그것이 신체적 노화를 지연시키는 유전적 특성 때문이든 핵심적인 치명적 질환을 막는 호르몬의 작용 때문이든, 여성들은 남성들보다 내적으로 더 강건하다.

또한 사회적으로 여성들은 남성들보다 유해한 환경에 노출될 가능성이 더 적다. 최근에 와서 여성들이 전통적인 남성 직업에 많이 종사하고 남성들의 작업장이 더 안전해짐에 따라 그 차이가 적어졌다고 할지라도, 아직도 남성들은 여성들보다 위험한 화학물질에 더 많이 노출되고 시끄러운 작업장에서 일할 가능성이 더 많다.

2. 계층차

계층차 역시 건강과 질병에 영향을 준다. 미국 성인 59,000명을 대상으로 조사한 결과에 의하면(House 등, 1990), 사회적 계층과 연령의 함수로서 만성적 질병과 일상적 활동에서의 불편함에서 차이를 나타내었다.

그림 11-3과 그림 11-4에 제시된 바와 같이, 하류계층, 중하류계층, 중상류계층 그리고 상류계층 모두에서 연령이 증가할수록 만성질환과 일상적 활동의 불편함이 증가하였다. 또한 계층이 낮을수록 더 일찍부터 그리고 더 가파른 증가를 나타내었다. 즉 관절염과 고혈압 및 다양한 종류의 암은 하류

그림 11-3 네 개의 계층집단에서 나타난 연령에 따른 만성질환의 수

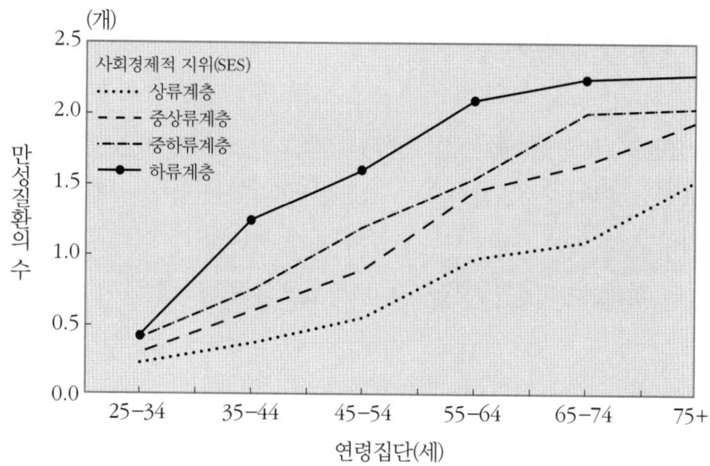

출처: House 등, 1990.

그림 11-4 네 개의 계층집단에서 나타난 연령에 따른 일상적 활동의 불편함

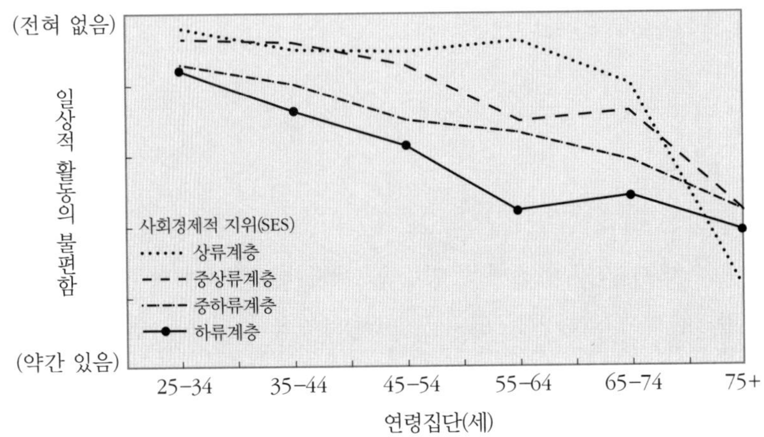

출처: House 등, 1990.

계층에서 가장 많이 발생하고, 건강상태와 무능력 및 수명 등에도 동일한 계층차가 있음이 확인되었다.

3. 건강습관과 위험행동

건강습관은 노화에 따른 신체변화의 속도와 건강상태 및 수명에 영향을 주는 중요한 요인이다. 유전적으로 심장병의 위험이 높은 사람도 좋은 건강습관을 지니고 있으면 특별한 증상 없이 오래 생존할 수 있다. 보통 여성들이 남성들보다 더 좋은 건강습관을 지니고 있으므로, 그것은 여성들의 장수에 기여한다.

캘리포니아의 한 지역에 거주하는 모든 주민들(약 7,000명)을 대상으로 수행된 종단연구(Alameda County Study)에서, 수명과 개인의 건강습관간에 높은 상관이 있음이 밝혀졌다(Breslow & Breslow, 1993). 검사는 연구가 시작된 1965년과 1974년 그리고 1983년에 실시되었고, 18년간의 연구기간에 걸

쳐 사망한 연구대상자의 사망시기도 기록되었다. 이 연구에서 "좋은 건강상태를 유지하고 장수하기 위해서는 어떤 건강습관을 지녀야 하는지"를 질문한 결과, 표 11-2와 같은 결과가 나타났다.

표 11-2에서 2번과 3번을 제외한 다섯 가지 건강습관은 연구기간에 걸쳐 개인의 사망률을 예측할 수 있도록 하였다. 또한 나쁜 건강습관을 가지고 있는 사람은 좋은 건강습관의 소유자들보다 성인후기에 장애를 갖거나 무능력해질 위험성이 2배 정도 더 많았다. 일찍이 듀크 종단연구(Duke longitudinal studies; Palmore, 1970)에서도 운동을 적게 하고 심하게 흡연하는 과체중의 사람들이 더 일찍 사망하였다.

또한 나쁜 건강습관은 많은 질병과 연결되어 있었다. 즉 운동을 하지 않는 사람들은 질병으로 침대에 누워 있는 일이 많았고 자주 의사를 만나야 함은 물론 자신의 건강상태를 부정적으로 평가하였다. 연구대상자들 중 가장 나쁜 건강습관을 지니고 있는 사람은 젊은이들로서, 그들은 운동은 물론 적절한 영양섭취도 하지 않았으며 흡연과 과음을 하고 있었다. 연령증가와 함께 개인의 건강습관이 개선되었으나 비만은 45-65세 사이에 가장 많았고 하루 6시간 이하의 수면은 모든 연령에서 빈번하였다.

젊은이들은 왜 건강을 위협하는 나쁜 건강습관을 갖는가? 우선 그들은 현재의 행동과 30년 후의 심장병이나 노년기의 무능력이 서로 연결되어 있다

표 11-2 건강과 장수를 위한 좋은 건강습관

1. 밤에 보통 7-8시간 잠을 잔다.
2. 거의 매일 아침식사를 한다.
3. 식사시간 사이에 때때로 간식을 먹는다.
4. 남성은 바람직한 체중(키에 대한)의 5% 미만에서부터 20% 초과 사이의 체중을 유지하고, 여성은 바람직한 체중(키에 대한)의 10%를 초과하지 않아야 한다.
5. 자주 혹은 때때로 수영과 같은 능동적인 스포츠를 하거나 오랫동안 걷기 혹은 정원가꾸기 같은 신체활동을 한다.
6. 술은 한번에 4잔 이상 마시지 않는다.
7. 흡연하지 않는다.

출처: Breslow & Breslow, 1993.

고 생각하지 않는다. 더욱이 사람은 자신에 대해 실제보다 더 낙관적으로 지각하는 경향이 있으므로, 다른 사람은 중독되더라도 자신은 아니라고 생각한다. 또한 우리는 오랜 시간 후에 얻을 수 있는 이익보다는 즉각적인 보상을 추구하므로 과식하고 술마시고 흡연하기 쉽다.

그러나 나이가 들어감에 따라, 낙관주의와 단기 전망적 쾌락주의는 질병이나 장애의 형태로 개인을 위협하기 때문에, 점차 자신의 행동을 변화시키기 시작한다. 또한 사회적 건강운동이나 대중매체의 건강정보도 개인의 건강습관을 변화시키는 데 도움을 준다. 그 예로서 1980년대에 미국에서 실시된 심장병에 대한 대규모 캠페인은 개인이 하루에 섭취하는 계란의 양을 감소시켰고 흡연율을 저하시켰으며 음식물 섭취에서 콜레스테롤의 비율을 낮추게 하여, 국민들의 건강습관을 변화시킬 수 있었다.

4. 성격특성과 건강

건강과 관련된 대표적인 성격특성에는 낙관주의와 비관주의 및 개인적 통제력(personal control)이 있다. 우선 낙관주의와 비관주의는 개인의 건강상태를 예측할 수 있는 중요한 변인이다. 하버드 대학교에 재학하는 18세의 남자 대학생들을 대상으로 35년간에 걸쳐 종단적으로 수행된 그란트 연구(Grant study)에서, 18세에 비관주의적이었던 사람은 40-50대에 일관성 있게 좋지 않은 건강상태를 나타낸 반면, 낙관주의자들은 더 좋은 건강상태를 지니고 있었다.

개인적 통제력 또한 개인의 건강과 밀접한 관련이 있다. 개인적 통제력이란 개인이 환경에 의해 통제당하는 것이 아니라 개인 스스로 자신과 관련된 환경을 통제할 수 있다고 믿는 정도로서 높은 개인적 통제력을 지니고 있다고 생각될 때 좋은 건강상태가 유지되고 타인과 협조적, 지원적, 애정적 관계가 형성될 수 있다. 반면에 낮은 개인적 통제력을 지니고 있다고 생각하는 사람들은 쉽게 병에 걸리고 우울해지므로 통제력은 좋은 건강상태를 유지할 수 있는 비결이기도 하다.

따라서 개인적 통제력을 높여 주면 건강상태도 개선될 수 있다. 한 예로서 양로원에서 생활하는 노인들에게 비록 사소한 것이긴 하지만, 아침식사로 계란 오므렛을 먹을 것인지 아니면 으깬 계란을 먹을 것인지를 선택할 수 있도록 했을 때, 선택이 가능한 노인들이 그렇지 않은 노인들보다 더 오래 살 수 있었다.

개인적 통제력과 유사한 개념으로 개인의 건강상태를 예언할 수 있는 변인에는 자기효능감(self-efficacy)과 통제의 소재(locus of control)* 및 탄력성*이 있다. 보통 자기효능감이 높을수록 그리고 내재적 통제 소재를 지니고 있을수록 그리고 높은 탄력성을 지닐수록 더 좋은 건강상태를 유지한다. 그러나 연령증가와 함께 자기효능감과 탄력성이 감소하고 외재적 통제 소재자로 변화하기 때문에, 성인후기에 이르면 자신의 건강상태를 통제할 수 있다는 생각 또한 감소한다(Ryff 등, 2001).

*통제의 소재 로터(Rotter, 1966)가 제안한 개념으로 내재적 통제 소재와 외재적 통제 소재로 구분된다. 전자는 모든 일이 자신의 행위에 의해 발생하며 삶은 통제가능하다는 신념에 해당하는 반면, 후자는 자신의 삶이 운명이나 우연 혹은 타인의 행위에 의해 결정된다는 신념을 의미한다.

*탄력성 높은 위험상태나 만성적 스트레스 혹은 그 뒤에 뒤따르는 연장된 혹은 심각한 외상에도 불구하고 성공적 적응을 이룰 수 있는 능력(장휘숙, 2009 참조)

성격특성과 건강상태간에도 높은 상관이 있다. 일찍이 코스타와 맥크레(Costa & McCrae, 1980)는 그들이 제안한 다섯 가지 성격차원들 중 정서적 불안정성(neuroticism) 차원이 높은 성인들이 낮은 성인들보다 건강에 대해 더 많이 불평하고 심하게 흡연하며 음주문제를 가질 가능성이 더 많다고 보고하였다. 이외에도 정서적 불안정성은 대인관계를 손상시키고 개인을 고독에 취약하게 하여 우울증을 야기시키는가 하면 수면을 방해하고 혈압을 상승시켜 건강에 부정적 영향을 준다(Luanaigh & Lawlor, 2008).

한때 지극히 경쟁적이고 적대적이며 강박적으로 시간을 지키는 소위 유형 A(Type A) 성격을 지니고 있는 사람들이, 유연하고 원만한 유형 B(Type B) 성격의 소유자들보다 심장병에 걸릴 위험이 더 높다고 생각되었다. 그러나 이제는 유형 A 성격의 적대감 요인만이 심장병을 효과적으로 예언할 수 있음이 밝혀졌다(Siegel, 1992).

unit IV 성공적 노화

성공적 노화(successful aging)라는 개념이 공식적으로 소개된 것은 1986년 미국 노년학회 연례회의에서였으나 성공적 노화와 관련된 연구는 이미 1960년대부터 이루어지고 있었다. 현재까지 많은 연구자들이 성공적 노화에 영향을 주는 요인들을 찾아내려고 노력하고 있지만, 성공적 노화가 무엇이고 어떻게 정의해야 하는지에 대해 아직도 논란이 계속되고 있다.

1. 성공적 노화란 무엇인가

성공적 노화란 제 3 장에서 설명한 대로 성인후기 동안 생물학적으로 성공적으로 생존할 수 있음은 물론 건강한 정신을 가지고 즐겁게 생활할 수 있는 것을 의미한다. 성공적으로 노화한 사람들은 긍정적 조망을 지니고, 더 큰 자기이해를 바탕으로 최적의 적응이 가능한 사람들이다. 전통적으로 성공적 노화라고 말할 수 있기 위해서는 다음과 같은 세 가지 조건을 충족시켜야 한다(Rowe & Kahn, 1998).

첫째, 질병이나 질병과 연합된 장애가 없어야 한다. 즉 아프지 않아야 하고 질병이나 장애를 일으킬 수 있는 위험요인을 갖고 있지 않아야 한다.

둘째, 능동적이고 유능할 수 있도록 좋은 인지적, 신체적 기능을 유지하고 있어야 한다.

셋째, 생산적 활동을 수행하고 타인과 활발히 교류할 수 있도록 적극적인 생활태도를 지니고 있어야 한다.

그러나 이러한 세 가지 조건에 덧붙여 그림 11-5와 같이 긍정적 영성(positive spirituality)이 첨가된 성공적 노화모델이 있다(Crowther 등, 2002). 이 모델에서 긍정적 영성이란 삶에 대한, 삶의 의미에 대한 그리고 특히 초월자

그림 11-5 성공적 노화모델

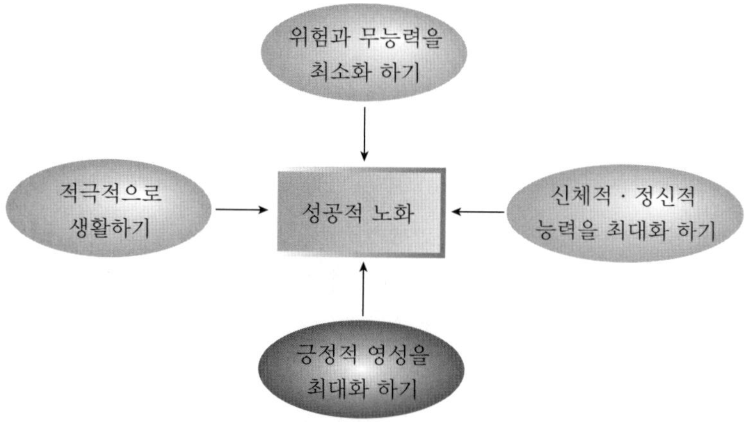

출처: Crowther 등, 2002.

와의 관계에 대한 개인적 탐색으로, 초월자와의 내면화된 개인적 관계로 정의된다.

이 모델에 의하면, 긍정적 영성을 통하여 개인은 고독감에서 벗어나고 스트레스에 효과적으로 대처하며 질병에 대한 통제감을 증가시킬 수 있으므로 긍정적 영성은 자기는 물론 타인의 건강과 안녕을 증진시킬 수 있도록 한다. 영성이라는 단어 앞에 굳이 긍정적이라는 단어를 붙이는 이유는 개인이 추구하는 영성에 의해 가족으로부터 분리되고 카리스마적 리더에게 무조건 헌신하거나 복종하고 의학적 치료를 거부함으로써 건강을 해칠 수도 있기 때문이다.

개인이 성인중기에 이르면 부모나 친인척 혹은 친구의 죽음에 직면하게 됨으로써 죽음을 생각하는 일이 많아진다. 이 때 우리는 인간의 독특성과 삶의 유한성에 대해 생각하기 시작하며 왜 우리가 존재하고 삶에서 무엇을 소망하며 삶의 의미가 무엇인지에 대해 스스로에게 질문하기 때문에, 긍정적 영성을 추가하는 것이 성공적 노화를 설명하는 보다 효과적인 모델이 될 수 있다.

사람들은 행복하고 생산적인 노인들을 비정상적으로 보는 경향이 있다.

그 이유는 성인후기 동안 에너지가 감소하고 모든 것을 상실해가므로 노년기는 의존(dependency)과 질병(disease), 무능력(disability) 그리고 우울(depression)로 특징되는 4D의 시기로 인식되기 때문이다. 이 견해에 의하면, 행복하고 생산적인 노인들은 예외적인 특별한 사람들일 뿐이다.

성인후기에 대한 이와 같은 부정적 시각은 사회적 지표모델(social indicator model)에 기초한다(Mroczek & Kolarz, 1998). 이 모델에 의하면, 성공적 노화는 대표적인 사회적 지표들인 연령이나 성별, 결혼상태, 수입과 같은 인구통계학적 변인이나 배경변인들에 의해 결정되므로 이러한 조건에서 불리한 노인들은 당연히 더 낮은 수준의 행복감을 경험해야 한다는 것이다.

현실적으로 많은 노인들은 건강이 좋지 않고 배우자와 사별한 상태에 있으며 경제적 어려움을 겪고 있음에도 불구하고, 우울증에 걸리지 않으며 비교적 높은 수준의 안녕감을 유지하고 있다. 그들은 많은 어려움에 처해 있음에도, 자신과 상황을 긍정적으로 지각하고 행복하게 살 수 있다. 어떤 연구자는 이런 현상을 안녕의 역설(pradox of well being)이라고 명명하기도 하지만(Mroczek & Kolarz, 1998), 분명한 것은 성공적 노화는 소수의 노인들에게만 나타나는 예외적 현상이 아니라 성인후기의 보편적 특성이라는 것이다.

2. 성공적 노화이론

개인에 따라 성공적 노화에 이르는 방법은 다양할 수 있으므로 다양한 이론이 존재할 수 있다. 여기서는 성공적 노화를 설명하는 3개의 전통적 이론과 20세기 후반에 제안된 2개의 이론을 설명한다. 이 모든 이론들은 곧 성공적 노화에 이르는 효과적인 전략이 될 수도 있다.

1) 전통적 이론

심리학자들은 오래 전부터 유리이론과 활동이론 중 어느 이론이 성공적 노화를 효과적으로 설명하는지 논쟁을 벌여왔다. 우선 커밍과 헨리(Cumming

& Henry, 1961)에 의해 제안된 유리이론(disengagement theory)은 성인후기에 진입하면 사람은 외부세계의 사회적 활동으로부터 스스로 철회하고 타인에 대한 관심도 감소하며 점차 자기 자신에 몰입하는 선천적 경향성을 지니고 있다고 주장한다. 따라서 사회로부터 유리되는 것이 성인후기의 성공적 노화라는 것이다.

반면에 활동이론(activity theory)은 성인중기의 능동적이고 적극적인 생

표 11-3 성격유형, 사회적 활동 및 생활만족의 관계

성격유형	사회적 역할활동	생활만족의 정도
1. 통합형: 인생을 수용하고 유능한 자아를 소유하며 통제력을 유지한다. 융통성 있고 성숙한 사람	① 재구성형: 젊음을 유지하려고 노력하며 매우 활동적이다. 종교단체와 지역사회에서 활동한다.	상
	② 집중형: 중간 정도의 활동을 유지한다. 심사숙고해서 선택한 몇 가지 활동에서 에너지를 집중시킨다.	상
	③ 유리형: 조용히 자기 자신에 몰두하고 스스로 사회적 관계로부터 철회한다.	상
2. 무장형: 철저하게 불안에 방어하고 충동을 엄격하게 통제한다.	④ 계속형: 나이를 먹는다는 사실을 두려워하며 바쁜 생활을 계속한다. 성취지향적이며 결코 은퇴하지 않는다.	상
	⑤ 제한형: 능력상실과 노화의 위협에 사로잡혀 있으며 에너지를 축소시켜 쇠퇴를 회피하려고 노력한다.	중
3. 수동-의존형: 강한 의존욕구를 지니고 있으며 타인에게 도움을 구한다. 가족이나 친지에게 심리적으로 의존한다.	⑥ 구원요청형: 보통 정도의 사회활동을 유지하나 타인에게 정서적으로 의존한다.	중
	⑦ 무감각형: 인생을 수동적으로 살아온 사람으로 안락의자에서 거의 하루를 보낸다.	하
4. 미성숙형: 인지적 결함을 가지고 있으며 모든 것을 감정적으로 처리한다.	⑧ 와해형: 사고능력이 퇴화되고 정서통제가 불가능하다.	하

출처: Neugarten 등, 1968.

활양식을 성인후기에도 계속하는 것이 노인들의 안녕감과 만족을 위해 필수적이라고 주장한다. 허비거스트 등(Havighurst 등, 1968)에 의해 제안된 이 이론에 의하면, 노년기 동안의 인생만족은 계속적인 활동과 높은 상관이 있다는 것이다.

두 가지 이론 중 유리이론은 이후 격렬한 반대에 부딪혔고 이제는 단지 20세기 전반의 우세한 이론이었다는 점에서만 그 의의가 있을 뿐이지만, 활동이론은 1960년대에 제안되었음에도 불구하고 현재까지 강한 지지를 받고 있다(Rook, 2000).

활동이론과 거의 동일한 시기에 제안된 성격과 생활양식이론은 단순히 사회로부터 유리되거나 계속해서 활동하는 것이 성공적 노화를 의미하는 것은 아니라고 주장한다. 뉴가르텐(Neugraten 등, 1968)에 의해 제안된 이 이론은 노화의 유형과 성공적 노화는 개인의 성격을 바탕으로 하기 때문에, 개인의 성격유형을 고려하지 않는 이론은 무의미하다는 것이다. 표 11-3에 성격유형과 사회적 활동 및 생활만족과의 관계를 정리하였다.

이 표에서 우리는 사회로부터 유리되는 사람이든 계속적으로 활동하는 사람이든 그가 어떤 성격특성을 지니고 있는가에 따라 생활만족의 정도가 달라진다는 것을 확인할 수 있다. 성인후기에 열심히 활동하는 사람이나 사회로부터 철회하는 사람 모두 통합형의 성격특성을 지니고 있다면, 높은 생활만족을 경험할 수 있다.

2) 20세기 후반의 이론

20세기 후반에 이르러 성공적 노화를 설명하는 두 개의 새로운 이론이 등장한다. 그 중 하나는 보상을 수반한 선택적 최적화이론이고 또 다른 하나는 사회정서적 선택성이론이다.

(1) 보상을 수반한 선택적 최적화이론

제2장에서 설명한 발테스와 발테스(Baltes & Baltes, 1990)가 제안한 보상을 수반한 선택적 최적화이론(selective optimization with compensation theory)은 성인후기의 성공적 노화가 선택(selection)과 최적화(optimization) 및 보상(compensation)의 세 가지 요인과 연결되어 있다고 주장한다. 이 이론에 의하면, 성공적 노화란 신체적, 심리적 쇠퇴에 맞추어 선택영역을 축소시키고, 축소된 선택영역의 수행을 최대화하려고 노력하는 동시에 발달적 쇠퇴를 보상하기 위한 효과적 책략을 개발하는 것을 의미한다.

보상을 수반한 선택적 최적화이론에 따라 성인후기에도 활동적인 한 작가의 생활을 설명해 보기로 하자. 그가 아직도 존경받는 작가로서 활동할 수 있는 이유는 다음과 같은 세 가지 요인 때문이다.

첫째, 활동의 범위를 축소시키고 하루에 더 적은 양을 저술함으로써 성인후기의 신체적 쇠약을 극복한다(선택).

둘째, 인생초기보다 더 많은 시간을 책읽기에 할애한다(최적화).

셋째, 비서를 고용하여 쓰기작업을 돕게 한다(보상).

보상을 수반한 선택적 최적화 과정은 개인의 삶에서 상실이 현저하게 일어날 때 효과적으로 적용될 수 있다. 상실은 노년기의 특징적 현상이기는 하지만, 상실의 본질에서는 큰 개인차가 있으므로 개인의 생활역사와 관심, 가치, 건강, 기술 및 자원상태에 따라 독특한 형태의 선택과 최적화 및 보상이 이루어질 것이다.

선택과 최적화 및 보상의 결과로서 각 연령에서 개인이 우선적으로 투자하는 대상은 달라진다. 표 11-4는 25세부터 100세까지의 개인적 투자우선

표 11-4 상이한 시점에서의 개인적 투자 대상 순위

연 령	투자 순위			
25-34세	① 일	② 친구	③ 가족	④ 독립
35-54세	① 가족	② 일	③ 친구	④ 인지적 적절성
55-69세	① 가족	② 건강	③ 친구	④ 인지적 적절성
70-84세	① 가족	② 건강	③ 인지적 적절성	④ 친구
85-100세	① 건강	② 가족	③ 삶에 대한 사고	④ 인지적 적절성

출처: Staudinger, 1996.

대상을 조사한 결과이다(Staudinger, 1996). 25-34세는 일, 35-84세는 가족 그리고 85-100세는 건강이 가장 중요한 투자대상이었다.

(2) 사회정서적 선택성이론

사회정서적 선택성이론(socioemotional selectivity theory)은 칼스텐선(Carstensen, 1998)에 의해 제안된 이론으로 사회적 연결망의 선택적 축소가 성공적 노화를 가능하게 한다고 주장한다. 많은 성인후기 노인들은 칼스텐선의 주장대로, 그다지 중요하지 않은 사람들과의 접촉을 감소시키고 서로 즐거움을 나눌 수 있는 가까운 친구나 가족구성원들과의 접촉을 강화한다. 노인들은 정서적 만족을 중요시하기 때문에 친밀한 개인들과 더 많은 시간을 보냄으로써 정서적 위험을 최소화하고 긍정적 정서경험을 극대화한다.

이 이론에 의하면, 대다수의 노인들은 고정관념과는 다르게 사회적으로 고립되어 있지 않으며 정서적 절망상태를 경험하는 것도 아니다. 오히려 노

여성노인과 함께 있는 Laura Carstensen(오른편) Stanford 대학교 심리학과 교수

인들은 친구나 가족과 같이 정서적으로 보상적인 관계에 더 많은 시간을 할애하기 위하여 의식적으로 사회적 접촉 빈도를 감소시킨다. 그들은 사회적 관계를 체계적으로 관리함으로써 자신의 정서적 욕구를 만족시키려고 한다.

전생애 동안의 사회적 연결망의 변화를 연구한 결과들은 사회정서적 선택성이론을 지지한다. 그 예로서 69세부터 104세의 노인들을 연구한 결과 나이가 많은 노인들일수록 중요하지 않은 사회적 접촉의 빈도는 더 적었으나 가까운 정서적 관계에서는 젊은 노인들과 차이를 보이지 않았다. 즉 나이많은 노인들도 젊은 노인들과 동일한 정도의 가까운 정서적 관계를 유지하고 있었다(Carstensen 등, 2006).

사회정서적 선택성이론은 개인이 성취하려고 노력하는 목표에도 관심을 갖는다. 이 이론에서 목표는 지식관련 목표(knowledge-related goal)와 정서관련 목표(emotion-related goal)로 구분된다. 그림 11-6에 제시된 바와 같이 지식관련 목표를 성취하기 위한 동기는 인생초기에 높아지기 시작하여 청년기와 성인초기에 절정에 도달하고 이후 극적으로 감소한다. 대조적으로 정서

그림 11-6 전생애 동안의 목표추구에서의 변화

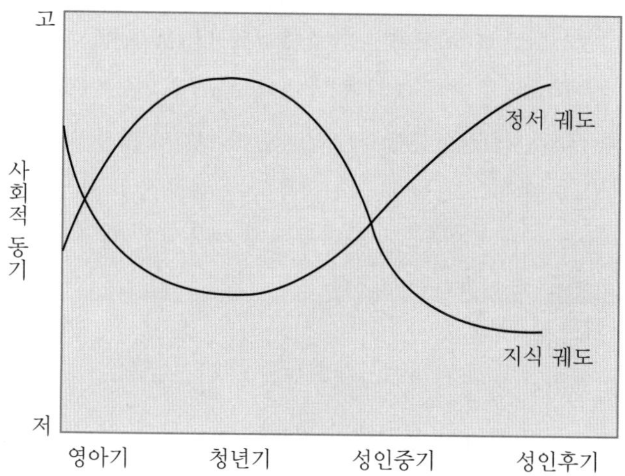

출처: Carstensen 등, 1999.

관련 목표를 추구하는 동기는 영아기와 아동초기에 높고 아동중기부터 성인초기까지 낮아지며 성인중기와 후기에 다시 증가하는 양상을 보인다.

지식관련 목표추구와 정서관련 목표추구가 변화하는 이유는 노인들의 시간에 대한 변화된 지각 때문이다. 노인들은 남은 시간이 많지 않다고 생각하기 때문에 지식관련 목표보다는 오히려 정서관련 목표를 추구하는 데 더 많은 시간을 할애한다. 그러나 청년후기부터 성인중기까지는 지식관련 목표가 중요하기 때문에 정서적 만족을 희생시켜가면서 지식관련 목표를 추구한다.

이와 같이 성인후기 동안의 성공적 노화는 정서관련 목표추구를 바탕으로 하기 때문에 노인들은 긍정적 정서를 경험하기 위해 사회적 연결망을 선택적으로 축소하지 않을 수 없다. 더욱이 노인들은 젊은이들보다 긍정적 정서를 더 많이 경험하고 부정적 정서를 더 적게 경험하며 자신의 정서를 더 잘 통제할 수도 있으므로 더 행복한 생활을 할 수 있다(Mroczek, 2001).

3. 성공적 노화에 영향을 주는 요인

1) 주관적 안녕

성공적 노화와 유사한 개념으로 주관적 안녕(subjective well-being)이 있다. 주관적 안녕이란 개인이 경험하는 전체적 행복감으로 긍정적 정서와 부정적 정서 및 생활만족(생활상황에 대한 개인의 인지적 평가)의 세 가지 요인을 포함한다. 성인후기의 노인들에게만 적용되는 성공적 노화의 개념과는 달리 주관적 안녕은 전생애 동안 모든 사람들에게 적용되는 개념으로 개인의 정서적 측면을 더 많이 강조한다.

주관적 안녕을 구성하는 요인 중 긍정적 정서는 그림 11-7에 제시된 바와 같이 성인후기로 갈수록 증가하고 부정적 정서는 오히려 감소한다. 이러한 결과는 우리가 지금까지 생각했던 것보다 노인들의 정서생활이 더 긍정적이라는 것을 분명하게 보여 준다(Mroczek, 2001).

더욱이 주관적 안녕은 성별과 성격 및 결혼상태에 따라서도 달라지므로,

그림 11-7 성인기 동안 긍정적 정서와 부정적 정서의 변화

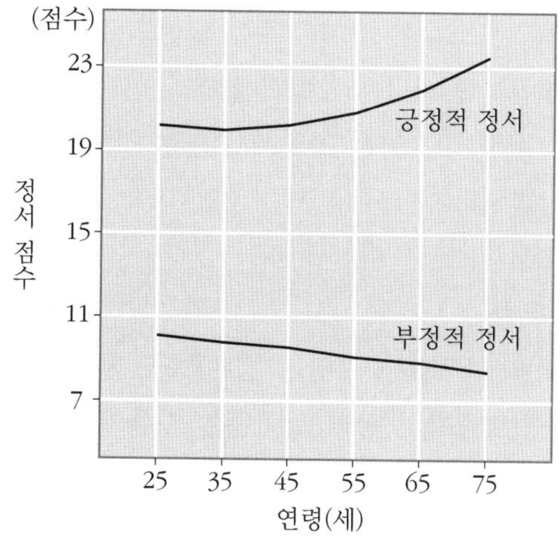

출처: Mroczek & Kolarz, 1998.

이 분야의 연구결과들을 정리하면 다음과 같다(Crosnoe & Elder, 2002; Mroczek & Kolarz, 1998).

첫째, 노인집단이 젊은 성인집단보다 그리고 여성 노인들이 남성 노인들보다 긍정적 정서를 더 많이 나타낸다.

둘째, 외향성을 지니고 있는 남성들은 성인후기는 물론 전체 성인기 동안 긍정적 정서를 더 많이 나타낸다. 외향성을 지니고 있는 남성들은 실제적인 상황과 관계없이 세상을 더 긍정적으로 보는 경향이 있기 때문에, 성공적인 대인관계도 형성할 수 있다.

셋째, 결혼한 노인 남성들이 결혼한 젊은 남성들보다 더 적은 부정적 정서를 나타낸다. 특히 성인기 동안 직장생활보다 가족생활을 더 중요시한 남성들이 성인후기에 더 긍정적 적응을 할 수 있다.

2) 개인적 통제력

성인후기의 성공적 노화에 영향을 주는 요인으로 개인적 통제력(personal control)이 있다. 개인적 통제력은 앞에서 설명한 대로 개인이 자신은 물론 주변 환경을 통제할 수 있다고 믿는 정도로서 연령에 따라 차이를 보이므로 발달심리학자들은 일찍부터 이 분야를 연구하였다(Heckhausen, 2001).

(1) 통제력의 유형

개인적 통제력을 연구하는 주된 방법은 통제의 소재(locus of control)를 연구하는 것이다. 연령증가와 함께 성인들은 자신의 건강은 물론 자녀를 통제하기 어렵다고 느끼기 때문에, 점점 더 외재적 통제 소재자로 변화한다(Nurmi 등, 1992). 그러나 어느 연령에서나 통제 소재의 유형에서 큰 개인차가 있으므로 노년기 동안에도 여전히 내재적 통제 소재자로서 생활하는 사람도 있다.

개인적 통제력과 동일한 개념으로 지각된 통제력(perceived control)이라는 용어도 사용된다. 지각된 통제력이란 실제로 가능한 통제력이기보다는 개인이 지각하는 통제력으로 일차적 통제(primary control)와 이차적 통제(secondary control)로 구분된다(Heckhausen, 2001). 일차적 통제란 개인이 자신의 욕구와 잠재력을 실현하기 위하여 적극적으로 주변 환경을 변화시키는 과정인 반면, 이차적 통제는 인지과정을 통해 개인 내부를 변화시키는 시도로서 환경변화가 불가능하기 때문에 환경에 자신을 맞추어가는 과정에 해당한다.

예를 들면, 통제불가능한 사건을 받아들이기 위해 의미를 이끌어내고 자기존중감을 높이기 위해 자신보다 부족한 사람과 비교하는 것, 기분변화를 위해 약물을 복용하는 것 등이 이차적 통제의 예에 해당한다. 그 외 자기보호적 귀인, 목표와 포부의 조정, 긍정적 재평가, 하향적 사회비교 등도 이차적 통제방략에 해당한다. 일반적으로 이차적 통제는 일차적 통제를 사용하여 실패한 경우에 이에 대한 보상기제로서 활성화된다.

그림 11-8은 일차적 통제와 이차적 통제의 연령에 따른 이론적 변화를

그림 11-8 일차적 통제와 이차적 통제의 전생애 동안의 변화

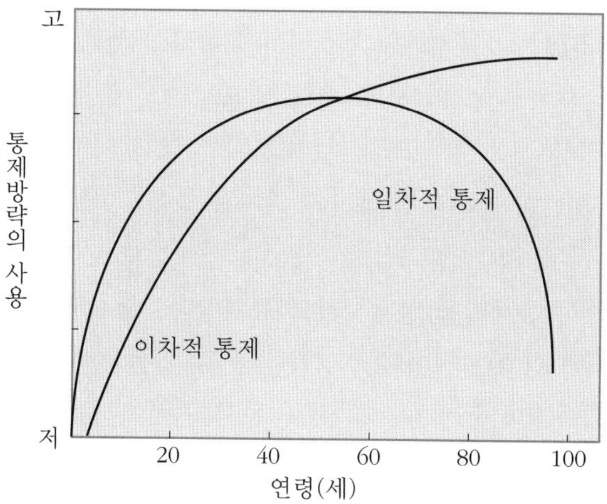

출처: Heckhausen, 2001.

보여 준다. 일차적 통제는 출생 직후부터 급격하게 증가하기 시작하여 성인초기까지 증가하고 성인중기에 고원상태에 도달하며 성인후기에 감소하기 시작한다(Heckhausen, 2001). 대조적으로 이차적 통제는 연령증가와 함께 지속적으로 증가하며 성인후기에 이르면 이차적 통제는 일차적 통제를 보상하기 위한 메커니즘으로 활용된다.

(2) 성공적 노화 조건으로서의 통제력

일차적 통제력의 상실은 부적응과 불행감을 불러 일으킨다. 그 증거로서 하던 일을 계속 할 것인지 혹은 그만둘 것인지를 스스로 통제할 수 있는 노인들은 신체적으로 건강하고 심리적으로 만족감을 경험한 반면, 타의에 의해 은퇴한 노인들은 건강상태가 좋지 않았고 더 많은 우울증상도 보고하였다. 특히 노인환자의 활동성 제한은 우울증의 가장 강력한 지표였다(Fiske 등, 2009).

즉 일차적 통제를 제한하는 개인적 혹은 환경적 사건들은 부정적인 심리

적, 신체적 결과를 초래한다. 더구나 노화에 따른 일차적 통제력에서의 감퇴를 이차적 통제방략도 보상하지 못할 때, 대부분의 사람들은 불행감을 느끼고 혼란스러워하며 우울증에 빠진다. 따라서 일차적 통제와 이차적 통제간에 적절한 균형을 유지하는 능력은 최적의 발달과 성공적 노화를 위해 매우 중요한 역할을 한다.

개인적 통제력과 성공적 노화간의 관계를 정리하면 다음과 같다(조성원, 1998).

첫째, 일차적 통제력을 발달시키고 유지한다. 각 개인은 가능한 오랫동안 자신을 둘러싼 환경에 참여하고 영향을 줄 수 있는 능력이 있어야 한다.

둘째, 노화과정에서 개인의 일차적 통제는 신체기능을 바탕으로 한다. 그러므로 정상적인 신체기능은 성공적 노화의 일차적 기준으로 작용하며 동시에 인지적, 지적, 사회적 영역 등에서도 정상적 기능이 유지될 수 있어야 한다.

셋째, 발달과정에서 불가피하게 나타나는 실패와 쇠퇴를 다룰 수 있어야 한다. 개인은 이미 획득한 능력들을 손상시키지 않고 앞으로의 발달에 해가 되지 않도록 실패를 다룰 수 있어야 한다.

넷째, 특정 영역이나 일반적 영역에 대한 능력을 갖는 것도 성공적 노화의 기준이 될 수 있다. 즉 여러 영역에 걸쳐 다양한 기술을 많이 가질수록 일차적 통제의 잠재력은 커진다.

결론적으로 성공적인 노화를 이루어가는 사람은 최적의 신체기능을 유지하면서 한 가지 또는 여러 영역에서 잠재력을 실현하고 높은 수준의 인지적, 지적, 사회적 관계기술을 유지하며 외부적 위협에 유연하게 대처할 수 있는 사람들이다.

3) 그 외의 요인들

위에 제시한 요인 외에도 높은 교육수준은 성공적 노화를 가능하게 하는 중요한 요인이다(Phelan & Larson, 2002). 성인후기에도 교육수준이 높은 사람들은 낮은 사람들보다 경제적 여유가 있고 건강관리를 잘 하며 좋은 인지 기능을 지니고 있었다. 그들은 적절한 대인관계를 유지하고 자원봉사활동을 포함한 다양한 활동을 하고 있었다.

사회적 계층 역시 성공적 노화와 연결되어 있다. 한국 노인들에게 성공적 노화란 무엇인지를 질문한 결과, 다음과 같이 계층에 따라 차이를 나타내었다(최혜경 등, 2005).

① 상류계층 노인: '어딜가도 떳떳하다', '아무에게도 짐이 되지 않는다', '욕심을 버린다', '시간을 보람 있게 잘 보낸다', '자식이 잘 컸다'
② 중류계층 노인: '자녀의 성공', '자녀로 인해 부러움을 산다'
③ 하류계층 노인: '내 한몸 추스르는 삶'

특히 하류계층 노인들은 과거에 자녀들에게 투자하지 못했으므로 자녀에 대한 특별한 기대 없이 오로지 자녀들에게 미안한 마음을 가지고 있었다. 그들은 더 나아질 것이라는 기대나 계획을 가지고 있지 않았고, 단지 현재의 삶에서 마음 편하게 살다가 죽음을 맞이하는 것을 성공적 노화로 인식하였다. 흥미롭게도 자녀에 대한 만족은 한국노인과 중국노인들의 성공적 노화를 결정하는 중요한 요인이었다(Torres, 2002).

Chapter

12

인생의 최종단계 – 죽음과 죽어가는 과정, 사별

I. 죽음이란 무엇인가
1. 죽음의 정의
2. 윤리적 문제

II. 죽음에 대한 발달적 조망
1. 연령에 따른 죽음의 원인과 기대
2. 전생애 동안의 죽음에 대한 태도

III. 죽음에 대한 공포와 불안 및 죽음수용
1. 죽음에 대한 공포
2. 죽음불안
3. 죽음수용

IV. 죽어가는 과정
1. 큐블라-로스의 죽어가는 과정
2. 죽어가는 과정과 맥락적 접근

V. 사별: 타인의 죽음에 대한 대처
1. 죽어가는 사람과의 의사소통
2. 애 도

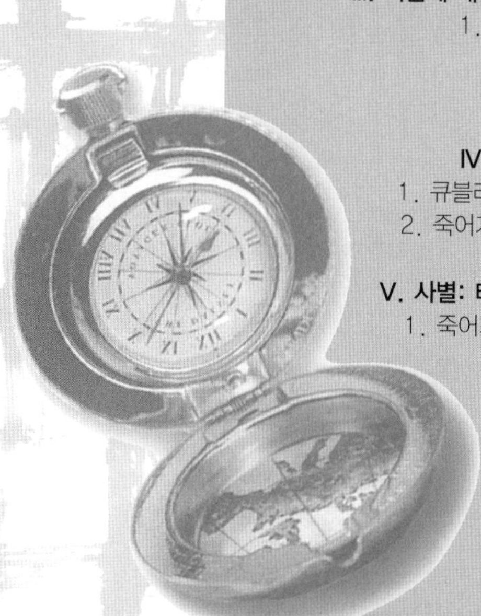

Adult Development

&

Aging Psychology

Chapter 12

인생의 최종단계-죽음과 죽어가는 과정, 사별

이 세상의 모든 사람들은 인생의 최종단계로서 죽음을 맞는다. 사람들은 죽음에 가까이 갈수록 죽음 자체보다는 죽어가는 과정을 더 두려워하며 잠자듯이 편안하게 죽음에 이를 수 있기를 소망한다. 이 장에서는 죽음과 죽어가는 과정에서의 문제를 설명하고 가까운 사람들과의 사별에 대처하는 문제도 함께 논의한다.

unit I 죽음이란 무엇인가

1. 죽음의 정의

죽음에 대한 사전적 정의는 간단하게 "살아 있는 것에서 죽어 있는 것으로의 이동"으로 죽음을 규정한다. 그러나 죽음은 의학적 혹은 임상적 측면은 물론 사회문화적 측면을 갖는 복잡한 문제이다.

1) 의학적 혹은 임상적 정의

의학적으로 죽음은 어떻게 정의되는가? 수천 년 동안 맥박이 뛰지 않고 호흡이 부재한 상태인 심장사(心臟死)를 죽음으로 인정하였다. 뇌라는 신체의 장기는 이미 사망하였는데도 심장이 살아 있으면 아직 사망하지 않았다고 보는 것이다. 문제는 의학의 발달로 뇌가 그 기능을 잃은 상태에서도 인공호흡기를 비롯한 의료기구를 사용하면, 폐의 가스교환 기능을 유지할 수 있고 심장도 자율성을 지니고 있으므로 박동을 계속할 수 있다는 것이다.

이러한 문제점 때문에 미국을 포함한 서구의 여러 나라에서는 1970년대 후반부터 뇌가 기능을 완전히 멈춘, 뇌사(腦死, brain death)상태를 사망으로 인정하고 다음과 같은 8가지 범주를 충족시켜야 한다고 결정하였다.

① 어떤 외부적 자극에도 자발적인 움직임이 없다.
② 적어도 한시간 동안 자발적인 호흡이 없다.
③ 가장 고통스러운 자극에 대해서조차 반응이 없다.
④ 눈 움직임, 눈깜박거림, 혹은 동공 반응이 전혀 없다.
⑤ 자세 변화, 삼키기, 하품하기 혹은 발성하는 일이 전혀 없다.
⑥ 운동반사가 전혀 없다
⑦ 적어도 10분 동안 평탄 뇌파가 나타난다.
⑧ 24시간 이후에 다시 검사했을 때 위의 범주 중 어떤 것에서도 변화가 나타나지 않는다.

물론 뇌사는 깊은 혼수상태나 저체온증 혹은 약물과용과는 구별되어야 하고, 대뇌피질과 뇌간의 뇌활동이 모두 정지되어야 한다. 뇌사 후, 인공호흡기 등의 의료장비를 달고 있다고 해서 계속 생존할 수 있는 것은 아니며 인위적으로 심장박동을 유지하려고 노력해도 길어야 2주 이내로 생명을 연장할 수 있을 뿐이다.

문제는 이 때 신체의 모든 장기나 기관은 죽게 된다는 것이다. 그러나 뇌사상태에서는 아직도 다른 장기들은 살아 있으므로, 뇌사를 죽음으로 규정하면 장기적출을 통하여 장기를 필요로 하는 다른 환자들에게 도움을 줄 수 있는 이점이 있다. 우리나라 의료법에는 사망의 기준을 심장사로 정하고 있지만, 2000년부터 뇌사도 죽음으로 인정할 수 있게 됨으로써 장기적출이 가능하게 되었다.

뇌사상태와는 다르게 대뇌피질의 기능은 멈추었는 데도 뇌간의 활동이 계속될 때, 영속적 식물상태(persistent vegetative state)로 진단된다. 식물상태에서는 생각할 수 있는 능력과 외부 자극에 대한 의식적 반응능력은 모두 없어졌으나 생명유지를 위한 기본적인 능력(호흡과 심장 및 위장 운동 등)은 남아 있으며 외부의 영양공급에 의해 생명이 유지될 수 있다. 심각한 대뇌손상이나 약물과용에 의해 일어나는 식물상태는 수개월에서 수년씩 계속될 수 있다.

2) 사회문화적 정의

당신은 죽음을 생각하면서 무엇을 떠올리는가? 하얀 상복, 장례식, 묘지, 노인, 남은 가족과 친구 등 매우 다양할 것이다. 그러나 죽음은 문화에 따라 다른 의미로 정의되고 해석되기 때문에 죽음이라는 단어가 갖는 의미도 문화에 따라 달라질 수 있다. 그 예로서 남태평양 문화에서는 우리가 잠을 잘 때나 아플 때에도 신체에서 생명력이 빠져나간다고 생각하기 때문에 수면과 질병 및 죽음은 거의 동일한 개념으로 지각된다. 그들은 최종적인 죽음에 이르기 전에도 여러 번 죽음을 경험하는 셈이다. 또한 말레이시아인들은 아픈 사람과 늙은 사람 및 사망한 사람을 모두 동일한 단어(mate)로 표현하고 살아 있는 사람(toa)과 대비되는 개념으로 인식한다.

문화에 따라 죽음의 의미가 다르기 때문에 장례의식이나 고인에 대한 애도방식 혹은 매장방식도 문화마다 다르다. 우리 문화에서는 전통적으로 장례의식이 치러지는 기간이나 애도기간이 정해져 있다. 보통 3일장이나 5일장으로 장례를 치르고 영혼이 이생을 떠나는 날을 기준으로 49재를 지내거나 3년상을 치르는 등 복잡한 장의절차들이 존재한다.

그러나 유대문화에서는 가까운 사람이 사망하면 매일 교회예배 시간에 기도하고 집안에 있는 거울을 덮어씌우며 남성들은 상실의 상징으로 넥타이를 베어버린다. 또한 가족들은 얼마 정도의 기간 동안 사회활동을 금지당한다. 더욱이 이집트의 피라미드나 인도의 타지마할(Taj Mahal) 같은 무덤을 보면 죽음의 의미가 얼마나 다양할 수 있는지를 실감할 수 있다.

이집트의 피라미드

인도의 타지마할

문화에 따라 죽음의 의미가 다르다고 할지라도, 죽음은 어느 문화에서나 개인과 사회, 모두에게 매우 중요하다. 죽음이라는 사건과 죽어가는 과정은, 개인이 경험하는 정서적 느낌과 사회적 관계, 영적 안녕감 혹은 일상생활에서 일어나는 변화의 측면에서 볼 때, 개인과 지역사회에 큰 영향을 준다. 일찍이 칼리쉬(Kalish, 1985) 같은 연구자는 성인들이 지니고 있는 서로 다른 죽음의 의미를 다음과 같이 정리하였다.

① 시간 조직자로서의 죽음

죽음을 개인 삶의 끝으로 정의한다. 우리는 죽음이라는 끝이 있기 때문에 남아 있는 시간을 계산하고 계획을 세우며 그것을 성취하기 위하여 노력할 수 있다. 성인중기에 일어나는 사고의 핵심적 변화는 출생을 기점으로 시간을 계산하던 방식에서 죽음을 기준으로 남은 시간을 계산하는 방식으로 전환하는 데서 일어난다.

물론 성인중기 동안 죽음에 대한 인식을 동반하는 이러한 시간조망에서의 변화가 모든 성인들에게 일어나는 것은 아니며, 성인후기의 노인들조차도 죽음에 기초한 시간조망을 갖지 않는 사람들도 많다. 72세부터 99세까지 노인의 약 50%만이 남아 있는 시간을 기준으로 삶을 조망한다는 보고도 있다(Keith, 1981–1982).

남아 있는 시간에 대한 인식은 개인이 자신의 죽음에 대처할 때 매우 유익하다. 일반적으로 남아 있는 시간을 기준으로 삶을 조망하는 사람들은 죽음에 대해 보다 긍정적 태도와 더 적은 죽음공포를 지니는 반면, 그렇지 않는 사람들은 과거에 집착하고 미래에 대한 생각을 회피하므로 죽음을 더 많이 두려워하고 불안해한다.

② 처벌로서의 죽음

일반적으로 아동들은 죽음을 나쁜 행동에 대한 처벌로 생각한다. 놀랍게도 성인들도 아동과 같이 죽음과 나쁜 행동을 연결짓고 '착한 사람은 오래 산다'는 생각을 가지고 있다. 칼리쉬(Kalish & Reynolds, 1976)의 연구에서 36%의 성인들이 "90세 혹은 그 이상 생존하는 사람들은 도덕적으로 착한 사람들이다"라는 문항에 동의하였다. 처벌로서의 죽음은 죄와 죽음간의 연결을 강조하는 종교적 가르침에 의해 더욱 강화되었다.

③ 상실로서의 죽음

가장 흔하게 죽음은 상실로 정의된다. 죽음은 어떤 계획을 수행하거나 완성하는 능력의 상실과 육신의 상실, 먹고, 냄새 맡고 접촉하는 경험의 상실, 타인과의 관계의 상실을 포함한다. 죽음에 의해 우리는 더 이상 봄철의 향기로운 꽃향기도, 가을날의 아름다운 단풍도, 겨울 한낮의 따스한 햇살도 즐길 수 없고 바하의 음악을 들으면서 따뜻한 차 한잔도 마실 수 없으며 낯선 이국적 풍경을 맛볼 수 있는 여행도 불가능하다.

그러나 상실의 구체적 내용에서는 연령에 따라 차이가 있다. "만약 당신이 회복불가능한 병으로 6개월 이내에 사망한다는 진단을 받았다면, 당신은 남은 시간 동안 무엇을 하고 싶은가?"라고 질문하였다. 흥미롭게도 젊은 성인들 중에는 여행을 하고 타인과의 관계나 생활변화를 꾀하는 데 시간을 보내고 싶어하는 사람이 많은 반면, 노인들 중에는 명상하고 기도하는 소위 내적 생활에 전념하거나 생활변화 없이 하던 일을 계속하고 싶어하는 사람이 많았다(Kalish & Reynolds, 1976).

④ 이동으로서의 죽음

죽음은 삶에서 무(無)로 혹은 삶에서 어떤 사후세계로의 이동으로 정의된다. 미국에서 실시된 전국적 조사에서 70%의 성인들이 사후의 세계를 믿는다고 응답하였다(Klenow & Bolin, 1989–1990). 이 조사에서 여성들이 남성들보다 사후의 세계를 더 많이 믿고 있었으나 연령차이는 없었다. 즉 20대의 성인들과 60대 이상의 노인 모두 똑같이 사후의 세계를 믿는다는 것이다.

근래에는 근사체험(near-death experience)을 했다고 주장하는 사람들에 의해 죽은 뒤의 삶에 대한 태도가 보다 긍정적으로 변화하고 있다. 근사체험(近死體驗)이란 분명히 사망하였고, 사망 후 영혼으로 불리는 어떤 것이 몸에서 빠져나와 몇 가지 체험을 한 다음 다시 몸속에 들어오는 경험을 의미한다(최준식, 2005). 근사체험에 관한 보고들은 결국 죽음 후에 사후세계가 있을 가능성을 시사하는 것으로 죽음을 삶에서 어떤 사후세계로의 이동으로 정의할 수 있게 한다.

일찍이 미국의 버지니아 대학교에 국제근사체험연구소(International Association for Near-Death Studies)가 설립되어 근사체험에 관한 과학적 연구가 시작될 수 있었고, 전문잡지로서 Journal for Near-Death Studies도 10여 년 전부터 출판되고 있다.

2. 윤리적 문제

우리 문화에는 죽음을 금기시하고 죽음이라는 단어조차 쓰지 않으려고 하는 경향이 있다. 이와 같은 죽음부정의 결과는 죽어가는 개인과 가족, 친구, 그리고 의료진 사이를 가로막아 원활한 의사소통을 불가능하게 한다. 소위 침묵의 공모(conspiracy of scilence)로서 아무도 환자에게 질병의 예후나 현재의 상황을 정확하게 이야기하지 않는다. 환자의 가족이나 주위 사람들은 어떤 대가를 치르더라도 환자의 생명을 연장하는 데만 급급하기 때문에, 가능하다면 보다 편안한 상태에서 위엄(dignity)을 갖춘 죽음을 맞이하고 싶어하는 환자의 욕구에는 관심을 갖지 않는다.

1) 안 락 사

생물윤리학에서 중요시하는 안락사(euthanasia)란 회복될 가망이 전혀 없는 환자를 본인 또는 가족의 희망에 따라 가장 고통이 적은 방법을 이용하여 인위적으로 죽음에 이르게 하는 것이다. 원래 생물윤리학은 인간가치와 생명과학 분야의 기술적 진보 사이의 상호작용을 연구하는 학문분야로서 개인적 선택을 중요시하고 선(善)을 극대화하는 것을 강조한다.

그러므로 안락사는 오로지 죽어가는 사람의 이익을 위한 것이라는 전제를 충족시켜야 한다. 만약 안락사에 의한 죽음이 가족이나 사회를 위한 것이라면 그것은 살인이지 안락사라고 할 수 없기 때문에, 안락사 문제는 항상 윤리적 문제를 수반한다. 안락사는 적극적 안락사(active euthanasia)와 소극적 안락사(passive euthanasia)로 구분될 수 있다.

(1) 적극적 안락사

적극적 안락사는 환자의 분명한 소망이나 법적 책임을 맡고 있는 사람의 요구에 의해 인위적인 방법으로 환자의 생명을 종결짓는 행동에 해당한다. 보통 환자가 영구적인 식물상태에 있거나 말기 암환자와 같이 질병의 최종단계에 도달한 사람들의 경우에 시도된다. 환자의 사망을 위해 주로 약물의 과용이나 독극물 투여 등의 방법이 사용된다.

미국 오리건(Oregon) 주에서는 1997년에 제정된, 위엄을 갖춘 죽음법 혹은 존엄사법(Death with Dignity Act)에 의해 적극적 안락사를 시행하고 있다. 보통 치사량의 약물을 환자에게 투여함으로써 매년 1,000명의 사망자 중 1명이 안락사에 이른다. 물론 안락사의 시행은 의사의 도움을 받아 이루어지므로 적극적 안락사는 “의사의 도움을 받은 자살(physician–assisted suicide)”로 명명된다.

이 때 의사는 환자에게 독극물의 치사량에 대해 설명하거나 혹은 실제로 독극물의 처방전을 발행하기도 한다. 안락사하는 대부분의 사람들은 70세 이상의 고령의 말기암 환자들이다. 네덜란드에서는 2002년에 안락사를 공식적으로 합법화하였으나(Quill, 2007), 법안 통과 이전에도 이미 2천 5백건 이상의 안락사가 시행되어 관례상 묵인되어온 안락사가 합법화될 수 있었다.

(2) 소극적 안락사

소극적 안락사란 환자에게 시행될 수 있는 가능한 의학적 처치를 시행하지 않음으로써 환자가 죽을 수 있도록 하는 것을 의미한다. 일반적으로 암환자에게 화학요법이나 수술요법을 시행하지 않거나 음식물 공급을 중단하는 것 혹은 환자가족의 동의하에 생명 보조장치를 제거하는 방법들이 여기에 해당한다. 현재 미국의 40개 주에서 소극적 안락사가 허용되고 있다.

그러나 소극적 안락사가 허용될 때에도 환자의 분명한 의사표시가 있어야만 하기 때문에 이미 식물상태에 있거나 의사표시가 불가능한 상태에 있을 경우에는 소극적 안락사도 이루어지기 어렵다. 물론 환자의 보호자나 대리인이 안락사를 요구할 수도 있지만, 그 때는 주관적 요건과 객관적 요건 및 의학적 요건에 대한 평가를 바탕으로 재판부의 허가가 있어야 한다.

최근에 와서 안락사를 허용해야 한다는 목소리는 점점 더 높아지는 추세에 있다. 안락사 찬성자들에 의하면, 인간 개개인은 인간답게 살 권리를 가지고 있고 생명은 그 개인에게 주어진 것이므로 치료 불가능한 상황에서 극심한 고통에 시달릴 때는 스스로 생명을 포기할 권리도 있다는 것이다. 그들은 참을 수 없는 고통 때문에 추한 모습으로 삶과 이별하고 사랑하는 사람들과 작별하기보다는 인간으로서의 위엄을 갖추고 죽음을 맞을 권리도 있다고 주장한다.

물론 안락사가 합법화될 때 그것이 죄없는 생명을 죽이는 장치로 활용될지도 모른다고 우려하는 사람들도 많다. 또한 스스로의 판단능력이 미숙한 어린 아동의 경우에 안락사가 인정될 수 있는지도 안락사를 반대하는 사람들이 제기하는 중요한 문제들이다.

2) 생전유서와 사전 위임장

생전유서(living will)란 만약 개인이 불치의 병에 걸리거나 불의의 사고로 회복 불가능한 상태에 이를 때 생명유지 장치를 사용하여 연명하지 않도록, 의사나 관계자들에게 통고하는 문서이다. 유서 작성자가 의사소통을 할 수 없을 정도로 건강상 심각한 상태에 있을 때를 대비해 미리 자신에 대한 치료 한계를 밝혀 두는 것이다. 이 때 대리인으로 위임받고 사전 위임장을 가지고 있는 사람은 작성자가 의사결정할 능력을 잃게 될 때 작성자를 대신해서 결정을 내릴 수 있다.

지금까지 생전유서는 환자를 불필요하게 소생시키려고 하지 않도록 하는(Do Not Resuscitate: DNR) 의학적 명령서의 역할을 하였다. 그러나 의학적 명령서로서의 역할은 환자의 심장과 호흡이 멈출 때만 적용될 수 있어 한계가 있었다. 그 예로서 정상적으로는 환자가 맥박과 호흡을 멈추면, 의료진들은 다급하게 환자의 심장박동과 호흡을 회복시키기 위하여 즉각적인 의료적 처치를 실시할 것이다. 그러나 생전유서에 의해 DNR을 가지고 있는 환자의 경우에는 심폐소생술이 실시되지 않는다는 것이다.

미국에서는 테리 시아보(Terri Schiavo)의 사망을 계기로 생전유서 작성 붐이 일어났다. 시아보는 15년간 식물인간 상태로 생존해온 여성으로 영양공급 튜브를 제거한 지 13일 만인 2005년 3월 31일 41세로 사망하였다. 과체중

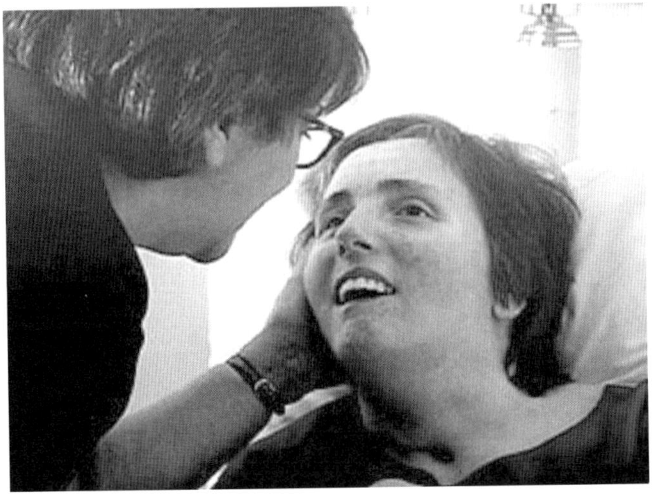

테리 시아보와 남편 마이클

이었던 시아보는 1990년 무리한 다이어트로 제대로 식사조절을 못하는 상태에 이르고, 그로 인해 화학적 불균형으로 심장박동이 정지되어 뇌에 치명적인 손상이 가해짐으로써 식물인간 상태에 이르렀다.

1998년 남편이 보조장치 제거명령 청구소송을 낸 지 6년 만에 법원으로부터 "테리는 의식불명 상태이며 회복이 불가능하다"는 판정을 받았다. 그 후 이를 저지하려는 부모와 주지사의 노력에도 불구하고, 남편의 청구가 받아들여져 영양공급 튜브가 제거되었던 것이다.

시아보 사건은 미국의 노인들뿐 아니라 40–50대의 중년 성인들도 생전유서 작성의 필요성을 절감하게 하였다. "언제 무슨 일을 당할지 모르기 때문에 생전유서를 작성하는 것은 중요하다. 테리 시아보가 쓰러진 것은 겨우 26세 때였다"고 변호사들은 말하고 있다. 생전유서를 작성해 놓으면 이미 회복될 수 없는 상황에서 불필요하게 생명을 연장시키려는 노력을 하지 않아도 되고 남은 가족들에게 경제적 부담을 주지 않을 수 있으므로, 서구에서는 많은 사람들이 생전유서를 작성하는 추세에 있다.

unit II 죽음에 대한 발달적 조망

우리 대부분은 죽음을 노년기와 연결짓기 때문에 죽음에 대해 생각하지 않으려고 한다. 그러나 죽음에는 연령 제한이 없으며, 단지 노인들의 죽음이 젊은이들의 그것보다 더 쉽게 받아들여지는 차이가 있을 뿐이다. 만약 95세의 노인이 사망한다면 그 죽음은 섭섭하지만 자연스럽고 당연한 일로 받아들여지겠지만, 16세 소녀의 죽음에 대해서는 사람들은 안타까움과 슬픔을 표하고 비극적인 일로 생각할 것이다. 이와 같이 죽음은 연령에 따라 다르게 보여지고 다르게 경험된다.

그러나 연령에 따라 죽음에 대한 느낌만 다른 것이 아니라 죽음의 원인도 다르고 죽음에 대한 기대나 태도도 다르다. 전생애의 각 시점에서 우리는 어떤 원인으로 사망하고, 죽음에 대해 어떤 기대와 태도를 갖는가?

1. 연령에 따른 죽음의 원인과 기대

죽음은 전생애의 어떤 시점에서도 일어날 수 있다. 태내기 동안에는 유산이나 사산에 의해 죽음이 발생하고 출산과정에서 혹은 출산 후 수일 이내에도 죽음이 일어날 수 있다. 아동기에 이르면, 질병이나 사고 때문에 죽음이 발생한다. 아동들은 자동차 사고와 중독, 화재 및 높은 곳에서 떨어지거나 물에 빠져 사망하며 심장질환, 암, 출산결함 등도 아동을 죽음에 이르게 한다.

놀랍게도 회복될 수 없는 질병을 앓는 아동들이 질병의 최종단계에 이르면, 부모를 멀리하기 시작한다. 이러한 거리두기는 많은 죽어가는 환자들이 경험하는 우울증 때문이기도 하고, 때로는 자신의 죽음으로 비통해할 부모를 보호하려는 아동의 마음씀 때문이기도 하다. 죽어가는 아동들의 대부분은 그들이 불치병을 앓고 있음을 잘 알고 있다. 자신이 죽을 것이라는 사실에 아동이 어떻게 대처할 것인지는 아동의 발달수준과 대처기술 및 사회적 지원에 따라 달라진다.

아동기와 비교하여 청년기 동안의 죽음은 자동차나 자전거 혹은 오토바이와 같은 탈것들에 의한 사고가 가장 많고 자살이나 살인에 의해서도 일어난다. 성인기 동안에도 사고사(事故死)가 많기는 하지만, 이 시기의 사고들은 자주 음주상태에서 일어난다는 점에서 청년기와는 차이가 있다. 대조적으로 중년 성인이나 노인들은 각종 성인병이나 노인성 질환으로 사망한다. 특히 성인후기 질환들은 죽음에 이르기 전에 먼저 무능력 상태를 초래하므로 노인들은 점진적으로 죽음에 이르는, 소위 죽어가는 과정을 경험한다.

이와 같이 각기 다른 연령의 사람들은 각기 다른 원인으로 사망하기 때문에 죽어가는 과정도 다르게 경험된다. 노인들의 죽어가는 과정은 다른 어떤 연령집단에서보다 더 길고 고립된 상태에서 이루어진다. 그러나 성인초기나 중기의 성인들은 비통해하는 가족들에 둘러쌓여 임종을 맞게 된다. 그들은 이제 더 이상 가족과 함께 하지 못하게 되고, 하고 싶은 일을 할 기회와 앞으로 이룰 수 있는 소중한 것들을 잃게 된다는 생각으로 안타까워한다.

어느 사회에서나 노인의 죽음은 젊은 사람들의 죽음보다 덜 중요하게 그리고 덜 비극적으로 인식된다(Kastenbaum, 2000). 사회는 노인들의 생명을 구하기 위해 시간과 돈 그리고 에너지를 투자하는 데 인색하므로 노인들은 질병에 대한 충분한 처치를 받지 못할 때도 많다. 특히 오랫동안 시설기관에 거주했던 노인들은 가족이나 친구와도 거의 접촉하지 못한 상태로 죽음을 맞이한다.

그렇다고 해서 노인들의 죽음이 가족이나 가까운 친구들에게 중요하지 않다는 것은 아니다. 후손들은 노인의 죽음으로 큰 상실감을 경험하고 (Anderson, 1997) 친구들은 자신의 죽음을 맞이하듯 안타까워하지만, 단지 사회가 아동이나 젊은 성인들의 죽음보다 노인들의 죽음에 대해 정서적으로 더 적은 가치를 부여한다는 것이다.

2. 전생애 동안의 죽음에 대한 태도

연령은 개인이 죽음에 대해 생각하고 경험하는 방식에 영향을 준다. 연령이 증가하면 우리는 죽음에 대해 보다 성숙한 개념을 가질 수 있는가? 죽음에 대한 성숙한 개념이란 모든 생명체는 죽음을 경험하고 죽음이 최종적이며 불가역적인 동시에 인생의 종말을 의미한다는 것을 이해하는 것이다. 다행스럽게도 인간은 연령이 증가할수록 죽음에 대해 점차 성숙한 사고를 하기 시작한다.

1) 아 동 기

2세 미만의 영아들은 죽음에 대한 초보적인 개념조차 지니고 있지 않다. 생후 6개월경에 어린 아기들은 양육자에 대한 애착을 형성하면서 상실과 분리 및 그에 수반되는 불안을 경험한다. 그러나 그들은 시간개념을 지니고 있지 않기 때문에, 잠깐 동안의 분리조차 완전한 상실로 경험한다. 대부분의 영아에게 양육자의 재출현은 불안을 감소시키고 존재의 영속성을 경험하게 한다. 이 때 부모의 상실이나 양육자의 교체가 영아의 건강에 부정적 영향을 주기는 하지만, 우리는 영아가 죽음을 어떻게 경험하는지 알지 못한다.

3세부터 5세까지의 아동들조차 죽음이 무엇을 의미하는지 알지 못한다. 그들은 죽음을 잠자는 것과 동일시하기 때문에, 죽은 사람도 잠시 후에 다시 살아날 것으로 생각한다. 따라서 초등학교 입학 이전의 아동들은 죽은 동물의 모습이나 죽은 사람에 대한 이야기를 들어도 놀라거나 당황하지 않는다. 그들은 마술로써 혹은 음식물이나 의학적 처치를 사용함으로써 죽은 사람을 살아나게 할 수 있다고 믿고, 단지 죽기를 원하는 사람이나 나쁜 사람 혹은 조심성 없는 사람들만이 실제로 죽는다고 생각한다. 잘 아는 사람들이 사망하면 그들은 자신이 말을 듣지 않았기 때문에 사망했다고 생각하고 스스로를 비난한다.

아동중기나 후기에 이르면, 죽음에 대한 실제적인 지각이 발달한다. 3–5

세의 어린 아동들은 죽음 자체가 존재한다는 것을 인정하지 않으나, 6–9세의 아동들은 죽음이 존재하기는 하지만 단지 일부의 사람들에게만 일어난다고 믿는다. 그러나 9세 이상의 아동들은 죽음의 최종성과 보편성을 인식함으로써 죽음의 의미를 이해할 수 있다. 그러므로 죽음의 진정한 의미를 이해하는 연령은 약 9세경이다(Cuddy–Casey & Orvaschel, 1997).

이와는 달리 미국 애리조나 주립대학교 교수였던 카스텐바움(Kastenbaum, 2000)은 죽음과 죽어가는 과정에 대한 아동의 지각이 우리가 생각하는 것보다 훨씬 더 빨리 발달한다고 주장한다. 그는 어린 아동들조차 분리와 상실에 관해 정확하게 알고 있으며 죽음을 이해하기 위하여 열심히 노력한다고 주장함으로써 우리가 생각한 것보다 더 일찍 죽음에 대한 이해가 이루어진다는 것을 강조하였다.

2) 청 년 기

청년초기나 중기 동안 죽음은, 노화에 대한 개념과 유사하게, 청소년 자신과는 관련 없는 먼 사건으로 지각된다. 이 시기 동안 죽음이라는 주제는 구경꾼같은 시각으로 회피되고, 감추어지고, 중립화되고, 통제되기 때문에 죽음에 대한 진정한 사고는 이루어지지 않는다. 물론 일부의 청소년들은 죽음에 관심을 보이고 죽음의 의미를 탐색하며 자신이 때 이르게 죽을 수 있다는 생각을 하기도 하지만 그 수는 많지 않다(Reyna & Rivers, 2008).

청소년들은 죽음을 어둠, 빛, 이동, 혹은 무(無)와 같이 추상적으로 지각하고, 죽음의 본질에 관해 철학적 혹은 종교적 견해를 갖는다(Wenestam & Wass, 1987). 그들은 사후의 세계가 존재하는지에 대해서도 큰 관심을 보이지만, 죽음은 어디까지나 자신과는 관계없는 다른 사람들의 문제로 인식한다.

청년후기에 이르면, 이제 죽음은 자신의 문제로 지각되기 시작한다. 이 시기의 청년들은 정체감 형성의 일환으로 인생의 의미와 필연적 죽음 그리고 죽음 후의 문제를 심각하게 탐구한다. 그러나 아직도 자신의 중요성이나 독특함에 몰두해 있는 청년들은 죽음에 대해 강한 공포를 나타낸다.

3) 성 인 기

결혼하고 자녀를 양육하며 직업세계에 적응하기 위해 열심히 노력하는 성인초기 동안 죽음의 문제는 잠시 잊혀진다. 그러나 성인중기에 이르면 자신의 죽음에 대한 인식이 크게 증가한다. 자신이 노화하고 있음을 절감하는 중년의 성인들은 얼마나 많은 시간이 남아 있는지를 생각하면서 자연스럽게 자신의 죽음을 생각하기 시작한다. 연구자들은 성인중기 성인들이 성인초기나 후기의 성인들보다 죽음을 더 많이 두려워한다고 보고한다(Thorson & Powell, 2000).

성인후기에 이르면, 노인들은 죽음에 대해 생각하는 일이 많아지고 타인과도 죽음에 대한 이야기를 더 많이 나눈다. 사망한 친구나 친척도 많고 자주 부고장(訃告狀)을 받는 노인들은 죽어가는 과정이나 죽음에 대한 직접적인 경험을 할 기회가 많아진다. 따라서 노인들은 젊은 성인들보다 어쩔 수 없이 삶과 죽음의 의미를 더 많이 생각할 수밖에 없다.

성인후기의 중요한 특징은 죽음을 수용하게 된다는 것이다. 그렇다고 해서 죽음에 대한 공포를 완전히 극복했다는 의미는 아니다. 노인들은 가까운 사람들의 죽음 때문이든 자신의 신체 상태 때문이든 죽음을 생각하는 일이 많기 때문에 그리고 주위 사람들과 자주 죽음에 대한 대화를 나누기 때문에, 죽음을 받아들이는 것이 더 용이하다. 특히 이 시기의 통합감 발달은 노인들이 죽음을 수용하도록 돕는 역할을 한다. 그들에게는 양육해야 할 어린 자녀도 없고 배우자는 이미 사망하였으며 끝마쳐야 할 일도 남아 있지 않기 때문에, 정서적으로 큰 고통을 경험함이 없이 자신의 죽음을 수용할 수 있다. 물론 80대의 노인들 중에도 지금까지 하던 일이나 타인과의 관계를 끝낼 수 없다고 주장하고 죽음을 거부하는 사람도 있다.

카스텐바움: 노인심리학자(geropsychologist)

로버트 카스텐바움(Robert Kastenbaum)은 노화와 죽음 및 애도에 관심을 가진 심리학자로서 University of Southern California에서 박사학위를 받았다. 수년 동안의 연구 후에, 노인병원의 대표이사가 되었고, 환자들에게 보다 자극적이고 지원적인 시설환경을 제공하기 위한 새로운 프로그램들을 소개하였다. 카스텐바움은 전국 호스피스 시범운동(National Hospice Demonstration) 계획을 수립하고 평가하는 일도 하였으며, 인생의 최종단계에서 환자지향적, 가족지향적 보살핌의 중요성을 강조하였다.

애리조나 주립대학교의 노화 및 인간발달 연구의 학제간 프로그램을 제안하고 수행한 사람으로도 유명한 그는, 지난 30년 동안 노화 전문잡지인 『International Journal of Aging and Human Development and Omega』와 『Journal of Death and Dying』의 편집자로 활동하였고 죽음과 관련한 여러 권의 책도 저술하였다. 대표적 저서로 『죽음의 심리학』(The Psychology of Death)과 『죽음, 사회 및 인간경험』(Death, Society and Human Experience) 등이 있다.

현재 그는 애리조나 주립대학교를 은퇴하고 노화와 죽음에 관한 저술활동을 계속하고 있으며, 오페라 『Dorian』과 『Closing Time』 그리고 희곡 『Tell Me About Tigers』를 저술한 바 있다. 그가 저술한 모든 작품들의 한결같은 주제는 인간이 삶과 죽음에 어떻게 직면하고 그것들이 전생애 동안 개인의 가치관이나 관계의 발달에 의해 어떤 영향을 받는가의 문제이다.

Robert Kastenbaum
자신이 저술한 시나리오의 선전 포스트를 들고 있다.

unit III
죽음에 대한 공포와 불안 및 죽음수용

죽음을 상실로 본다면, 그것은 공포나 불안을 야기시킨다.

우리는 경험과 감각 및 관계의 상실 때문에 그리고 죽음 자체의 과정에서 겪게 되는 고통이나 통증 혹은 체면이나 위신의 손상 때문에 죽음을 두려워한다. 그러나 무엇보다 중요한 것은 자기(the self)의 상실에 대한 근본적인 공포 때문에 죽음을 두려워한다.

죽음공포와 죽음불안은 서로 교환가능한 용어로서 사용되고 있지만, 엄밀한 의미에서 죽음공포는 죽음에 대한 구체적이고 확인가능한 근원을 갖는 두려움으로 정의되는 반면, 죽음에 대한 불안은 보다 더 일반화되고 자각되지 않은 막연한 두려움으로 정의된다. 한편 죽음수용이란 죽을 수밖에 없는 운명에 대해 비교적 편안할 수 있는 것으로 "자신의 유한성을 인지적으로 인식하고 그 인식에 대한 긍정적 동화"로 정의된다(Klug & Sinha, 1987). 이 절에서는 죽음공포와 죽음불안을 분리하여 설명하고 죽음수용을 죽음공포와의 관계에서 논의한다.

1. 죽음에 대한 공포

죽음은 삶의 중요한 목표와 목적의 실현을 방해하고, 자기(self)의 계속적인 존재는 물론 의미 있는 삶 자체를 불가능하게 한다. 죽음으로 우리는 사랑하는 사람과 이별해야 하기 때문에, 죽어가는 과정에서 어떤 고통과 괴로움을 겪을지 모르기 때문에 그리고 죽음 이후에 어떤 일이 일어날지 정확하게 알지 못하기 때문에 우리는 죽음을 두려워한다.

그러므로 죽음에 대한 공포는 연령과 상관없이 모든 사람들이 경험하는 지극히 정상적이고 선천적인 인간의 특성이다. 실제로 죽음에 대한 공포는 우리의 행동방향을 지시하는 역할을 하므로 우리가 죽을 것이라는 것을 이해하는 것은 곧 삶에 대한 더 완전하고 더 깊은 이해를 위한 전제조건이기도 하다. 그 예로서 건강한 죽음공포(healthy fear of death)를 지니고 있는 사람들은 더 신중하고 조심스럽게 행동하며 매사에 열심히 노력한다. 그들은 자전거를 탈 때는 헬맷을 쓰고 운전할 때는 안전벨트를 착용하며 매일매일 열심히 노력하여 후손에게 의미 있는 유산을 남기려고 할 것이다.

일찍이 다차원 죽음공포 척도(Multidimensional Fear of Death Scale: MFODS)를 제작한 홀터(Hoelter, 1979)는 죽음공포를 다음과 같이 8개 차원으로 구성함으로써 죽음공포가 중다차원적 구성개념임을 강조하였다.

① 죽어가는 과정에 대한 공포: 죽음을 동반하는 결과들보다 오히려 죽어가는 행위와 관련된 공포차원
② 죽은 사람에 대한 공포: 죽은 사람이나 동물과 관련된 공포차원
③ 파괴되는 데 대한 공포: 죽음 직후의 인간파괴와 관련된 공포차원
④ 유의미한 타인의 죽음에 대한 공포: 유의미한 타인의 죽음 및 그 영향과 연합된 공포차원
⑤ 미지에 대한 공포: 죽음의 모호성 및 존재의 궁극적 문제와 관련된 공포차원
⑥ 의식적 죽음에 대한 공포: 사망의 선언을 의식의 최종적 종결로 받아들이지 않음으로써 사망 직후의 과정과 연합된 공포차원
⑦ 사후의 신체에 대한 공포: 사후의 육신의 변화와 관련된 공포차원
⑧ 때 이른 죽음에 대한 공포: 삶의 시간적 요소와 관련되며 사망하기 전에 목표를 성취하지 못하는 것과 관련된 공포차원

그러나 한국 대학생과 노인들을 대상으로 요인분석한 결과에 의하면(이홍표 등, 2005; 장휘숙 등, 2007), 죽음공포는 '의식적 죽음에 대한 공포 차원'을 제외한 나머지 7개 차원으로 구성되어 있었다.

1) 연령 및 성별과 죽음공포

연구자들은 일관성 있게 노인들이 성인초기나 중기의 성인들보다 더 적은 죽음공포를 경험한다고 보고한다(장휘숙 등, 2007, 2008; Fortner 등, 2000; Thorson & Powell, 2000). 40여년 전에 이루어진 릴리와 포너(Riley & Foner, 1968)의 연구에서도 노인들은 "나는 사후의 세계를 기대한다" 혹은 "나는 죽음을 두려워하지도 않고 환영하지도 않는다"는 문항에 동의하였다. 실제로 노인들은 죽어가는 과정에 대해서는 많이 불안해하지만 죽음 자체에 대해서는 크게 두려워하지 않으며 심지어 죽음을 기대하거나 환영하는 노인들도 있다.

그러나 성인중기는 처음으로 죽음이 가까이 있음을 인식하는 시기이기 때문에, 죽음에 대해 가장 큰 공포를 경험한다. 일찍이 레빈슨(Levinson)도 성인중기의 중심적 과업은 죽음의 불가피성과 타협하는 것이라고 제안하였다. 중년기에 들어오면서 분명하게 자각되는 신체변화와 노화에 대한 인식은 지금까지 죽음에 대해 가지고 있던 잘못된 생각과 공포에 저항하기 위해 수립된 방어들을 무너뜨린다.

특히 부모의 죽음은 최초의 구체적 상실경험이기도 하지만, 이제 자신이 가장 윗세대로서 다음 번에 죽음을 맞을 사람이라는 자각을 하게 하므로 충격적이고 혼란스럽다. 그들은 죽음 자체에 대해서는 물론 자신의 죽음이 임박했음을 더 자주 생각하게 되고 더 많이 두려워하게 된다.

이 무렵부터 많은 성인들은 죽음을 인생의 한 부분으로 그리고 자연스러운 삶의 끝으로 인식하기 시작하며 결국 죽음을 수용하게 되므로, 성인후기에 이르면 죽음이 크게 두렵지 않게 된다. 이제 그들에게 죽음은 너무나 두드러진 사건이기는 하지만, 성인중기만큼 놀라운 사건은 아니다.

죽음공포와 관련된 또 다른 일관성 있는 결과는 여성들이 남성들보다 더 큰 죽음공포를 경험한다는 것이다(Kastenbaum, 2000). 여성들은 남성들보다 노화에 기인한 신체 외모의 변화를 더 크게 걱정하고 상실의 공포를 더 크게 경험하기 때문에(장휘숙, 2012) 죽음에 대한 공포도 더 클 것으로 예상된다.

성인중기에 진입하면 남성들보다 여성들의 죽음공포가 급격하게 증가한다는 보고도 있다(Russac 등, 2007).

2) 죽음에 대한 공포와 관련된 요인

연령과 성별 외에도 죽음에 대한 공포와 관련된 요인들은 많이 있다. 우선 얼마나 깊은 신앙심을 가지고 있느냐에 따라 죽음에 대한 공포는 달라진다. 일반적으로 종교에 깊이 심취하고 있거나 규칙적으로 종교단체에 출석하는 성인들은 그렇지 않은 사람들보다 죽음에 대해 더 적은 공포를 경험한다(Thorson & Powell, 1990).

흥미롭게도 종교단체에 출석하지도 않고 신앙심도 전혀 없는 사람들 역시 죽음에 대한 공포가 적어(Bee, 2000), 신앙심과 죽음에 대한 공포의 관계는 곡선적 관계로 설명될 수 있다. 즉, 깊은 신앙심을 가지고 있는 사람과 신앙심을 전혀 갖지 않은 사람들은 죽음에 대한 공포가 적지만, 종교를 가지고 있으나 거기에 전념하지도 않고 신앙심도 약한 사람들이 죽음에 대해 가장 큰 공포를 경험한다는 것이다.

개인적 능력(peronal competence)이나 자기효능감도 죽음에 대한 공포와 관련이 있다. 자신이 설정한 목표를 이루었다고 생각하는 사람이나 자신이 되고 싶었던 사람이 되었다고 생각하는 사람들은 자신에 대해 실망하는 사람들보다 죽음에 대해 더 적은 공포를 경험한다. 특히 남성들은 자신과 가정을 관리하고 경제적 혹은 직업적 능력에서 높은 자기효능감을 지닐 때 죽음에 대한 공포가 적은 반면, 여성들은 대인관계를 잘 관리하고 사회적 지원을 생성하며 스트레스에 대처하는 능력에서 높은 자기효능감을 지닐 때 더 적은 죽음공포를 경험하였다(Fry, 2003).

결론적으로 성인기 동안의 주요 과업들을 성취한 사람이나 자신의 역할 요구를 적절하게 수행한 사람들은 침착하게 죽음에 직면할 수 있으므로 죽음에 대해 큰 공포를 느끼지 않는다. 반면에 성인기 동안의 과업이나 역할을 제대로 수행하지 못하고 성인후기에 이른 사람들은 죽음을 더 많이 두려워하고, 에릭슨(Erikson)의 설명대로 절망상태에 이른다.

2. 죽음불안

죽음불안(death anxiety)은 죽는다는 것이 무엇을 의미하는지 정확하게 알지 못한 채 죽음의 위험을 예상할 때 일어난다(장휘숙, 2000b). 우리는 죽는다는 것이 무엇인지 알지 못하므로 죽음에 대해 걱정하고 불안해한다.

초기 연구자들은 죽음불안을 단일차원적 구성개념으로 가정하고 죽음불안 척도(Death Anxiety Scale: Templer, 1970)를 제작하기도 하였다. 그러나 죽음불안은 통증과 신체기능 부전(不全), 수치심, 거부, 비존재, 처벌, 목표의 중단 및 생존자에 미치는 부정적 영향 등 중다의 구성개념을 포함하기 때문에 중다차원적 구성개념으로 인식된다(Mason, 2011). 더욱이 죽음불안은 공적, 사적 그리고 무의식적 측면을 포함하기 때문에 더욱 더 복잡해진다.

죽음불안은 자주 공포관리 이론(terror management theory)으로 설명된다(Pyszczynski 등, 1999). 공포관리 이론은 사람이 특정한 심리상태를 성취하기 위하여 왜 어떤 행동에 가담하는가의 문제를 역점두어 다룬다. 이 이론에서 사람은 누구나 자신의 삶이 계속된다는 것을 확인하려는 일차적 동기를 지니고 있으며, 이 동기는 모든 다른 동기들의 기초가 된다. 만약 삶이 계속될 수 없다고 생각되면 개인의 일차적 동기가 위협받게 되므로 개인은 불안을 느끼게 된다는 것이다.

공포관리 이론에 의하면, 죽음불안은 자기존중감과 개인이 소속한 문화에 기초한 불멸의 신념에 의해 완충된다. 다시 말하면 높은 자기존중감을 지니고 있고 불멸한다는 신념을 지니고 있을수록 죽음불안은 낮아진다는 것이다(Cicirelli, 2002). 대조적으로 낮은 수준의 신앙심을 지니고 사회적 지원을 적게 받으며 높은 수준의 외재적 통제 소재를 지니고 있을 때 죽음불안 수준은 높아진다.

죽음불안은 애착양식에 따라서도 차이를 보인다. 즉, 안정된 애착을 지니고 있는 사람들은 안정되지 못한 애착양식의 소유자들보다 더 적은 죽음불안을 경험하고, 특히 불안/양가형 애착을 지니고 있는 사람들은 가장 높은 죽음불안을 지니고 있었다(장휘숙, 2000b; Mikulincer 등, 1990).

그러나 개인이 죽음불안을 지니고 있다고 해서 무조건 나쁘다고 말하기는 어렵다. 우리는 죽음불안을 지니고 있기 때문에 살아 있음을 확인하려고 하고 그 방편으로 열심히 노력한다. 또한 살아 있어야만 종(species)이 계속될 수 있고 그들을 사회화할 수 있으므로 죽음불안은 자녀를 출산하고 양육하려는 동기로 작용하기도 한다.

1) 죽음불안과 성차

여성들은 남성들보다 더 높은 수준의 죽음불안을 보고한다(장휘숙, 2000b; Furer & Walker, 2008). 그 이유는 무엇일까? 아마도 남성들은 기본적으로 죽음불안을 적게 느끼거나 죽음불안을 표현하려고 하지 않는 반면, 여성들은 이러한 감정을 표현하는 데 더 익숙하기 때문일 것이다. 여성들은 자녀를 양육하고 가족을 보살피는 역할을 하며 타인의 욕구에 더 민감하기 때문에 혹은 타인과 죽음에 대해 자주 논의하기 때문에 더 높은 죽음불안을 경험할 것으로 생각되지만, 분명하지는 않다. 일반적으로 여성들은 남성들보다 더 높은 수준의 상태불안이나 특성불안을 지니고 있으므로 죽음에 대해서도 더 큰 불안을 경험할 것으로 예상된다.

흥미롭게도 여성들의 죽음불안은 50대에 다시 높아진다는 연구결과가 있다(Russac 등, 2007). 50대의 여성들은 폐경을 경험하고 노부모를 돌보며 친인척 노인들의 고통스러운 사망과정을 지켜보면서 자신의 노화와 다가올 죽음에 대해 더 큰 불안을 경험할 수 있다는 것이다.

2) 죽음불안과 연령차

죽음불안 수준은 연령에 따라 변화하는가? 죽음불안에 대한 가장 일관성 있는 결과는 죽음에 가까운 더 나이많은 노인들이 젊은 성인들보다 더 높은 수준의 죽음불안을 갖지 않는다는 것이다(Furer & Walker, 2008). 그 이유는 이제 막 결혼하여 자신의 가족을 갖게 된 젊은 성인들은 죽음이 사랑하는 사람이나 어린 자녀와의 영구적인 분리를 가져올 것으로 생각하기 때문에 더 큰 죽음불안을 경험할 수 있다. 반면에 노인들은 이미 가까운 친구나 사랑하는 사람을 상실하였고 삶의 질도 현저히 저하되었으며 자신의 죽음에 대한 정신적 준비가 이미 되어 있기 때문에 더 적은 죽음불안을 경험할 것이다.

죽음불안의 수준뿐 아니라 죽음에 대해 관심갖는 측면도 연령에 따라 달라진다. 청소년들은 일차적으로 사랑하는 사람의 상실에 대한 공포와 죽음의 최종성 및 처벌로서의 죽음에 관심을 갖지만, 중년 성인들은 죽음의 고통과 때 이른 죽음의 위험에 더 많은 관심을 나타낸다. 그러나 노인들은 죽음 자체보다는 죽어가는 과정에 더 큰 관심을 보이며, 특히 무기력해지거나 의존적인 상태로 혹은 위엄을 갖추지 못한 상태로 죽어갈지도 모른다고 불안해한다(Fry, 2003).

3. 죽음수용

죽음수용(death acceptance)이란 개인이 죽을 수밖에 없는 운명을 받아들이고 편안하게 죽음을 맞이하는 것을 의미한다. 분명한 것은 노인들이 젊은이들보다 더 큰 죽음수용을 보인다는 것이다(Cicirelli, 2006). 그렇다면 죽음수용에 이른 사람은 죽음공포를 전혀 경험하지 않을 수 있는가? 죽음수용과 죽음공포는 정반대의 개념인가 아니면 공존하는 개념인가?

일찍이 Kübler-Ross(1969)는 죽어가는 과정의 최종적 단계로서 죽음수용을 가정하고 각 개인은 단념이나 포기로서 죽음을 수용하게 된다고 제안하였다. 그러나 죽음태도척도를 제작한 웡(Wong 등, 1994)은 단념이나 포기로서의 죽음수용은 회복불가능한 환자들에서만 나타나는 현상일 뿐 일반 노인들은 죽음을 두려워하지 않는다고 주장하였다. 그러므로 죽음수용은 노인들의 보편적인 죽음태도라는 것이다.

그러나 죽음을 수용하는 방식은 개인에 따라 차이가 있으며 다음과 같은 세 가지 유형으로 구분될 수 있다.

① 중립적 수용(neutral acceptance): 삶의 자연스러운 끝으로서 죽음을

수용한다. 인생은 죽음을 향해 가는 여정에 지나지 않으며 죽음은 변화불가능한 인생 사건들 중의 하나일 뿐이므로 두려움의 대상도 환영받을 대상도 아니다. 오로지 유한한 삶에서 최선을 다하려고 노력할 뿐이다. 연령이 증가할수록 죽음에 대한 중립적 수용도 증가한다.

② 접근적 수용(approach acceptance): 행복한 내세에 대한 믿음을 바탕으로 죽음을 수용하며 보상으로서의 사후세계를 기대한다. 보통 강한 종교적 신념을 지닌 사람들이, 젊은 사람보다는 노인들이 그리고 남성들보다는 여성들이 내세를 믿고 접근적 수용을 더 많이 나타낸다.

③ 탈출적 수용(escape acceptance): 고통스러운 삶으로부터의 탈출로서 죽음을 수용한다. 삶이 힘들고 고통스러운 데도 그것을 경감시킬 방법이 전혀 없을 때 죽음은 유일한 탈출구가 된다. 개인적 상실과 신체적 질병에 시달리는 노인들 사이에서 그리고 남성들보다 더 고통스러운 삶을 사는 여성들 사이에서 더 흔하게 나타난다. 탈출적 수용을 지향하는 사람들은 더 낮은 수준의 심리적 안녕을 보고한다.

이러한 세 가지 유형의 죽음수용 중 삶의 불가피한 종결로서 죽음을 수용하는, 중립적 수용이 죽음에 대한 가장 성숙한 조망으로 평가된다. 그렇다면 죽음을 수용하는 사람들은 죽음에 대한 공포를 전혀 갖지 않는가? 보통 죽음수용이 증가하면 죽음공포는 감소할 것으로 생각되지만, 실제로 죽음을 수용하는 사람들도 죽음에 대한 공포를 완전히 떨쳐버리지는 못한다. 그러므로 죽음수용과 죽음공포는 별개의 개념이 아니라 공존하는 개념임이 분명하다(장휘숙 등, 2008; Feifel, 1990).

unit IV 죽어가는 과정

죽어가는 과정에 관한 모델을 처음으로 제시한 사람은 시카고 대학병원의 정신과 의사인 큐블라-로스(Kübler-Ross, 1969)이다. 그녀는 불치병으로 죽어

은퇴 후 1991년 Virginia 농장에서의 Kübler-Ross

가는 사람들을 관찰하고, 사람은 일련의 단계를 거쳐 죽음에 이른다고 주장하였다. 그녀의 모델은 이후에 많은 비판을 받게 되지만, 그녀가 사용한 용어들은 아직도 광범위하게 사용되고 있다. 오늘날까지도 전세계의 모든 연구자들은 죽어가는 과정을 논의할 때마다 그녀의 모델을 제일 먼저 설명한다.

1. 큐블라-로스의 죽어가는 과정

큐블라-로스는 시카고 대학병원에 입원한 말기암 환자 200명을 대상으로, 자신이 회복불가능한 병에 걸렸음을 알고 난 후에 나타낸 정서적 반응을 연구하였다. 그녀는 불치병으로 죽어가는 사람들은 다음과 같은 다섯 개의 단계를 거쳐 죽음에 이른다고 제안하였다.

1) 큐블라-로스의 5단계

(1) 부정단계(denial stage)

불치병이라는 최종적 진단을 받으면, 대부분의 환자들이 나타내는 제일 첫 반응은 부정(denial)이다. 즉 "아니야, 나는 아니야," "진단이 잘못된 것이야," "나는 그만큼 아프지는 않아. 사실이 아니야," "다른 병원에 가서 다시 진단을 받을 거야" 등의 반응을 보인다. 이러한 부정의 반응은 환자들이 쇼크에 대처하기 위해 적절한 전략을 찾을 수 있도록 시간을 제공한다는 의미에서, 큐블라-로스는 가치 있고 건설적인 반응이라고 주장하였다. 물론 일부의 환자들은 끝까지 부정을 사용하지만 대부분의 환자들은 짧은 기간 내에 분노단계로 이동한다.

(2) 분노단계(anger stage)

두 번째 반응은 "왜 나인가?"이다. 이 단계의 환자는 건강하게 살고 있는 다른 사람들을 부러워하고 원망한다. 분노는 자신의 의존적이고 무기력한 상태에 대한 반응이기는 하지만, 간호사나 가족구성원, 의사, 가까이 있는 사람들 혹은 신(神)에까지 강한 분노를 표출한다. 특히 에너지가 넘치고 유능하며 행복하게 살고 있는 것처럼 보이는 사람들이 분노와 질투이 대상이 된다.

(3) 타협단계(bargaining stage)

이제 환자는 자신이 죽어가고 있음을 인정하고 아직까지 처리하지 못한 일이 남아 있으므로 그 일을 끝마칠 수 있을 때까지 살 수 있게 해 줄 것을 의사나 간호사 혹은 신과 같은 불가사의한 어떤 존재와 타협하려고 한다. 어떤 사람은 며칠만, 몇 주만 혹은 몇 달만 죽음을 연기해 줄 것을 애타게 애원한다. 큐블라-로스의 연구에서 말기암에 걸린 한 여성환자는 아들의 결혼식까지만 살 수 있기를 소망하였다. 의료진의 도움으로 그녀는 짧은 기간 동안 자가체면(self-hypnosis)을 사용하여 통증을 통제하는 방법을 학습하고 결혼식에 참석할 수 있었다.

(4) 우울단계(depression stage)

질병이 진행됨에 따라 신체가 점점 더 쇠약해지면서 우울단계에 이른다. 환자는 죽을 수밖에 없는 현실을 받아들이고, 자신의 삶은 물론 일생 동안 함께 했던 사물이나 사람과 헤어지는 것을 슬퍼하고 우울해한다. 큐블라-로스는 우울을 최종적인 수용을 위한 준비로 간주하고 죽어가는 사람은 슬퍼하지만 곧 모든 것을 포기하게 된다고 주장하였다.

(5) 수용단계(acceptance stage)

이제 환자는 죽음을 수용하고 죽음을 맞을 준비를 갖춘다. 더 이상 우울해하지도 않으며 고요하고 평화로운 상태가 회복된다. 큐블라-로스는 이 단계를 죽어가는 과정에서의 몸부림이 종결되는, 소위 죽음 전의 휴식기로 기술하였다.

2) 큐블라-로스 연구에 대한 비판

큐블라-로스의 연구는 죽어가는 사람들의 정서적 욕구에 관심을 가지고 그들을 보살펴야 한다는 것을 강조함으로써 환자를 돌보는 가족이나 간병인 혹은 호스피스 병동에서 환자를 돌보는 사람들에게 큰 도움을 주었다. 즉 언제 환자에게 귀를 기울일 것인지, 언제 환자에게 희망을 주고 격려할 것인지, 그리고 언제 환자의 손을 잡아주어야 할 것인지를 가르쳐 준다는 것이다. 그러나 죽어가는 과정이 단계적으로 이루어진다는 큐블라-로스의 가정은 다음과 같은 세 가지 이유 때문에 강한 비판을 받는다.

(1) 방법론적 문제

큐블라-로스는 약 200명의 말기암 환자들을 대상으로 임상적 면접을 실시하였으나 면접기간은 물론 면접횟수와 면접시간에 관한 구체적 정보를 제시하지 않았다. 추측하건대 연구대상자들은 거의 모두가 성인초기나 중기의 암환자일 것으로 생각되지만, 그녀는 연구대상자들의 정확한 연령도 보고하지 않았다. 만약 암이 아닌 다른 질환자들이었다면, 동일한 결과가 나왔을지도 의문스럽다. 분명한 것은 큐블라-로스의 관찰이 정확했다고 할지라도, 그것은 단지 소수의 죽어가는 사람들에게만 한정된 결과일 수 있다는 것이다.

(2) 문화적 차이문제

죽어가는 과정에 대한 반응은 보편적 현상인가 아니면 문화특징적인 현상인가? 큐블라-로스는 5단계의 죽어가는 과정이 인류의 보편적인 현상이라고 주장하였으나 대부분의 사회과학자들은 죽어가는 과정에 대한 반응은 문화적으로 조건화된다고 주장한다.

그 예로서 한국 문화에서의 죽음은 두려움의 대상으로, 죽어가는 자는 저승사자에 의해 죽음의 세계로 끌려간다고 생각된다. 그러나 아메리칸 인디언 문화에서의 죽음은 자연의 순환원리에 의해 인간의 본래 상태로 돌아가는 것이므로 두려움이나 싸움의 대상이 아니며, 단지 침착하게 죽음을 받아들이기만 하면 된다. 따라서 이러한 문화에서는 부정이나 분노 혹은 우울의 단계는 존재할 수 없다.

또한 죽음을 삶의 거울로 여기는 멕시코인들은 죽음이나 죽어가는 과정을 통하여 개인이 어떤 사람이었는지 알 수 있다고 생각한다. 멕시코인들은 일상생활에서도 죽음에 대해 자주 논의하며, "사자(死者)의 날"(Day of the Dead)이라는 이름으로 국가적 축제일을 정해 죽음을 축하하기까지 한다. 결국 이러한 문화적 차이들은 죽어가는 과정에 대한 개인의 반응에 영향을 미칠 것이 분명하다.

(3) 단계문제

큐블라-로스가 비판받는 가장 큰 이유는 그녀가 제안한 단계 때문이다. 현재까지 이 분야의 많은 연구자들(Abelses 등, 2004; Kastenbaum, 2009)은 죽어가는 환자들이 다섯 가지의 정서적 반응을 단계적으로 거쳐간다는 것을 확인하지 못하였다. 또한 다섯 개의 단계 중에서 우울단계만이 경험적으로 확인될 수 있었고, 최종적 단계인 죽음의 수용단계는 거의 나타나지 않았다. 소수의 환자들은 죽음을 수용하기도 하지만, 대부분은 죽는 순간까지 건강을 회복하기 위하여 적극적으로 노력하였다. 더욱이 단계에서 단계를 거쳐가는 기간이 사람마다 매우 다르기 때문에, 단계이론은 이동의 과정만을 가정할 뿐 한 단계에서 다음 단계로 이동하게 하는 상태를 분명하게 기술하지 못한다.

실제로 인간의 감정과 정서 및 욕구가 다양하고 사용되는 심리적 방어기제도 광범위하기 때문에, 죽어가는 모습은 다양할 수밖에 없다. 큐블라-로스가 제안한 단계 대신에, 오히려 공포와 불확실성, 되살아나는 환상, 의심이나 회의, 부당하다는 느낌, 죽음 후의 평가, 통증과의 싸움 등이 개인이 죽음에 대처하는 과정에서 반복적으로 나타나고 사라진다. 따라서 각 개인은 고정된 단계를 거쳐 죽음에 이르는 것이 아니라 복잡한 정서와 방어기제를 나타냈다 철회했다를 반복하면서 죽어간다는 것이다. 이후에 큐블라-로스(Kübler-Ross, 1974)도 "대부분의 환자들이 두 개 혹은 세 개의 단계를 동시적으로 거쳐가고 그 순서도 동일하지 않았다"고 밝힌 바 있다.

2. 죽어가는 과정과 맥락적 접근

큐블라-로스의 단계이론은 죽어가는 사람이 어떤 사람이든, 어떤 질환을 앓든, 어디에 있든 상관없이 동일한 단계를 거쳐 죽음에 이른다고 가정하지만, 죽음에 이르는 보편적, 일반적 과정은 존재하지 않는다. 그러므로 죽어가는 과정을 설명하는 이론들이 지니는 공통적 결함은 환자들이 처해 있는 다양한 맥락을 고려하지 않는다는 것이다.

콜(Corr, 1991-1992)은 죽어가는 사람의 조망과 그들이 직면하는 문제를 바탕으로 죽어가는 과정에서 중요한 네 가지 차원을 제안하였다. 즉 신체적 욕구와 심리적 안정, 대인관계 애착 그리고 영적 에너지와 희망이 그것이다. 이 네 가지 차원들은 개인차를 나타내는 변인들인 동시에 맥락적 요인들과 밀접한 관련이 있으므로 죽어가는 과정을 이해하기 위해서는 맥락적 특성들이 고려되지 않으면 안 된다.

카스텐바움(Kastenbaum, 2009)에 의하면, 죽어가는 과정에 대한 맥락적 접근은 우선 큐블라-로스의 연구에서처럼 암환자만이 아니라 다양한 유형의 회복 불가능한 질병을 앓는 환자들을 포함해야 한다. 또한 환자 자신의 죽음에 대한 조망과 가치관에도 관심을 가져야 하는 동시에 죽음이 일어나는 사회환경적 맥락이 고려되어야 한다. 즉 따뜻한 가족들 속에서 죽음을 맞이하는가 아니면 혼자 생활하다가 죽음을 앞두고 시설기관으로 옮겨져 죽음을 맞게 되는가에 따라 죽음에 대처하는 방식은 달라질 수 있다는 것이다. 그러므로 맥락적 접근은 시설기관의 직원이나 가족 혹은 간병인들이 환자를 어떻게 보살펴야 하는지에 대한 지침을 제공할 수 있다.

불행하게도 죽어가는 과정을 설명하는 포괄적 이론은 아직까지 존재하지 않는다. 단지 죽음에 잘 대처한다거나 잘못 대처한다고 말할 수 있을 뿐이다. 만약 우리가 환자는 물론 가족구성원이나 간병인 등이 기록한 죽음의 과정에 대한 이야기를 활용할 수만 있다면, 다양한 맥락적 정보들이 수집될 수 있을 것이므로 죽어가는 과정에 대한 보다 포괄적이고 전체적인 이해가 가능해질 것이다.

unit V
사별: 타인의 죽음에 대한 대처

일생 동안 우리는 여러 가지 형태의 상실을 경험한다. 그러나 부모나 형제자매, 배우자, 친척 혹은 친구와 같이 가까운 사람이나 사랑하는 사람의 죽음만큼 우리에게 큰 상실감을 안겨 주는 사건도 없다. 그 중에서도 배우자의 죽음은 성인기 동안 가장 큰 적응을 요구하는 고통스러운 사건이다. 우리는 죽어가는 사람과 어떻게 의사소통하고 그들의 죽음에 어떻게 대처해야 하는가?

1. 죽어가는 사람과의 의사소통

대부분의 심리학자들은 가까운 가족은 물론 죽어가는 사람 자신도 그가 오래지 않아 사망할 것임을 알아야만 서로 효과적으로 상호작용하고 의사소통할 수 있다고 제안한다. 죽어가는 사람들이 죽음이 임박했음을 알게 될 때 다음과 같은 네 가지 이점이 있다(Kalish, 1981).

첫째, 죽어가는 사람은 평소 자신이 적절하다고 생각하는 죽음에 맞추어 자신의 삶을 종결지을 수 있다.

둘째, 죽어가는 사람은 중요한 계획이나 과제를 완성할 수 있고 남은 사람들을 위한 정리도 할 수 있으며 장례식과 매장 방식에 대한 의사결정에도 참여할 수 있다.

셋째, 죽어가는 사람은 삶에서 중요했던 사람과 대화를 나누기도 하고 추억에 잠기기도 하며 자신의 삶이 어떠했는지를 생각하면서 생을 마감할 수 있다.

넷째, 죽어가는 사람은 자신의 신체 내부에서 어떤 일이 일어나고 있고 의료진은 무엇을 하고 있는지에 대해 더 많이 이해할 수 있다.

인간은 죽음을 통해 내적 성장이나 성숙에 이르는 기회를 가질 수 있다. 임종 환자들이 모두 그런 것은 아니지만, 죽음을 앞둔 사람들은 삶의 의미를 깊이 생각하고 얼마 남지 않은 삶에서 의미를 찾으려고 애쓰기 때문에(최준식, 2005), 죽음이 임박했음을 알려 정리할 기회를 주는 것이 바람직하다.

그러므로 죽어가는 사람과 대화를 나눌 때에는 정신건강 문제나 죽음에 대한 준비 혹은 사후의 세계에 관해 이야기를 나누기보다는, 가족이나 친구 혹은 애완동물과의 즐거웠던 기억들을 이야기하게 함으로써 개인을 혼자가 아닌 맥락 속에 포함되게 하는 동시에(Masson, 2002) 개인의 능력과 업적 및 남아 있는 삶에 대해 주로 이야기를 나눔으로써 내적 성장을 이룰 수 있도록 해야 한다.

우리 주변에는 죽어가는 사람을 도울 수 있는 사람들이 많이 있다. 정신건강 전문가를 포함하여 걱정하는 간호사나 세심한 의사, 민감한 배우자 혹은 절친한 친구 모두 죽어가는 사람을 지원하고 그들의 내적 성장에 기여할 수 있다(DeSpelder & Strickland, 1996).

2. 애 도

애도(grief)란 사랑하는 사람을 상실했을 때 나타나는 멍해짐, 불신, 분리불안, 절망, 슬픔 그리고 외로움을 경험하는 정서상태이다. 그러나 애도는 단순한 정서상태가 아니며 오히려 중다의 차원을 포함하면서도 서서히 변화하는 복잡한 과정으로 다음과 같은 네 가지 차원을 포함한다(Bruce, 2002).

① 사망한 사람에 대한 그리움 차원: 간헐적으로 그리움이 일어나고 사망한 사람이 살아 돌아오기를 반복적으로 소망한다.

② 분리불안 차원: 사망한 사람에 대한 생각에 몰입한 채 울고 한숨지으며, 떠나간 사람이 사용했던 물건이나 자주 다니던 장소에 집착한다.

③ 상실에 대한 즉시적 반응차원: 정서적 무감각과 멍한 상태, 불신, 공황 및 격렬한 울음을 토해내는 전형적인 반응들이 여기에 해당한다.

④ 절망과 슬픔 차원: 무력감, 패배감, 우울증후, 무감각, 외로움 및 망자와 함께 한 활동을 계속할 의미의 상실을 포함한다.

시간이 경과한다고 해서 사망한 사람에 대한 슬픔이 완전히 사라지는 것은 아니다.

상기한 네 개의 차원들은 독립된 단계들이 아니다. 각 차원은 사랑하는 사람을 상실한 후에 한 상황이나 다른 상황에서 개별적으로 혹은 동시적으로 반복해서 나타난다. 그러나 시간이 경과하면 많은 사람들은 분리불안이나 상실감으로 고통스러워하면서도, 슬픔의 눈물을 씻고 생산적인 일에 관심을 돌려 삶에 대한 긍정적인 견해를 회복할 수 있다. 그들에게 애도과정은 삶을 재조직하고, 새로운 행동패턴을 확립하며 가족이나 친구와의 관계를 재정의하는 계기가 된다.

물론 시간이 경과한다고 해서 사망한 사람에 대한 슬픔이 완전히 사라지는 것은 아니다. 시간경과와 함께 상실에 대한 개인의 저항이나 공격은 점차 사라지지만, 우울이나 무감각은 그대로 계속되고 때로 더 증가하기도 한다(Kersting & Kroker, 2010). 결국 시간경과는 상실감을 완전히 극복하도록 하는 것이 아니라 단지 상실감을 가지고 살아가는 방법을 학습할 수 있도록 할 뿐이다.

1) 예상한 죽음과 예상하지 못한 죽음

사랑하는 사람의 죽음을 예상할 수 있을 때와 그렇지 못할 때에 애도의 정도는 달라진다. 죽음을 미리 예상했을 때는 사망 전에 이미 예정된 애도기간이 시작되기 때문에, 상실의 영향은 상당히 완충되고 빠르게 회복될 수 있다. 사랑하는 사람의 죽음을 미리 예상한 사람들은 배우자가 사망한 1년 후에 더 적은 심리적 문제를 나타내었고, 부모도 자녀의 사망을 더 쉽게 받아들였으며 더 빠르게 일상생활을 회복할 수 있었다. 물론 가까운 사람의 사망을 미리 예상한다는 것 그 자체가 큰 고통임은 분명하다.

대조적으로 예상하지 못한 죽음은 우리에게 여러 가지 의문을 남긴다. "왜 그 사람인가? 왜 지금인가?" 남은 사람들은 사랑하는 사람이 왜 사망했는지 알지 못하기 때문에 상처입기 쉽고 적응하기 어렵다.

사랑하는 사람의 죽음을 예상했다고 해서 슬퍼하지 않는다는 것은 아니다. 사망 1개월 전부터 질병에 시달렸던 남편의 미망인들은 예상하지 못한 상태에서 남편을 사별한 여성들과 동일하게 강한 슬픔을 경험하였다. 그림 12-1과 같이, 남편의 죽음을 미리 예상한 미망인들은 예상하지 못한 미망인들보다 남편의 사망 직후에는 더 적은 슬픔을 경험하는 듯하였으나, 남편의 사망 후 약 3-4개월부터 12개월까지 더 높은 수준의 슬픔을 경험하였다. 배우자의 사망을 예상한다는 것이 장기적으로 상실에 더 잘 대처할 수 있도록 하는 것은 아님을 알 수 있다.

그림 12-1 남편의 사망을 미리 예상한 미망인과 그렇지 못한 미망인들의 애도 반응

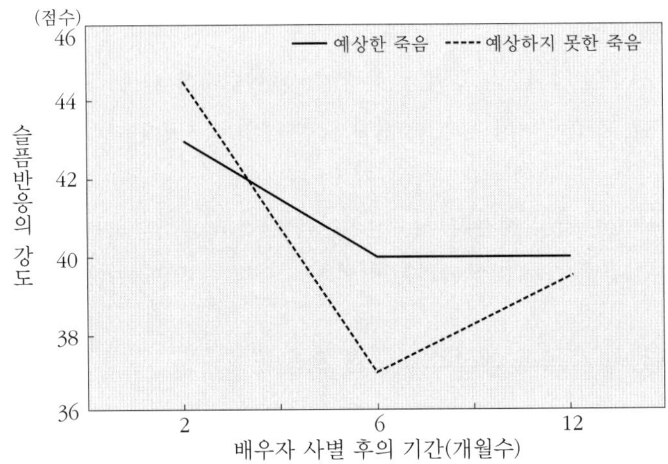

출처: Hill 등, 1988.

2) 애도와 관련된 요인

(1) 문화적 차이

애도의 과정과 내용에는 문화적 차이가 있으므로 하나의 올바른 이상적 애도방식은 존재하지 않는다. 한국을 포함한 동양문화에서는 사망한 사람과 유대가 계속된다고 생각하고, 종교적 의식을 통하여 유대를 지속한다. 그러나 장례식을 인간과 영혼의 작별로 생각하는 미국 애리조나 주의 호피(Hopi)족은 가능한 한 빨리 사망한 사람을 잊고 정상적인 일상생활을 계속한다. 또한 이집트인들은 남은 사람들이 오랫동안 슬퍼해야 한다고 생각하는 반면, 인도네시아 발리인들은 슬퍼하기보다 오히려 웃고 즐거워해야 한다고 생각한다.

네덜란드에서 수행된 사별에 관한 종단연구(Stroebe & Stroebe, 1991)는 사회가 사망한 사람과의 유대를 끊어야 한다고 강조함에도 불구하고, 많은 사람들은 사망한 사람과 계속적인 접촉을 유지한다고 보고한다. 남은 사람들

은 사망한 사람과 함께 했던 과거와 단절하지 못하고, 오히려 생활양식 속에 상실경험을 통합함으로써 사랑하는 사람의 죽음 이전과 동일한 방식으로 생활하려고 노력한다. 유사한 애도방식이 미국의 미망인들은 물론 13-14년 전 전쟁에서 두 명의 아들을 잃은 이스라엘 부모에서도 나타났다(Rubin, 1995). 그들은 아들이 사망한 지 여러 해가 지났음에도 불구하고, 아들에게 강한 집착을 보이고 그들을 이상화하였다.

이와 같이 다양한 문화의 사람들은 다양한 방식으로 애도하기 때문에 사별에 적응하는 보편적 단계를 설정하기 어렵다. 중요한 것은 사랑하는 사람의 죽음에 대한 건강한 적응이란 성장과 융통성, 그리고 문화적 맥락 내에서의 적절성을 포함해야 한다는 것이다.

(2) 애도가 성인의 건강에 미치는 영향

우리는 사랑하는 사람이 사망하면 남아 있는 사람들의 건강이 나빠질 것으로 생각한다. 특히 남은 사람이 노인일 때 건강에 미치는 영향은 더 부정적일 것으로 기대하지만, 그것은 잘못된 생각이다.

한 연구에 의하면(Perkins & Harris, 1990), 중년의 성인들이 사별 후에 가장 큰 신체적 건강문제를 나타낸 반면, 성인초기나 성인후기의 성인들은 건강문제를 거의 나타내지 않았다. 젊은 성인들은 스트레스에 효과적으로 대처할 수 있는 능력을 지니고 있으므로 상실에도 잘 대처할 수 있는 준비를 갖추고 있었다. 노인 또한 이미 그와 같은 상실을 많이 경험하였고 상실을 미리 예상하고 있었으므로 그들은 신체적으로 잘 대처할 수 있었다.

그러나 중년의 성인들은 노인들보다 죽음과 관련된 경험을 더 적게 하였을 뿐 아니라 그들 또한 죽어야 할 운명임을 수용해야 하는 시점에 와 있기 때문에, 가까운 사람의 죽음으로 큰 타격을 입기 쉽다. 중년 성인들에게 가까운 가족의 죽음은 그들의 정체감을 뒤흔들고 자신의 죽어야 하는 운명에 대한 해결되지 못한 상기자로서의 역할을 하기 때문에 건강이 나빠질 수 있다는 것이다.

3) 복합비애

사랑하는 사람과의 사별 후에 모든 사람들이 슬픔에 잘 적응하고 삶을 재구축할 수 있는 것은 아니다. 때로 고통과 외로움 및 죄책감이 너무 커서 일상생활을 제대로 영위하기 어려운 사람들이 있다. 그들의 슬픔은 정상적이고 문화적으로 수용되는 애도과정을 벗어나 있으며 지속적으로 심각한 심리적, 신체적 부적응을 야기하므로 복합비애(complicated grief) 혹은 연장된 비애장애(prolonged grief disorder)로 진단된다(Smith 등, 2009).

복합비애로 명명될 수 있기 위해서는 애도반응의 종류와는 상관없이 반응의 강도와 기간이 정상적 혹은 문화적으로 수용되는 범주를 초과해야 한다. 대표적인 복합비애 증상에는 망자에 대한 지나친 집착과 그리움, 울음, 죽음에 압도되거나 죽음을 현실로 받아들이지 못함은 물론 과도한 죄책감과 자기비난, 우울 및 불안관련 증상, 외상후 스트레스 증상, 신체적 건강문제 등을 포함한다(Stroebe 등, 2001). 특히 자살이나 살인에 의한 죽음과 같은 외상적이고 갑작스러운 죽음을 경험한 사람들은 극심한 정서적 고통을 느끼는 동시에 사회적 접촉을 회피하고 스스로 고립된다(Jordan, 2001).

복합비애로 진단하기 위해서는 강한 슬픔이 얼마나 오랫동안 지속되어야 하는가? 일부의 연구자들은 적어도 1년 이상 지속될 때라고 이야기하지만, 많은 사례들에서 그보다 더 오래 지속될 때를 비정상으로 판정한다. 보통 사별 후 2년이 경과하여도 강한 슬픔반응이 계속되면, 그것은 개인의 일상생활을 방해한다고 진단될 수 있다. 그러나 이러한 진단방식도 어디까지나 환자에 따라 달라질 수 있으므로 복합비애를 위한 새로운 진단체계의 필요성이 제기된다(장현아, 2009).

참고문헌 Reference

강정원 (2006). **직장-가정 갈등의 결정요인과 효과에 관한 연구**. 명지대학교 대학원 박사학위논문.

강현정 (2009). 농촌여성독거노인의 사회활동과 삶의 만족도. **한국사회복지조사연구, 21**, 1-26.

고은주, 김진욱 (2009). 한부모 가구의 빈곤요인에 관한 연구. **사회복지정책, 36**(2), 219-236.

권미경, 지영숙 (2005). 동거에 대한 고찰. **생활과학: 제8호**, 1-19.

권은비, 이정화 (2011). 은퇴한 남성의 생활만족도에 영향을 미치는 변인 연구: 은퇴관련 변인과 부부관계의 질을 중심으로. **한국가족관계학회지, 15**(4), 73-92.

김경미, 류승아, 최인철 (2011). 삶의 의미가 노년기 행복과 건강에 미치는 영향: 청년기와 노년기의 비교를 중심으로. **한국심리학회지: 일반, 30**(2), 503-523.

김경원, 김태현 (2005). 질적 연구를 통한 독신동기 요인과 남녀 차이. **대한가정학회지: 제48권** 6호, 61-79.

김교성, 김성욱, 이정면, 노혜진 (2008). 빈곤의 측정과 규모에 관한 연구. **한국사회복지조사연구, 19**, 297-320.

김미영, 이성우 (2009). 노부모-자녀 동거의 결정요인과 지역간 차이, 1985-2005. **농촌계획, 15**(4), 89-107.

김밀양 (2004). 고부관계연구에 대한 이론적 고찰. **한국가족관계학회지, 9**(2), 173-187.

김소진 (2009). 황혼이혼 여성노인들에 대한 생애사 연구. **한국노년학, 29**(3), 1087-1105.

김영태, 김희웅, 정문호 (2010). 노인요양시설의 요양보호사의 인력관리 인식과 개선방안. **노인복지연구, 50**, 243-262.

김용혼, 이규만 (2011). 직장-가정 갈등의 영향요인과 생활만족의 관계. **기업경영연구, 18**(3), 101-117.

김원섭, 우해봉 (2008). 국민연금이 중고령 남성의 은퇴에 미치는 효과와 정책적 함의. **사회복지정책, 35**(4), 111-139.

김윤정, 최유호 (2007). 성인자녀의 부모부양동기에 관한 연구: 성별 및 부양자-노부모 관계간의 상호작용을 중심으로. **한국가족관계학회지, 12**(3), 313-334.

김은정, 정순둘 (2011). 손자녀 대리양육 조모의 적응경험에 관한 연구. **한국가족복지학, 31**, 177-213.

김은주, 서영희 (2007). 조부모의 손자녀 양육실제에 관한 질적연구. **아동학회지, 28**(2), 175-192.

김지영, 최상진 (2003). 여성의 효심에 관한 질적인 접근 분석. **한국심리학회지: 여성, 8**(1), 49-67.

김희경, 이현주, 박순미 (2010). 여성독거노인의 삶의 질 영향요인. **한국노년학, 30**(2), 279-292.

림금란, 진희경, 안정선 (2011). 여성독거노인의 우울과 삶의 질과의 관계: 사회적 지지, 사회적 활동의 조절효과 및 매개효과. **한국노년학, 31**(1), 33-47.

박경숙 (2003). 55세 이상 고령자의 노동시장 이탈과정: 은퇴의 유형화에 대한 함의. **노동정책연구, 3**(1), 103-140.

박경애 (2007). 사회적 지지가 조손가족 조부모의 손자녀 돌봄보상감에 미치는 영향. **한국가족복지학, 12**(3), 25-45.

박세경 (2005). **구조적 측면의 다양한 가족 실태와 사회적 지원 방안**. 보건복지포럼, 한국보건사회연구원.

박소영 (2010). 고부관계에서 남성의 역할에 관한 연구. **한국가족복지학, 28**(4), 151-186.

박수애, 조은경 (2002). 남성 성역할이 우리나라 남성들의 적응에 미치는 영향. **한국심리학회지: 사회문제. 8(2)**, 77-103.

박창기 (2002). **농촌지역 조부모-손자녀 가족의 가족기능에 관한 연구**. 대구가톨릭대학교 석사학위 청구논문.

박형인, 남숙경, 양은주 (2011). 직무소진과 직무태도 및 이직의도와의 관계: 메타분석적 문헌고찰. **한국심리학회지: 산업 및 조직, 24**(3), 457-491.

배선희, 김순옥 (2001). 기혼남성의 고부관계 인식-장남역할 남성을 중심으로-. **한국가정관리학회지: 19권** 6호, 51-66.

보건복지부 (2003). **국민영양조사**.

성경현, 김영숙 (2003). 노인의 생활만족에 영향을 미치는 요인들에 대한 탐색. **한국심리학회지: 건강, 8(1)**, 113-131.

성명옥, 이혜자 (2002). 시어머니가 지각하는 고부갈등이 제 가족관계에 미치는 영향. **노인복지연구, 겨울호, 185-206**.

손정아 (2007). 혼전 동거와 기독교 상담적 태도. **한국기독교상담학회지, 11**, 117-142.

안승경 (2003). 지혜로운 사람의 특징. **기독교상담학회지 6집**, 207-238.

양다진, 조희선 (2005). 기혼남녀의 혼외관계에 관한 연구. **생활과학 8**, 51-76.

오경희 (1997). 의사소통양식, 의사소통도 및 결혼생활 만족도. **한국가정관리학회지: 15권** 4호, 201-220.

오진아 (2006). 취업모 가정에서 손자녀를 돌보는 조모의 양육스트레스와 삶의 질. **아동간호학회지, 12**(3), 368-376.

옥경희 (2005). 조부모-손자녀가족 조부모의 손자녀 양육. **한국가정관리학회지: 제23권** 3호, 103-223.

유정헌, 성혜영 (2009). 노년기 우울에 대한 가족관계 만족도의 중재효과. **한국노년학, 29**(2), 717-728.

윤유경 (1995). **주관적 연령의 예측요인과 심리적 특성에 관한 연구**. 이화여자대학교 대학원 박사학위 청구논문.

이금룡 (2003). 노인자원봉사 활성화를 위한 모집전략 방안: 자원봉사 경험이 없는 노인들에 대한 분석을 바탕으로. **한국노년학, 23**(3), 79-94.

이기숙 (1995). **한국가족의 고부갈등 발생원인에 대한 요인분석**. 부산대학교 박사학위논문.

이수정, 전영주 (2009). 재혼연구 동향분석: 1996-2007년 발간된 국내 논문을 중심으로. **한국가족관계학회지: 13**(4), 173-195.

이승렬, 최강식 (2007). 국민연금이 중고령자의 은퇴행위에 미치는 영향. **사회보장연구, 23**(4), 83-103.

이영숙, 박경란 (2006). 여자 대학생의 시어머니에 대한 고정관념. **한국가정관리학회지, 24**(1), 1-9.

이영주, 장휘숙 (2007). 애착과 의사소통 능력 및 결혼관계 만족: 30-40대 성인을 중심으로. **2007 한국심리학회 연차학술대회 논문집**, 72-73.

이정의 (2010). 한국노인의 교육수준별 생활만족 결정요인: 사회적 관계 및 참여, 건강을 중심으로. **한국노년학, 30**(3), 709-726.

이주연, 정혜정 (2003). 부부의 노부모 부양부담 및 세대간 결속과 결혼만족도에 관한 연구. **한국가정관리학회지: 제21권** 6호, 1-13.

이혜경 (2011). 한부모가족 지원정책의 변천에 따른 수급대상자 변화에 관한 연구. **지역발전연구, 11**(1), 61-84.

이혜자 (2003). 시모의 고부갈등 유형화와 관련변인 연구. **노인복지연구, 19**, 31-59.

이홍표, 이홍석, 고효진, 김교헌 (2005). 다차원적 죽음불안의 타당화 및 비교문화적 검증. **한국심리학회지: 건강, 10**(4), 395-413.

장경희 (2011). 독거노인의 생활실태 및 정책과제. **보건 · 복지 Issue and Focus, 72**, 1-8.

장영미, 고경환, 이승욱, 이정후, 김나연, 진달래 (2010). **한국의 보건복지 동향**. 한국보건사회연구원.

장인협, 최성재 (2003). **노인복지론**. 서울대학교 출판부.

장지연 (2003). 중 · 고령자의 경력이동: 대안적 은퇴과정으로서의 근로시간 단축과 자영업 창업의 비중. **한국사회학, 37**(2), 95-121.

장현아 (2009). 복합비애의 개념과 진단. **한국심리학회지: 일반, 28**(2), 303-317.

장휘숙 (1997). 아동기 이후의 애착에 관한 최근 연구의 개관. 한국심리학회 1997년도 연차학술대회, **학술발표논문집**, 439-454.

장휘숙 (1999). 성인기의 애착측정: 면접과 자기보고형 척도들에 관한 개관. **인간발달연구, 6**(2), 147-168.

장휘숙 (2000a). 애착과 대학생의 정체감 발달(II): 대처방식의 중재역할을 중심으로. **한국심리학회지: 발달, 13(3)**, 141-157.

장휘숙 (2000b). 애착과 죽음불안 및 관련변인들의 관계. **한국심리학회지: 발달, 13(2)**, 127-143.

장휘숙 (2002a). 애착과 사랑양식 및 관련변인들의 관계. **한국심리학회지: 발달, 15**(4), 93-111.

장휘숙 (2002b). 전생애 발달심리학과 SOC 이론. 2002 한국심리학회 2002년도 연차학술대회, **학술발표논문집**. 210-216.

장휘숙 (2007a). 성공적 노화에 이르는 길: 성공적 노화의 개념과 전략. **2007 한국심리학회 심포지움 및 워크샵 자료집** 15-30.

장휘숙 (2007b). 중년성인과 노인의 SOC 전략과 생활만족. **한국심리학회지: 발달, 20**(2), 131-144.

장휘숙 (2008a). **가족심리학**. 서울: 박영사.

장휘숙 (2008b). 성인초기의 발달과업과 시작시기에 관한 탐색적 연구. **한국심리학회지: 발달, 21**(4), 109-126

장휘숙 (2009a). 성인초기의 발달과업과 행복의 관계. **한국심리학회지: 발달, 22**(1), 19-36.

장휘숙 (2009b). 청년심리학 제 4 판. 서울: 박영사.

장휘숙 (2009c). 한국 노인의 주관적 건강과 성격특성, 행복 및 죽음태도의 관계. **한국심리학회지: 발달, 22**(2), 23-40.

장휘숙 (2010a). 노년기 여성의 빈곤과 주관적 건강 및 생활만족의 관계. **한국심리학회지: 발달, 23**(1), 1-15.

장휘숙 (2010b). 주관적 연령이 노인의 자기존중감과 주관적 건강, 죽음공포 및 우울에 미치는 영향. **한국심리학회지: 발달, 23**(4), 1-15.

장휘숙 (2011a). 호위대 모델에 기초한 한국 중년 성인들의 가까운 사회적 관계. **한국심리학회지: 발달, 24**(1), 1-18.

장휘숙 (2011b). 청년기의 가까운 사회적 관계와 부모 및 친구의 애착기능. **한국심리학회지: 발달, 24**(3), 19-34.

장휘숙 (2012). 대학생과 노인의 노화불안과 특성불안 및 5요인 성격특성의 관계. **한국심리학회지: 발달, 25**(1), 1-18.

장휘숙, 김나연 (2011c). 노년기 고독과 성격변인들과의 관계. **한국심리학회지: 발달, 24**(2), 1-19.

장휘숙, 최영임 (2007). 대학생과 노인의 죽음공포와 죽음불안 및 생활만족의 관계. **인간발달연구, 14**(4), 105-122.

장휘숙, 최영임. (2008). 죽음공포와 죽음수용의 관계. **한국심리학회지: 발달, 21**(2), 59-76.

정미영 (2009). 삶의 의미 발견 과정이 안녕감에 미치는 영향: 불확실성에 대한 인내력의 부족의 차이를 중심으로. **한국기독교상담학회지, 11**, 203-228.

정태연, 조은영 (2005). 노년기의 외로움 및 생활만족도와 관련된 변인탐색. **한국노년학, 25**(1), 55-71.

정현숙, 유계숙, 임춘희, 전춘애, 천혜정 (2000). 재혼가족에 대한 실태 및 재혼생활의 질에 대한 연구. **대한가정학회지: 제38권** 4호, 1-19.

조성원 (1998). 성공적 노화: 통제력에서의 변화와 적응을 중심으로. **인간발달연구, 5**(2), 113-126.

최옥금 (2011). 우리나라 중 · 고령자의 은퇴 과정에 관한 연구: 생애주된일자리와 가교일자리를 중심으로. **한국노년학, 31**(1), 15-31.

최용민, 이상주 (2003). 사회적 지원망이 독거노인의 삶의 질에 미치는 영향. **노인복지연구, 22**, 193-217.

최은숙 (2005). **인정보상요인이 자원봉사 행동의 지속도와 강도에 미치는 영향**. 평택대학교 대학원 박사학위논문.

최준식 (2005). **인간의 죽음과 그 이후-근사체험을 중심으로**. 연세대학교 신학관 채플실, 한국죽음학회 월례포럼.

최혜경, 백지은, 서선영(2005). 노인들의 인식을 통한 한국적인 성공적 노화의 개념. **한국가정관리학회지, 제23권** 2호, 1-10.

통계청 (2006). **고령자 통계**.

통계청 (2007). **가구표본조사**.

통계청 (2010). **인구총조사**. www.kostat.go.kr.

한국가정사역연구소 (2002). 동거의 실태 조사 연구. **한국가정사역연구소, 6**, 34-51.

한국여성개발원 (2004). **전국가족조사 및 한국가족보고서**.

한국여성정책연구원 (2006). **가족내 돌봄노동 실태조사**. 2006-2 연구조사보고서.

Abeles, N., Victor, T. L., & Delano-Wood, L. (2004). The impact of an older adult's death on the family. *Professional Psychology: Research and Practice, 35*(3), 234-239.

Ainsworth, M. D. S., Blehar, M. C., Waters, E., & Wall, S. (1978). *Patterns of attachment: A psychological study of the Strange Situation.* Hillsdale, NJ: Erlbaum.

Akiyama, H., Antonucci, T., Takahashi, K., & Langfahl, E. (2003). Negative interactions in close relationships across the life span. *Journals of Gerontology: Series B: Psychological sciences and social sciences, 58B*(2), 70-79.

Albert, M. S., & Killiany, R. J. (2001). Age-related cognitive change and brain-behavior relationships. In J. E. Birren & K. W. Schaie (Eds.), *Handbook of the psychology of aging* (5th ed., pp. 161-185). San Diego, CA: Academic Press.

Aldwin, C. M., & Gilmer, D. F. (2004). *Health, illness, and optimal aging.* Thousand Oak, CA: Sage.

Aldwin, C. M., & Levenson, M. R. (2001). Stress, coping, and health at midlife: A developmental perspective. In M. E. Lachman (Ed.), *Handbook of midlife development.* New York: John Wiley.

Aldwin, C. M., Spiro, A., & Park, C. L. (2006). Health, behavior, and optimal aging: A life span developmental perspective. In J. E. Birren & K. W. Schaie (Eds.), *Handbook of the psychology of aging* (6th ed., pp. 85-104). San Diego, CA: Academic Press.

Allik, J., & McCrae, R. R. (2004). Toward a geography of personality traits: Patterns of profiles across 36 cultures. *Journal of Cross-Cultural Psychology, 35*(1), 14-28.

Alzheimer's Association (2010). 2010 Alzheimer's facts and figures. *Alzheimer's & Dementia*, 6, 158-194.

Amato, P. R. (2000). The consequences of divorce for adults and children. *Journal of Marriage and the Family, 62*, 1269-1287.

American Heart Association. (1998). *Heart and stroke statistical update.* Dallas, TX: AHA.

Andersen, B. L., Farrar, W. B., Golden-Kreutz, D., Kurtz, L. A. MacCallum, R., Courtney, M. E., & Glaser, R. (1998). Stress and immune responses after surgical treatment for regional breast cancer. *Journal of National Cancer Institute, 90*, 30-36.

Anderson, W. T. (1997). Dying and death in aging intergenerational families. In T. D Hargrave & S. M. Hanna (Eds.), *The aging family* (pp. 270-291). New York: Brunner/Mazel.

Anderton, B. H. (2002). Aging of the brain. *Mechanisms of Aging and Development*, 123.

Antonucci, T. C. (1990). Attachment, social support, and coping with negative life events. In E. M. Cummings, A. L. Greene, & E. H. Karraker (Eds.), *Life-span developmental psychology: Vol. II Stress and coping across the life-span.* Hillsdale, NJ: Erlbaum.

Antonucci, T. C. (1991). Attachment, social support, and coping with negative life events in mature adulthood. In E. M. Cummings, A. L. Greene, & K. H. Karraker (Eds.), *Life-span developmental psychology: Perspectives on stress and coping* (pp. 261-276). Hillsdale, NJ: Erlbaum.

Antonucci, T. C. (2001). Social relations: An examination of social networks, social support and sense of control. In J. E. Birren & K. W. Schaie (Eds.) *Handbook of the psychology of aging* (5th ed., pp. 425-453). San Diego, CA: Academic Press.

Antonucci, T. C., & Akiyama, H. (1997). Corcern with others at midlife: Care, comfort, or compromise: In M. E. Lachman & J. B. James (Eds.), *Multiple paths of midlife development* (pp. 1471-169). Chicago: University of Chicago Press.

Antonucci, T. C., Akiyama, H., & Sherman, A. M. (2007). Social networks, support, and integration. In J. E. Birren (Ed.), *Encyclopedia of gerontology* (2nd ed.). San Diego: Academic Press.

Antonucci, T. C., Akiyama, H., & Takahashi, K. (2004). Attachment an close relationships across the life span. *Attachment & Human Development, 6*(4), 353-370.

Aquilano, W. S. (1996). The returning adult child and parental experience at midlife. In C. D. Ruff & M. M. Seltzer (Eds.), *The parental experience in midlife* (pp. 423-458). Chicago: University of Chicago Press.

Arlin, P. K. (1989). Problem solving and problem finding in young artists and young scientists. In M. L. Commons, J. D. Sinnott, F. A. Richards, & C. Armon (Eds.), *Adult development: Vol. 1. Comparisons and applications of developmental models* (pp. 197–216). New York: Praeger.

Arnett, J. J. (2000). Emerging adulthood: A theory of development from the late teens through the twenties. *American Psychologist, 55*, 469–480.

Artistico, D., Cervone, D., & Pezzuti, L. (2003). Perceived self–efficacy and everday problem solving among young and older adults. *Psychology and Aging, 18*(1), 68–79.

Atchley, R. (1988). Social forces and aging: *An introduction to social gerontology*.· Belmount, CA: Wadsworth.

Austad, S. N. (1997). *Why we age: What science is discovering about the body's journey through life.* New York: Wiley.

Auster, C. J., & Ohm, S. C. (2000). Masculinity and feminity in contemporary American society: A reevaluation using the Bem Sex–Role Inventory. *Sex Roles, 43*, 499–528.

Baddeley, A. (2000). Short–term and working memory. In E. Tulving & F. I. M. Craik (Eds.), *The Oxford handbook of memory.* New York: Oxford University Press.

Bailey, D., & Kurland, N. (2002). A review of telework research: Findings, new directions, and lessons for study of modern work. *Journal of Organizational Behavior, 23*, 383–400.

Bailey, S. J., Letiecq, B. L., & Porterfield, F. (2009). Family coping and adaptation among grandparents rearing grandchildren. *Journal of Intergeneration Relationship, 7*, 144–158.

Baldwin, J. D., & Baldwin, J. I. (1998). Sexual behavior. In H. S. Friedman (Ed.), *Encyclopedia of mental health* (Vol. 3). San Diego: Academic Press.

Baltes, B. B., & Heydens–Gahir, H. A. (2003). Reduction of work–family conflict through the use of selection, optimization, and compensation behaviors. *Journal of Applied Psychology, 88*(6), 1005–1018.

Baltes, P. B. (1987). Theoretical propositions of life–span developmental psychology: On the dynamics between growth and decline. *Developmental Psychology, 23*, 611–626.

Baltes, P. B. (1993). The aging mind: Potential and limits. *The Gerontologist, 33*, 580–594.

Baltes, P. B., & Baltes, M. M. (1990). Psychological perspectives on successful aging: The model of selective optimization with compensation. In P. B. Baltes(Eds.), *Successful aging: Perspectives from the behavioral sciences*(pp. 1–34). New York: Cambridge University Press.

Baltes, P. B., & Mayer, K. F. (Eds.). (1999). *The Berlin Aging Study: Aging from 70 to 100.* Cambridge, UK: Cambridge University Press.

Baltes, P. B., & Smith, J. (2008). The fascination of wisdom: Its nature, ontogeny, and function. *Perspectives in Psychological Sciences, 3*, 56–64.

Baltes, P. B., & Staudinger, U. M. (1993). The search for a psychology of wisdom. *Current Directions in Psychological Science, 2*, 75–80.

Baltes, P. B., Lindenberger, U., & Staudinger, U. M. (1998). Life–span theory in developmental psychology. In W. Damon & R. M. Lerner (Eds.), *Handbook of child psychology: Vol. I. Theoretical models of human development* (5th ed., pp. 1029–1143). New York: Wiley.

Baltes, P. B., Staudinger, U. M., & Lindenberger, U. (1999). Lifespan psychology: Theory and application to intellectual functioning. *Annual Review of Psychology, 50*, 471–507.

Bandura, A. (1993). Perceived self–efficacy in cognitive development and functioning. *Educational Psychologist, 28*, 117–148.

Barefoot, J. C., Mortensen, E. L., Helms, J., Aylund, K., & Schroll, M. (2001). A longitudinal study of gender differences in depressive symptoms from age 50 to 80. *Psychology and Aging, 16*, 342–345.

Barnett, R. C. (2002). Work–family balance. In J. Worell (Ed.), *Encyclopedia of women and gender.* San Diego: Academic Press.

Bartholomew, K., & Horowitz, L. M. (1991).

Attachment styles among young adults: A test of four category model. *Journal of Persoanlity and Social Psychology, 61*, 226–244.

Basseches, M. (1984). *Dialectical thinking and adult development.* Norwood, NJ: Ablex.

Beal, C. R. (1994). *Boys and girls: The development of gender roles.* New York: McGraw–Hill.

Bee, H. L. (2000). *The journey of adulthood* (4th. ed.). Prentice–Hall, Inc.

Bellatoni, M. F., & Blackman, M. R. (1996). Menopause and its consequences. In E. L. Schneider & J. W. Rowe (Eds.), *Handbook of the biology of aging* (4th ed. pp. 415–430). San Diego, CA: Academic Press.

Bem, S. L. (1993). *The lenses of gender: Transforming the debate on sexual inequality.* New Haven, CT: Yale University Press.

Benfante, R., & Reed, D. (1990). Is elevated serum cholesterol level a risk factor for coronary heart disease in the elderly? *Journal of the American Medical Association, 263*, 393–396.

Bennett, K. M. (2009). Widowhood. In D. Carr (Ed.), *Encyclopedia of the life course and human development.* Boston: Gale Cengage.

Berg, C. (2000). Intellectual development in adulthood. In R. J. Sternberg (Ed.), *Handbook of Intelligence* (pp. 117–137). New York: Cambridge University Press.

Berk, L. E. (2001). *Development through the lifespan.* Toronto: Allyn and Bacon.

Berkman, L. F., Seeman, T. E., Albert, M. Blazer, D., Kahn, R., Mohs, R., Finch, C., Schneider, E., Cotman, C., McClearn, G. et al. (1993). High, usual, and impaired functioning in community dwelling older men and women: Findings from the MacArthur Foundation Research Network on Successful Aging. *Journal of Clinical Epidemiology, 46*, 1129–1140.

Berlin, J. A., & Colditz, G. A. (1990). A meta–analysis of physical activity in the prevention of coronary heart disease. *American Journal of Epidemiology, 132*, 612–628.

Bernal, D., Snyder, D., & McCaniel, M. (1998). The age and job satisfaction relationship: Do its shape and strength still evade us? *Journals of Gerontology: Psychological Sciences, 53B*, 287–293.

Berry, R. E., & Williams, F. L. (1987). Assessing the relationship between quality of life and marital and income satisfaction: A path analytical approach. *Journal of Marriage and the Family, 49*, 107–116.

Bianchi, S. M., Milkie, M. A., Sayer, L. C., & Robinson, J. P. (2000). Is anyone doing the housework? Trends in the gender division of household labor. *Social Forces, 79*, 191–228.

Birren, J. E. (2002). Unpublished review of J. W. Santrock's *Life–span development*, 9th ed. (New York: McGraw–Hill).

Birren, J. E., & Cunningham, W. R. (1985). Research on the psychology of aging. In J. E. Birren and K. Warner Shchaie (Eds.), *Handbook of the psychology of aging.* 2nd ed. New York: Van Nostrand Reinhold.

Birren & K. W. Schaie (Eds.) (2006), *Handbook of the psychology of aging* (5th ed. pp. 135–160). San Diego, CA: Academic Press.

Bogden, J. D., & Louria, D. B. (1999). Aging and the immune system: The role of micronutrient nutrition. *Nutrition, 15*, 593–595.

Bond, F. W., & Bounce, D. (2003). The role of acceptance and job control in mental health, job satisfaction, and work performance. *Journal of Applied Psychology, 88*, 1057–1067.

Bowlby, J. (1969). *Attachment and Loss, Vol. I: Attachment.* New York: Basic Books.

Brandtstädter, J., & Greve, W. (1994). The aging self: Stabilizing and protective processes. *Developmental Review, 14*, 52–80.

Brennan, K. A., & Shaver, P. R. (1995). Dimensions of adult attachment, affect regulation, and romantic functioning. *Personality and Social Psychological Bulletin, 21*, 267–283.

Breslow, L., & Breslow, N. (1993). Health practices and disability: Some evidence from Alameda County. *Preventive Medicine, 22*, 86–95.

Bruce, C. A. (2002). The grief process for patient, family, and physician. *Journal of the American Osteopathic Association, 102, (9, Supplement 3),* S28–S32.

Bryant, C., Conger, R. D., & Meehan, J. (2001). The influence of in–laws on change in marital success. *Journal of Marriage and Family, 63*(3), 614–626.

Burns, E., & Goodwin, J. S. (1997). Changes in immunologist function. In C. K. Cassel, H. J. Cohen, E. B. Larson, et al. (Eds.), *Geriatric Medicine* (3rd ed., pp. 585–597). New York: Springer–Verlag.

Busch, C. M., Zonderman, A. B., & Costa, P. T., Jr. (1994). Menopausal transition and psychological distress in a nationally representative sample: Is menopause associated with psychological distress? *Journal of Aging and Health, 6,* 209–228.

Buss, D. M. (1991). Evolutionary personality psychology. *Annual Review of Psychology, 42,* 459–491.

Butler, R. N. (1968). The life review: An interpretation of reminiscence in the aged. In B. Neugarten (Ed.), *Middle age and aging* (pp. 486–496). Chicago: University of Chicago Press.

Cahill, K. E., Giandrea, M. D., & Quinn, J. (2006). Retirement patterns from career employment. *The Gerontologist, 46*(4), 514–523.

Campbell, A. (1981). *The sense of well–being in America.* New York: McGraw–Hill.

Carstensen, L. L. (1998). A life–span approach to social motivation. In J. Heckhausen & C. Dweck (Eds.), *Motivation and self–regulation across the life span.* New York: Cambridge University Press.

Carstensen, L. L., Isaacowitz, D. M., & Charles, S. T. (1999). Taking time seriously: A theory of socioemotional selectivity. *American Psychologist, 54,* 165–181.

Carstensen, L. L., Mikels, J. A., & Mather, M. (2006). Aging and the intersection of cognition, motivation, and emotion. In J. E. Birren & K. W. Schaie (Eds.), *Handbook of the psychology of aging* (6th ed., pp. 343–362). San Diego, CA: Academic Press.

Cate, R. M., & Lloyd, S. A. (1992). *Courtship.* Newbury Park, CA: Sage.

Cattell, R. B. (1963). Theory of fluid and crystallized intelligence: A critical experiment. *Journal of Educational Psychology, 54,* 1–22.

Centers for Disease Control and Prevention (2002). *Cohabitation, marriage, divorce and remarriage in the United States.* Atlanta: Author.

Center for Disease Control and Prevention (2003). *Overweight and obesity trends.* Available at: http://www.cdc.gov/nccdphp/obesity/trend/prev_char.htm.

Chamberlain, J. C., & Galton, D. J. (1990). Genetic susceptibility to atherosclerosis. *British Medical Bulletin, 46,* 917–940.

Chandra, R. K. (1997). Graying of the immune system: Can nutrient supplements improve immunity in the elderly? *Journal of the American Medical Association, 277*(17), 1398–1399.

Chasteen, A. L. (1994). The world around me: The environment and single women. *Sex Roles, 31,* 309–328.

Chen, M. H. (1999). The relationship of mothers and dauthers–in–law in urban Chinese families. Denton, Tx: Texas Women's University(unpublished dissertation).

Cherry, B. J., Adamson, M., Duclos, A., & Hellige, J. B. (2005). Aging and individual variation in inter–hemispheric collaboration and hemispheric asymmetry. *Aging, Neuropsychology, and Cognition, 12*(4), 316–339.

Chiriboga, D. A. (1984). Social stressors as antecedents of change. *Journal of Gerontology, 39,* 468, 477.

Chitwood, D., & Bigner, J. (1980). Young children's perceptions of old people. *Home Economics Research Journal, 8,* 369–374.

Christopher, F. S., & Sperecher, S. (2000). Sexuality in marriage, dating, and other relationship decade review. *Journal of Marriage and the Family, 62*(4), 999–1017.

Cicirelli, V. G. (2000). An examination of the trajectory of the adult child's caregiving for an elderly parents. *Family Relations, 49*(2), 169–175.

Cicirelli, V. G. (2002). Fear of death in older adults: Predictions from terror management theory. *Journals of Gerontology*: Psychological Sciences, *57B*, 358–366.

Cicirelli, V. G. (2006). Fear of death in mid-old age. *Journal of Gerontology: Psychological Sciences*, *61*(2), 75–81.

Cicirelli, V. G., Coward, R. T., & Dwyer, J. W. (1992). Siblings as caregivers for impaired elders. *Research on Aging, 14*, 331–350.

Clausen, J. A. (1993). *American lives*. New York: Free Press.

Cohen, L. H. (1998). Measurement of life events. In L. H. Cohen (Ed.), *Life events and psychological functioning: Theoretical and methodological issues* (pp. 11–30). Newbury Park, CA: Sage.

Cohen, S., Tyrrell, D. A. J., & Smith, A. P. (1993). Negative life events, perceived stress, negative affect, and susceptibility to the common cold. *Journal of Personality and Social Psychology, 64*, 131–140.

Coile, C., & Gruber, J. (2004). The effect of social security on retirement in the United States. *Social security programs and retirement around the world: Micro-estimation*. Chicago: University of Chicago Press. 691–729.

Colby, A., Kohlberg, L., Gibbs, J., & Lieberman, M. (1983). A longitudinal study of moral judgment. *Monographs of the Society for Research in Child Development, 48* (1–2 Serial No. 200).

Coleman, P., & Flood, D. (1987). Neuron numbers and dendritic extent in normal aging and Alzheimer's disease. *Neurobiology of Aging, 8*, 521–545.

Commons, M. L., Sinnott, J. D., Richards, F. A., & Armon, C. (1989). *Adult development*: Vol. 1. *Comparison and applications of development models*. New York: Praeger.

Connidis, I. A. (2001). *Family ties and aging*. Trousand Oaks, CA: Sage.

Corr, C. A. (1991–1992). A task-based approach to coping with dying. *Omega: Journal of Death and Dying 24*, 81–94.

Corr, C. A., Nabe, C. M., & Corr, D. M. (2000). *Death and dying: Life and living* (3rd ed.), Belmont, CA: Wadsworth.

Costa, P. T., Jr. & McCrae, R. R. (1980). Still stable after all these years: Personality as key to some issues in adulthood and old age. In P. B. Baltes & O. G. Brim, Jr. (Eds.), *Life-span development and behavior* (Vol. 3, pp. 65–102). New York: Academic Press.

Costa, P. T., Jr., & McCrae, R. R. (1993). Stability and change in personality from adolescence through adulthood. In C. A. Halverson, G. A. Kohnstamm, & R. P. Martin (Eds.), *The developing structure of temperament and personality from infancy to adulthood*. Hillsdale, NJ: Erlbaum.

Costa, P. T., Jr., & McCrae, R. R. (1994). Set like plaster? Evidence for the stability of adult personality. In T. F. Hetherton & J. L. Weinberger (Eds.), *Can personality change?* (pp. 21–40). Washington, DC: American Psychological Association.

Cotman, C. W., & Neeper, S. (1996). Activity dependent plasticity and the aging brain. In E. L. Schneider & J. W. Rowe (Eds.), *Handbook of the biology of aging* (4th ed., pp. 283–299). San Diego, CA: Academic Press.

Courtenay, W. H., McCreary, D. R., & Merighi, J. R. (2002). Gender and ethnic differences in health beliefs and behaviors. *Journal of Health Psychology, 7*, 291–331.

Craik, F. (2003). Aging and memory in humans. In J. Byrne (Editor-in-Chief), *Learning and memory* (2nd ed., pp. 10–14). New York: Thompson Gale.

Cropley, A. J. (2000). Defining and measuring creativity: Are creativity tests worth using? *Roeper; Review, 23*(2), 72–79.

Crosnoe, R., & Elder, G. H. Jr. (2002). Life course transitions, the generational stake, and grandparent-grandchild relationships. *Journal of Marriage and the Family, 64*, 1089–1096.

Crowther, M. R., Parker, M. W., Achenaum, W. A., Larimore, W. L., & Koenig, H. G. (2002). Rowe and Kahn's model of successful aging revisited:

Positive spirituality–The forgotten factor. *The Gerontologist, 42*, 5, 613–620.

Csikszentmihalyi, M. (2000). Creativity: An overview. In A. Kazdin (Ed.), *Encyclopedia of psychology.* Washington, DC, & New York: American Psychological Association and Oxford University Press.

Cuddy–Casey, M., & Orvaschel, H. (1997). Children's understanding of death in relation to child suicidality and homicidality. *Death Studies, 17*, 33–45.

Cullum, C. M., & Rosenberg, R. N. (1998). Memory loss: When is it Alzheimer's disease? *Journal of the American Medical Association, 279*(21), 1689–1690.

Culpepper, R. A., Gamble, J. E., & Blubaugh, M. G. (2004). Employee stock ownership plans and three–component commitment. *Journal of Occupational and Organizational Psychology, 77*(2), 155–170.

Cumming, E., & Henry, W. E. (1961). *Gowing old.* New York: Basic Books.

Danner, D., Snowdon, D., & Friesen, W. (2001). Positive emotions in early life and longevity: Findings from the Nun Study. *Journal of Personality and Social Psychology, 80*(5), 813–814.

De Rekeneire, N., Visser, M., Peila, R., Nevitt, M. C., Cauley, J. A., Tylawsky, F. A., et al. (2003). Is a fall just a fall?: Correlated of falling in healthy older persons. *Journal of the American Geriatrics Society, 51*(6), 841–846.

de Vries, B. (1996). The understanding of friendship: An adult life corse perspective. In C. Magai & S. H. McFadden (Eds.), *Handbook of emotion, adult development, and aging.* San Diego, CA: Academic Press.

DeLamater, J., & Friedrich, W. N. (2002). Human sexaul development. *Journal of Sex Research, 39*(1), 10–14.

Delhey, J. (2004). *Life satisfaction in an enlarged Europe.* Office for Official Publications of the European Communities, Luxembourg.

DeMaris, A., & Rao, K. V. (1992). Premarital cohabitation and subsequent marital stability in the United States: A reassessment. *Journal of Marriage and the Family, 54*, 178–190.

Denney, N. W., Tozier, T. L., & Schlotthauer, C. A. (1992). The effect of instruction on age differences in practical problem solving. *Journal of Gerontology: Psychological Sciences, 47*, 142–145.

DeSpelder, L. A., & Strickland, A. L. (1996). *The last dance: Encountering death and dying* (4th ed.). Mountain View, CA: Mayfield.

Diener, E., & Suh, E. (1998). Age and subjective well–being: An international analysis. *Annual Review of Gerontology and Geriatrics, 17*, 304–324.

Diener, E., Emmons, R. A., Larsen, R. J., & Griffin, S. (1985). The satisfaction with life scale. *Journal of Personality Assessment, 49*(1), 71–75.

Diener, E., Lucas, R. E., & Oishi, S. (2002). Emotion–focused approaches and subjective well–being: The science of happiness and life–satisfaction. In C. R. Snyder & S. J. Lopez (Eds.), *Handbook of positive psychology.* New York: Oxford University Press.

Dobson, R. (2009). Breast cancer incidence falls as women give up HRT. *British Medical Journal, 338*, 791–803.

Dohrenwend, B. S., & Dohrenwend, B. P. (1978). Some issues in research on stressful life events. *Journal of Nervous and Mental Disease, 166*, 7–15.

Duvall, E. M. (1977). *Marriage and family development* (5th ed.). Philadelphia: Lippincott.

Duvall, E. M., & Miller, B. C. (1985). *Marriage and family development* (6th ed.). New York: Harper & Row.

Eagly, A. H. (1987). *Sex differences in social behavior: A social role interpretation.* Hillsdale, NJ: Erlbaum.

Eby, L. T., Butts, M., & Lockwood, A. (2003). Predictors of success in the era of the boundaryless career. *Journal of Organizational Behavior, 24*, 689–708.

Eichorn, D. H., Clausen, J. A., Haan, N., Honzik, M. P., & Mussen, P. H. (Eds.) (1981). *Present and past in middle life.* New York: Academic Press.

Eichorn, D. H., Hunt, J. V., & Honzik, M. P. (1981). Expericence, personality and IQ: Adolescence to middle age. In D. H. Eichorn, J. A. Clausen, N. Haan, M. P. Honzik, & P. H. Mussen (Eds.), *Present and past in middle life* (pp. 89–116). New York: Academic Press.

Ellis, L,, & Ames, M. A. (1987) Neurohormonal functioning and sexual orientation. *Psychological Bulletin, 101*, 233–258.

Erickson, K. I., & others. (2009). Aerobic exercise effects on cognitive and neural plasticity in older adults. *British Journal of Sports Medicine, 43*, 22–24.

Ericsson, K. A. (1990). Peak performance and age: An examination of peak performance in sports. In P. B. Baltes & M. M. Baltes (Eds.), *Successful aging: Perspectives from the behavioral sciences* (pp. 164–196). Cambridge, England: Cambridge University Press.

Erikson, E. H. (1959). *Identity and the life cycle.* New York: Norton. (Reissued 1980).

Erikson, E. H. (1963). *Childhood and society* (2nd ed.). New York: Norton.

Erikson, E. H. (1982). *The life cycle completed.* New York: Norton.

Ernst Kossek, E., & Ozeki, C. (1998). Work–family conflict, policies, and the job–life satisfaction relationship: A review and directions for organizational behavior–human resources research. *Journal of Applied Psychology, 83*, 139–149.

Etzion, D. (2003). Annual vocation: Duration of relief from job stressors and burnout. *Anxiety, Stress and Coping, 16*, 213–226.

Falconi, A., & Mullet, E. (2003). Cognitive algebra of love through the adult life. *International Journal of Aging and Human Development, 57*(3), 275–290.

Fehr, B. (1996). *Friendship processes.* Thousand Oaks, CA: Sage.

Feifel, H. (1990). Psychology and death. *American Psychologist, 45*, 537–543.

Feldman, S. S., Biringen, Z. C., & Nash, S. C. (1981). Fluctuations of sex–related self–attributions as a function of stage of family life cycle. *Developmental Psychology, 17*, 24–35.

Ferraro, K. F. (2001). Aging and role transitions. In R. H. Birrenstock & L. K. George(Eds.), *Handbook of aging and the social sciences* (5th ed., pp. 313–330). San Diego, CA: Academic Press.

Ferring, D., Balducci, C., Burholt, V., Wenger, C., Thissen, F., Weber, G., & Hallberg I. (2004). Life satisfaction older people in six European countries: Findings from the European Study on Adult Well–Being. *European Journal of Ageing, 1*, 15–25.

Fiatarone, M. A., & Evans, W. J. (1993). The etiology and reversibility of muscle dysfunction in the aged (Special issue). *Journals of Gerontology, 48*, 77–83.

Fields, R. B. (1992). Psychosocial response to environment change. In V. B. Van Hasselt & M. Hersen (Eds.), *Handbook of social development: A lifespan perspective* (pp. 503–544). New York: Plenum Press.

Finch, C. E., & Seeman, T. E. (1999). Stress theories of aging. In V. L. Bengtson, & K. W. Schaie (Eds.), *Handbook of theories of aging.* New York: Springer.

Fingerman, K. L. (2001). *Aging mothers and their adult daughters: A study in mixed emotions.* New York: Springer Publishing Company.

Fischer, K. W., & Bidell, T. R. (2006). Dynamic development of action, thought, and emotion. In W. Damon & R. M. Lerner (Eds.), *Handbook of child psychology: Theoretical models of human development* (6th ed.). New York: Wiley.

Fiske, A., Wetherell, J. L., & Gatz, M. (2009). Depression in older adults. *Annual Review of Clinical Psychology* (Vol. 5). Palo Alto, CA: Annual Reviews.

Fleishman, J. A., & Fogel, B. (1994). Coping and depressive symptoms among people with AIDS. *Health Psychology 13*, 156–169.

Florio, E. R. et al. (1997). A comparison of suicidal and nonsuicidal elders referred to a community mental health program. *Suicide and Life Threatening Behavior, 27*(2), 182–193.

Folkman, S., & Moskowitz, J. T. (2000). Stress, positive emotion, and coping. *Current Directions, 9*(4), 115–118.

Fortner, B. V., Neimeyer, R. A., & Rybarczyk, B. (2000). Correlates of death anxiety in older adults: A comprehensive review. In A. Tomer (Ed.), *Death attitudes and the older adult: Theories, concepts, and applications* (pp. 95–108). Philadelphia: Taylor & Francis.

Fozard, J. L. (1992). Commentary in "We can age successfully." *Parade Magazine*, pp. 14–15.

Fozard, J. L., & Gordon–Salant, S. (2001). Changes in vision and hearing with aging. In J. E. Birren & K. W. Schaie (Eds.), *Handbook of the psychology of aging* (5th ed., pp. 241–266). San Diego, CA: Academic Press.

Fozard, J. L., Vercruyssen, M., Reynolds, S. L., Hancock, P. A., & Quilter, R. E. (1994). Age differences and changes in reaction time: The Baltimore Longitudinal Study of Aging. *Journal of Gerontology: Psychological Sciences, 49*, p. 179–189.

Frankl, V. (1984). Man's search for meaning. New York: Basic Books.

Frazier, P. H., & Foss–Goodman, D. (1988–1989). Death anxiety and personality: Are they truly related? *Omega, 19*, 265–274.

Fredrickson, B. L. (2000). Cultivating positive emotions to optimize health and well–being. *Prevention and Treatment, 3*. Available at http://journals.apa.org.prevention.

Fredrickson, B. L. (2001). The role of positive emotions in positive psychology. *American Psychologist, 56*(3), 218–226.

Freud, S. (1952). Group psychology and the analysis of the ego. *In the major works of Sigmund Freud* (pp. 664–696). Chicago: Encyclopedia Britannica. (Original work published 1921.)

Freund, A. M., & Baltes, P. B. (2002). Life–management strategies of selection, optimization and compensation: Measurement by self–report and construct validity. *Journal of Personality and Social Psychology, 82*(4), 642–662.

Fry, P. S. (2003). Perceived self–efficacy domains as predictors of fear of the unknown and fear of dying among older adults. *Psychology and Aging, 18*(3), 474–486.

Furer, P., & Walker, J. R. (2008). Death anxiety: A cognitive–behavioral approach. *Journal of Cognitive Psychotherapy, 22*, 167–182.

Furman, E. (2005). *Boomerang nation*. New York: Fireside.

Gallo, L. C., Smith, T. W., & Ruiz, J. M. (2003). An interpersonal analysis of adult attachment style. *Journal of Personality, 71*(2), 141–181.

Gallup, G. H. (1987). *The Gallup poll: Public opinion 1986*. Wilmington, DE: Scholarly Resources.

Ganong, L., & Coleman, M. (1994). *Remarried family relationship*. Sage.

Gatz, M., Kasl–Godley, J. E., & Karel, M. J. (1996). Aging and mental disorders. In J. E. Birren & K. W. Schaie (Eds.), *Handbook of the psychology of aging* (pp. 365–381). San Diego, CA: Academic Press.

George, C., Kaplan, N., & Main, M. (1985). *Attachment interview for adults*. Unpublished manuscript. University of California, Berkeley.

George, L. K. (1990). Social structure, social processes, and social–psychological states. In R. H. Binstock & L. K. George (Eds.), *Handbook of aging and the social sciences* (3rd ed., pp. 186–204). San Diego, CA: Academic Press.

George, L. K. (2006). Perceived quality of life. In R. H. Binstock & L. K. George (Eds.), *Handbook of aging and the social sciences* (6th ed., pp. 320–336). San Diego, CA: Academic Press.

Gephart, R. P. (2002). Introduction to the brave new workplace: Organizational behavior in the electronic age. *Journal of Organizational Behavior, 23*, 327–344.

Gesser, G., Wong, P. T. P., & Reker, G. T. (1987–1988). Death attitudes across the life–span: The development and validation of the death attitude profile (DA). *Omega, 18*, 113–118.

Geyer, S. (1993). Life events, chronic difficulties and vulnerability factors preceding breast cancer. *Social Science and Medicine, 37,* 1545–1555.

Gilligan, C. (1982). *In a different voice: Psychological theory and women's development.* Cambridge, MA: Harvard University Press.

Glenn, N. D., & Weaver, C. N. (1981). The contribution of marital happiness to global happiness. *Journal of Marriage and the Family, 43,* 161–168.

Gold, D. T. (1996). Continuities and discontinuities in sibling relationships across the life span. In V. I. Bengtson (Ed.), *Adulthood and aging: Research on continuities and discontinuities.* New York: Springer.

Gorchoff, S. M., John, O. P., & Helson, R. (2008). Contextualizing change in marital satisfaction during middle age: An 18-year longitudinal study. *Psychological Science, 19,* 1194–1200.

Gosden, R. G. (2007). Menopause. In J. E. Birren (Ed.), *Encyclopedia of gerontology* (2nd ed.). San Diego: Academic Press.

Gottman, J. M., Coan, J., Carrere, S., & Swanson, C. (1998). Predicting marital happiness and stability from newlywed interactions. *Journal of Marriage and the Family, 60,* 5–22.

Greenough, W. T., Black, J. E., & Wallace, C. S. (1987). Experience and brain development. *Child Development, 58,* 539–559.

Grossman, I., Na, J., Varnum, M. E., Park, D. C., Kitayama, S., & Nisbett, R. E. (2010). Reasoning about social conflicts improves into old age. *Preceedings of the National Academy of Sciences U. S. A.*

Grzywacz, J. G., & Marks, N. F. (2000). Reconceptualizing the work-family interface: An ecological perspective on the correlates of positive and negative spillover between work and family. *Journal of Occupational Health Psychology, 5,* 111–126.

Guilford, J. P. (1967). *The structure of intellect.* New York: McGraw-Hill.

Gutmann, D. (1987). *Reclaimed powers: Toward a new psychology of men and women in later life.* New York: Basic Books.

Gutmann, D. (1997). *The human elder in nature, culture, and society.* Boulder, CO: Westview.

Gyrucsik, N. C., Estabrooks, P. A., & Frahm-Templar, M. J. (2003). Exercise related goals and self-efficacy as correlates of aquatic exercise in individuals with arthritis. *Arthritis and Rheumatism, 49*(3), 306–313.

Haan, N. (1982). The assessment of coping, defense, and stress. In L. Goldberger & S. Breznitz (Eds.), *Handbook of stress: Theoretical and clinical aspects* (pp. 254–269). New York: Free Press.

Haan, N., Millsap, R., & Hartka, E. (1986). As time goes by: Change and stability in personality over fifty years. *Psychology and Aging, 1,* 220–232.

Hagestad, G. O. (1982). Parent and child: Generations in the family. T. M. Field, A. Huston, H. C. Quay, L. Troll, & G. E. Finley (Eds.), *Review of human development.* New York: Jone Wiley & Sons.

Hagestad, G. O. (1984). The continuous bond: A dynamic, multigenerational perspective on parent-child relations between adults. In M. Permutter (Ed.), *Minnesota Symposia on Child Psychology* (pp. 129–158). Hillsdale, NJ: Erlbaum.

Hagestad, G. O. (1986). Dimensions of time and the family. *American Behavioral Scientist, 29,* 679–694.

Halliwell, E., & Dittmar, H. (2003). A qualitative investigation of women's and men's body image concerns and their attitudes toward aging. *Sex Roles, 49*(11/12), 675–684.

Hamer, D., & Copeland, P. (1998). *Living with our genes: Why they matter more than you think.* New York: Doubleday.

Hansen, T., Slagsvold, B., & Moum, T. (2008). Financial satisfaction in old age: A satisfaction paradox or a result of accumulated wealth. *Social Indicators Research, 89,* 323–347.

Happé, F. G. E., Winner, E., & Brownell, H. (1998). The getting of wisdom: Theory of mind in old age. *Developmental Psychology, 34*(2), 358–362.

Harrington, C., Konver, C., Mezey, M., Kayser-Jones, J., Burger, S., Mohler, M., Burke, R., &

Zimmerman, D. (2000). Experts recommend minimum nurse staffing standard for nursing facilities in the United States. *The Gerontologist, 40*(1), 5–16.

Harris, L. (1975). *The myth and reality of aging in America.* Washington, DC: National Council on Aging.

Harris, L. A., & Dollinger, S. C. (2003). Individual differences in personality traits and anxiety about aging. *Personality and Individual Differences, 34,* 187–194.

Hatfield, E. (1988). Passionate and compassionate love. In R. J. Sternberg & M. L. Barnes (Eds.), *The psychology of love* (pp. 191–217). New Haven, CT: Yale University Press.

Hauck, S. J., & Bartke, A. (2001). Free radical defenses in the liver and kidney of human growth hormone transgenic mice. *Journal of Gerontology, 56A* (No. 4), B153–B162.

Havighurst, R. J. (1972). *Developmental tasks and education* (2nd ed.). NY: Longmans, Green.

Havighurst, R. J., Neugarten, B. L., & Tobin, S. S. (1968). Disengagement and patterns of aging. In B. L. Neugarten (Ed.), *Middle age and aging.* Chicago: University of Chicago Press.

Hawkins, M. J. (1996). College students' attitudes toward elderly persons. *Educational Gerontology, 22,* 271–279.

Haydar, Z. R., Blackman, M. R., Tobin, J. D., Wright, J. G., & Fleg, J. L. (2000). The relationship between aerobic exercise capacity and circulating IGF-l levels in healthy men and women. *Journal of the American Geriatrics Society, 48*(2), 139–145.

Hayflick, L. (1977). The cellular basis for biological aging. In C. E. Finch & L. Hayflick (Eds.), *Handbook of the biology of aging.* New York: Van Nostrand.

Hayslip, B., Henderson, C. E., & Shore, R. J. (2003). The structure of grandparental role meaning. *Journal of Adult Development, 10*(1), 1–11.

Hazan, C., & Shaver, P. (1987). Romantic love conceptualized as an attachment process. *Journal of Personality and Social Psychology, 52,* 511–524.

Hazan, C., & Shaver, P. R. (1990). Love and work: An attachment-theoretical perspective. *Journal of Personality and Social Psychology, 59,* 270–280.

Heckhausen, J. (2001). Adaptation and resilience in midlife. In M. E. Lachman (Ed.), *Handbook of midlife development.* New York: John Wiley.

Heckausen, J., & Schulz, R. (1995). A life span theory of control. *Psychological Review,* 102, 284–304.

Helman, C. (2008). Inside T. Bonne Pickens' brain. *Forbes.* Retrieved on June 15, 2008. from http://www.forbes.com/billionaires/forbes/2008/0630/076.html.

Helson, R., & Stewart, A. (1994). Personality change in adulthood. In T. F. Hetherton & J. L. Weinberger (Eds.), *Can personality change?* Washington, DC: American Psychological Association.

Henretta, J. C., O'Rand, A. M., & Chan, C. (1993). Gender differences in employment after spouse's retirement. *Research on Aging, 15*(2), 148–169.

Herskind, A. M., McGue, M., Holm, N. V., Sørensen, T. I. A., Harvald, B., & Vaupel, J. W. (1996). The heritability of human longevity: A population-based study of 2872 Danish twin pairs born 1870–1900. *Human Genetics, 97,* 319–323.

Hetherington, E. M. (2000). Divorce. In A. Kazdin (ed.), *Encyclopedia of psychology.* Washington, DC. & New York: American Psychological Association and Oxford University Press.

Hetherington, E. M., & Kelly, J. (2002). *For better or for worse: Divorce reconsidered.* New York: Norton.

Hetherington, E. M., & Stanley-Hagan, M. (2002). Parenting in divorced and remarried families. In M. H. Bornstein (Ed.), *Handbook of parenting* (2nd ed., Vol. 3). Mahwah, NJ: Erlbaum.

Higgins, C., Duxbury, L., & Lee, C. (1994). Impact of life-cycle stage and gender on the ability to balance work and family responsibilities. *Family Relations, 43,* 144–150.

Hill, C. D., Thompson, L. W., & Gallagher, D. (1988). The role of anticipatory bereavement in older women's adjustment to widowhood. *The Gerontologist, 28,* 792–796.

Hillier, S. M., & Barrow, G. M. (2011). *Aging, the individual and society* (9 ed.), Wadworth, CA: Belmont.

Hoelter, J. W. (1979). Multidimensional treatment of death. *Journal of Consulting and Clinical Psychology, 47*, 996–999.

Hoelter, L. (2009). Divorce and separation. In D. Carr (Ed.), *Encyclopedia of the life course and human development*. Boston: Gale Cengage.

Holahan, C. K. (2003). Stability and change in positive self–appraisal from midlife to later aging. *International Journal of Aging and Human Development, 56*, 247–267.

Holland, J. L. (1973). *Making vocational choice: A theory of careers*. Englewood Cliffs, NJ: Prentice Hall.

Holland, J. L. (1992). *Making vocational choices: A theory of vocational personalities and work environments* (2nd ed.). Odessa, FL: Psychological Assessment Resources.

Holland, J. L. (1996). Exploring careers with a typology: What we have learned and some new directions. *American Psychologist, 51*, 397–406.

Holmes, T. H., & Rahe, R. H. (1967). The social readjustment rating scale. *Journal of Psychosomatic Research, 11*, 213–218.

Holtslander, L., & Duggleby, W. (2010). The psychosocial context of bereavement for older women who were caregivers for a spouse with advanced cancer. *Journal of Women and Aging, 22*, 109–124.

Horn, J. L. (1982). The aging of human abilities. In B. B. Wolman (Ed.), *Handbook of developmental psychology* (pp. 847–870). Englewood Cliffs, NJ: Prentice Hall.

Horn, J. L., & Hofer, S. M. (1992). Major abilities and development in the adult period. In R. J. Sternberg & C. A. Berg (Eds.), *Intellelcltural development* (pp. 44–99). Cambridge, England: Cambridge University Press.

Horowitz, A. (2004). The prevalence and consequences of vision impairment in later life. *Topics in Geriatric Rehabilitation, 20*(3), 185–195.

House, J. S., Kessler, R. C., & Herzog, A. R. (1990). Age, socioeconomic status, and health. *Milbank Quarterly, 68*, 383–411.

Howard, A., & Bray, D. W. (1988). *Managerial lives in transition: Advancing age and changing times*. New York: Guilford Press.

Hoyer, W. J., & Roodin, P. A. (2009). *Adult development and aging* (6th ed.). New York: McGraw–Hill.

Hoyert, D. L., & Seltzer, M. M. (1992). Factors related to the well–being and life activities of family caregivers. *Family Relations, 41*, 74–81.

Hughes, S. M., Amadi, B., Mwiya, M., Nkamba, H., Tomkins, A., & Goldblatt, D. (2009). Dendritic cell anergy results from endotoxemia in severe malnutrition. *Journal of Immunology, 183*, 2818–2826.

Hultsch, D. F., Hertzog, C., Dixon, R. A., & Small, B. J. (1998). *Memory changes in the aged*. New York: Cambridge University Press.

Hummert, M. L., Garstka, T. A., Shaner, J. L., & Strahm, S. (1994). Stereotypes of the elderly held by young, middle–aged, and elderly adults. *Journal of Gerontology: Psychological Sciences, 49*, 240–249.

Hungerford, T. L. (2001). The economic consequences of widowhood on elderly women in the United States and Germany. *The Gerontologist, 41*, 103–110.

Idler, E. (2006). Religion and aging. In R. H. Binstock & L. K. George (Eds.), *Handbook of aging and the social sciences* (6th ed., pp. 277–300). San Diego, CA: Academic Press.

Irwin, M., & Pike, J. (1993). Bereavement, depressive symptoms, and immune function. In M. S. Stroebe, W. Stroebe, & R. O. Hansson (Eds.), *Handbook of bereavement: Theory, research, and intervention* (pp. 160–171). Cambridge, England: Cambridge University Press.

Iskra, G., Folkard, S., Marek, T., & Noworol, C. (1996). Health, well–being and burnout of ICU nurses on 12– and 8–hour shifts. *Work and Stress, 10*, 251–256.

Jacobs-Lawson, J. M., Hershey, D. A., & Neukam, K. A. (2005). Gender differences in factors that influence time spent planning for retirement. *Journal of Women & Aging, 16*, 55-69.

Jensen, A. R. (1993). Spearman's hypothesis tested with chronometric information-processing tasks. *Intelligence, 17*, 42-77.

Johnson, L. E., Kaiser, F. E., & Morley, J. E. (1997). Changes in male sexual function. In C. K. Cassel, H. J. Cohen, E. B. Larson, et al. (Eds.), *Geriatric medicine* (3rd ed., pp. 511-525). New York: Springer-Verlag.

Johnson, W., & Drueger, R. F. (2005). Higher perceived life control decreases genetic variance in physical health: Evidence from a national twin study. *Journal of Personality and Social Psychology, 88*(1), 165-173.

Jokela, M., others. (2010). From midlife to early old age: Health trajectories associated with retirement. *Epidemiology, 21*, 284-290.

Jordan, J. R. (2001). Is suicide bereavement different? A reassessment of the literature. *Suicide and Life-threatening Behavior, 31*, 91-102.

Kail, R. V., & Cavanaugh, J. C. (2000). *Human development: A lifespan view.* www.wadsworth.com.

Kalimo, I., Pahkim, K., Mutanen, P., & Toppinen-Tanner, S. (2003). Staying well or burning out at work: Work characteristics and personal resources as long-term predictors. *Work & Stress, 17*, 109-122.

Kalish, R. A. (1981). *Death, grief, and caring relationships.* Monterey, CA: Brooks/Cole.

Kalish, R. A. (1985). The social context of death and dying. In R. H. Binstock & E. Shanas (Eds.), *Handbook of aging and the social sciences* (2nd ed., pp. 149-170). New York: Van Nostrand Reinhold.

Kalish, R. A. (1987). Death. In G. L. Maddox (Ed.), *Encyclopedia of aging.* New York: Springer.

Kalish, R. A., & Reynolds, D. K. (1976). *An overview of death and ethnicity.* Farmingdale, NY: Baywood.

Karney, B. R., & Bradbury, T. N. (1997). Neuroticism. marital interaction, and the trajectory of marital satisfaction. *Journal of Personality and Social Psychology, 72*, 1075-1092.

Kastenbaum, R. J. (2000). *The psychology of death* (3rd ed). New York: Springer Publishing Company.

Kastenbaum, R. J. (2009). *Death, society, and human experience* (10th ed.). Boston: Allyn & Bacom.

Katz-Wise, S. L., Priess, H. A., & Hyde, J. S. (2010). Gender-role attitudes and behavior across the transition to parenthood. *Developmental Psychology, 46*, 18-28.

Kaufman, G., & Elder, G. H. Jr. (2002). Revisiting age identity: A research note. *Journal of Aging Studies, 16*, 169-175.

Keith, P. M. (1981-1982). Perception of time remaining and distance from death. *Omega, 12*, 307-318.

Kendler, K. S., Neale, M. C., Kessler, R. C., Heath, A. C., & Eaces, L. J. (1992a). A population based twin study of major depression in women: The impact of varying definitions of illness. *Archives of General Psychiatry, 39*, 257-266.

Kendler, K. S., Neale, M. C.l, Kessler, R. C., Heath, A. C., & Eaces. L. J. (1992b). Major depression and generalized anxiety disorder: Same genes (partly) different environments? *Archives of General Psychiatry, 49*, 716-722.

Kensinger, E., & Corkin, S. (2003). Neural changes in aging. In L. Nadel (Editor-in-Chief), *Encyclopedia of cognitive science* (Vol. 1, pp. 70-78). London: Nature Publishing Group.

Kersting, A., & Kroker, K. (2010). Prolonged grief as distinct disorder, specifically affecting female health. *Archives of Women's Mental Health, 13*, 27-28.

Kim, J. E., & Moen, P. (2001). Is retirement good or bad for subjective well-being? *Current Directions in Psychological Science, 10*(3), 83-86.

Kirkpatrick, L. A., & Davis, K. E. (1994). Attachment style, gender and relationship stability: A longitudinal analysis. *Journal of Personality and Social Psychology, 66*, 501-512.

Kitson, G. C. (1992). *Portrait of divorce: Adjustment to marital breakdown.* New York: Guilford Press.

Klass, D. (1999). Developing a corss-cultural model of grief: The state ate he field. *Omega: Journal of Death and Dying, 39*, 153–178.

Klug, L., & Sinha, A. (1987). Death acceptance: A two-component, formulation and scale. *Omega, 18*, 229–235.

Koenig, H. G., & Blazer, D. G. (1992). Mood disorders and suicide. In J. E. Birren, R. B. Sloane, & G. D. Cohen (Eds.), *Handbook of mental health and aging* (2nd ed., pp. 379–407). San Diego, CA: Academic Press.

Koenig, H. G., Blazer, D. G., & Hocking, L. B. (1997). Depression, anxiety, and other affective disorders. In C. K. Cassel et. (Eds.), *Geriatric Medicine (3rd ed*, pp. 949–965). New York: Springer-Verlag.

Koenig, H. G., McCullougy, M., & Larson, D. B. (2000). *Handbook of religion and health*. New York: Oxford Universiy Press.

Kramer, D. (2003). The ontogeny of wisdom in its variations. In J. Demick & C. Andreoletti (Eds.), *Handbook of adult development* (pp.131–151). New York: Kluwer Academic/Plenum Press.

Kramer, D. A. (1989). A developmental framework for understanding conflict resolution processes. In J. D. Sinnott (Ed.), *Everyday problem solving: Theory and applications* (pp. 138–152). New York: Praeger.

Kramer, D. A. (1990). Conceptualizing wisdom: The primacy of affect-cognition relations. In R. J. Sternberg (Ed.), *Wisdom: Its nature, origins, and development* (pp. 279–313). Cambridge, UK: Cambridge University Press.

Kramer, D. A., Angiuld, N.j, Crisafi, I., & Levine, C. (1991). *Cognitive processes in real-life conflict resolution*. Paper presented at the annual meeting of the American Psychological Association, San Francisco.

Kramer, D. A., Kahlbaugh, P. E., & Goldston, R. B. (1992). A measure of paradigm beliefs about the social world. *Journal of Gerontology, 47*, 180–189.

Krause, N. (2001). Social support. In R. H. Birrenstock & L. K. George (Eds.), *Handbook of aging and the social sciences* (5the ed., pp. 272–294). San Diego, CA: Academic Press.

Krause, N., & Shaw, B. A. (2003). Role-specific control, personal meaning, and health in late life. *Research on Aging, 25*, 559–586.

Krueger, R. F., & Johnson, W. (2008). Behavioral genetics and personality. A new look at the integration of nature and nurture. In O. P. John, R. W. Robins, & L. A. Pervin (Eds.), *Handbook of personality theory and research* (3rd ed.). New York: Guilford.

Kübler-Ross, E. (1969). *On death and dying*. New York: Macmillan.

Kübler-Ross, E. (1974). *Questions and answers on death and dying*. New York: Macmillan.

Labouvie-Vief, G. (1990). Modes of knowledge and the organization of development. In M. I. Commons, I. Kohlberg, R. Richards, & J. Sinnott (Eds.), *Beyond formal operations: Models and methods in the study of adult and adolescent thought*. New York: Praeger.

Labouvie-Vief, G. (2006). Emerging structures of adult thought. In J. J. Arnett & J. J. Tanner (Eds.), *Emerging adults in America*. Washington, DC: American Psychological Association.

Labouvie-Vief, G., & Diehl, M. (1999). Self and personality development. In J. C. Kavanaugh & S. K. Whitbourne (Eds.), *Gerontology: A interdisciplinary perspective*. New York: Oxford University Press.

Labouvie-Vief, G., Chiodo, L. M., Goguen, L. A., Diehl, M., & Orwoll, L. (1995). Representations of self across the life span. *Psychology and Aging, 10*, 404–415.

Lachapelle, D. L., & Hadjistavropoulos, T. (2005). Age-related differences among adults coping with pain: Evaluation of a development life-contextual model. *Canadian Journal of Behavioural Science, 37*(2), 123–137.

Lachman, M. E., & Firth, K. M. P. (2004). The adaptive value of feeling in control during midlife. In O. G. Brim, C. D. Ruff, & R. C. Kessler (Eds.), *How healthy are we?* Chicago: University of Chicago Press.

Lachman, M. F., & James, J. B. (Eds.), (1997). *Multiple paths of midlife development.* Chicago: University of Chicago Press.

Lamberg, L. (1997). "Old and gray and full of sleep?" Not always. *Journal of the American Medical Association, 278*(16), 1302–1304.

Lazarus, R. S., & Folkman, S. (1984). *Stress, appraisal, and coping.* New York: Springer.

Lee, D. H., & Schaninger, C. M. (2003). Attitudinal and consumption differences among traditional and nontraditional "childless" couple households. *Journal of Consumer Behaviour, 2*(3), 248–268.

Lee, D. J., & Markides, K. S. (1990). Activity and mortality among aged persons over an eight–year period. *Journals of Gerontology: Social Sciences, 45*, 539–542.

Lee, I. M., Hsieh, C., & Paffenbarger, O. (1995). Exercise intensity and longevity in men. *Journal of the American Medical Association, 273*, 1179–1184.

Lee, J. A. (1977). A typology of styles of loving. *Personality and Social Psychology Bulletin, 3*, 173–182.

Lee, Y., & Park, K. (2008). Does physical activity moderate the association between depressive symptoms and disability in older adults? *International Journal of Psychiatry, 23*, 249–256.

Lees, F. D., Clark, P. G., Nigg, C. R., & Newman, P. (2005). Barriers to exercise behavior among older adults: A focus–group study. *Journal of Aging and Physical Activity, 13*(1), 23–34.

Lefkowitz, E. S., & Fingerman, K. L. (2003). Positive and negative emotional feelings and behaviors in mother–daughter ties in late life. *Journal of Family Psychology, 17*(4), 607–617.

Lehman, H. C. (1960). The age decrement in outstanding scientific creativity. *American Psychologist, 15*, 128–134.

Leigh, G. K. (1982). Kinship interaction over the family life span. *Journal of Marriage and the Family, 44*, 197–208.

Leighton, S. (2008). Bereavement therapy with adolescents: Facilitating a process of spiritual growth. *Journal of Child and Adolescent Psychiatric Nursing, 21*, 24–34.

LeMastro, B. (2001). Childress by choice?: Attritutions and attitudes concerning family size. *Social Behavior and Personality: An International Journal, 27*(1), 95–97.

Leming, M. R., & Dickinson, G. E. (2002). *Understanding death, dying, and breavement* (5th ed.). Belmont, CA: Wadsworth.

Lemme, G. H. (2006). *Development in adulthood* (4th ed.). Boston: Pearson.

Leonards, U., Ibanez, V., & Giannakopoulos, P. (2002). The role of stimulus type in age–related changes of visual working memory. *Experimental Brain Research, 146*, 172–183.

Lesch, K. P., Bengel, D., Heils, A., Sabol, S. Z., Greenberg, B. D., Petri, S., Benjamin, J., Muller, C. R., Hamer, D. H., & Murphy, D. L. (1996). Association of anxiety–related traits with a polymorphism in the serotonin transporter gene regulatory region. *Science, 274*, 1527–1531.

Lester, D. B., Rogers, T. D., & Blaha, C. D. (2010). Acetylcholine–dopamine interactions in the pathophysiology and treatment of CNS disorders. *CNS Neuroscience & Therapeutics, 23*, 43–58.

Letherby, G. (2002). Childless and benefit?: Stereotypes and realities in relation to voluntary and involuntary childlessness and womanhood. *Sociological Inquiry, 72*(1), 5–20.

LeVay, S. (1991). A difference in the hypothalamic structure between heterosexual and homosexual men. *Science, 253*, 1034–1037.

Levinger, G. (1983). Development and change. In H. H. Kelley, E. Berscheid, A. Christensen, J. H. Harvey, T. L., Hutson, G. Levinger, E. McClintock, L. A. Peplau, & D. R. Peterson (Eds.), *Close relationships* (pp. 315–359). New York: Freeman.

Levinson, D. J. (1986). A conception of adult development. *American Psychologist, 41*, 3–13.

Levinson, D. J. (1996). *Seasons of a woman's life.* New York: Alfred Knopf.

Levinson, D. J. Darrow, C. N., Klein, E. B., Levinson, M. H., & McKee, B. (1978). *The seasons of a man's life.* New York: Knopf.

Li, Y. (2007). Recovering from spousal bereavement in later life: Does volunteer participation play a role? *Journals of Gerontology: Psychological Sciences and Social Sciences, 62B*, S257–S266.

Lips, H. M. (1997). *Sex and gender* (3rd ed.). London: Mayfield.

Lonky, E., Kaus, C. R., & Roodin, P. S. (1984). Life experience and mode of coping: Relation to moral judgment in adulthood. *Developmental Psychology, 20*, 1159–1167.

Loponen, M., Hublin, C., Kalimo, R., Manttari, M., & Tenkanen, L. (2010). Joint effect of self-reported sleep problems and three components of the metabolic syndrome on risk of coronary heart disease. *Journal of Psychosomatic Research, 68*, 149–158.

Lorensen, M., Wilson, M. E., & White, M. A. (2004). Norwegian families: Transition to parenthood. *Health Care for Women International, 25*(4), 334–348.

Luanaigh, C. O., & Lawlor, B. A. (2008). Loneliness and the health of older people. *International Journal of Geriatiric Psychiatry, 23*, 1213–1221.

Lucas, R. E., & Baird, B. M. (2004). Extraversion and emotional reactivity. *Journal of Personality and Social Psychology, 86*, 473–485.

Luescher, K. (2002). Intergenerational ambivalence: Further steps in theory and research. *Journal of Marriage and the Family, 64*, 585–593.

Lund, D. A. (2007). Bereavement and loss. In J. E. Birren (Ed.), *Encyclopedia of gerontology* (2nd ed.). San Diego: Academic Press.

Maccoby, N. (1980). Promoting positive health behaviors in adults. In L. A. Bond & J. C Rosen (Eds.), *Competence and coping during adulthood* (pp. 195–218). Hanover, NH: University Press of New England.

Manson, M., & Gutfeld, G. (1994). Losing the final five. *Prevention Magazine 46*(5), 22–24.

Margaret, C. W. (1996). The middle years: Women sexuality, and the self. *J O G N N, 25*(7), 7, 615–621.

Marsiglio, W., & Donnelly, D. (1991). Sexual relations in later life: A national study of married persons. *Journal of Gerontology: Social Sciences, 46*, S338–S334.

Marsiske, M., & Margrett, J. A. (2006). Everyday problem solving and dicision making. In J. E. Birren & K. W. Schaie (Eds.), *Handbook of the psychology of aging* (6th ed., pp. 315–342). San Diego, CA: Academic Press.

Martin, J. A., & Buckwalter, J. A. (2001). Biomarkers of aging. *Journal of Gerontology, 56A* (No. 4), B172–B179.

Mason, M. G., (2011). *Adulthood and aging.* New York: Allyn & Bacon.

Masson, J. D. (2002). Non-professional perceptions of "good death": A study of the views of hospice care patients and relatives of deceased hospice care patients. *Mortality, 7*(2), 191–209.

Matt, G. E., Dean, A., Wang, B., & Wood, P. (1992). Identifying clinical syndromes in a community sample of elderly persons. *Psychological Assessment, 4*, 174–184.

Matthews, K. A., Shumaker, S. A., Bowen, D. J., Langer, R. D., Hunt, J. R., Kaplan, R. M., Klesges, R. C., & Ritenbaugh, C. (1997). Women's Health Initiative: Why now? What is it? *American Psychologist, 52*(2), 101–116.

Mavandadi, S., & others. (2007). Effects of depression treatment on depressive symptoms in older adulthood: The moderating role of pain. *Journal of the American Geriatrics Association, 55*, 202–211.

Mayo Clinic. (2008). *Aging: What to expect as you get older.* Retrieved July 8, 2010, from http://www.mayoclinic.com/health/aging/HA00040.

McAdams, D. P. (1999). Personal narratives and the life story. In L. Pervin & O. John (Eds.), *Handbook of personality: Theory and research* (2nd ed., pp. 478–500). New York: Guilford Press.

McAdams, D. P. (2001). The psychology of life stories.

Review of General Psychology, 5, 100–122.

McAdams, D. P., de St. Aubin, E., & Logan, R. L. (1993). Generativity among young, midlife, and older adults. *Psychology and Aging, 8*, 221–230.

McCrae, R. R. (2004). Human nature and culture: A trait perspective. *Journal of Research in Personality, 38*, 3–14.

McCrae, R. R., & Costa, P. T. J. (1990). *Personality in adulthood.* New York: Guilford.

McCrae, R. R., & Costa, P. T., Jr. (1997). Personality trait structure as a human universal. *American Psychologist, 52*, 509–516.

McCrae, R. R., & Costa, P. T., Jr. (2003). *Personality in adulthood: A five-factor theory perspective* (2nd ed.). New York: Guilford Press.

McCrae, R. R., & Costa, P. T., Jr. (2008). The five-factor theory of personality. In O. P. John, R. W. Robins, & L. A. Pervin (Eds.), *Handbook of personality theory and research* (3rd ed.). New York: Guilford.

McCrae, C., & Dubyak, P. (2009). Sleep patterns and behavior. In D. Carr (Ed.), *Encyclopedia of the life course and human development.* Boston: Gale Gengage.

McCrae, R. R., & John, O. P. (1992). An introduction to the five-factor model and its applications. *Journal of Personality, 60*, 175–215.

McCrae, R. R., Costa, P. T., Terracciano, A., Parker, W. D., Mills, C. J., De Fruyt, F., et al. (2002). Personality trait development from age 12 to 18: Longitudinal, cross-sectional, and cross-cultural analyses. *Journal of Personality and Social Psychology, 83*(6), 1456–1468.

McCullough, M. E. (1995). Prayer and health: Conceptual issues, research review, and research agenda. *Journal of Psychology and Theology, 23*, 15–29.

Mcdonough, P., & Berglund, P. (2003). Histories of poverty and self-rated health trajectories. *Journal of Health and Social Behavior, 44*(2), 198–214.

Meacham, J. A. (1990). The loss of wisdom. In R. J. Sternberg (Ed.), *Wisdom: Its nature, origins, and development* (pp. 181–211). New York: Cambridge University Press.

Mechakra-Tahiri, S. D., Zunzunegui, M. Y., Preville, M., & Dube, M. (2010). Gender, social relationships and depressive disorders in adults aged 65 and over in Quebec. *Chronic Diseases in Canada, 30*, 56–65.

Meegan, S. P., & Berg, C. A. (2002). Contexts, functions, forms, and processes of collaborative everyday problem solving in older adulthood. *International Journal of Behavioral Development, 26*(1), 6–15.

Melinder, K. A., & Anderson, R. (2001). The impact of structural factors on the injury rate in different European countries. *European Journal of Public Health, 11*, 301–308.

Mikulincer, M., Florian, V., & Tolmacz, R. (1990). Attachment styles and fear of personal death: A case study of affect regulation. *Journal of Personality & Social Psychology, 58*(2), 273–280.

Miller, R. A. (1996). The aging immune system: Primer and prospectus. *Science, 273*, 70–74.

Mishra, G. D., Cooper, R., Tom, S. E., & Kuh, D. (2009). Early life circumstances and their impact on menarche and menopause. *Women's Health, 5*, 175–190.

Moen, P., & Spencer, D. (2006). Converging divergences in age, gender, health and well-being: Strategic selection in the third age. In R. H. Binstock & L. K. George (Eds.), *Handbook of aging and the social sciences* (6the ed., pp. 127–144). San Diego, CA: Academic Press.

Mroczek, D. K. (2001). Age and emotion in adulthood. *Current Directions in Psychological Science, 10*, 87–90.

Mroczek, D. K., & Almeida, D. M. (2004). The effects of daily stress, age, and personality on daily negative affect. *Journal of Personality, 72*, 354–378.

Mroczek, D. K., & Kolarz, C. M. (1998). The effect of age on positive and negative affect: A developmental perspective on happiness. *Journal of Personality and Social Psychology, 75*, 1333–1349.

Mroczek, D. K., & Spiro, A. (2005). Change in life satisfaction during adulthood: Findings from the Veterans Affairs Normative Aging Study. *Journal of Personality and Social Psychology, 88*(1), 189–202.

Morrison, N. A., Qi, J. C., Tokita, A., Kelly, P. J., Crofts, L., Nguyen, T. V., Sambrook, P. N., & Eisman, J. A. (1994). Prediction of bone density from vitamin D receptor alleles. *Nature (London), 367*, 284–287.

Mueller, M., Wilhelm, B., & Elder, G. (2002). Variations in grandparenting. *Research on Aging, 24*(3), 360–388.

Murphy, C. (2009). The chemical senses and nutrition in older adults. *Journal of Nutrition for the Elderly, 27*, 247–265.

Murray, C., Luckey, M., & Meier, D. (1996). Skeletal integrity. In E. L. Schneider & J. W. Rowe (Eds.), *Handbook of the biology of aging* (4th ed., pp. 431–444). San Diego, CA: Academic Press.

Murrell, S. A., & Norris, F. H. (1991). Differential social support and life change as contributors to the social class distress relationship in old age. *Psychology and Aging, 6*, 223–231.

Musaiger, A. O., & D'Souza, R. (2009). Role of age and gender in the perception of aging: A community-based survey in Kuwait. *Archives of Gerontology and Geriatrics, 48*, 50–57.

Mussen, P. H., Honzik, M., & Eichorn, D. (1982). Early adult antecedents of life satisfaction at age 70. *Journal of Gerontology, 37*, 316–322.

Myers, S., & Bryant, L. (2008). The use of behavioral indicators of sibling commitment among emering adults. *Journal of Family Communication, 8*(2), 101–125.

Nakamura, J., & Csikszentmihalyi, M. (2002). The concept of flow. In C. R. Snyder & S. J. Lopez (Eds.), *Handbook of positive psychology*. New York: Oxford University Press.

National Center for Health Statistics. (2001). *Health United States, 2001*. Atlanta: Centers for Disease Control and Prevention.

National Institute of Mental Health. (2009). *Depression*. Bethesda, MD: Author, Retrieved July 15,2010, from http://www.nimh.gov/health/publications/depression/index.html.

National Institute on Aging. (2007). *Growing older in America: The health and retirement study*. Retrieved June 2, 2008, from http://www.nia.nih.gov/ResearchInformation/ExtramuralPrograms/BehavioralAndSocialResearch/HRS.html.

National Institute on Deafness and Other Communication Disorders. (2010). *Hearing loss and older adults*. Retrieved July 8,2010, from http://www.nidcd.nih.gov/health/hearing/older.asp.

National Institutes of Health (1992). *Impotence: NIH consensus statement, 10*(4), 1–31, Washington, DC: U. S. Government Printing Office.

Nelson, C. A. (2008). Unpublished review of *J. W. Santrock's Topical life-span development* (5th ed.). New York: McGraw-Hill.

Neugarten, B. L. (1979). Time, age, and the life cycle. *American Journal of Psychiatry, 136*, 887–894.

Neugarten, B. L., Moore, J. W., & Lowe, J. C. (1965). Age norms, age constraints, and adult socialization. *American Journal of Sociology, 70*, 710–717.

Newsom, J. T. (1999). Another side to caregiving: Negative reactions to being helped. *Current Directions in Psychological Science, 8*, 183–187.

Newton, R. A. (2003). Balance and falls among older people. *Generations, 27*(1), 27–31.

Nickerson, C., Schwarz, N., Diener, E., & Kahneman, D. (2003). Zeroing in on the dark side of the American dream: A closer look at the negative consequences of the goal for financial success. *Psychological Science, 14*, 531–536.

Nisan, M., & Kohlberg, L. (1982). University and variation in moral judgment: A longitudinal and cross-sectional study in Turkey. *Child Development, 53*, 865–876.

Nolen-Hoeksema, S. (2011). *Abnormal psychology* (5th ed.). New York: McGraw-Hill.

Nomaguchi, K. M., & Milkie, M. A. (2003). Costs and rewards of children: The effects of becoming a parent on adults' lives. *Journal of Marriage and Family, 65*(2), 356–374.

Noor, N. M. (2004). Work–family conflict, work– and family–role salience, and women's well–being. *Journal of Social Psychology, 144*(4), 389–405.

Norris, F. N., & Murrell, S. A. (1987). Older adult family stress and adaptation before and after bereavement. *Journals of Gerontology, 42*, 606–612.

Norwood, T. H., & Smith, J. R. (1985). The cultured fibroblast–like cell as a model for the study of aging. In C. E. Finch & E. L. Schneider (Eds.), *Handbook of the biology of aging*. 2nd ed. New York: Van Nostrand Reinhold.

O'Connor, B. P., & Vallerand, R. J. (1994). Motivation, self–determination, and person–environment fit as predictors of psychological adjustment among nursing home residents. *Psychology and Aging, 9*, 189–194.

Oberauer, K., Demmrich, A., Mayr, U., & Kliegl, R. (2001). Dissociating retention and access in working memory. *Memory and cognition, 29*, 18–33.

Orwoll, L., & Perlmutter, M. (1990). The study of wise persons: Integrating a personalty perspective. R. J. Sternberg (Ed.), *Wisdom: Its nature, origins, and development* (pp. 160–177). Cambridge, UK: Cambridge University Press.

Palacios, C. S., Torres, M. V. T., & Mena, J. J. B. (2009). Negative aging stereotypes and their relation with psychosocial variables in the elderly population. *Archives of Gerontology and Geriatrics, 48*, 385–390.

Palmore, E. B. (1970). Health practices and illness. *The Gerontologist, 10*, 313–316.

Palmore, E. (1981). *Social patterns in normal aging: Findings from the Duke Longitudinal Study*. Durham, NC: Duke University Press.

Park, D. (2001). Commentary in Restak. R. *The secret life of brain*. Washington, DC: Joseph Henry Press.

Park, D. C., Lautenschlager, G., Hedden, T., Davidson, N. S., Smith, A. D., & Smith, P. K. (2002). Models of visuospatial and verbal memory across the adult life span. *Psychology and Aging, 17*(2), 299–320.

Park, C. L., & Ai, A. L. (2006). Meaning making and growth: New directions for research on survivors of trauma. *Journal of Loss and Trauma, 11*, 389–407.

Park, H. I., Wagner, S. H., & Beehr, T. A. (2009). *A multi–faceted model of the relationship between job satisfaction and burnout: A meta–analysis.* Presented at the annual meeting of the Academy of Management, Chicago, IL.

Passuth, P. M., Maines, D. R., & Neugarten, B. L. (1984). *Age norms and age constraints twenty years later.* Paper presented at the annual meeting of the Midwest Sociological Society, Chicago.

Paúl, C., & Ribeiro, O. (2009). Predicting loneliness in old people living in the community. *Reviews in Clinical Gerontology, 19*, 53–60.

Pawelec, G., Effros, R. B., Caruso, C., Remarque, E., Barnett, Y., & Solana, R. (1999). T cells and aging. *Frontiers of Bioscience, 4*, D216–D269.

Pearlin, L. I. (1982a). Discontinuities in the study of aging. In T. K. Hareven & K. J. Adams (Eds.), *Aging and life course transitions: An interdisciplinary perspective* (pp. 55–74). New York: Guilford Press.

Pearlin, L. I. (1982b). The social contexts of stress. In L. Goldberger & S. Breznitz (Eds.), *Handbook of stress: Theoretical and clinical aspects* (pp. 367–379). New York: Free Press.

Peck, R. C. (1968). Psychological developments in the second half of life. In B. L. Neugarten (Ed.), *Middle age and aging*. Chicago: University of Chicago Press.

Perkins, H. W., & Harris, L. B. (1990). Familial bereavement and health in adult life course perspective. *Journal of Marriage and the Family, 52*, 233–241.

Perls, T., Lauerman, J. F., & Silver, M. H. (1999). *Living to 100*. New York: Basic Books.

Perry, W. G. (1999). *Forms of ethical and intellectual development in the college years: A scheme*. San Francisco: Jossey Bass.

Perun, P. J., & Bielby, D. D. (1980). Structure and dynamics of the individual life course. In K. W. Back (Ed.), *Life course: Integrative theories and exemplary populations* (pp. 97–120). Boulder, CO: Westview Press.

Petersen, T., & Sporta, I. (2004). The opportunity structure for discrimination. *American Journal of Sociology, 109*(4), 852–901.

Phelan, E. A., & Larson, E. B. (2002). Successful aging–Where next? *Journal of the American Geriatrics Society, 50*(7), 1306–1308.

Phillips, F. (2003). Nutrition for healthy ageing. *British Nutrition Foundation Bulletin, 28*, 253–263.

Phillips, W. T., Kiernan, R. M., & King, A. C. (2001). The effects of physical activity on physical and psychological health. In A. Baum, T. A. Revenson, & J. E. Singer (Eds.), *Handbook of health psychology*. Mahwah, NJ: Erlbaum.

Piaget, J. (1972). Intellectual evolution from adolescence to adulthood. *Human Development, 15*, 1–12.

Piaget, J., & Inhelder, B. (1969). *The psychology of the child*. New York: Basic Books.

Pinquart, M., & Sorensen, S. (2001). Influences on loneliness in older adults: A meta analysis. *Basic and Applied Social Psychlogy, 23*(4), 245–266.

Pinquart, M., Silbereisen, R. K., & Wiesner, M. (2004). Changes in discrepancies between desired and present states of developmental tasks in adolescence: A 4–process model. *Journal of Youth and Adolescence, 33*, 467–477.

Plomin, R., DeFries, J. C., McClearn, G. E., & Rutter, M. (1997). *Behavioral genetics*. New York: Freeman.

Pointon, C. (2004). When is the right time to retire? *Counselling and Psychotherapy Journal, 15*(4), 18–21.

Poon, L. W., Sweaney, A. L., Clayton, G. M., & Merriam, S. B. (1992). The Georgia Centenarian study. *International Journal of Aging and Human Development, 34*, 1–17.

Post, S. G., Whitehouse, P. J., Binstock, R. H., et al. (1997). The clinical introduction of genetic testing for Alzheimer's disease: An ethical perspective. *Journal of the American Medical Association, 277*, 832–836.

Pratt, M. W., Golding, G., & Hunter, W. J. (1983). Aging as ripening: Character and consistency of moral judgment in young, mature, and older adults. *Human Development, 26*, 277–288.

Price, C. A., & Joo, F. (2005). Exploring the relationship between marital status and women's retirement satisfaction. *International Journal of Aging and Human Development, 61*, 37–55.

Prohaska, T., Belansky, E., Belza, B., Buchner, D., Marshall, V., McTigue, K. Satariano, W., & Wilcox, S. (2006). Physical activity, public health and aging: Critical issues and research priorities. *Journals of Gerontology: Series B: Psychological Sciences and Social Sciences, 61B*, S267–273.

Pyszczynski, T., Greenberg, J., & Solomon, S. (1999). A dual–process model of defense against conscious and unconscious death–related thoughts: An extension of terror management theory. *Psychological Review, 106*, 835–845.

Quill, T. E. (2007). Legal regulation of physician–assisted death: The latest report cards. *New England Journal of Medicine, 356*(19), 1911–1913.

Quinn, E. (2006). Seniors make quick improvements when they start to exercise. *About.com: Health and Disease*. http://sportsmedicine.about.com.

Rabinowitz, J. C. (1989). Age deficits in recall under optimal study conditions. *Psychology and Aging, 4*, 378–380.

Rapaport, S. (1994). Interview. *U.S. News & World Report*, p. 94.

Ray, O. (2004). How the mind hurts and heals the body. *American Psychologist, 59*(1), 29–40.

Ray, O. S., & Ksir, C. (2002). *Drugs, society, and human behavior* (9th ed.). New York: McGraw–Hill.

Reedy, M. N., Birren, J. E., & Schaie, K. W. (1981). Age and sex differences in satisfying love relationships across the adult life span. *Human Development, 24*, 52–66.

Reichstadt, J., Depp, C. A., Palinkas, L. A., Folsom, D. P., & Jeste, D. V. (2007). Building blocks of successful aging: A focus group study of older adults' perceived contributors to successful aging. *American Journal of Geriatric Psychiatry, 15*, 194–201.

Reker, G. T., & Fry, P. S. (2003). Factor structure and invariance of personal meaning measures in cohorts of younger and older adults. *Personality and Individual Differences, 35*, 977–993.

Reyna, V. F., & Rivers, S. E. (2008). Current theories of risk and rational decision making. *Developmental Review, 28*, 1–11.

Reynolds, C. F., III, Hoch, C. C., Buysse, D. J., Houck, P. R., Schlernitzauer, M., Pasternak, R. E. Frank, E., Mazumdar, S., & Kupfer, D. J. (1993). Sleep after spousal bereavement: A study of recovery from stress. *Biological Psychiatry, 34*, 791–797.

Richardson, V., & Kilty, K. M. (1991). Adjustment to retirement: Continuity vs. discontinuity. *International Journal of Aging and Human Development, 33*(2), 151–160.

Riegel, K. F. (1976). The dialectics of human development. *American Psychologist, 31*, 689–700.

Riley, M. W., & Foner, A. (1968). *Aging and society: Vol. 1. An inventory of research findings.* New York: Russell Sage Foundation.

Robb, A. L. (2004). The economic legacy of divorce and separation for women in old age. *Canadian Journal on Aging, 23*, 83–97.

Roberts, B. W., & Caspi, A. (2003). The cumulative continuity model of personality development: Striking a balance between continuity and change in personality traits across the life course. In U. M. Staudinger & U. Lindenberger (Eds.), *Understanding human development: Dialogues with life-span psychology.* Dordrecht, Netherlands: Kluwer Academic.

Roberts, B. W., & Robins, R. W. (2004). Person-environment fit and its implications for personality development: A longitudinal study. *Journal of Personality, 72*, 89–110.

Roberts, B. W., Robins, R. W., Caspi, A., & Trzesniewski, K. H. (2003). Personality trait development in adulthood. In J. L. Mortimer, & M. Shanahan (Eds.), *Handbook of the life course* (pp. 579–596). New York: Kluwer Academic.

Roberts, B. W., Walton, K. E., & Viechtbauer, W. (2006). Patterns of mean-level change in personality traits across the life course: A meta-analysis of longitudinal studies. *Psychological Bulletin, 132*, 1–25.

Roberts, B. W., Wood, D., & Caspi, A. (2008). The development of personality traits in adulthood., In O. P. John, R. W. Robins, & L. A. Pervin (Eds.), *Handbook of personality theory and research* (3rd ed.). New York: Guilford.

Roberts, R. E., Shema, S. J., & Kaplan, G. A. (1999). Prospective data on sleep complaints and associated risk factors in an older cohort. *Psychosomatic Medicine, 61*, 188–196.

Robins, R. W., Trzesniewski, K. H., Tracey, J. L., Potter, J., & Gosling, S. D. (2002). Age differences in self-esteem from age 9 to 90. *Psychology and Aging, 17*, 423–434.

Rogers, S. J., & May, D. C. (2003). Spillover between marital quality and job satisfaction: Long-term patterns and gender differences. *Journal of Marriage and Family, 65*(2), 482–495.

Rogers, S. J., & White, L. K. (1998). Satisfaction with parenting: The role of marital happiness, family structure, and parents' gender. *Journal of Marriage and the Family, 60*(2), 293–308.

Ronka, A., Oravala, S., & Pulkkinen, L. (2003). Turning points in adults' lives: The effects of gender and the amount of choice. *Journal of Adult Development, 10*(3), 203–215.

Ronnlund, R., Nyberg, L., Backman, L., & Nilsson, L. (2005). Stability, growth, and decline in adult life span development of declarative memory: Cross-sectional and longitudinal data from a population-based study. *Psychology of Aging, 20*(1), 3–18.

Rook, K. S. (2000). The evolution of social relationships in later adulthood. In S. H. Qualls & N. Abeles (Eds.), *Psychology and the aging revolution*, 173–191. Washington, DC: American Psychological Association.

Roosa, M. W. (1988). The effect of age in the transition to parenthood: Are delayed childbearers a unique group? *Family Relations, 37*, 322-327.

Rose, D. P. (1993). Diet, hormones, and cancer. *Annual Review of Public Health, 14*, 1-17.

Rosen-Grandon, J. R., Myers, J. E., & Hattie, J. A. (2004). The relationship between marital characteristics, marital interaction processes, and marital satisfaction. *Journal of Counseling and Development, 82*(1), 58-68.

Rosengren, A., Orth-Gomér, K., Wedel, H., & Wilhelmsen, L. (1993). Stressful life events, social support, and mortality in men born in 1993. *British Medical Journal, 397*, 1102-1105.

Ross, M. E., & Aday, L. A. (2006). Stress and coping in African American grandparents who are raising their grandchildren. *Journal of Family Issue, 27*(7), 912-932.

Rothbaum, F., Weisz, J. R., & Snyder, S. S. (1982). Changing the world and changing the self: A two-process model of perceived control. *Journal of Personality and Social Psychology, 42*, 5-37.

Rowe, J. W., & Kahn, R. L. (1998). *Successful aging*. New York: Pantheon.

Rubin, S. (1995). On life after the death of a son in war: Theory and research with the two-track model of bereavement. *Psychology: Israel Journal, 5*(1), 70-84.

Rubin, Z. (1973). *Liking and loving: An invitation to social psychology*. New York: Holt, Rinehart & Winston.

Ruckenhauser, G., Yazdani, F., & Ravaglia, G. (2007). Suicide in old age: Illness or autonomous decision of the will? *Archives of Gerontology and Geriatrics, 44* (Suppl. 6), S355-S358.

Rudinger, G., & Minnemann, E. (1997). Conditions of life of elderly women and men in East- and West-Germany: First results from the Interdisciplinary Long-Term Study of Adulthood and Aging (ILSE). *Zeitschrift für Gerontopsychologie und Pcychiatrie, 10*, 205-212.

Rudolph, K. L., Chang, S., Lee, H., Gottlieb, G. J., Greider, C., & DePinho, R. A. (1999). Longevity, stress response, and cancer in aging telomerase-deficient mice. *Cell, 96*, 701-712.

Russac, R. J., Gatliff, C., Reece, M., & Spottswood, D. (2007). Death anxiety across the adult years: An examination of age and gender effects. *Death Studies, 31*(6), 549-561.

Ryff, C. D., Kwan, C. M., & Singer, B. H. (2001). Personality and aging: Flourishing agendas and future challenges. In J. E. Birren & K. W. Schaie (Eds.). *Handbook of the psychology of aging* (5th ed., pp. 477-499). San Diego, CA: Academic Press.

Ryff, C. D., Schmutte, P. S., & Lee, Y. H. (1996). How children turn out: Implications for parental self-evaluation. In C. D. Ryff & M. M. Seltzer (Eds.), *The parental experience in midlife* (pp. 383-422). Chicago: University of Chicago Press.

Rypma, B., Eldreth, D. A., & Rebbechi, D. (2007). Age-related differences in activation-performance relations in delayed-response tasks: A multiple component analyses. *Cortex, 43*, 65-76.

Sagiv, M., Vogelaere, P. P., Soudry, M., & Ehrsam, R. (2000). Role of physical activity training in attenuation of height loss through aging. *Gerontology, 46*(5), 266-270.

Sakamoto, Y., & others. (2009). Effect of exercise, aging, and functional capacity on acute secretory immunoglobulin: A response in elderly people over 75 years of age. *Geriatrics and Gerontology Internatonal, 9*, 81-88.

Salthouse, T. A. (1994). The nature of the influence of speed on adult age differences in cognition. *Developmental Psychology, 30*, 240-259.

Salthouse, T. A. (2000). Adulthood and aging: Cognitive processes and development. In A. Kazkin (Ed.), *Encyclopedia of psychology*. Washington, DC. & New York: American Psychological Association and Oxford University Press.

Salthouse, T. A. (2009). When does age-related cognitive decline begin? *Neurobiology of Aging, 30*, 507-514.

Santrock, J. W. (2004). *Life-span development* (7th ed.). New York: McGraw-Hill.

Santrock, J. W. (2011). *Life-span development* (13th ed.). McGraw Hill.,

Scarr, S., & McCartney, N. (1983). How people make their own environment: A theory of genotype environment effects. *Child Development, 54*, 424-435.

Scenchak, M., & Leonard, K. E. (1992). Attachment styles and marital adjustment among newlywed couples. *Journal of Social and Personal Relationships, 9*, 51-64.

Schaie, K. W. (1965). A general model for the study of developmental change. *Psychological Bulletin, 64*, 92-107.

Schaie, K. W. (1978). Toward a stage theory of adult cognitive development. *Aging and Human Development, 8*, 129-138.

Schaie, K. W. (1994). The course of adult intellelctural development. *American Psychologist, 49*, 304-313.

Schaie, K. W. (1996). *Intellectual development in adulthood: The Seattle Longitudinal Study*. New York: Cambridge University Press.

Schaie, K. W. (2005). *Developmental influences on adult intelligence: The Seattle Longitudinal Study*. New York: Oxford University Press.

Schaie, K. W. (2009). When does age-related cognitive decline begin? Salthouse again reifies the "cross-sectional fallacy." *Neurobiology of Aging, 30*, 528.

Schaie, K. W., & Willis, S. L. (1991). Adult personality and psychomotor performance: Cross-sectional and longitudinal analyses. *The Journals of Gerontology Series B: Psychological Sciences and Social Sciences, 46*, 275-84.

Schaie, K. W., & Willis, S. L. (2000). A stage theory model of adult development revisited. In R. Rubinstein, M. Moss, & M. Kleban (Eds.), *The many dimenstions of aging: Essays in honor of M. Powell Lawton*. New York: Springer.

Schaufeli, W. B., & Bakker, A. B. (2004). Job demands, job resources, and their relationship with burnout and engagement: A multi-sample study. *Journal of Organizational Behavior, 25*, 293-315.

Schiffman, S. S. (1996). Smell and taste. In J. E. Birren (Ed.), *Encyclopedia of gerontology*. San Diego: Academic Press.

Schimer, L. L., & Lopez, F. G. (2001). Probing the social support and work strain relationship among adult workers: Contributions of adult attachment orientations. *Jouranl of Vocational Behavior, 59*, 17-33.

Schulenberg, J. E., Bryant, A. L., & O'Malley, P. M. (2004). Taking hold of some kind of life: How developmental tasks relate to trajectories of well-being during the transition to adulthood. *Development and Psychopathology, 16*, 1119-1140.

Schulz, R., Musa, D., Staszewski, J., & Siegler, R. S. (1994). The relationship between age and major league baseball performance: Implications for development. *Psychology and aging, 9*, 274-286.

Schwarzer, R., & Schultz, U. (2003). Stressful life events. In I. B. Weiner (Ed.), *Handbook of psychology*. Vol. IX, New York: Wiley.

Scott, J. C., Chen, Young-Ping, & Chen, J. (2007). *Bad jobs on the way to retirement? Phased retirement and the transition from work to retirement*. A paper presented at the 2007 annual meeting of the American Sociological Association.

Sebby, R. A., & Papini, D. R. (1994). Postformal reasoning during adolescence and young adulthood: The influence of problem relevancy. *Adolescence, 29*(114), 389-400.

Seifert, L. S. (2002). Toward a psychology of religion, spirituality, meaning-search, and aging: Past research and practical application. *Journal of Adult Development, 9*, 61-78.

Seiffge-Krenke, I., & Gelhaar, T. (2007). Does successful attainment of developmental tasks lead to happiness and success in later developmental tasks-A test of Havighurst's (1948) theses. *Journal of Adolescence, 4*, 1-20.

Selye, H. (1982). History and present status of the stress concept. In L. Goldesener & S. Breznitz (Eds.), *Handbook of stress: Theoretical and clini-*

cal aspects (pp. 7–20). New York: Free Press.

Settersten, R. A. (2006). Aging and the life course. In R. H. Binstock & L. K. George (Eds.), *Handbook of aging and the social sciences* (6th ed., pp. 3–19). San Diego, CA: Academic Press.

Shay, J. W., & Wright, W. E. (2000). The use of telomerized cells for tissue engineering. *Nature Biotechnology, 18*, 22–23.

Sheehy, G. (1974). *Passages: Predictable passages of adult life.* New York: Dutton.

Shenk, J. W. (2009). What makes us happy? *Atlantic Magazine, June*, 24–33.

Shephard, R. J., Rhind, S., & Shek, P. N. (1995). The impact of exercise on the immune system: NK cells, interleukins 1 and 2, and related responses. In J. O. Holloszy (Eds.), *Exercise and sports sciences reviews, 23*, 214–241.

Sherrod, L. R. (2001). Using the selection, optimization and compensation model to take us one step further in developmental research. *Human Development, 44*, 51–54.

Shock, N. W., Greulick, R. C., Andres, R., Arenberg, D. Costa, P. T., Lakatta, E. G., & Tobin, J. D. (1984). *Normal human aging: The Baltimore Longitudinal Study of Aging.* Washington, DC: U.S. Government Printing Office. NIH Publication No. 1984–2450.

Siegel, J. M. (1992). Anger and cardiovascular health. In H. S. Friedman (Ed.), *Hostility, coping and health* (pp. 49–64). Washington, DC: American Psychological Association.

Siegler, I. C., Kaplan, B. H., Von Dras, D. D., & Mark, D. B. (1999). Cardiovascular health: A challenge for midlife. In S. L. Willis & J. D. Reid (Eds.), *Life in the Middle: Psychological and social development in middle age.* San Diego: Academic Press.

Siegler, I., C., George, L. K., & Okun, M. A. (1979). Cross–sequential analysis of adult personality. *Developmental Psychology, 15*, 350–351.

Silver, M. P. (2010). Women's retirement and self–assessed well–being: An analysis of three measures of well–being among recent and long–term retirees relative to homemakers. *Women & Health, 50*, 1–19.

Simonton, D. K. (1997). Creative productivity: A predictive and explanatory model of career trajectories and landmarks. *Psychological Review, 104*, 66–89.

Simpson, J. A., Rholes, W. S., & Nelligan, J. S. (1992). Support seeking and support giving within couples in an anxiety–provoking situation: The role of attachment styles. *Journal of Personality and Social Psychology, 62*, 434–446.

Sinnott, J. D. (1998). *The development of logic in adulthood: Postformal thought and its applications.* New York: Plenum.

Sinnott, J. D. (2003). Postformal thought and adult development. In J. Demick & C. Andreoletti (Eds.), *Handbook of adult development* (pp. 221–238). New York: Kluwer Academic/Plenum Press.

Smith, G. (2005). *How DNA is Transforming the Way We Live and Who We Are.* NY: AMACOM Books, a division of American Management Association.

Smith, J., & Baltes, P. B. (1990). Wisdom–related knowledge: Age/cohort differences in response to life–planning problems. *Developmental Psychology, 26*(3), 494–505.

Smith, L., Kalus, C., Russell, P., & Skinner, T. C. (2009). Exploring current service provision for prolonged grief disorder and suggestions for future advances. *Mortality, 14*, 53–68.

Snarey, J. R., Reimer, J., & Kohlberg, L. (1985). Development of social–moral reasoning among kibbutz adolescents: A longitudinal cross–sectional study. *Developmental Psychology, 21*, 3–17.

Sneed, J. R., & Whitbourne, S. K. (2003). Identity processing and self–consciousness in middle and later adulthood. *Journals of Gerontology: Psychological Sciences, 58B*, 313–319.

Snyder, C. R., Harris, C., Anderson, J. R., Holleran, S. A., Irving, L. M., Sigmon, S. T., Yoshinobu, L., Gibb, J., Langelle, C., & Harney, P. (1991). The will and the ways: Development and validation of an individual differences measure of hope. *Journal of Personality and Social Psychology, 60*, 570–585.

Spence, J. T., & Buckner, C. F. (2000). Instrumental and expressive traits, trait stereotypes, and sexist attitudes. *Psychology of Women Quarterly, 24,* 44–62.

Sptize, G., & Trent, K. (2006). Gender differences in adult sibling relations in two–child families. *Journal of Marriage and Family, 68,* 977–992.

Srivastava, S., John, O. P., Gosling, S. D., & Potter, J. (2003). Development of personlaity in early and middle adulthood: Set like plaster or persistent change? *Journal of Personality and Social Psychology 84*(5), 1041–1053.

Stanley, S. M., Markman, H. J., & Whitton, S. W. (2002). Communication, conflict, and commitment: Insights on the foundations of relationship success from a national survey. *Family Process, 41*(4), 659–675.

Staudinger, U. M. (1996). Psychologische Produktivitat und Selb stenfaltung im Alter. In M. M. Baltes & L. Montada (Eds.), *Produktives Leben im Alter.* Frankfurt: Campus.

Staudinger, U. M., & Dorner, J. (2007). Wisdom. In J. E. Birren (Ed.), *Encyclopedia of gerontology* (2nd ed.). San Diego Academic Press.

Staudinger, U. M., & Pasupathi, M. (1998). Life–span perspectives on self, personality and social cognition. In *Handbook of Cognition and Aging* ed. T. Salthouse & F. I. M. Craik, Hillsdale: Erlbaum.

Steen, B., & Djurfeld, H. (1993). The gerontological and geriatric population studies in Gothenburg, Sweden, *Zeitschrift Für Gerontologie, 26,* 163–169.

Stephens, M. A. P., & Townsend, A. L. (1997). Stress of parent care: Positive and negative effects of women's other roles. *Psychology of Aging, 12*(2), 376–386.

Sternberg, R. J. (1997). Construct validation of a triangular love scale. *European Journal of Social Psychology, 27*(3), 313–334.

Sternberg, R. J. (2000). Intelligence and wisdom. In R. J. Sternberg (Ed.), *Handbook of intelligence* (pp. 631–649). New York: Cambridge University Press.

Sternberg, R. J. (2003). Contemporary theories of intelligence. In I. B. Weiner (Ed.), *Handbook of psychology* (Vol. VII). New York: Wiley.

Sternberg, R. J., & Lubart, T. I. (2001). Wisdom and creativity. In J. E. Birren & K. W. Schaie (Eds.), *Handbook of the psychology of aging* (5th ed., pp. 500–522). San Diego, CA: Academic Press.

Sterns, A. A., Marsh, B. A., & McDaniel, M. A. (1994). *Age and job satisfaction: A comprehensive review and meta–analysis.* Unpublished manuscript, University of Akron.

Stroebe, M., & Stroebe, W. (1991). Does "grief work" work? *Journal of Consulting and Clinical Psychology, 59,* 57–65.

Stroebe, M., Schut, H., & Finkenauer, C. (2001). The traumatization of grief? A conceptual framework for understanding the trauma–bereavement interface. *Israel Journal of Psychiatry and Related Science, 38,* 185–201.

Strough, J., Leszczynski, J. P., Neely, T. L., Flinn, J. A., & Margrett, J. (2007). From adolescence to later adulthood: Femininity, masculinity, and androgyny in six age groups. *Sex Roles, 57,* 385–396.

Stunkard, A. (2000). Obesity. In A. Kazkin (Ed.). *Encyclopedia of psychology.* Washington, DC., & New York: American Psychological Association and Oxford University Press.

Sullivan, S. E. (1999). The changing nature of careers: A review and research agenda. *Journal of Management, 25*(3), 457–484.

Super, D. E. (1986). Life career roles: Self–realization in work and leisure. In D. T. Hall & Associates (Eds.), *Career development in organizations* (pp. 95–119). San Francisco: Jossey–Bass.

Surra, C. A. (1990). Research and theory on mate selection and premarital relationships in the 1980s. *Journal of Marriage and the Family, 52,* 844–865.

Svensson, T., Dehlin, O., Hagberg, B., & Samuelsson, G. (1993). The Lund 80+study: Some general findings. In J. J. F. Schroots (Ed.), *Aging, health and competence: The next generation of longitudinal research.* Amsterdam, The Netherlands:

Elsevier.

Swain, S. O. (1992). Men's friendships with women: Intimacy, sexual boundaries, and the informant role. In P. M. Nardi (Ed.), *Men's friendships* (pp. 153–171). Newbury Park, CA: Sage.

Syme, S. L. (1990). Control and health: An epidemiological perspective. In J. Rodin, C. Schooler, & K. W. Schaie (Eds.), *Self directedness: Cause and effects throughout the life course* (pp. 213–229). Hillsdale, NJ: Erlbaum.

Szinovacz, M. F. (2009). Grandparenthood. In D. Carr (Ed.), *Encyclopedia of the life course and human development.* Boston: Gale Cengage.

Taylor, S. E. (2002). *The tending instinct: How nurturing is essential to who we are and how we live.* New York: Holt.

Templer, D. I. (1970). The construction and validation of a Death Anxiety Scale. *Journal of General Psychology, 8*, 165–177.

Tennov, D. (1979). *Love and limerance.* New York: Stein & Day.

Terkel, S. (1974). *Working.* New York: Pantheon.

Tesser, A. (2000). Self–esteem. In A. Kazdin (Ed.), *Encyclopedia of psychology.* Washington, DC, & New York: American Psychological Association and Oxford University Press.

Thornton, R., & Light, L. L. (2006). Language comprehension and production in normal aging. In J. E. Birren & K. W. Schaie (Eds.), *Handbook of the psychology of aging* (6th ed., pp. 261–287). San Diego, CA: Academic Press.

Thorson, J. A., & Powell, F. C. (1990). Meanings of death and intrinsic religiosity. *Journal of Clinical Psychology, 46*, 379–390.

Thorson, J. A., & Powell, F. C. (2000). Death anxiety in younger and older adults. In A. Tomer (Ed.), *Death attitudes and the older adult: Theories, concepts, and applications* (pp. 123–136). Philadelphia: Taylor Francis.

Thurstone, L. L. (1938). *Primary mental abilities.* Chicago: University of Chicago Press.

Toh, S., Hernandez–Diaz, S., Logan, R., Rossuw, J. E., & Hernan, M. A. (2010). Coronary heart disease in postmenopausal recipients of estrogen plus progestin therapy: Does the increased risk ever disappear? A randomized trial. *Annals of Internal Medicine, 152*, 211–217.

Torres, S. (2002). Relational values and ideas regarding successful aging. *Journal of Comparative Family Studies, 33*, 417–432.

Travis, L. A., Boerner, K., Reinhardt, J. P., & Horowitz, A. (2004). Exploring functional disability in older adults with low vision. *Journal of visual Impairment and Blindness, 98*(9), 534–545.

Trifunovic, A., Hansson, A., Wredenberg, A., Rovio, A. T., Dufour, E., Khvorostov, I., Spelbrink, J. N.,Wibom, R., Jacobs, H. T., & Larsson, N. G. (2005). Somatic mtDNA mutations cause aging phenotypes without affecting reactive oxygen species production. *Proceedings of the National Academy of Science, 102*(50), 17993–17998.

Trzesniewski, K. H., Donnellan, M. B., & Robins, R. W. (2003). Stabiltiy of self–esteem across the life span. *Journal of Personality and Social Psychology, 84*, 205–220.

Turner, M., Young, C., & Black, K. (2006). Daughters–in–law and mothers–in–law seeking their place within the family: A qualitative study of differing viewpoints. *Family Relations, 55*(5), 588–600.

Twenge, J. M., & Campbell, W. K. (2002). Self–esteem and socioeconomic statuses: A meta–analytic review. *Personality and Social Psychology Review, 6*(1), 59–71.

Uttl, B., & Van Alstine, C. (2003). Rising verbal intelligence scores: Implications for research and clinical practice. *Psychology and Aging, 18*(3), 616–621.

Vaillant, G. E. (1977). *Adaptation to life: How the best and brightest came of age. Boston*: Little, Brown.

Vaillant, G. E. (1991). The association of ancestral longevity with successful aging. *Journal of Gerontology: Psychological Sciences, 46*, P292–P298.

Vaillant, G. (2000). Adaptive mental mechanism: Their role in a positive psychology. *American*

Psychologist, 55(1), 89–98.

Van Buren, A., & Colley, E. L. (2002). Attachment styles, view of self and negative affect. *North American Journal of Psychology, 4*(3), 415–430.

van IJzendoorn, M. (1995). Adult attachment representations, parental responsiveness, and infant attachment: A meta–analysis on the predictive validity of the Adult Attachment Interview. *Psychological Bulletin, 117*, 387–403.

Van Laningham, J., Johnson, D. R., & Amato, P. (2001). Marital happiness, marital duration, and the u–shaped curve: Evidence from a five–wave panel study. *Social Forces, 79*(4), 1313–1341.

Victor, C., Scambler, S., Bowling, A., & Bond, J. (2005). The prevalence of and risk factors for loneliness in later life: A survey of older people in Great Britain. *Ageing and Society, 25*(3), 357–375.

Villaume, W. A., Brown, M. H., Darling, R., Richardson, D., Hawk, R., Henry, D. M., & Reid, T. (1997). Presbycusis and conversation: Elderly interactants adjusting to multiple hearing losses. *Research on Language and Social Interaction, 30*, 235–262.

Vinters, H. V. (2001). Aging and the human nervous system. In J. E. Birren & K. W. Schaie (Eds.), *Handbook of the psychology of aging* (5th ed. pp. 135–160). San Diego, CA: Academic Press.

Vukman, K. B. (2005). Developmental differences in metacognition and their connections with cognitive development in adulthood. *Journal of Adult Development, 12*(4), 211–221.

Waldrop, D. P, & Weber, J. A. (2001). From grandparents to caregiver: The stress and satisfaction of raising grandchildren. *Family in Society, 82*(5), 461–472.

Waters, E., Merrick, S. K., Albersheim. L. J., & Treboux, D. (1995). *Attachment security from infancy to early adulthood: A 20–year longitudinal study.* Poster presented at the biennial meeting of the Society for Research in Child Development, Indianapolis, IN.

Wauters, M., Mertens, I., Chagnon, M., Rankinen, T., Considine, R. V., Chagnon, Y. C., Van Gaal, L. F., & Bouchard, C. (2001). Polymorphism in the leptin receptor gene, body composition, and fat distribution in overweight and obese women. *International Journal of Obesity and Related Metabolic Disorders, 25*, 714–720.

Wayne, J. H., Musisca, H., & Fleeson, W. (2004). Considering the role of personality in the work–family experience: Relationships of the Big Five to work–family conflict and facilitation. *Journal of Vocational Behavior, 64*, 108–130.

Webster, J. D. (1997). Attachment style and well–being in elderly adults: A preliminary investigation. *Canadian Journal on Aging, 16*(1), 101–111.

Wechsler, H., Lee, J. E., Kuo, M., Seibring, M., Nelson, T. F., & Lee, H. (2002). Trends in college binge drinking during a period of increased prevention efforts: Findings from 4 Harvard School of Public Health college alcohol study surveys: 1993–2001. *Journal of American College Health 50*, 203–217.

Wenestam, C. G., & Wass, H. (1987). Swedish and U.S. Children's thinking about death: A qualitative study and cross–cultural comparison. *Death Studies, 11*, 99–121.

Westerhof, G. J., Dittmann–Kohli, F., & Thissen, T. (2001). Beyond life satisfaction: Qualitative and quantitative approaches to judgments about the quality of life. *Social Indicators Research, 56*, 179–203.

Whitbeck, L. B., Hoyt, D. R., & Tyler, K. A. (2001). Family relationship histories, intergenerational relationship quality, and depressive affect among rural elderly people. *Journal of Applied Gerontology, 20*, 214–229.

Whitbourne, S. K. (1986a). *The me I know: A study of adult identity.* New York: Springer–Verlag.

Whitbourne, S. K. (1986b). The psychological construction of the life span. In J. E. Birren & K. W. Schaie (Eds.), *Handbook of the psychology of aging* (pp. 594–618). New York: Van Nostrand Reinhold.

Whitbourne, S. K. (1996a). *Identity and adaptation to*

the aging process. Unpublished paper, Department of Psychology, University of Massachusetts.

Whitbourne, S. K. (1996b). *The aging individual: Physical and psychological perspectives.* New York: Springer.

Whitbourne, S. K. (2001). The physical aging process in midlife: Interactions with psychological and sociocultural factors. In M. E. Lachmen (Ed.), *Handbook of midlife development.* New York: John Wiley.

Whitbourne, S. K. (2002). *The aging individual: Physical and psychological perspectives* (2nd ed.). New York: Springer.

Whitbourne, S. K., & Connolly, L. A. (1999). The developing self in midlife. In S. L. Willis & J. D. Reid (Eds.), *Life in the middle* (pp. 25–45). San Diego Academic Press.

Whitfield, K. E., & Wiggins, S. (2003). The influence of social support and health on everyday problem solving in adult African Americans. *Experimental Aging Research, 29*(1), 1–12.

Whitley, D. M., Kelly, S. J., & Sipe, T. A. (2001). Grandmother raising grandchildren: Are they at increased risk of health problems? *Health and Social Work, 26*, 105–114.

Wilkinson, R. T., & Allison, S. (1989). Age and simple reaction time: Decade differences for 5,325 subjects. *Journal of Gerontology: Psychological Sciences, 44*, 29–35.

Willcox, B. J., Willcox, M. D., & Suzuki, M. (2002). *The Okinawa Program.* New York: Crown.

Williams, J. E., & Best, D. L. (1990). *Measuring sex stereotypes. A multination study* (Rev. ed.), Newbury Park, CA: Sage.

Willis, S. L., & Reid, J. E. (Eds.). (1999). *Life in the middle: Psychological and social development in middle age.* San Diego, CA: Academic Press.

Wink, P., & Dillon, M. (2002). Spiritual development across the adult life course: Findings from a longitudinal study. *Journal of Adult Development, 9*, 79–94.

Wink, P., & Helson, R. (1997). Practical and transcendent wisdom: Their nature and some longitudinal findings. *Journal of Adult Development, 4*, 1–15.

Witztum, E., Malkinson, R., & Rubin, S. S. (2001). Death, bereavement, and traumatic loss in Israel: A historical and cultural analysis. *International Journal of Psychiatry, 38*, 157–170.

Wong, P. T. P., Reker, G. T., & Gesser, T. (1994). Death Attitude Profile–Revised: A multidimensional measure of attitudes toward death. In R. A. Neimeyer (Ed.), *Death anxiety handbook: Research instrumentation and application* (pp. 121–148). Washington, DC: Taylor & Francis.

Woodruff–Pak, D. S. (1997). *Neuropsychology of aging.* Malden, MA: Blackwell.

Zarit, S. H., Johansson, L., & Jarrott, S. E. (1998). Family caregiving: Stresses, social programs and clinical interventions. In I. H. Nordhus, G. VandenBos, S. Berg, & P. Fromholt (Eds.), *Clinical geropsychology* (pp. 345–360). Washington, DC: American Psychological Association.

인명색인 Index of persons

거트만 249, 250
골드 210
괴테 175
그로스만과 그 동료들 172
길리건 46
길포드 173

네이선 쇼크 11, 92
뉴가르텐 384, 80
뉴섬 236

다니엘 레빈슨 52
데니 159
데니스 빌비 69
도렌웬드 부부 331

라보비-비프 166, 169
라비노위쯔 156
라자러스와 그 동료들 329
레비슨 15, 21, 213, 255, 260, 261, 276, 291, 295, 297, 415
레빙거 255, 261, 276
레오나드 펄린 60
레오날드 헤이플릭 85
로버트 펙 48
로빈스 등 280
루빈 188
리 189
리겔 164
리디 등 192
릴리와 포너 415

마가렛 발테스 64
매리 애인스워스 182
매슬로우 51
맥아담스 285
맥아담스와 그의 동료들 47
맥크레 265
맥크레와 코스타 21, 263

바섹스 164
바틀러 48
발테스 3, 8, 312
발테스 등 6
발테스와 그 동료들 173
발테스와 발테스 384
베이런트 57, 93, 250, 270
벤자민 프랭클린 175
벰 247
부쉬와 그 동료들 131
부스 248
비렌과 커닝햄 83

사이몬 리베이 117
살트하우스 154, 157
샤이 28, 147, 151, 164, 272
서스톤 151
셀리 326
수퍼 295
쉬이 21
슐렌버그와 그 동료들 16
스나이더 349
스미스와 발테스 170
스탠리 홀 9
스턴버그 170, 173, 191
스펜스 246
시실레리 231

아네트 13, 15, 16, 168, 313
안토누치 211
안토누치와 그 동료들 211
알버트 반두라 282

앙리 슈브뢸 175
애인스워스 등 183
에릭슨 3, 16, 43, 169, 255, 260, 261, 276, 284, 332, 416
우드워스 8
웡 49
웨브스트 186
위트본 62, 284
윌리엄스와 베스트 245
윙크와 딜런 343
이글리 247

장휘숙 16, 52, 190, 212
제리 샤이와 우드링 라이트 85
제인 레빙거 49
조지와 그 동료들 184
존 볼비 182

체리와 그 동료들 140
칙센트미하이 176

카스텐바움 410, 425
카텔과 혼 150
카힐 315
칼리쉬 400, 401
칼스텐선 386
캠벨 355
커밍과 헨리 382
커크렌드 105
코스타와 맥크레 262, 273, 379
콜 425
콜버그 277
큐블라-로스 419, 420
크래머 167, 173

터컬 290
테노브 188
테일러 347
텔로머라제 86
텔로미어 85

파멜라 페룬 69
파크 157
페리 163
펠드만과 그 동료들 250
포크만과 모스코위츠 349
폴 발테스 64
프랭클 345
프로이트 8, 188
피아제 160, 277, 284

하게스타트 208, 235
하잔과 쉐버 184, 305
하트필드 190
하페와 그 동료들 171
허비거스트 14
허비거스트 등 384
헬렌 비 12, 331
헬슨과 스튜어트 273
홀랜드 303
홀터 414
홈즈와 레어 327
히긴스 311

사항색인 Index of contents

ㄱ

가교일자리 315
가교취업 315, 322
가설적 사고 167
가소성 5, 27, 65
가장 효과적인 설계법 29
가족생활만족 21, 69, 77, 198, 224, 227, 291
가족역할 299, 308
가치차별 301
감각기억 154
감금당한 세대 208
강박사고-강박행동장애 372
개방적 의사소통 197
개인적 능력 416
개인적 통제력 346, 378, 390
개입형 조부모 228
갱년기 129
거부형(dismissive) 애착 185
건강습관 376
건강한 죽음공포 414
격정적 사랑 190
결정적 시기 가설 117
결정화된 지능 150
결혼경사도 196
결혼만족도 231
결혼생활 만족 198
경색성 뇌졸중 362
경험에 대한 개방성 265
계산적 · 실용적(pragma) 사랑 189
계속성이론 320
계열설계법 28, 147
계층차 375
고독 272
고부갈등 236
골다공증 123
공포관리 이론 417
공포증 372
공황장애 372
과정이론 195
관찰 32
광장공포증 373
광적 사랑 192
교환이론 195
구조화된 면접 33
구체적 조작기 161
구체적 조작사고 161
국제노년학회 10
권위지향형 조부모 229
균형감각 90
균형이론 정체감 63, 64
그란트 연구 346, 378
근사체험 402
긍정적 영성 380
긍정적 재평가 349
긍정적 정서 348
기능적 연령 18
기대여명 8, 9, 94
기억 153
기질적 특성 273
기초대사율 114
기초정신능력 151
깊은 수면 90

ㄴ

낙관주의 378
남성 대비 여성 임금비율 301
남성우월적 사고 247
남성 우정 215

남성 직업 300
남성 한부모 가구 203
낭만적 사랑 184, 192
내재적 통제 소재 379
내재적 통제 소재자 390
내적 작동모델 182
노년기 불면증 90
노년기 수면 137
노년기 시작시점 14
노년기 우울 369
노년학 9
노령사회 94
노령연금 317
노령화 지수 94
노부모 부양 233
노인병학 9
노인 재혼 204
노화 9, 80, 327
노화반점 121, 132
노화세포 87
노화시계 85
노화에 관한 볼티모어 연구 122
노화에 관한 볼티모어 종단연구 11, 92, 127
노화연구 104
노화의 폭포모델 83
노화이론 84
녹내장 133
놀이적(ludus) 사랑 189
뇌간 399
뇌경색 362
뇌사 398
뇌졸중 361
뇌출혈 362
뇌혈관질환 361
누적적 불이익 모델 221
누적적 연속성 266

ㄷ

다시 보금자리를 형성한 가족 223
다차원 죽음공포 척도 414
단기기억 154
단일연령집단 중재실험 35
대뇌피질 399
대처 341
덕성 43, 45
도구성 246
도덕성 발달단계 277
도덕적 갈등상황 277
도덕적 추론능력 277
도파민 139
독거노인 242
독신 201
독신생활 201
돌보기-친구되기(tend-and-befriend) 모델 347
동거 201
동맥경화증 363
동반자적 사랑 190
동성애 117
동성애자 117
동시성 70
동작성 지능 150
동조자 단계 49
동형배우 196
동화 62
두려움형(fearful) 애착 185
듀크 노화종단연구 11
듀크 종단연구 91, 377
DHEA 호르몬 87
DNR 405
딩크족 202

ㄹ

렙틴 113

ㅁ

마모이론 84
마음이론 171
마음이론 이야기 172
매일매일의 기분좋은 일 329
매일매일의 성가신 일 329
면역지표 137
면역체계 128, 136
면역체계 이론 87
면접 32
면접법 273
명령하는 세대 219
명예퇴직 292
몰입형(preoccupied) 애착 185
무선표집 31
무자녀 가족 202
묵시적(默示的) 지식 170
문서화된 연구참여 동의서 36
문자배열검사 150
문장완성검사 52
문제발견 168
문제발견기 168
문제발견적 조작 168
문제집중적 대처 342
문제집중적 대처기술 269
문제집중적 대처전략 346
문제해결 능력 158
미국노년학회 10

미망인 대 미망인 프로그램 337
미성숙한 방어기제 270

ㅂ

반-비만(反-肥滿) 호르몬 113
반성적 사고 162
반응시간 과제 153
반응지향 이론 326
발달경로 60
발달과업 16, 48
발달과학 7
발달연구자 7
발달적 단계이론 41
발산적 사고 173
방어기제 57, 269
배치차별 301
백내장 133
100세인 105
버클리 성장연구 10
버클리 세대간 연구 332
버클리 종단연구 110, 147, 271, 346
버튼 누르기 과제 158
베타-아미로이드 366
변증법적 단계 167
변증법적 도식 164
변증법적 사고 164, 167
변화의 단계이론 41
보살핌 궤도 이론 231
보상 66
보상모델 220
보상을 수반한 선택적 최적화이론 65, 384
복합가족 204, 250
복합비애 432
볼티모어 흑인 노화연구 159
부메랑 아동 223
부모-자녀관계 과업 206
부모역할 224
부모역할 후기 227
부부만족 227
부신 326
부신피질 호르몬 326
부양자 부담 233
부정단계 421
부정적 고정관념 8, 19, 203, 241
부호화 과정 156
분노단계 422
분리불안 428
분리형 조부모 229
분할모델 309
분화 대 역할몰입 48
불면증 90, 137
불안 372
불안/양가형 애착 185, 417
불안/양가형 애착양식 306
불안장애 372
불평형 모델 164
비관주의 378
비구조화된 면접 33
비규범적 사건 79
비규범적 요인 7
비동시성 70
비동질적 통제집단 34
비만 113, 121
B세포 128
비속도 검사 150
비연령차별주의자 지침 21
B2B 223

ㅅ

사랑의 삼각형 191
4범주의 애착양식 185
사실적 지식 170
사이클릭 GMP 129
사전-사후 검사 설계 34
사회경제적 수준 293
사회복지사 341
사회 재적응 평정척도 327
사회적 계층 393
사회적 성숙 12
사회적 시계 17, 77, 193
사회적 역할 해석이론 247
사회적 연령 19
사회적 지표모델 382
사회적 호위대 211
사회정서적 선택성이론 386
사후세계 402
산소흡입량 93
산화방지제 88
삶의 의미 345
3범주 애착양식 척도 185
3범주의 애착모델 185
삼차적 노화 83
상관적 일관성 147, 262
상대적 단계 167
상대적 사고 163, 167
상실-기초된 선택 65
상해회피 유전자 335, 373
상해회피(harm avoidance) 특성 334
상향이동성 동기 291
상호작용적 연속성 266
상호작용주의자 접근 330
샌드위치 세대 208, 224, 235

생물윤리학 403
생물학적 성숙 12
생물학적 연령 18
생산성 대 침체 46
생애구조 53, 291
생애주된일자리 314
생전유서 405
생활만족 207, 212, 214, 282, 321, 349, 350, 384
생활변화 사건 327
생활연령 18
서울 노화종단연구 11
선택 65
성격과 생활양식이론 384
성격의 5요인 273
성격의 5요인 모델 21, 262
성공적 노화 11, 69, 83, 111, 212, 282, 380, 392
성공적 노화모델 380
성도식 247
성병 118
성숙한 방어기제 59, 270
성실성 310, 347
성역할 244
성역할 고정관념 222, 245
성역할 교차 78, 250, 268
성역할 정체감 244
성역할 확장 250
성인애착 면접 183
성인중기 불면증 90
성인초기 발달과업 13, 16
성인후기의 후기 56
성장곡선 모델 351
성차별주의 20
성취단계 165
세대 78
세로드 69
세로토닌 373
세포시계 이론 85
소극적 대처 343
소극적 안락사 403
소외 307
소유적 · 의존적(mania) 사랑 189
소진 307
소진 증후군 307
속도검사 150
쇼핑리스트(shopping list) 사랑 189
수동형 조부모 228
수렴적 사고 173
수면 무호흡 138
수면장애 138
수명 94
수명편견 37
수상돌기 127
수용단계 423
수정된 확대가족 238
스카와 매카트니 69
스태미나 89
스탠리 라파포트 141
스트레스 325, 363
스트레스 감소기법 307
스트레스 대처 호르몬 88
스트레스 증후군 307
스트레스 호르몬 137
시각정확도 122
시간-지연 설계법 27
시상하부 117
시설기관 340
시애틀 노화종단연구 11
시애틀 종단연구 147, 151
식물인간 362, 405
신경전달물질 131, 139, 157, 373
신앙심 337, 416
신참자-전문기술자(novice-to-mastery)의 주기 296
신체무게 지수 113
신체상 111
신체초월 대 신체몰입 48
실용적 사고 167
실행단계 166
실행적 사고 166
심리사회적 위기 43
심리사회적 이론 3
심리적 성숙 12
심리적 안녕감 222, 337
심리적 연령 18
심장사 398
심장질환 363
심장혈관질환 363
심혈관질환 136
싸움-도망(fight-or-flight) 모델 347

ㅇ

아세틸콜린 139
안녕의 역설 382
안락사 403
안전기지 182, 194
안정성 146, 261
안정형 애착 185, 305
알츠하이머 127
알츠하이머 병 139, 364
암순응 능력 133
애도 182, 428
애착양식 305

애착이론 182, 194
애착행동 182
액팅아웃 59
양성성 이동 251
양성애자 117
양심적 단계 51
양육 스트레스 231
억압 59
언어성 지능 150
SOC 모델 312
SOC이론 65
에스트로겐 96, 124, 130
HPA 조절체계 88
AIDS 118
A형 성격 310
여과이론 194
여성운동 260
여성직업 298, 300
여성 한부모 가구 203
여파모델 308
역연령 18
역할갈등 226, 311
역할 과부하 311
역할긴장 226
역할긴장 모델 309
역할변화 220, 275
역할 흐름 276
연금지급 시기 316
연금 프로그램 318
연령변화 23
연령-비교 실험 34
연령차별주의 19, 77, 241
연령차이 23
연령층화체계 77
연습의 효과 25
연장된 비애장애 432
열정적(eros) 사랑 189
영성 106, 343
영속적 식물상태 399
영역별 생활만족 350
예방접종가설 20
예정된 생활변화 329
예정에 없는 생활변화 329
오키나와 105
완전한 사랑 191
외재적 통제 소재 417
외재적 통제 소재자 379, 390
외향성 265, 353
요양보호사 341
우울 369
우울단계 422
우울증 336, 338, 343, 369, 379, 391, 407
우정 213
우정같은(storge) 사랑 189
우정의 ABCDE 모델 213
우정형성 215
운동관련 자기효능감 284
웩슬러 성인지능검사 149
위기이론 320
유동적 지능 150
유리기 87
유리기 이론 88
유리이론 383
유형 A(Type A) 성격 379
유형 B(Type B) 성격 379
융통성 322
은퇴 296, 313
은퇴시기 315, 316
은퇴연령 317
은퇴자 314
은퇴 준비 프로그램 314
의도적 선택 65
의학적 명령서 405
2개 문화 병존 정체감 118
2원론적 사고 163
이차적 노화 82
이차적 통제 390
이차적 통제방략 390
이형배우 196
이혼 337
인본주의자 관심 272
인생 이야기 286
인생-이야기 모델 286
인생과정 모델 220
인생과정 시기모델 69
인생관리전략 65
인생사건 접근법 256
인생회고 48
인생회고 치료 371
인습적 도덕성 278
인지발달의 제 5 단계 162
인지발달이론 160, 277
인체 면역결핍 바이러스 118
일 정체감 285
일반적응증후군 326
일반화된 불안장애 372
일중독 306
일차적 노화 81, 127, 359
일차적 통제 390
임상적 면접 33, 423
임의표집법 36

ㅈ

자가체면 422
자극지향 이론 327
자기개념 280

자기면역 87
자기면역 질환 87
자기보호적 단계 49
자기실현 51
자기존중감 19, 212, 251, 280, 293, 302, 309, 321, 338, 339, 417
자기효능감 282, 337, 379, 416
자아발달 단계 49
자아정체감 45, 284, 299
자아정체감 이론 286
자아초월 대 자아몰입 48
자아통합 대 절망 47, 169
자원봉사자 242
자원봉사활동 243, 337, 393
자율적 단계 51
작업기억 149, 154, 157
작업기억 과제 140
장기기억 155
장수 104
장수노인 105
장수촌 105
재인 156
재인과제 139
재택근무 293
재통합단계 166
재혼 338
재혼연령 204
적개심 363
적극적 대처 343
적극적 안락사 403
적대감 379
적소선택(niche picking) 모델 69
적응적 인지능력 163
적합도 267, 305, 341
적합도 이론 302
전두엽 139, 157
전생애 발달심리학자 4
전생애 발달적 조망 3
전전두엽 피질 157
전체적 생활만족 291, 350
전체적 직업만족 304
전통적 성역할 249
전화면접 33
전환점 221
절대적 일관성 147
절대주의자 단계 167
절차적 지식 170
점진적 은퇴 315
접근적 대처 342
접근적 수용 420
정교성 90
정리해고 292
정보처리 속도 153, 157
정상적 노화 81
정서관련 목표 387
정서적 불안정성 265, 337, 347, 353, 379
정서집중적 대처 342
정서집중적 대처전략 347
정체감 62, 222, 410
정체감 경험 척도-일반 285
정체감 과정이론 62
정체감 동화 63, 285
정체감 동화과정 63
정체감 조절 63, 285
정체감 조절과정 63
제 5 의 시대 56
조기퇴직 292
조부모 역할 228
조손가족 231
조절 62
조지아 100세인 연구 104
족내혼 195
족외혼 195
종교 343
종교적 대처 345
종교적 대처전략 343
종단연구 10, 148
종단적 계열설계법 28
종단적 설계 24
주관적 건강 356
주관적 경제상태 356
주관적 안녕 293, 349, 388
주관적 안녕감 348
주관적 연령 19
주지화 59
죽어가는 과정 408
죽음 397
죽음공포 401, 414
죽음불안 417
죽음수용 419
죽음태도척도 419
준실험설계 34
중년기 8
중년기 압박 224
중년기 압박감 235
중년기 위기 21
중다위험가설 20
중립적 수용 419
지각된 통제력 390
지능 145
지능의 삼원이론 173
지방세포 113
지배계층 219
지식관련 목표 387
GABA 139
"g"요인 146

지원형 조부모 228
지적 구조 160
지혜 47, 168, 169
지혜의 균형이론 170
직업-가족 갈등 312
직업-가족 스트레스 312
직업개념 298
직업계획 298
직업만족 295, 304
직업만족도 307
직업발달단계 296
직업선택 299
직업역할 299, 308
직업적 자기개념 297
직업적 정체감 313, 314
직장-가정 갈등 309
진화심리학 이론 248
집중적인 전기적 면접 52

ㅊ

창의성 168, 173
책임단계 166
처리속도 149
청년기 발달과업 13
청력 손상 134
초혼남-재혼여 204
최대 산소소모량 136
최대 산소흡입량 93, 126
최대수명 94
최적화 66
출생동시집단 7, 24, 78, 224, 258, 297
출생동시집단 효과 7, 24, 79, 149, 273
출혈성 뇌졸중 362
측두엽 139
측정시기 효과 25
측화 139
치매 366
친밀감 대 고립감 45
침묵의 공모 403

ㅋ

칼슘-비타민 D 보충효과 96
콜라겐 121
Q분류법 273

ㅌ

타협단계 422
탄력성 351, 379
탈출적 수용 420
텅빈 보금자리 260
텅빈 보금자리시기 8, 224, 227
테스토스테론 87, 129
통제의 소재 390
통합이론 62
통합적 견해 331
통합적 단계 51
퇴행 59
투사 59
T세포 128, 136

ㅍ

평등주의적 성역할 302
평생교육 293
평생학습 293
평형 284
평형모델 163
폐경기 130
표준화 검사 33
표준화 성격검사 273
표현성 246
프래밍햄 연구 363
플라크 366
피아제 이론 62

ㅎ

학습도식 설명이론 247
한국노년학회 10
한국여성개발원 202
한부모 가족 203
해마 128, 157, 366
행동둔화 89, 132
행복 282
허혈성 뇌졸중 362
헌신적(agape) 사랑 189
헤이플릭 한계 85
형식적 조작기 161
형제자매관계 209
호르몬 대체요법 96, 124, 131
호르몬-스트레스 이론 88
호위대 모델 212
호위대 지도 211
혼외 성관계 116
화려한 싱글 201
활동이론 383
활성산소 87
황혼이혼 338
회상 156
회피적 대처 342
회피형 애착 185
회피형 애착양식 306
획득단계 165

횡격막-강화 운동 136
횡단연구 148
횡단적 계열설계법 29
횡단적 설계 24
후성적 원리 43
후형식적 사고 162, 169
흡선 128, 326
흐름 176
희망이론 349

저자 약력

장휘숙(章輝淑)

이화여자대학교 영어영문학과 졸업
이화여자대학교 대학원 심리학과 졸업
(발달심리학 전공, 문학박사)
미국 미시간 주립대학교 객원교수 역임
한국발달심리학회 회장 역임
한국심리학회 이사 역임
한국심리학회 및 한국발달심리학회
편집위원장 역임
충남대학교 학생생활연구소장 역임
2000년도 충남대학교 연구실적 우수교수
총장 표창
2006년도 한국심리학회 학술상 수상
2012년도 제22회 과학기술우수논문상 수상
현재: 충남대학교 심리학과 명예교수
발달심리전문가
한국발달심리학회 이사
한국인간발달학회 이사

관심분야

전생애 동안의 애착발달을 중심으로 정체감, 탄력성, 정신병리 등을 연구하였으며, 최근에는 성인기 발달과업과 가까운 사회적 관계, 주관적 건강, 노화불안, 노년기 고독, 생활만족, 행복 및 죽음공포와 죽음수용 등 성인기 발달과 삶의 종결을 이해할 수 있는 핵심적 주제들을 연구해 오고 있다.

저 서

아동심리학(저서, 박영사, 2010)
청년심리학 제4판(저서, 박영사, 2009)
전생애 발달심리학 제5판(저서, 박영사, 2013)
성인심리학(저서, 박영사, 2006)
발달정신병리학의 이해 제2판(저서, 창지사, 2005)
아동연구방법 제2판(저서, 창지사, 2005)
청년심리학 제4판(저서, 박영사, 2009)
애착장애의 치료: 이론에서 실제까지(역서, 시그마프레스, 2003)
여성심리학 제2판(저서, 박영사, 2002)
아동발달(저서, 박영사, 2001)
인간발달(저서, 박영사, 2000)
발달정신병리학의 이해(저서, 학지사, 1998)
아동연구방법 초판(저서, 창지사, 1998)
여성심리학 초판(저서, 박영사, 1996)
가족심리학 제2판(저서, 박영사, 2008)
아동심리학 제2판(저서, 박영사, 1995)
발달심리학 제2판(공저, 박영사, 1994)
자녀문제 이럴 때 이렇게(저서, 창지사, 1994)
청년심리학 초판(도서출판 장승, 1993)
아동심리학 초판(저서, 박영사, 1990)
아동연구법(편역서, 창지사, 1989)
발달심리학 초판(공저, 박영사, 1987)
심리학개론(공저, 정민사, 1987)
어머니의 역할(역서, 창지사, 1986)
아버지의 역할(역서, 창지사, 1986) 외 다수

제 2 판
성인발달 및 노화심리학

2006년 8월 10일 초판발행
2012년 6월 30일 제 2 판발행
2019년 2월 10일 중판발행

저 자 장 휘 숙
발행인 안 종 만
발행처 (주) 박영사
서울특별시 종로구 새문안로3길 36, 1601
전화 (733)6771 FAX (736)4818
등록 1959. 3. 11. 제300-1959-1호(倫)

www.pybook.co.kr e-mail: pys@pybook.co.kr

정 가 26,000원 ISBN 978-89-6454-286-6